소송 · 위자료 · 양육비를 알아볼 수 있는

이혼절차와 재산분할의 이해

편저
김종석

대법원의 최신 판결례
법제처의 생활법령
대한법률구조공단의 상담사례 및 서식
법원의 양식 등을 참고

법문 북스

소송 · 위자료 · 양육비를 알아볼 수 있는

이혼절차와 재산분할의 이해

편저
김종석

법문 북스

머리말

혼인의 자유와 마찬가지로 이혼의 자유 또한 인간의 기본권에 속하는 것으로 보장되고 있습니다. 우리 민법에서는 이혼을 하는 방법에는 크게 협의이혼과 재판상 이혼이 있습니다. 부부가 이혼에 합의한 경우에는 협의이혼을 할 수 있고, 합의가 이루어지지 않는 경우에는 법원에 재판상 이혼을 청구할 수 있습니다.

우리나라는 협의이혼제도를 갖고 있는 소수의 국가로, 당사자 합의로 원만하게 관계를 정리할 수 있다는 장점 때문에 이혼의 80% 이상이 협의이혼을 통해 이루어지고 있습니다. 하지만 자유로운 해소를 중시하여 너무 쉽게 이혼을 인정했다는 반성과 이혼 후 자녀 등의 복리를 고려하여, 협의이혼제도의 개선을 위한 민법 개정이 이루어졌습니다.

2007년 개정 민법에서는 신중하지 못한 이혼을 방지하기 위하여 이혼 숙려(熟廬)기간제와 상담권고제도를 도입하여 협의이혼 당사자는, 양육해야 할 자녀가 있는 경우에는 3개월, 그렇지 않은 경우에는 1개월이 경과한 후 가정법원으로부터 이혼의사를 확인받아야 이혼이 가능하도록 하였고, 자녀가 있는 경우 이혼 가정 자녀의 양육 환경을 개선하기 위하여 자녀양육사항에 대해 협의를 의무화하였습니다. 또 2009년 개정 에서는 협의이혼 시 양육비를 효율적으로 확보하기 위해 양육비의 부담에 대하여 당사자가 협의하여 그 부담내용이 확정된 경우, 가정법원이 그 내용을 확인하는 양육비부담조서를 작성하도록 하였습니다.

이 책에서는 이와 같이 복잡한 민법의 이혼에 관한 법규정들을 누구나 알기 쉽게 풀이한 이혼의 절차와 방법, 이혼 시 위자료, 재산분할 등의 재산 문제와 친권, 양육권, 면접교섭권, 양육비 등의 자녀문제 등과 배우자의 가정폭력에 대한 고소 및 이혼소송을 당한 경우 대응 방법에 대해 대법원 판례와 관련서식 및 상담사례를 함께 엮었습니다.

이러한 자료들은 대법원의 최신 판결례와 법제처의 생활법령, 대한법률구조공단의 상담사례 및 서식, 법원의 양식 등을 참고하였으며, 이를 종합적으로 정리, 분석하여 이해하기 쉽게 편집하였습니다.

이 책이 이혼을 신청하려는 분, 억울하게 이혼 소송을 당하 신 분, 이혼하면서 복잡한 문제들을 쉽게 해결하고자 하는 분들에게 큰 도움이 되리라 믿으며, 열악한 출판시장임에도 불구하고 흔쾌히 출간에 응해 주신 법문북스 김현호 대표에게 감사를 드립니다.

2019. 5.
편저자 드림

목 차

제1장 이혼은 어떤 절차를 거쳐야 합니까?

제2장 협의이혼은 어떤 절차를 거쳐야 하나요?

제3장 재판상 이혼은 어떤 절차로 진행되나요?

제4장 이혼시 재산은 어떻게 처리해야 하나요?

제6장 형사문제가 발생한 경우에는 어떻게 처리되나요?

부 록 : 관련법령 초록(抄錄)

[시행 2015.9.12.] [법률 제13216호, 2015.3.11., 타법개정]

이혼은 어떤 절차를 거쳐야 합니까?

제1장 이혼은 어떤 절차를 거쳐야 합니까?

1. 이혼 방법

1-1. 이혼의 종류

이혼하는 방법에는 크게 협의이혼과 재판상 이혼의 두 가지가 있습니다. 부부가 이혼에 합의한 경우에는 협의이혼을 할 수 있으며, 합의가 이루어지지 않는 경우에는 당사자 일방의 청구에 의해 법원의 재판으로 이혼하는 재판상 이혼을 할 수 있습니다.

1-1-1. 협의이혼

① 부부 사이에 이혼하려는 의사가 있으면, 법원에 이혼신청을 하고 일정 기간이 지난 후 법원의 확인을 받아 행정관청에 이혼신고를 하면 이혼의 효력이 발생하는데, 이것을 협의이혼이라고 합니다.

② 협의이혼을 할 때 양육할 자녀가 있는 경우에는 자녀의 양육과 친권에 관한 사항을 부부가 합의해서 정하고, 그 협의서를 이혼확인을 받을 때 법원에 의무적으로 제출해야 합니다. 합의가 이루어지지 않는 경우에는 법원이 직권으로 또는 당사자의 청구에 의해 정하게 됩니다.

③ 위자료나 재산분할에 관한 사항도 부부가 합의해서 정하게 되는데, 합의가 이루어지지 않는 경우에는 법원이 당사자의 청구에 의해 정하게 됩니다.

1-1-2. 재판상 이혼

① 협의이혼이 불가능할 때 부부 중 한 사람이 법원에 이혼소송을 제기해서 판결을 받아 이혼할 수 있는데, 이것을 재판상 이혼이라고 합니다. 재판상 이혼이 가능하려면 다음과 같은 사유가 있어야 합니다.

  1. 배우자의 부정한 행위가 있었을 때

2. 배우자가 악의로 다른 일방을 유기한 때

3. 배우자 또는 그 직계존속으로부터 심히 부당한 대우를 받았을 때

4. 자기의 직계존속이 배우자로부터 심히 부당한 대우를 받았을 때

5. 배우자의 생사가 3년 이상 분명하지 않은 때

6. 그 밖에 혼인을 계속하기 어려운 중대한 사유가 있을 때

② 이혼소송을 제기하려면 먼저 법원에 이혼조정신청을 해야 하는데, 조정을 신청하지 않고 바로 이혼소송을 제기하면 법원이 직권으로 조정에 회부하게 됩니다. 이 조정단계에서 합의를 하면 재판절차 없이 (조정)이혼이 성립되며, 조정이 성립되지 않으면 재판상 이혼으로 이행됩니다.

(법원양식) 이혼소송청구

<table>
<tr><td colspan="2" align="center">이 혼 소 송 청 구</td></tr>
<tr><td>원   고</td><td>홍 길 동 (전화   )
주민등록번호   -
주민등록지
실제 사는 곳
등록기준지</td></tr>
<tr><td>피   고</td><td>김 갑 순
주민등록번호   -
주민등록지
실제 사는 곳
등록기준지</td></tr>
<tr><td>사 건 본 인</td><td>홍 나 라
주민등록번호   -
주소
등록기준지</td></tr>
<tr><td colspan="2" align="center">청 구 취 지</td></tr>
</table>

1. 원고와 피고는 이혼한다.
2. 사건본인의 친권자로 원고(피고)를 지정한다.
3. 소송비용은 피고의 부담으로 한다.
라는 판결을 구합니다.

청 구 원 인

(원고와 피고가 이혼을 해야 하는 사유를 구체적으로 기재하십시오.)

첨 부 서 류

    1. 가족관계증명서   1통
    2. 혼인관계증명서   1통
    3. 주민등록등본   1통

2008 . ○. ○.
위 원고 홍 길 동 (인)

○○가정법원 귀중
○○지방법원(지원) 귀중

☞ **유의사항**

소장에는 수입인지 20,000원을 붙여야 합니다.
송달료는 당사자수 ×3,700원(우편료) ×12회분을 송달료취급은행에
납부하고 영수증을 첨부하여야 합니다.

1-1-3. 그 밖의 혼인 해소 사유

① 사망

부부 일방이 사망하면 혼인이 해소됩니다.

② 실종선고

실종선고는 실종자를 사망한 것으로 간주하는 제도로(민법 제28조),
부부 일방이 실종선고를 받으면 실종기간이 만료한 때 사망한 것으
로 보아 혼인이 해소됩니다.

1-1-4. 혼인의 취소·무효

① 이혼과의 차이 : 이혼, 혼인취소, 혼인무효 모두 혼인을 해소한다는 점에서는 동일하지만, 이혼은 혼인의 존속 중에 발생한 사유를 원인으로 혼인을 해소하는 것인데 반해, 혼인취소와 혼인무효는 혼인의 성립과정에서 발생한 법률상 장애를 이유로 혼인취소소송, 혼인무효소송을 통해 혼인을 해소한다는 점에서 차이가 있습니다.

② 혼인취소 : 다음의 사유에 해당하는 경우에는 혼인취소소송을 통해 혼인을 해소할 수 있습니다(민법 제816조). 이 경우 혼인취소판결이 확정된 때부터 그 혼인은 장래를 향해 종료·해소됩니다(민법 제824조).

1. 혼인적령(만 18세)에 도달하지 않은 경우
2. 미성년자 또는 피성년후견인이 부모 또는 성년후견인의 동의 없이 혼인한 경우
3. 6촌 이내의 혈족의 배우자, 배우자의 6촌 이내의 혈족, 배우자의 4촌 이내의 혈족의 배우자인 인척이거나 이러한 인척이었던 사람과 혼인한 경우
4. 6촌 이내의 양부모계의 혈족이었던 사람과 4촌 이내의 양부모계의 인척이었던 사람과 혼인한 경우
5. 중혼(重婚)인 경우
6. 혼인 당시 당사자 일방에게 부부생활을 계속할 수 없는 악질이나 그 밖의 중대 사유가 있음을 알지 못한 경우
7. 사기 또는 강박으로 인해 혼인의 의사표시를 한 경우

③ 혼인무효 : 다음의 사유에 해당하는 경우에는 혼인무효소송을 통해 혼인을 해소할 수 있습니다(민법 제815조). 이 경우 혼인무효판결이 확정되면 그 혼인은 처음부터 없었던 것, 즉 처음부터 부부가 아니었던 것으로 됩니다.

1. 당사자 사이에 혼인에 대한 합의가 없는 경우
2. 8촌 이내의 혈족(친양자의 입양 전 혈족을 포함) 사이의 혼인인 경우

3. 당사자 사이에 직계인척관계가 있거나 있었던 경우

4. 당사자 사이에 양부모계의 직계혈족관계가 있었던 경우

1-2. 사실혼의 해소

1-2-1. 사실혼의 의의와 효과

① 혼인하겠다는 의사의 합치, 혼인적령, 근친혼금지, 중혼금지 등 혼인의 실질적 요건은 갖추었지만, 혼인신고라는 형식적 요건을 갖추지 않은 상태로 혼인생활을 지속하는 것을 사실혼이라고 합니다.

② 사실혼 상태에서도 동거·부양·협조·정조의무, 일상가사채무의 연대책임 등 부부공동생활을 전제로 하는 일반적인 혼인의 효과가 인정되지만, 인척관계의 발생 등 혼인신고를 전제로 하는 혼인의 효과는 인정되지 않습니다.

1-2-2. 사실혼의 해소

① 합의 또는 일방적 통보에 의한 해소

법률혼 부부인 경우에는 살아 있는 동안 부부관계를 해소하려면 이혼절차를 거쳐야 합니다. 그러나 사실혼 부부인 경우에는 혼인신고라는 법적 절차를 밟지 않았기 때문에 이혼신고 없이도 부부 사이에 헤어지자는 합의가 있거나 부부 중 일방이 상대방에게 헤어질 것을 통보하면 사실혼 관계를 해소시킬 수 있습니다.

② 사실혼 해소와 관련된 문제

사실혼 부부가 헤어질 때 법률혼 부부와 마찬가지로 부부가 협력해서 모은 재산에 대해 재산분할을 청구할 수 있는지, 사실혼 관계의 일방적 파기에 대해 손해배상을 청구할 수 있는지, 사실혼 관계가 해소된 경우 그 자녀의 양육비를 상대방에게 청구할 수 있는지 등이 문제될 수 있습니다.

1-3. 사실상 이혼

1-3-1. 의의

혼인신고를 한 부부가 이혼에 합의하고 서로 별거하는 등 실질적으로 부부공동생활의 실체가 소멸되었지만 형식적으로는 이혼신고를 하지 않은 상태를 사실상 이혼이라고 합니다. 따라서 이혼할 것을 전제로 별거하는 경우는 사실상 이혼에 해당되지만, 부부싸움으로 인한 일시적 별거나 가출은 사실상 이혼에 해당되지 않는 것으로 볼 수 있습니다.

1-3-2. 효과

① 우리나라 법은 협의이혼인 경우 법원의 확인을 받아 행정관청에 이혼신고를 한 경우에, 재판상 이혼인 경우 법원의 이혼판결을 받은 경우에만 이혼의 효력이 발생하는 것으로 규정하고 있습니다(민법 제836조제1항, 제840조 및 가족관계의 등록 등에 관한 법률 제75조, 제78조). 따라서 이러한 절차를 거치지 않는 한 사실상 이혼을 했다고 해서 자동으로 이혼이 성립되지는 않습니다.

② 특히, 재혼과 같이 이혼이 전제되어야 하는 경우에는 사실상 이혼상태라 하더라도 협의이혼 또는 재판상 이혼절차를 밟아 그 전 혼인을 해소해야만 재혼이 법적으로 인정될 수 있습니다.

2. 이혼 준비

이혼하려는 경우 한국가정법률상담소, 한국여성의전화연합, 대한가정법률
복지상담원 등의 전문기관이나 법률전문가인 변호사 등과 먼저 상담할
수 있습니다. 이를 통해 부부 갈등을 원만히 해결하는 데 도움을 받을
수 있으며, 이혼을 결심한 경우라면 이혼방법, 절차, 이혼 후 문제 등에
대한 조언을 얻을 수 있습니다.

2-1. 이혼 전 준비사항
① 이혼하는 방법에는 협의이혼과 재판상 이혼의 두 가지가 있습니다.
이혼에 대해 부부 사이에 합의가 이루어진 경우에는 협의이혼을, 그
렇지 않은 경우에는 재판상 이혼을 생각할 수 있습니다.
② 협의이혼시에는 재산, 자녀 등 이혼에 따른 각종 문제를 부부간 합
의로 결정할 여지가 많지만, 법원에서 이혼을 다투는 경우에는 이러
한 문제를 재판으로 해결해야 하는 때가 많습니다.
③ 따라서 재판상 이혼을 하려는 경우에는 다음의 사항을 미리 준비해
서 이혼에 대처하는 것이 유리합니다.

2-1-1. 사실관계의 정리
① 재판상 이혼, 즉 이혼소송은 배우자 또는 배우자 직계존속의 책임
있는 사유로 혼인파탄에 이르게 된 경우에 이혼을 청구하는 소송이
므로 소송을 제기하기 전에 혼인생활 동안 있었던 상황들을 시간의
흐름에 따라 정리해 두는 것이 좋습니다.
② 사실관계를 정리하는 것은 배우자의 행위가 「민법」에서 정한 재판상
이혼사유에 해당하는지를 입증하는 데 도움이 됩니다.

2-1-2. 관련 증거의 수집

① 이혼소송을 제기하면 법원은 당사자의 진술과 증거에 기초해서 판결을 내리게 됩니다. 또한, 상대방 명의의 재산 등에 대해 사전처분이나 보전처분을 신청하기 위해서는 증거가 필요합니다.

② 따라서 병원진단서, 부정한 행위를 찍은 사진, 임대차계약서, 차용증 등 관련 증거를 미리 수집해 놓는 것이 좋습니다.

2-1-3. 재산상 조치

① 혼인 중 공동으로 형성한 재산은 이혼할 때 분할할 수 있습니다. 그러나 재산이 부부공동명의가 아닌 배우자 단독명의로 되어 있으면 상대방이 재산분할을 피하거나 줄일 목적으로 재산을 임의로 처분할 수 있습니다.

② 따라서 재산상황(부동산의 종류와 가액, 보험금, 예금상황 등)에 대해 정확히 파악하고, 법원에 배우자 명의의 재산에 대해 가압류(부동산가압류, 예금채권가압류, 주식가압류 등) 또는 가처분(부동산처분금지가처분, 부동산점유이전금지가처분 등)을 신청해서 재산에 대한 보전처분을 해 놓는 것을 생각해 볼 수 있습니다(가사소송법 제63조, 민사집행법 제276조 및 제300조).

2-1-4. 신분상 조치

① 이혼소송의 상대방인 배우자 또는 배우자의 가족으로부터 폭행을 당해서 생명·신체의 안전을 도모할 필요가 있거나, 이혼소송이 진행되는 기간 동안의 자녀양육사항을 정할 필요가 있는 경우에는 법원에 사전처분이나 보전처분(가처분)을 신청하는 것을 생각해 볼 수 있습니다(가사소송법 제62조제1항 및 제63조제1항).

② 구체적으로 배우자의 폭행에 대해서는 접근금지사전처분, 접근금지가처분을, 자녀의 친권·양육에 대해서는 친권·양육자지정 사전처분, 면접교섭사전처분 등을 신청할 수 있습니다.

3. 이혼 시 재산문제 및 자녀문제

3-1. 재산문제

3-1-1. 위자료

① 배우자의 책임 있는 사유로 이혼하는 경우에는 그 배우자에게 재산상의 손해를 배상받을 수 있을 뿐만 아니라 정신상의 손해에 대한 배상, 즉 위자료를 지급받을 수 있습니다(민법 제806조 및 제 843조).

② 만일 이혼할 때 위자료에 관해 합의가 이루어지지 않았다면, 이혼소송과 함께 또는 단독으로 소송을 제기해 위자료를 지급받을 수 있습니다(가사소송법 제2조제1항제1호다목 2 및 제14조제1항). 그리고 배우자뿐만 아니라 혼인에 부당하게 간섭해서 혼인을 파탄에 이르게 한 제3자(시부모, 장인·장모, 배우자의 간통대상자 등)에 대해서도 위자료를 청구할 수 있습니다.

③ 위자료청구권은 그 손해 및 가해자를 안 날로부터 3년간 행사하지 않으면 소멸합니다(민법 제766조제1항). 만일 위자료에 관해 합의가 이루어지지 않은 채 이혼했다면, 이혼한 날로부터 3년 이내에 별도로 위자료 청구를 하면 됩니다.

3-1-2. 재산분할

① 혼인 중 부부가 공동으로 형성한 재산에 대해서는 이혼 시 분할 받을 수 있습니다(민법 제839조의2제1항).

② 만일 이혼할 때 재산분할에 관해 합의가 이루어지지 않았다면, 이혼소송과 함께 또는 단독으로 소송을 제기해 재산을 분할 받을 수 있습니다(가사소송법 제2조제1항제2호나목 4 및 제14조제1항).

③ 위자료와 달리 재산분할은 이혼에 책임 있는 배우자도 청구할 수 있습니다.

④ 재산분할청구권은 이혼한 날부터 2년을 경과한 때에 소멸합니다(민법 제839조의2제3항).

법률상 부부인 갑과 을이 위자료 및 재산분할에 관한 합의서를 작성한 후 협의이혼신고를 마쳤는데, 갑이 을의 폭행 등 귀책사유로 혼인이 파탄되었다고 주장하면서 다시 을을 상대로 위자료 및 재산분할금의 지급을 구한 사안에서, 갑은 을로부터 재산분할을 받고 혼인기간 중 발생한 일에 대해서는 위자료 청구를 하지 않기로 을과 합의하였는바, 위자료 청구는 부제소합의에 위배되는 것으로서 권리보호의 이익이 없어 부적법하고, 협의이혼 경위, 합의서 문언 등에 비추어 보면 합의서 작성 당시 갑과 을 사이에는 앞으로 을이 갑에게 약정 재산분할금을 지급하고 전세보증금 및 시설, 자동차 등을 갑의 소유로 이전하면 갑이 을에게 더 이상의 재산분할을 구하지 않기로 하는 재산분할에 관한 협의가 있었다고 보이며, 위 재산분할 협의는 협의이혼을 조건으로 하는 의사표시로서 이후 갑과 을이 협의이혼을 함으로써 조건이 성취되어 효력을 발생하였으므로, 재산분할 청구는 청구의 이익이 없어 부적법하다.(부산가정법원 2017. 6. 29. 선고 2015드합201193 판결)

3-1-3. 위자료와 재산분할의 관계

① 과거에는 위자료 산정 시 재산분할적 요소를 포함하는 것이 관례였지만, 「민법」이 개정되어 재산분할제도가 도입되면서 위자료와 재산분할을 각각 청구할 수 있는 법적 근거가 만들어졌습니다.

② 위자료는 혼인파탄에 원인을 제공한 배우자에게 책임을 묻는 손해배상적 성격을 가지는 반면, 재산분할은 혼인 중 부부가 공동으로 형성한 재산에 대해 본인의 기여도만큼 돌려받는 상환적 성격을 가집니다. 따라서 위자료와 재산분할은 별개의 것으로 각각 청구할 수 있습니다.

3-2. 자녀문제

3-2-1. 친권자

① 친권은 자녀의 보호·교양, 거소 지정, 징계, 재산관리 등 미성년인 자

녀의 신분과 재산에 관한 사항을 결정할 수 있는 부모의 권리로서, 혼인 중에는 부부가 공동으로 행사하지만 이혼 시에는 친권을 행사할 부모, 즉 친권자를 정해야 합니다.

② 친권자 지정에 관해 합의가 이루어지지 않으면 법원에 친권자 지정을 청구할 수 있습니다(민법 제909조제4항 및 가사소송법 제2조제1항제2호나목 5).

3-2-2. 양육자 및 양육사항

① 양육권은 자녀의 양육에 필요한 사항을 결정할 수 있는 부모의 권리로서, 혼인 중에는 부부가 공동으로 행사하지만 이혼 시에는 양육권을 행사할 부모, 즉 양육자를 정해야 합니다.

② 또한, 양육자 외에 양육비, 면접교섭권 등 양육사항에 관해서도 정해야 하는데, 이에 관한 합의가 이루어지지 않으면 법원에 양육사항에 관한 결정을 청구할 수 있습니다(민법 제837조 및 가사소송법 제2조제1항제2호나목 3).

4. 이혼소송을 당한 경우의 대응

4-1. 답변서 제출의무 및 제출기한

① 이혼소송을 당한 배우자는 이혼소장의 부본(副本)을 공시송달(公示送達)의 방법으로 송달받은 경우를 제외하고는 그 부본을 송달받은 날부터 30일 이내에 답변서를 제출해야 합니다(민사소송법 제256조제1항).

② 만약 위 기한 내에 답변서를 제출하지 않으면 법원은 소장에서 상대방이 주장한 내용을 피고가 인정한 것으로 보고 변론 없이 원고승소판결(피고패소판결)을 할 수 있습니다(민사소송법 제257조제1항)

[서식 예] 답변서

답 변 서

사 건 20○○가단○○○○ 가옥인도
원 고 ○○○
피 고 김◇◇ 외 1

위 사건에 관하여 피고들은 다음과 같이 답변합니다.

청구취지에 대한 답변

1. 원고의 청구를 모두 기각한다.
2. 소송비용은 원고의 부담으로 한다.
라는 판결을 구합니다.

청구원인에 대한 답변

1. 원고와 피고 김◇◇의 혼인파탄 경위 및 이 사건 부동산의 구입·명의이전경위
   가. 피고 김◇◇는 19○○. 가을부터 원고와 사실혼관계를 시작하였고, 19○○. ○. ○. ○○시 ○○구 ○○길 ○○주공아파트 ○○동 ○○○호(13평, 다음부터 이 사건 부동산이라 함)를 피고 김◇◇ 명의로 구입하여 이 곳에서 동거생활을 하였습니다.
   나. 그 당시 이 사건 부동산의 구입비용은 은행융자 잔액 금 5,000,000원을 떠 안고 원고가 금 4,400,000원을 지원하여 마련하였습니다.
   다. 그러나 원고는 19○○년 말경부터 술집경영을 핑계로 가출하여 피고 김◇◇와 별거생활에 들어갔습니다.
   라. 그러다가 원고는 19○○.경 피고 김◇◇에게 "이 사건 부동산을 내 명의로 이전해주면 당신과 혼인신고도 하고 정상적인 부부로서 함께 생활하겠다."고 제의를 해왔습니다.
   마. 이에 피고 김◇◇는 행복한 가정을 다시 꾸려볼 희망을 갖고서 19○○. ○. ○.에야 비로소 원고와 혼인신고를 하였고, 19○○. ○. ○. 이 사건 부동산을 원고에게 '증여' 형식으로 명의이전을 해주었습니다.
   바. 그러나 원고는 사전 약속과는 달리 불과 한 달 정도만 함께 생활하다가(부부관계는 단 한번도 갖지 못함) 다시 가출을 하였고, 그 뒤 줄곧 피고 김◇◇

에게 이혼을 강요하여 순진한 피고 김◇◇는 자포자기 심정으로 19○○. ○. ○. 협의이혼을 하게 된 것입니다.

사. 한편, 이 사건 부동산에 대한 은행융자금 5,000,000원에 대해 피고 김◇◇는 매월 평균 약 금 60,000원씩 10년 넘게 혼자서 부담해 왔습니다.

2. 이 사건 부동산에 대한 재산분할심판청구

가. 피고 김◇◇는 현재 이 사건 부동산에 대한 재산분할심판청구를 준비중에 있습니다. 비록 이 사건 부동산의 소유명의는 원고에게 있지만 은행융자금 5,000,000원 전부를 피고 김◇◇가 10년 넘게 변제해왔으므로 실질적으로는 원고와 피고 김◇◇의 '공유'에 속한다 할 것입니다.

나. 또한, 피고 김◇◇는 혼인관계 파탄에 전적인 책임이 있는 원고를 상대로 위자료 청구소송을 준비중에 있습니다.

그런데 원고의 유일한 재산은 이 사건 부동산 밖에 없는 형편입니다.

3. 이 사건 소송의 기일추정

따라서 위 사건에 대해서는 별도의 '재산분할심판청구'와 '위자료청구소송'에 대한 법원의 판단이 내려질 때까지 기일을 추정하는 것이 적정하다 할 것입니다.

20○○. ○. ○.

위 피고　　1. 김◇◇ (서명 또는 날인)
　　　　　　2. 김◈◈ (서명 또는 날인)

○○지방법원 제○○민사단독　귀중

4-2. 상대방의 요구를 모두 들어주는 경우

① 배우자가 제기한 이혼소송에 대해 본인도 이혼을 원하고 배우자가 주장한 조건을 모두 받아들인다면 배우자와 합의해서 이혼소송을 취하하고 협의이혼을 할 수도 있고, 답변서 제출기한 내에 답변서를 제출하지 않거나, 이혼소장의 내용을 모두 인정하는 취지의 답변서를 제출하고 따로 항변하지 않음으로써 이혼소송을 종료할 수도 있습니다(민사소송법 제257조제1항 및 제2항).

② 한편, 이혼은 원하되 배우자가 제시한 재산 및 자녀문제 등의 이혼조

건을 받아들일 수 없는 경우에는 답변서 제출 외에도, 배우자의 주장과는 다른 조건으로 이혼을 원한다는 취지의 반소장을 변론 종결시까지 제출해서(민사소송법 제269조제1항) 재판으로 문제를 해결할 수 있습니다.

③ 답변서는 소송을 제기한 배우자의 주장에 대한 답변에 불과하므로, 본인의 주장을 제기하기 위해서는 답변서와는 별도로 반소장(反訴狀)을 제출해야 합니다.

4-3. 응소(應訴)하는 경우

① 배우자가 제기한 이혼소송에 대해 본인이 이혼을 원하지 않는다면 제출기한 내에 답변서를 법원에 제출해서 배우자의 주장이 사실이 아님을 밝히거나, 「민법」 제840조에 따른 이혼사유에 해당하지 않음을 밝힘으로써 판결•화해권고 또는 강제조정을 통해 이혼소송을 종료할 수 있습니다.

② 반소장(反訴狀)을 사실심의 변론 종결 시까지 제출해서(민사소송법 제269조제1항) 이혼판결을 구할 수 있습니다.

5. 이혼 효과

5-1. 이혼에 따른 손해배상, 재산분할
5-1-1. 이혼과 손해배상

① 부부가 이혼하는 경우 부부 중 일방은 혼인파탄에 책임이 있는 배우자에 대해 손해배상을 청구할 수 있습니다. 손해에는 재산상 손해와 정신상 손해가 모두 포함됩니다(민법 제806조 및 제843조).

② 판례는 혼인파탄의 책임성에 대해 혼인파탄의 원인이 된 사실에 기초해서 평가할 일이며 혼인관계가 완전히 파탄된 뒤에 있었던 일을 가

지고 따질 것은 아니라고 보고 있습니다.

③ 특히, 정신적 고통에 대한 손해배상, 즉 위자료의 액수를 산정하는 경우에는 혼인파탄의 원인과 책임정도, 재산상태, 혼인기간 및 생활정도, 학력·직업·연령 등 신분사항, 자녀 양육관계 등의 사항을 고려해서 정하게 되며(대법원 1981. 10. 13. 선고 80므100 판결), 혼인파탄의 원인이 부부 모두에게 있는 경우에는 부부 쌍방이 받은 정신적 고통의 정도, 즉 불법행위책임의 비율에 따라 위자료 액수가 정해집니다.

5-1-2. 이혼과 재산분할

① 부부가 이혼하면 혼인 중 공동으로 형성한 재산을 나누게 됩니다. 이때 재산의 명의에 상관없이 상대방에게 부부 공유재산에 대해 분할을 청구할 수 있습니다(민법 제830조제2항 및 제839조의2).

② 양육관계, 위자료 등의 사항을 고려해서 산정하게 됩니다.

(관련판례)

채권에 관한 법률관계에 외국적 요소가 있을 경우에, 당사자가 준거법을 선택한 바가 없고, 국제사법에도 당해 법률관계에 적용할 준거법을 정하는 기준에 관한 직접적 규정이 없는 경우에는 법률관계와 가장 밀접한 관련이 있는 국가의 법에 의하여야 한다(국제사법 제26조 등). 외국의 법률에 의하여 권리를 취득한 채권자가 우리나라에서 채권자취소권을 행사할 경우의 준거법에 관해서도 국제사법은 달리 정한 바가 없다. 그러므로 이때에도 법률관계와 가장 밀접한 관련이 있는 국가의 법이 준거법이 되어야 하는데, 채권자취소권의 행사에서 피보전권리는 단지 권리행사의 근거가 될 뿐이고 취소 및 원상회복의 대상이 되는 것은 사해행위이며, 사해행위 취소가 인정되면 채무자와 법률행위를 한 수익자 및 이를 기초로 다시 법률관계를 맺은 전득자 등이 가장 직접적으로 이해관계를 가지게 되므로 거래의 안전과 제3자의 신뢰를 보호할 필요도 있다. 이러한 요소 등을 감안하면, 외국적 요소가 있는 채권자취소권의 행사에서 가장 밀접한 관련이 있는 국가의 법은 취소대상인 사해행위에 적용되는 국가의 법이다.(대법원 2016. 12. 29. 선고 2013므4133 판결)

5-2. 이혼에 따른 신분관계의 변화

5-2-1. 배우자관계 소멸

① 이혼하면 부부 사이의 배우자관계가 종료되므로 혼인을 전제로 발생한 부부간 동거·부양·협조·정조의무 등 부부공동생활상 의무(민법 제826조제1항)가 소멸합니다.

② 즉, 결혼한 부부는 동거하며 서로 부양하고 협조하며 정조를 지켜야 하는데, 이혼하면 그 의무가 더 이상 존속하지 않으므로 이를 지키지 않는다고 해서 그 이행을 청구할 수 없습니다.

5-2-2. 인척관계 소멸

① 이혼하면 상대방 배우자의 혈족과의 사이에 발생한 인척관계가 소멸합니다(민법 제775조제1항).

② 여기서 인척이란 배우자의 혈족(장인·장모, 시부모, 처제, 시동생 등), 배우자의 혈족의 배우자(동서 등)를 말합니다(민법 제769조).

5-2-3. 자유로운 재혼

① 이혼하면 부부관계가 해소되므로 재혼이 가능합니다(민법 제810조). 즉, 이혼으로 인해 혼인관계가 해소되기 때문에 재혼하더라도 중혼(重婚)이 되지 않습니다.

② 다만, 인척관계(6촌 이내의 혈족의 배우자, 배우자의 6촌 이내의 혈족, 배우자의 4촌 이내의 혈족의 배우자)에 있거나 과거에 인척관계에 있었던 사람과는 혼인할 수 없습니다(민법 제809조제2항).

■ 재혼하려는데 서류상 이혼사실이 남아 있나요?

Q. 3년 전 이혼을 하고 지금 다시 좋은 사람을 만나서 재혼을 생각하고 있습니다. 남편 될 사람에게는 제 상황을 말했지만 시댁에는 말씀드리기가 많이 힘듭니다. 이혼했던 사실이 서류상 남는지요. 만

약 그렇다면 기록을 지울 수는 없는지요.

A. 2008. 1. 1.부터 「가족관계의 등록 등에 관한 법률」이 시행됨에 따라 기존의 호적부는 가족관계등록부로 대체되었으며 가족관계증명서, 기본증명서, 혼인관계증명서, 입양관계증명서, 친양자입양관계증명서 등 가족관계등록정보를 증명하는 5가지 종류의 증명서가 생겼습니다. 가족관계등록부의 각 증명서는 본인, 직계존속, 직계비속, 배우자, 형제자매만이 발급받을 수 있으며, 제3자는 법률에서 특별히 허용한 경우를 제외하고는 위 발급권자들의 위임을 받아야 발급받을 수 있습니다(가족관계의 등록 등에 관한 법률 제14조제1항).

위 증명서 중에서 배우자 관계가 나타나는 증명서는 가족관계증명서와 혼인관계증명서입니다. 이 중 가족관계증명서에는 현재 유효한 혼인 중인 배우자만 나타나고, 이혼 또는 혼인 무효·취소된 배우자는 나타나지 않습니다. 그러나 혼인관계증명서에는 ①본인의 등록기준지·성명·성별·본·출생연월일 및 주민등록번호, ② 배우자의 성명·성별·본·출생연월일 및 주민등록번호, ③혼인 및 이혼에 관한 사항이 기록됩니다. 따라서 이혼한 사실은 혼인관계증명서에 나타나게 되며, 이러한 기재사항은 그 내용이 사실과 다르게 기재되었다는 등의 특별한 사정이 없는 한 관계인의 일방적 의사에 따라 삭제할 수 없습니다.

5-2-4. 자녀에 대한 지위

① 이혼 후에도 부모와 자녀 사이의 혈연관계는 변하지 않으므로 자녀의 신분에는 변화가 없습니다. 다만, 이혼하면 자녀에 대한 친권과 양육권을 행사할 사람을 부부간 합의 또는 법원의 판단으로 정하게 됩니다(민법 제837조, 제843조 및 제909조제4항). 친권자와 양육자가 반드시 일치하는 것은 아니며, 제3자를 양육자로 할 수도 있습니다.

② 양육권이 없는 부모는 자녀를 만나거나 편지 교환, 전화 등으로 접촉할 수 있는 권리, 즉 면접교섭권을 가집니다(민법 제837조의2제1항).

양육권이 없다고 하더라도 부모의 권리와 의무에 변경을 가져오는 것은 아니므로(민법 제837조제6항), 미성년 또는 피성년후견인인 자녀의 혼인에 대한 동의(민법 제808조), 상속관계(「민법」 제1000조제1항) 등이 그대로 유지됩니다.

6. 이혼 무효

6-1. 이혼의 무효 사유

① 협의이혼은 부부간 이혼의사가 합치하고, 이혼신고 절차를 거치는 경우에 성립합니다.

② 이혼신고가 없다면 외관상 이혼이 성립할 수 없으므로 결국 협의이혼이 무효가 되는 경우는 부부간 이혼의사가 합치하지 않는 경우입니다.

③ 이혼무효 사유의 예시

1. 부부 일방 또는 쌍방이 모르는 사이에 누군가에 의해 이혼신고가 된 경우(민법 제834조)

2. 부부 일방이 모르는 사이에 외국에서 이혼소송이 진행되어 이혼판결이 난 경우

3. 이혼신고가 수리되기 전에 부부 일방 또는 쌍방이 이혼의사를 철회했는데 이혼신고가 수리된 경우

4. 심신상실자가 의사능력이 결여된 상태에서 이혼한 경우

6-2. 이혼무효 방법 : 이혼무효소송

6-2-1. 관할법원

이혼무효소송의 관할법원은 다음에 해당하는 가정법원이 됩니다(가사소송법 제22조).

1. 부부가 같은 가정법원의 관할구역 내에 보통재판적이 있는 경우에는

그 가정법원

2. 부부가 마지막으로 같은 주소지를 가졌던 가정법원의 관할구역 내에
부부 중 어느 한쪽의보통재판적이 있는 경우에 는 그 가정법원

6-2-2. 소송의 제기권자 및 제소기간

이혼무효 사유가 있는 경우에는 당사자, 법정대리인 또는 4촌 이내의 친
족이 언제든지 가정법원에 이혼무효소송을 제기할 수 있습니다(가사소송
법 제23조).

6-2-3. 소송의 상대방

이혼무효소송의 상대방은 부부 중 허느 한쪽이 소송을 제기한 경우에는
배우자가, 제3자가 소송을 제기한 경우에는 부부가 되며, 소송의 상대방이
될 사람이 사망한 경우에는 검사가 상대방이 됩니다(가사소송법 제24조).

6-2-4. 조정절차의 생략

이혼무효소송은 가정법원의 조정절차를 거치지 않습니다(가사소송법 제2
조제1항제1호가목 2 및 제50조제1항).

[서식 예] 이혼무효확인의 소장

<table>
<tr><td colspan="2" align="center">이 혼 무 효 확 인 의 소</td></tr>
<tr><td>원 고</td><td>홍 길 동 (전화   )
주민등록번호   -
주소
등록기준지</td></tr>
<tr><td>피 고</td><td>김 갑 순
주민등록번호   -
주소
등록기준지</td></tr>
</table>

청 구 취 지

원고와 피고의 이혼신고(19 ○○년 ○월 ○일 ○○시 ○○구청장 접수)는 무효임을 확인한다.
라는 판결을 구합니다.

청 구 원 인

1. 원고와 피고는 19 ○○년 ○월 ○일 혼인하여 그후 계속하여 오늘에 이르기까지 동거하고 있습니다.
2. 원고는 피고와 협의이혼에 관한 협의를 한 바 없고, 협의이혼을 위하여 법원에 다녀온 적도 없습니다.
3. 그런데 원고도 모르는 사이에 피고는 19 ○○년 ○월 ○일 ○○시에 ○○구청장에게 원고와 피고의 협의이혼신고를 하였습니다.
4. 원고와 피고의 협의이혼은 원고가 전혀 모르는 사실이고 또한 원고는 이혼할 의사가 없기 때문에 위 협의이혼은 무효이므로 이건 청구에 이른 것입니다.

첨 부 서 류

   1. 혼인관계증명서(부의 것, 처의 것)   각 1통
   2. 주민등록등본(부의 것, 처의 것)   각 1통

20 . . .
위 원고 홍 길 동 (인)

○○가정법원   귀중
○○지방법원(지원) 귀중

☞ 유의사항
소장에는 수입인지 20,000원을 붙여야 합니다.
송달료는 당사자수 ×3,700원(우편료) ×12회분을 송달료취급은행에 납부하고 영수증을 첨부하여야 합니다.

6-2-5. 이혼무효판결의 효력

① 이혼무효청구를 인용(認容)하는 확정판결의 효력은 제3자에게도 적용됩니다(가사소송법 제21조제1항).

② 이혼무효청구를 배척하는 판결이 확정된 경우 다른 제소권자는 사실 심의 변론종결 전에 참가하지 못한 것에 대해 정당한 사유가 있지 않으면 다시 소송을 제기할 수 없습니다(가사소송법 제21조제2항).

③ 이혼무효판결이 확정되면 그 이혼은 처음부터 없었던 것과 같아지므 로 이전의 혼인은 중단 없이 계속된 것으로 됩니다.

6-2-6. 이혼무효판결에 대한 불복

① 이혼무효소송에 관한 가정법원의 판결에 대해 불복하는 경우에는 판 결정본의 송달 전 또는 판결정본이 송달된 날로부터 14일 이내에 항 소할 수 있습니다(가사소송법 제19조제1항).

② 이혼무효소송에 관한 항소법원의 판결에 대해 불복하는 경우에는 판 결정본의 송달 전 또는 판결정본이 송달된 날로부터 14일 이내에 대 법원에 상고할 수 있습니다(가사소송법 제20조).

7. 이혼의 취소

7-1. 이혼취소 사유

이혼합의는 부부의 자유로운 의사에 근거해서 이루어져야 하므로, 사기 또는 강박(强迫)으로 인해 이혼의 의사표시를 한 경우는 이혼취소 사유 에 해당합니다(민법 제838조).

7-2. 이혼취소 방법 : 이혼취소소송
7-2-1. 관할법원

이혼취소소송의 관할법원은 다음에 해당하는 가정법원이 됩니다(가사소 송법 제22조).

1. 부부가 같은 가정법원의 관할구역 내에 보통재판적이 있는 경우에는

그 가정법원

2. 부부가 마지막으로 같은 주소지를 가졌던 가정법원의 관할구역 내에 부부 중 어느 한쪽의 보통재판적이 있는 경우에는 그 가정법원

3. 위 1.과 2.에 해당되지 않는 경우로서 부부 중 어느 한쪽이 다른 한쪽을 상대로 하는 경우에는 상대방의 보통재판적소재지이 있는 곳의 가정법원, 부부의 모두를 상대로 하는 경우에는 부부 중 어느 한쪽의 보통재판적이 있는 곳의 가정법원

4. 부부 중 어느 한쪽이 사망한 경우에는 생존한 다른 한쪽의 보통재판적이 있는 곳의 가정법원

5. 부부가 모두 사망한 경우에는 부부 중 어느 한쪽의 마지막 주소지의 가정법원

7-2-2. 소송의 제기권자 및 제소기간

사기 또는 강박(强迫)으로 인해 이혼의 의사표시를 한 사람은 가정법원에 이혼취소소송을 제기할 수 있습니다(민법 제838조). 다만, 사기를 안 날 또는 강박을 면한 날부터 3개월이 경과하면 소송을 제기할 수 없습니다(민법 제823조 및 839조).

7-2-3. 소송의 상대방

이혼취소소송의 상대방은 부부 중 어느 한쪽이 소송을 제기한 경우에는 배우자가, 제3자가 소송을 제기한 경우에는 부부가 되며, 소송의 상대방이 될 사람이 사망한 경우에는 검사가 상대방이 됩니다(가사소송법 제24조).

7-2-4. 조정의 신청

이혼취소소송을 제기하려면 우선 가정법원의 조정절차를 거쳐야 합니다(가사소송법 제2조제1항제1호나목 3 및 제50조제1항).

7-2-5. 이혼취소판결의 효과

① 이혼취소청구를 인용(認容)하는 확정판결의 효력은 제3자에게도 적용됩니다(가사소송법 제21조제1항). 따라서 이혼취소사유를 제공한 사람이 제3자인 경우에는 그 사람에게 재산상·정신상 손해에 대한 배상을 청구할 수 있습니다.

② 이혼취소판결이 확정되면 그 이혼은 처음부터 없었던 것과 같아지므로 취소판결 전에 다른 일방이 재혼을 했다면 그 재혼은 중혼(重婚)이 됩니다.

7-2-6. 이혼취소판결에 대한 불복

① 이혼취소소송에 관한 가정법원의 판결에 대해 불복하는 경우에는 판결정본의 송달 전 또는 판결정본이 송달된 날로부터 14일 이내에 항소할 수 있습니다(가사소송법 제19조제1항).

② 이혼취소소송에 관한 항소법원의 판결에 대해 불복하는 경우에는 판결정본의 송달 전 또는 판결정본이 송달된 날로부터 14일 이내에 대법원에 상고할 수 있습니다(가사소송법 제20조).

8. 사실혼 파기

8-1. 사실혼의 해소와 재산

8-1-1. 사실혼의 법적 보호 및 해소

① 사실혼의 법적 보호

법률혼주의를 채택하고 있는 우리나라에서는 혼인의 실질적 요건과 형식적 요건을 모두 갖추어야 비로소 법률상의 부부로 인정받습니다. 그러나 사실혼은 혼인하겠다는 의사의 합치, 혼인적령, 근친혼금지, 중혼금지 등 혼인의 실질적 요건은 충족하지만, 혼인신고라는 형식적 요건을 갖추지 않은 채 부부공동생활을 하는 것으로 법률혼과 달리 부부의 권리와 의무 중 일부만을 법률로 보호받습니다.

② 사실혼 해소방법

사실혼 부부는 법률상의 부부가 아니므로 헤어질 때 법원의 이혼확인, 이혼신고 등의 법적 절차를 밟을 필요가 없습니다. 따라서 사실혼은 당사자간 합의에 의해 해소할 수도 있고, 일방의 통보에 의해 해소할 수도 있습니다. 합의 또는 통보를 할 때 일정한 형식이 요구되는 것은 아니며, 구두, 전화, 서신 등 자유로운 방법으로 하면 됩니다.

8-1-2. 사실혼의 해소에 따른 재산문제

① 판례는 사실혼 배우자 일방이나 제3자(예를 들어 시부모, 장인·장모 등)에게 책임 있는 사유로 사실혼이 파기된 경우에는 그 배우자 또는 제3자에게 그에 따른 정신적 고통에 대한 배상, 즉 위자료를 청구할 수 있는 것으로 보고 있습니다(대법원 1998. 8. 21. 선고 97므544,551 판결, 대법원 1998.12. 8. 선고 98므961 판결 등).

② 또한, 사실혼 기간 동안 부부가 협력해서 모은 재산은 두 사람의 공동소유로 추정되기 때문에 사실혼이 해소되면 부부재산을 청산한다는 의미에서 법률혼 부부가 이혼을 하는 경우와 마찬가지로 재산분할을 청구할 수 있는 것으로 보고 있습니다(대법원 1995. 3. 10. 선고 94므1379,1386 판결).

8-2. 사실혼의 해소에 따른 자녀문제

① 사실혼 부부 사이에서 출생한 자녀는 '혼인 외의 출생자'가 됩니다. 다만, 아버지가 친자식임을 인지(認知)한 경우에는 자녀에 대한 친권과 양육권을 부부가 공동으로 행사하게 되며, 사실혼 관계가 해소된 경우에는 부부가 합의해서 자녀의 친권, 양육자 및 양육사항을 정하고, 합의가 이루어지지 않으면 법원에 그 지정을 청구할 수 있습니다

(민법 제837조, 제837조의2, 제843조, 제864조의2 및 제909조제4항).

② 그러나 인지가 되지 않았다면 혼인 외의 출생자와 아버지는 법적인 부자관계(父子關係)가 아니므로 아버지(남편)를 상대로 또는 아버지 (남편) 본인이 자녀의 친권, 양육자 지정 및 양육사항을 정하는 것에 관한 청구를 할 수 없습니다. 따라서 이러한 청구를 하려면 인지청구 소송을 먼저 해야 합니다(민법 제863조 및 가사소송법 제2조제1항제 1호나목 9).

(관련판례)

현행법상은 이혼당사자의 신청이 있는 경우, 혼인의 무효 또는 취소 판결 시 그 당사자의 신청이 있는 경우 이외에는 자(子)의 양육자 지정이나 양육에 관한 사항을 정하여 달라는 신청을 할 수 있는 법률상 근거가 없으므로, 사실혼 관계나 일시적 정교관계로 출생한 자의 생모는 그 자의 생부를 상대로 그와 같은 청구를 할 수 없다."(대법원 1979. 5. 8. 선고 79므3 판결)

8-3. 사실혼 파기에 대한 위자료 청구

① 사실혼은 부부간 합의 또는 부부 일방의 일방적인 파기에 의해 해소될 수 있습니다. 이 때 정당한 사유(민법 제840조에 준하는 사유) 없이 일방적으로 사실혼을 파기한 배우자는 상대방에게 사실혼 파기로 인해 입은 정신적 고통을 배상할 책임을 집니다(민법 제750조 및 제751조).

② 만일 위자료에 관해 부부의 합의가 이루어지지 않으면 법원에 그 배상을 청구할 수 있습니다(가사소송법 제2조제1항제1호다목 1).

③ 한편, 사실혼 파탄의 원인이 배우자가 아닌 제3자(예를 들어 배우자의 부모 등)에게 있는 경우에는 그 제3자에 대해서도 위자료를 청구할 수 있습니다(가사소송법 제2조제1항제1호다목 1).

(관련판례)

사실혼 관계에 있어서도 부부는 「민법」 제826조제1항 소정의 동거하며 서로 부양하고 협조하여야 할 의무가 있으므로 … 사실혼 배우자의 일방이 정당한 이유 없이 서로 동거, 부양, 협조해야 할 부부로서의 의무를 포기한 경우에는 그 배우자는 악의의 유기에 의해 사실혼 관계를 부당하게 파기한 것이 된다고 할 것이므로 상대방 배우자에게 재판상 이혼원인에 상당하는 귀책사유 있음이 밝혀지지 않는 한 원칙적으로 사실혼 관계 부당파기로 인한 손해배상책임을 면할 수 없다.(대법원 1998. 8. 21. 선고 97므544, 551 판결)

※ 판례상 사실혼 파기의 정당한 사유
① 사실혼 배우자가 부정한 행위를 한 경우(대법원 1967. 1. 24. 선고 66므39 판결)
② 사실혼 배우자가 악의로 다른 일방을 유기한 경우(대법원 1998. 8. 21. 선고 97므544,551 판결)
③ 사실혼 배우자 또는 그 직계존속으로부터 심히 부당한 대우를 받은 경우(대법원 1983. 9. 27. 선고 83므26 판결)

8-4. 사실혼 부부간 재산분할 청구

① 판례는 사실혼 관계를 유지하는 동안 부부가 공동으로 재산을 형성하고, 재산의 유지·증식에 기여했다면 그 재산은 부부의 공동소유로 보아 사실혼이 해소되는 경우에 재산분할을 청구할 수 있는 것으로 보고 있습니다(대법원 1995. 3. 10. 선고 94므1379,1386 판결).

② 재산분할의 청구는 위자료와 달리 사실혼 해소에 책임이 있는 배우자도 할 수 있습니다(대법원 1993. 5. 11. 자 93스6 결정).

③ 한편, 판례는 법률혼 부부가 장기간 별거하는 등의 이유로 사실상 이혼상태에 있으면서 부부 일방이 제3자와 혼인할 의사로 실질적인 혼인생활을 하고 있더라도, 특별한 사정이 없는 한 이를 사실혼으로 인정해서 법률혼에 준하는 보호를 허용할 수는 없다고 보아 중혼적(重婚的) 관계에 있는 사실혼 배우자는 사실혼 관계의 해소에 따른 재

산분할 청구를 할 수 없다고 보고 있습니다(대법원 1995. 9. 26. 선고 94므1638 판결, 대법원 1996. 9. 20. 선고 96므530 판결).

8-5. 사실혼 부부간 양육비 청구

① 양육비를 청구할 수 없는 경우

사실혼 부부 사이에서 태어난 자녀는 '혼인 외의 출생자'로서 어머니의 성(姓)과 본(本)을 따르게 되므로(민법 제781조제3항), 어머니와는 법률상의 모자(母子)관계가 존재하는 반면 아버지와는 법률상의 부자(父子)관계가 존재하지 않습니다. 따라서 사실혼 관계가 해소되는 경우 자녀의 아버지에게 양육비를 청구할 수 없게 됩니다.

(관련판례)

현행법상은 이혼당사자의 신청이 있는 경우, 혼인의 무효 또는 취소 판결 시 그 당사자의 신청이 있는 경우 이외에는 자(子)의 양육자 지정이나 양육에 관한 사항을 정하여 달라는 신청을 할 수 있는 법률상 근거가 없으므로, 사실혼관계나 일시적 정교관계로 출생한 자의 생모는 그 자의 생부를 상대로 그와 같은 청구를 할 수 없다.(대법원 1979. 5. 8. 선고 79므3 판결)

② 양육비를 청구할 수 있는 경우

자녀의 아버지에게 양육비를 청구하려면 자녀와 아버지 사이에 법적 관계가 존재해야 합니다. 이 법적 관계는 아버지가 그 자녀를 인지(認知)해서 친생자로 신고하거나(민법 제855조, 제859조제1항 및 가족관계의 등록 등에 관한 법률 제57조), 자녀 등이 아버지를 상대로 인지청구소송을 제기하고 인용판결이 확정된 경우(민법 제863조 및 제864조)에 발생합니다.

③ 위와 같은 방법으로 부자관계가 인지되면 아버지에게 자녀의 양육문제에 대한 법적 책임이 발생하므로(민법 제837조, 제837조의2, 제

843조, 제864조의2 및 제909조제4항) 아버지를 상대로 양육비를 청구할 수 있습니다.

(참고) 인지청구소송(認知請求訴訟)

①인지청구소송이란?
인지청구소송은 부모가 혼인 외의 출생자를 자신의 자녀로 인지하지 않는 경우에 그 혼인 외의 출생자를 친생자(親生子)로 인지해 줄 것을 법원에 청구하는 것을 말합니다.
②소송의 제기권자
인지청구소송은 자녀와 그 직계비속 또는 그 법정대리인이 제기할 수 있습니다(민법 제863조).
인지청구소송은 언제든지 제기할 수 있지만, 부(父) 또는 모(母)가 사망한 경우에는 그 사망을 안 날로부터 2년이 지나면 소송을 제기할 수 없습니다(민법 제864조).
③소송의 상대방
인지청구소송의 상대방은 부(父) 또는 모(母)가 되며(민법 제863조), 부(父) 또는 모(母)가 사망한 경우에는 검사가 됩니다(민법 제864조).
④제소기간
인지청구소송은 언제든지 제기할 수 있지만, 부(父) 또는 모(母)가 사망한 경우에는 그 사망을 안 날로부터 2년이 지나면 소송을 제기할 수 없습니다(민법 제864조).
⑤관할법원
인지청구소송은 소송 상대방의 보통재판적이 있는 곳의 가정법원의 전속관할로 하고, 상대방이 모두 사망한 경우에는 그 중 1명의 마지막 주소지의 가정법원에 제기할 수 있습니다(가사소송법 제26조제2항).
⑥인지신고
인지의 재판이 확정되면 재판의 확정일부터 1개월 이내에 재판서의 등본 및 확정증명서를 첨부해서 시·읍·면에 인지신고해야 합니다(가족관계의 등

록 등에 관한 법률 제58조).

인지청구소송의 효과
인지청구를 인용하는 판결이 확정되면 그 자녀가 출생한 때부터 친자관계가 있는 것으로 보아(민법 제860조), 자녀의 양육책임을 부담하고, 면접교섭권이 인정됩니다(민법 제864조의2).

⑦인지에 대한 이의소송
인지에 대해 이의가 있는 경우에 자녀 또는 그 밖의 이해관계인은 인지신고가 있음을 안 날로부터 1년 이내에 인지에 대한 이의소송을 제기할 수 있습니다(민법 제862조).

제2장
협의이혼은 어떤 절차를 거쳐야 하나요?

제2장 협의이혼은 어떤 절차를 거쳐야 하나요?

1. 협의이혼 요건

1-1. 협의이혼의 의의

협의이혼이란 부부가 서로 합의해서 이혼하는 것을 말합니다. 협의이혼은 부부가 이혼과 자녀의 친권·양육 등에 관해 합의해서 법원으로부터 이혼의사확인을 받아 행정관청에 이혼신고를 하는 방식으로 이루어집니다.

1-2. 협의이혼의 성립요건
1-2-1. 실질적 요건

① 진정한 이혼의사의 합치(合致)가 있을 것

  ㉮ 부부가 협의이혼을 하려면 진정한 의사로 이혼할 것에 합의해야 합니다. 이 때 협의이혼은 부부가 자유로운 의사에 따라 합의한 것으로 충분하며 이혼사유(예를 들어 성격불일치, 불화, 금전문제 등)는 묻지 않습니다.

  ㉯ 이혼의사는 가정법원에 이혼의사확인을 신청할 때는 물론이고 이혼신고서가 수리될 때에도 존재해야 합니다. 예를 들어, 가정법원으로부터 협의이혼의사를 확인받았더라도 이혼신고서가 수리되기 전에 이혼의사를 철회한 경우에는 이혼이 성립되지 않습니다.

② 의사능력이 있을 것

  이혼의사의 합치에는 의사능력이 있어야 합니다. 따라서 피성년후견인도 의사능력이 있으면 부모나 후견인의 동의를 받아 이혼할 수 있습니다(민법 제808조제2항 및 제835조).

※ 미성년자가 혼인할 경우에는 부모 또는 후견인의 동의가 있어야 하지만, 혼인하면 성년으로 간주되므로(민법 제826조의2) 이혼할 경우 부모 등의 동의 없이 자유롭게 할 수 있습니다.

③ 이혼에 관한 안내를 받을 것

협의이혼의사확인을 신청한 부부는 가정법원이 제공하는 이혼에 관한 안내를 받아야 하고, 가정법원은 필요한 경우 당사자에게 상담에 관한 전문적인 지식과 경험을 갖춘 전문상담인의 상담을 받을 것을 권고할 수 있습니다(민법제836조의2제1항).

④ 이혼숙려기간이 경과한 후 이혼의사확인을 받을 것

법원으로부터 이혼에 관한 안내를 받은 부부는 안내를 받은 날부터 다음의 이혼숙려기간이 지난 후에 이혼의사를 확인받을 수 있습니다 (민법 제836조의2제2항). 다만, 폭력으로 인해 부부 일방에게 참을 수 없는 고통이 예상되는 등 이혼을 해야 할 급박한 사정이 있는 경우에는 이 기간이 단축되거나 면제될 수 있습니다(민법 제836조의2제3항).

1. 양육해야 할 자녀(임신 중인 자녀를 포함. 이하 같음)가 있는 경우 : 3개월

2. 양육해야 할 자녀가 없는 경우 : 1개월

⑤ 자녀의 친권과 양육에 관한 합의서 등을 제출할 것

㉮ 양육해야 할 자녀(이혼숙려기간 이내에 성년에 도달하는 자녀는 제외)가 있는 경우에는 협의이혼의사확인을 신청할 때 또는 이혼의사확인기일까지 그 자녀의 친권과 양육에 관한 협의서 또는 가정법원의 심판정본을 제출해야 합니다(민법 제836조의2제4항 및 가족관계의 등록 등에 관한 규칙 제73조제4항).

㉯ 협의이혼하려는 부부가 양육비용의 부담에 대해 합의한 경우, 가정법원은 그 내용을 확인하는 양육비부담조서를 작성하여야 합니다. 이는 이혼 시 양육비를 효율적으로 확보하기 위한 것으로, 이 때의 양육비부담조서는 채무명의로서의 효력을 갖습니다(민법 제836조의2제5항, 가사소송법 제41조).

㉰ 자녀의 친권과 양육에 관해 부부간 합의가 이루어지지 않는 경우에는 가정법원이 직권으로 이를 결정할 수도 있습니다(민법 제837조제4항 및 제909조제4항).

1. 24. 선고 95도448 판결 등)라고 하여 가장이혼도 일응 이혼의사의 합치가 있었으므로 원칙적으로는 무효인 이혼은 아니라는 취지로 판시하고 있습니다.

또한, 남편의 감언이설에 속아서 위와 같은 이혼신고를 하게 되었다는 이유로 이혼을 취소할 수 있는지 문제될 수 있는데(민법 제838조), 이 경우에는 협의이혼 당시 남편이 귀하를 속이고 협의이혼하여 다른 여자와 혼인할 의도로 위와 같이 협의이혼을 하였을 경우에 사기가 문제될 것으로 보이고, 만약 남편이 이혼을 하고 난 후에 새로운 여자관계가 계속되어 재혼을 하게 되었다면 사기에 의한 이혼이라고는 할 수 없을 것입니다. 참고로 사기로 인하여 이혼의 취소가 인정된다면 원래의 혼인은 부활되고 재혼은 중혼으로 되지만 중혼은 금지되고 있으므로 후혼(後婚)의 취소를 청구할 수 있게 될 것입니다(대법원 1984. 3. 27. 선고 84므9 판결).

따라서 위 사안의 경우 귀하는 이혼의사가 없었음을 누구나 납득할만한 충분한 증거로 입증하여 위 이혼을 무효화시키거나, 그렇지 않으면 이혼 당시 甲에게 사기를 할 의사가 있었음을 입증하여야 위 이혼을 취소시킬 수 있다고 할 것입니다.

2. 협의이혼과 자녀문제 합의

① 구「민법」(2007.12.21, 법률 제8720호로 개정되기 이전의 것)이 자녀의 양육사항 및 친권자지정에 관한 합의 없이도 협의이혼이 가능하도록 해 자녀의 양육환경이 부당하게 침해되는 문제가 발생하자, 이를 방지하고 자녀의 복리를 우선시하기 위해 현행 민법은 협의이혼을 할 때 자녀의 양육사항 및 친권자에 관해 정하지 않은 상태에서는 협의이혼이 이루어질 수 없도록 규정하고 있습니다.

② 즉, 협의이혼하려는 부부는 가정법원에 이혼의사확인을 신청할 때 양육자의 결정, 양육비용의 부담, 면접교섭권의 행사 여부 등이 기재된 양육사항과

친권자 지정에 관한 합의서를 제출해야 하며, 부부가 이러한 사항에 대해 합의하지 못한 경우에는 법원에 그 결정을 청구해서 심판을 받은 다음 그 심판정본을 제출하도록 의무화하고 있습니다(민법 제836조의2제4항 및 제837조제1항·제2항·제4항).

③ 협의이혼하려는 부부가 양육비용의 부담에 대해 합의한 경우, 가정법원은 그 내용을 확인하는 양육비부담조서를 작성하여야 합니다. 이는 이혼 시 양육비를 효율적으로 확보하기 위한 것으로, 이 때의 양육비부담조서는 채무명의로서의 효력을 갖습니다(민법 제836조의2제5항 및 가사소송법 제41조).

3. 협의이혼과 재산문제

3-1. 위자료의 청구

① 배우자의 책임 있는 사유로 이혼에 이른 경우에 그로 인해 입은 정신적 고통에 대한 배상, 즉 위자료를 상대 배우자에게 청구할 수 있습니다(민법 제806조 및 제843조).

② 협의이혼을 할 때 부부간 재산문제 합의 여부는 법원의 확인사항이 아니므로 협의이혼 시 위자료에 관해 합의되지 않더라도 이혼하는 것이 가능하며, 이혼 후 법원에 위자료청구소송을 제기해서 위자료 문제를 다툴 수 있습니다(가사소송법 제2조제1항제1호다목 2).

③ 이혼 시 위자료 외에도 재산분할, 자녀양육 등에 관해 합의되지 않은 사항이 있다면 이를 함께 청구(가사소송법 제14조제1항)하는 것이 소송 경제상 유리할 것입니다.

④ 이 위자료청구권은 그 손해 또는 가해자를 안 날로부터(통상 이혼한 때부터) 3년 이내에 행사하지 않으면 시효로 인해 소멸합니다(민법 제766조제1항).

■ 협의이혼에 합의하고 금원을 받았으나, 불성립되어 재판상 이혼을 한 경우 위자료 청구가 가능한지요?

Q. 甲과 乙은 협의이혼하기로 하면서 甲은 乙로부터 2천만 원을 지급받기로 합의하였고, 실제로 2천만 원을 지급받았습니다. 그러면서 이후 일체의 이의를 제기하지 않기로 하는 합의이혼서약서를 작성하였습니다. 그럼에도 이후 사정으로 협의이혼에 이르지 못하고 甲은 乙의 유책사유를 이유로 재판상 이혼을 청구하였는데요, 2천만 원을 미리 지급받았음에도 불구하고 이혼 청구와 동시에 위자료도 청구할 수 있나요?

A. 조금 오래된 하급심 판례이기는 하지만 서울가정법원 1997. 4. 3. 선고 96드27609 판결에서는 "협의이혼을 하기로 하면서 일정 금원을 수령하고 이후 어떠한 이의도 제기하지 않기로 약정하였으나 협의이혼이 이루어지지 않고 재판상 이혼에 이르게 된 경우, 그와 같은 약정은 특별한 사정이 없는 한 협의이혼이 이루어질 것을 전제로 하여 한 조건부 의사표시로서 협의이혼이 이루어지지 않은 이상 그 합의는 조건의 불성취로 인하여 효력이 발생되지 아니하므로, 이로써 재판상 이혼함으로 인하여 발생하는 위자료 청구권 및 재산분할 청구권이 당연히 소멸된다고 할 수 없다."고 판시하고 있습니다.

이에 따르면 甲은 乙의 유책사유로 인한 재판상 이혼을 청구하면서 위자료를 청구할 수 있으나, 다만 위자료 액수에 있어 기존에 지급받은 금원이 감안될 것이라 보여집니다.

3-2. 재산분할의 청구

① 이혼으로 인해 부부공동생활이 해소되는 경우에 혼인 중 부부가 공동으로 형성한 재산에 대한 분할을 청구할 수 있습니다(민법 제839조의2).

② 협의이혼을 할 때 부부간 재산문제 합의 여부는 법원의 확인사항이 아니므로 협의이혼 시 재산분할에 관해 합의되지 않더라도 이혼하는 것

이 가능하며, 이혼 후 법원에 재산분할청구심판을 청구해서 재산분할 문제를 다툴 수 있습니다(가사소송법 제2조제1항제2호나목 4).

③ 이혼 시 재산분할 외에도 위자료, 자녀양육 등에 관해 합의되지 않은 사항이 있다면 이를 함께 청구(가사소송법 제14조제1항)하는 것이 소송경제상 유리할 것입니다.

④ 이 재산분할청구권은 이혼한 날로부터 2년을 경과하면 소멸합니다(민법 제839조의2제3항).

4. 협의이혼 절차

4-1. 가정법원에 협의이혼의사확인 신청

① 이혼은 부부라는 법률관계를 해소시키는 것으로 부부의 합의가 있다는 것만으로는 이혼되지 않고, 법원으로부터 부부 사이에 이혼의사가 합치함을 공식적으로 확인받는 절차가 필요합니다.

② 따라서 협의이혼을 하려는 부부는 먼저 관할 가정법원에 협의이혼의사확인을 신청해서 협의이혼의사를 확인받아야 합니다.

협의이혼의사확인신청서

당사자   부 ○○○ (주민등록번호: -   )
           등록기준지: 주 소:
           전화번호(핸드폰/집전화):
       처 ○○○ (주민등록번호: -   )
           등록기준지: 주 소:
           전화번호(핸드폰/집전화):

신청의 취지

위 당사자 사이에는 진의에 따라 서로 이혼하기로 합의하였다.
위와 같이 이혼의사가 확인되었다.
라는 확인을 구함.

첨부서류

1. 남편의 혼인관계증명서와 가족관계증명서 각 1통.
   처의 혼인관계증명서와 가족관계증명서 각 1통.
2. 미성년자가 있는 경우 양육 및 친권자결정에 관한 협의서 1통과
사본 2통 또는 가정법원의 심판정본 및 확정증명서 각 3통 (제출__, 미제출__)
3. 주민등록표등본(주소지 관할법원에 신청하는 경우)1통.
4. 진술요지서(재외공관에 접수한 경우) 1통.   끝.

년   월   일

확인기일		담당자
1회	년 월 일 시	법원주사(보)
2회	년 월 일 시	○○○ ㉑

신청인 부 ○ ○ ○ ㉑
           처 ○ ○ ○ ㉑

확인서등본 및 양육비 부담조서정본 교부	교부일
부 ○○○ ㉑	
처 ○○○ ㉑	

○ ○ 가 정 법 원   귀 중

[제6호 서식의 앞면]

협의이혼제도안내

1. 협의이혼이란

○ 부부가 자유로운 이혼합의에 의하여 혼인관계를 해소시키는 제도로, 먼저 관할 법원의 협의이혼의사확인을 받은 후 이혼신고서에 그 확인서등본을 첨부하여 관할 시(구)·읍·면의 장에게 신고함으로써 이혼의 효력이 발생합니다.

2. 협의이혼절차는

　가. 협의이혼의사확인의 신청

　　① 신청시 제출하여야 할 서류

　　　㉮ 협의이혼의사확인신청서 1통

　　　- 부부가 함께 작성하며, 신청서 양식은 법원의 신청서접수창구에 있습니다.

　　　- 당사자 혼자 법원에 출석하여 미리 작성안내를 받을 수 있습니다.

　　　㉯ 남편과 처의 가족관계증명서와 혼인관계증명서 각 1통

　　　- 시(구)·읍·면사무소에서 발급합니다.

　　　㉰ 이혼신고서 3통

　　　- 신고서양식은 시(구)·읍·면사무소 및 법원의 신청서접수창구에\ 있습니다.

　　　- 신고서는 그 뒷면에 기재된 작성방법에 따라 부부가 함께 작성하며, ⑤"친권자지정"란은 미성년자(만 20세미만)인 자녀에 대하여 친권자를 정한 경우에만 "부" 또는 "모"로 기재합니다.

　　　㉱ 주민등록등본 1통

　　　- 주소지 관할 법원에 이혼의사확인신청을 하는 경우에만 첨부합니다.

　　　㉲ 부부 중 일방이 외국에 있거나 교도소(구치소)에 수감중인 경우

　　　- 재외국민등록부등본 1통(재외공관 및 외교통상부 발급) 또는 수용증명서(교도소 및 구치소 발급) 1통을 첨부합니다.

　　　- 송달료 2회분(구체적 금액은 접수담당자에게 문의)을 납부합니다.

　　② 신청서를 제출할 법원

　　　○ 이혼당사자의 등록기준지 또는 주소지를 관할하는 법원에 부부가 함께 출석하여 신청서를 제출하여야 합니다.

　　　- 부부 중 일방이 외국에 있거나 교도소(구치소)에 수감중인 경우에만 다른 일방이 혼자 출석하여 신청서를 제출할 수 있습니다.

[제6호 서식의 뒷면]

③ 협의이혼의사의 확인

○ 반드시 부부가 함께 본인의 신분증(주민등록증, 운전면허증, 공무원증, 여권 중 하나)과 도장을 가지고 통지받은 확인기일에 법원에 출석하여야 합니다.

- 첫 번째 확인기일에 불출석하였을 경우에는 두 번째 확인기일에 출석하면 되나, 두 번째 기일에도 불출석한 경우에는 확인신청을 취하한 것으로 보므로 협의이혼의사확인신청을 다시 하여야 합니다.

○ 부부의 이혼의사가 확인되면 법원에서 부부에게 확인서등본을 1통씩 교부합니다.

※ 우리 법원의 확인기일(예: 1회/1일 매일 오후 3시)

나. 협의이혼의 신고

○ 이혼의사확인서등본은 교부받은 날부터 3개월이 지나면 그 효력이 상실되므로, 신고의사가 있으면 위 기간 내에 당사자 일방 또는 쌍방이 시(구)·읍·면사무소에 확인서등본이 첨부된 이혼신고서를 제출하여야 합니다.

- 이혼신고가 없으면 이혼된 것이 아니며, 위 기간을 지난 경우에는 다시 법원의 이혼의사확인을 받지 않으면 이혼신고를 할 수 없습니다.
- 확인서등본을 분실한 경우: 다시 법원에 협의이혼의사확인신청을 하거나, 그 등본을 교부받은 날부터 3개월 이내라면 이혼의사확인신청을 한 법원에서 확인서등본을 다시 교부받고 이혼신고서를 다시 작성하여 이혼신고 하면 되고 3개월이 지난 경우에는 다시 협의이혼의사확인신청을 하여야 합니다.

다. 협의이혼의 철회

○ 이혼의사확인을 받고 난 후라도 이혼할 의사가 없는 경우에는 이혼신고를 하지 않거나, 이혼의사철회표시를 하고자 하는 사람의 등록기준지, 주소지 또는 현재지 시(구)·읍·면의 장에게 이혼의사철회서를 제출하면 됩니다.

- 이혼신고서가 이혼의사철회서보다 먼저 접수되면 철회서를 제출하였더라도 이혼의 효력이 발생합니다.

3. 협의이혼의 효과는

○ 가정법원의 이혼의사확인을 받아 신고함으로써 혼인관계는 해소됩니다.

○ 이혼 후에도 자녀에 대한 부모의 권리와 의무는 협의이혼과 관계없이 그대로 유지됩니다.

4-2. 관할법원

협의이혼의사확인의 신청은 부부의 등록기준지 또는 주소지를 관할하는 가정법원에 부부가 함께 출석해서 협의이혼의사확인신청서를 제출하면 됩니다(가족관계의 등록등에 관한 법률 제75조제1항 및 가족관계의 등록 등에 관한 규칙 제73조제1항)

(관련판례)

법률상 부부인 갑과 을이 같은 주소지에서 생활하다가, 갑은 가출한 이후 소재가 확인되지 않고, 을이 계속 위 주소지에서 생활하면서 갑을 상대로 혼인무효의 소를 제기한 사안에서, 가사소송법 제22조에 의하면 혼인무효청구의 소와 재판상이혼청구의 소는 부부가 같은 가정법원의 관할 구역 내에 보통재판적이 있을 때에는 그 가정법원이(제1호), 부부가 마지막으로 같은 주소지를 가졌던 가정법원의 관할 구역 내에 부부 중 어느 한쪽의 보통재판적이 있을 때에는 그 가정법원이(제2호) 각 관할법원이 되고, 이는 전속관할에 속하므로, 혼인무효의 소의 관할이 가사소송법 제22조 제2호에 의하여 갑과 을의 최후의 공통주소지이자 을의 현 주소지를 관할하는 가정법원의 전속관할에 속한다고 한 사례.(서울가정법원 2017. 3. 17. 선고 2016르654 판결)

4-3. 신청에 필요한 서류

① 협의이혼의사확인을 신청할 때에는 다음의 서류를 갖추어서 제출해야 합니다(가족관계의 등록 등에 관한 규칙 제73조제4항).

1. 협의이혼의사확인신청서 1통

※ 협의이혼의사확인신청서에는 부부 쌍방과 성년자인 증인 2명의 서명·날인이 필요합니다(민법 제836조제2항).

2. 부부 각자의 가족관계증명서 각 1통
3. 부부 각자의 혼인관계증명서 각 1통
4. 미성년인 자녀[임신 중인 자녀를 포함하되, 이혼숙려기간(민법 제836조의2제2항 및 제3항에서 정한 기간) 이내에 성년에 도달하는

자녀는 제외]가 있는 경우에는 그 자녀의 양육과 친권자결정에 관한 협의서 1통과 그 사본 2통 또는 가정법원의 심판정본 및 확정증명서 각 3통

② 위 서류 이외에 추가제출서류가 필요한 경우 및 해당 서류

1. 주소지 관할 법원에 이혼의사확인신청을 하는 경우에는 주민등록등본 1통도 제출해야 합니다.

2. 부부 중 일방이 외국에 있으면 재외국민등록부등본 1통이 필요하고, 송달료 2회분(구체적인 금액은 접수담당자에게 문의)도 납부해야 합니다.

4-4. 이혼안내 및 이혼숙려기간의 진행

① 이혼 안내

협의이혼의사확인을 신청한 부부는 가정법원이 제공하는 이혼에 관한 안내를 받아야 하며, 가정법원은 필요한 경우 당사자에게 전문적인 지식과 경험을 갖춘 전문상담인의 상담을 받을 것을 권고할 수 있습니다(민법 제836조의2제1항).

② 이혼숙려기간

가정법원의 이혼 안내를 받은 날부터 양육해야 할 자녀가 있는 경우에는 3개월, 그렇지 않은 경우에는 1개월의 이혼숙려기간이 지난 후에 이혼의사의 확인을 받을 수 있습니다(민법 제836조의2제2항). 다만, 폭력으로 인해 당사자 일방에게 참을 수 없는 고통이 예상되는 등 이혼을 해야 할 급박한 사정이 있는 경우에는 이 기간이 단축되거나 면제될 수 있습니다(민법 제836조의2제3항).

[서식 예] 이혼 숙려기간 면제(단축) 사유서

이혼 숙려기간 면제(단축) 사유서

20   호   협의이혼의사확인신청

당사자   ○○○ (주민등록번호 -   )
주 소

위 사건에 관하여 20 . . . :   로 이혼의사 확인기일이 지정되었으나 다음과 같은 사유로 이혼의사 확인까지 필요한 기간을 면제(단축)하여 주시기 바랍니다.

다 음

사유 : 1. 가정 폭력으로 인하여 당사자 일방에게 참을 수 없는 고통이
        예상됨( )
2. 기타 이혼을 하여야 할 급박한 사정이 있는 경우(상세히 적을 것)

첨 부 서 류

1.

20   .   .   .
위 당사자   (날인 또는 서명)
(연락처 :   )
(상대 배우자 연락처 :   )

○○지방법원 귀중

◇유의사항◇
※ 연락처란에는 언제든지 연락 가능한 전화번호나 휴대전화번호를 기재하고, 그 밖에 팩스번호, 이메일 주소 등이 있으면 함께 기재하기 바랍니다.
※ 사유서 제출 후 7일 이내에 확인기일의 재지정 연락이 없으면 최초에 지정한 확인기일이 유지되며, 이에 대하여는 이의를 제기할 수 없습니다.

다만, 같은 조 제3항에서는, 이혼숙려기간에 대한 예외규정을 두어 특별한 사정이 있는 경우에는 이를 단축 또는 면제할 수 있도록 규정을 하고 있으며, 그 내용은 다음과 같습니다.

> "③ 가정법원은 폭력으로 인하여 당사자 일방에게 참을 수 없는 고통이 예상되는 등 이혼을 하여야 할 급박한 사정이 있는 경우에는 제2항의 기간을 단축 또는 면제할 수 있다."

따라서, 귀하의 경우에는 민법 제836조의2 제3항의 '폭력으로 인하여 당사자 일방에게 참을 수 없는 고통이 예상되는 등 이혼을 하여야 할 급박한 사정이 있는 경우'에 해당한다고 보여지는바, 이혼숙려기간이 단축 내지는 면제될 수 있는 경우라고 생각됩니다.

4-5. 이혼의사 등의 확인 및 확인서 등의 작성·교부

4-5-1. 이혼의사 등의 확인

부부 양쪽은 이혼에 관한 안내를 받은 날부터 이혼숙려기간이 지난 후 가정법원에 함께 출석해서 진술을 하고 이혼의사의 유무 및 부부 사이에 미성년인 자녀가 있는지 여부와 미성년인 자녀가 있는 경우 그 자녀에 대한 양육과 친권자결정에 관한 협의서 또는 가정법원의 심판정본 및 확정증명서(이하, 이혼의사 등 이라 함)를 확인받게 됩니다(가족관계의 등록 등에 관한 규칙 제74조제1항).

4-5-2. 확인서 작성·교부

① 가정법원은 부부 양쪽의 이혼의사 등을 확인하면 확인서를 작성하고, 미성년인 자녀의 양육과 친권자결정에 관한 협의를 확인하면 그 양육비부담조서도 함께 작성합니다(가족관계의 등록 등에 관한 규칙 제78조제1항 본문).

② 다만, 미성년인 자녀의 양육과 친권자결정에 관한 협의가 자녀의 복리에 반할 경우 가정법원은 그 보정을 명할 수 있고, 부부 양쪽이

이에 불응할 경우 가정법원은 확인서 및 양육비부담조서를 작성하지 않습니다(가족관계의 등록 등에 관한 규칙 제78조제1항 단서).

③ 법원사무관등은 이혼의사 등의 확인서가 작성된 경우 지체 없이 확인서등본과 미성년인 자녀가 있는 경우 협의서등본 및 양육비부담조서정본 또는 심판정본 및 확정증명서를 부부 양쪽에게 교부하거나 송달합니다(가족관계의 등록 등에 관한 규칙 제78조제4항 본문).

4-5-3. 협의이혼의사확인 신청의 취하

협의이혼의사확인 신청은 가정법원의 확인을 받기 전까지 취하할 수 있으며, 부부 일방 또는 쌍방이 출석통지를 받고도 2회에 걸쳐 출석하지 않는 경우에도 취하한 것으로 봅니다(가족관계의 등록 등에 관한 규칙 제77조).

■ **강박이나 사기로 협의이혼을 한 경우에 이혼을 취소할 수 있는지요?**

Q. 저는 남편 甲과 정식으로 결혼식을 올리고 혼인신고를 필하여 함께 생활하다가, 시부모의 지속적인 강압에 의해 부득이 협의이혼을 하게 되었습니다. 이러한 경우 저는 甲과의 이혼을 취소할 수 있는지요?

A. 위 사안과 관련하여서는 이른바 강박에 의한 혼인취소가 가능한지가 문제가 된다고 할 것입니다.

이와 관련하여 민법은 타인의 강박이나 사기에 의해 이혼한 경우 그 이혼을 취소할 수 있도록 규정하고 있습니다(민법 제838조). 같은 법 제839조에서는 제823조의 규정을 준용하고 있는바, 사기 또는 강박으로 인한 혼인은 사기를 안 날 또는 강박을 면한 날로부터 3월을 경과한 때에는 그 취소를 청구하지 못한다고 할 것입니다. 또한, 이혼을 취소하기 위해선 우선 가정법원에 조정을 신청해야 하며 조정이 성립되지 않으면 제소신청을 할 수 있습니다(민법 제838조, 가사소송법 제2조, 제49조, 민사조정법 제36조).

따라서 위 사건의 경우 귀하는 위 절차에 따라 이혼을 취소할 수 있을 것으로 보여 집니다.

■ 사기 또는 강박으로 인하여 이혼의 의사표시를 한 자는 이혼의 취소를 청구할 수 있나요?

Q. 甲은 중증정신이상자인데, 치료를 통해 어느 정도 증상이 회복되고 있는 경과에 법률상 처인 乙이 甲을 데리고 법원으로 가서 이혼신고서를 작성 제출하여 협의이혼의사 확인을 받은 다음 협의이혼신고를 하였습니다. 이 때 甲은 이혼의 취소를 청구할 수 있나요?

A. 민법 제 838조는 '사기 또는 강박으로 인하여 이혼의 의사표시를 한 자는 그 취소를 가정법원에 청구할 수 있다.'고 규정하고 있습니다. 한편 대법원 1987. 1. 20. 선고 86므86 판결에서는 '협의이혼 의사 확인절차는 확인당시에 당사자들이 이혼을 할 의사를 가지고 있는가를 밝히는데 그치는 것이고 그들이 의사결정의 정확한 능력을 가졌는지 또는 어떠한 과정을 거쳐 협의이혼 의사를 결정하였는지 하는 점에 관하여서는 심리하지 않는다.'고 하면서 '협의이혼 의사의 확인은 어디까지나 당사자들의 합의를 근간으로 하는 것이고 법원의 역할은 그들의 의사를 확인하여 증명하여 주는데 그치는 것이며 법원의 확인에 소송법상의 특별한 효력이 주어지는 것도 아니므로 이혼협의의 효력은 민법상의 원칙에 의하여 결정되어야 할 것이고 이혼의사 표시가 사기, 강박에 의하여 이루어졌다면 민법 제838조 에 의하여 취소 할 수 있다고 하지 않으면 안 된다.'고 판시하고 있습니다.

그러므로 비록 가정법원의 협의이혼의사확인이 존재한다 할지라도 협의이혼의 의사표시 자체에 기망 또는 강박 등 의사표시의 하자가 존재한다면 이는 언제든지 취소를 할 수 있다고 판단할 수 있을 것이므로, 甲은 이혼의 취소를 구할 수 있을 것으로 보입니다.

4-6. 행정관청에 이혼신고

① 부부 중 어느 한 사람이 가정법원의 이혼의사확인서 등본을 교부·송달받은 날로부터 3개월 이내에 이혼신고서에 이혼의사확인서 등본을

첨부해서 등록기준지 또는 주소지 관할 시청·구청·읍사무소 또는 면사무소에 신고를 하면 비로소 이혼의 효력이 발생합니다.

② 이 3개월의 기간이 경과하면 가정법원의 확인은 효력을 상실합니다(민법 제836조제1항, 가족관계의 등록 등에 관한 법률 제75조 및 가족관계의 등록 등에 관한 규칙 제79조).

< 협의이혼 절차 >

부부의 이혼합의	⇒	가정법원에 협의이혼의사확인 신청	⇒	숙려기간 경과	⇒	가정법원의 이혼의사 등 확인	⇒	행정관청에 이혼신고

■ **협의이혼신고서가 위조된 경우 협의이혼신고의 효력에 영향이 있는지요?**

Q. 저는 과거에 甲과 혼인하여 작년까지 함께 생활하다가, 올해 초 협의이혼을 하게 되었습니다. 법원으로부터 협의이혼의사확인을 받고, 甲이 구청에 신고를 하였으나, 협의이혼신고서에 기재된 증인 중 한 명의 인장이 甲에 의해 위조된 것을 알게 되었습니다. 이러한 경우 협의이혼신고의 효력에 영향이 있는지요?

A. 위 사안과 관련하여서는 협의이혼신고서가 위조된 경우에도 신고의 효력은 유효한지가 문제가 된다고 할 것입니다.

민법 제836조 제1항에서는, "협의상 이혼은 가정법원의 확인을 받아「가족관계의 등록 등에 관한 법률」의 정한 바에 의하여 신고함으로써 그 효력이 생긴다."고 규정하고 있으며, 제2항에서는 "전항의 신고는 당사자 쌍방과 성년인 증인 2인의 연서한 서면으로 하여야 한다."고 규정하고 있습니다.

이와 관련하여 대법원은 1962. 11. 15. 선고 62다610 판결에서, 다음과 같은 내용의 판시를 한 바 있습니다. "협의이혼에 있어서 그 신고는 증인이 연서한 서면으로 하는 것이며, 증인의 연서가 위조된 것이라면 그 신고를 수리할 수 없는 것이나 일단 수리된 이상 그 신고의 효력에 영향이 없다 할 것이다."

따라서 위 사안의 경우 귀하의 협의이혼신고서는 비록 위조되었다 할지라도 일단 수리되었으므로 신고의 효력에는 영향이 없다고 보여집니다.

■ 일방적 혼인신고사실을 알고도 계속 동거생활 한 경우에 헤어지려면 이혼을 해야 하는지, 아니면 위 혼인신고의 무효를 다투어야 하는지요?

Q. 저는 3년 전 남편 甲과 협의이혼하였으나, 자녀를 생각하여 계속 동거하며 부부처럼 생활하였습니다. 그리고 甲은 제 동의 없이 일방적으로 혼인신고를 하였으나 甲이 열심히 집안일을 돌보아 문제삼지 않았습니다. 그러나 최근 甲은 다른 여자와 부정행위를 하는 것 같아 저는 甲과 완전히 헤어지려고 하는바, 이런 경우에 이혼을 하여야 하는지, 아니면 위 혼인신고의 무효를 다투어야 하는지요?

A. 혼인이 유효하게 성립되기 위해서는 당사자 사이에 혼인의 합의가 있어야 하고, 이 혼인의 합의는 혼인신고가 수리될 당시에도 존재하여야 합니다(대법원 1996. 6. 28. 선고 94므1089 판결).

그러므로 甲이 귀하와 협의이혼 후 실질적으로 부부생활을 계속하였지만, 귀하의 동의 없이 일방적으로 혼인신고를 함으로써 혼인신고 자체가 상대방의 의사에 반하여 이루어진 이상 혼인신고 당시에는 혼인의사의 합치가 없었다고 볼 수 있습니다(서울가정법원 1996. 12. 11. 선고 96드61197 판결).

그러나 위 사안과 유사한 판례를 보면 "협의이혼한 후 배우자일방이 일방적으로 혼인신고를 하였더라도, 그 사실을 알고 혼인생활을 계속한 경우, 상대방에게 혼인할 의사가 있었거나 무효인 혼인을 추인하였다." 라고 하였습니다(대법원 1995. 11. 21. 선고 95므731 판결).

따라서 귀하의 경우에도 위 혼인의 무효를 주장하기보다 그 혼인이 유효함을 전제로 甲의 부정행위를 이유로 한 이혼청구소송을 하여야 할 것으로 보입니다.

참고로 혼인의사의 추정 여부에 관하여 판례는 "혼인의 합의란 법률혼주의를 채택하고 있는 우리나라 법제 하에서는 법률상 유효한 혼인을 성립하게 하는 합의를 말하는 것이므로, 비록 사실혼관계에 있는 당사자 일방이 혼인신고를 한 경우에도 상대방에게 혼인의사가 결여되었다고 인정되는 한 그 혼인은 무효라 할 것이나, 상대방의 혼인의사가 불분명한 경우에는 혼인의 관행과 신의성실의 원칙에 따라 사실혼관계를 형성시킨 상대방의 행위에 기초하여 그 혼인의사의 존재를 추정할 수 있으므로 이와 반대되는 사정, 즉 혼인의사를 명백히 철회하였다거나 당사자 사이에 사실혼관계를 해소하기로 합의하였다는 등의 사정이 인정되지 아니하는 경우에는 그 혼인을 무효라고 할 수 없다."라고 하였습니다(대법원 2000. 4. 11. 선고 99므1329 판결).

4-7. 협의이혼 의사의 철회

4-7-1. 이혼신고서 미제출

① 가정법원으로부터 협의이혼의사를 확인받으면 그 확인서를 첨부해서 3개월 이내에 행정관청에 이혼신고를 해야 비로소 이혼의 효력이 발생합니다(민법 제836조제1항 및 가족관계의 등록 등에 관한 법률 제75조제2항). 이 3개월의 기간이 지나면 이혼의사확인의 효력이 상실되므로(가족관계의 등록 등에 관한 법률 제75조제3항), 이혼을 하려면 법원의 협의이혼의사확인 절차를 다시 거쳐야 합니다.

② 따라서 이혼신고를 하기 전에 이혼의사가 없어진 경우에는 이혼신고서를 제출하지 않는 방법으로 이혼이 성립되는 것을 막을 수 있습니다.

4-7-2. 이혼의사철회서 제출

① 이혼신고서가 수리되기 전에 이혼의사확인서 등본을 첨부한 이혼의사

철회서를 등록기준지 또는 주소지 관할 시청·구청·읍사무소 또는 면사무소에 제출하면 이혼의사가 철회됩니다(가족관계의 등록 등에 관한 규칙 제80조제1항 본문).

② 그러나 본인의 이혼의사철회서보다 배우자의 이혼신고서가 먼저 제출된 경우에는 이혼이 이미 성립되었기 때문에 철회서를 제출하더라도 그 효력이 발생하지 않습니다(가족관계의 등록 등에 관한 규칙 제80조제2항).

[서식 예] 협의이혼의사철회서

협 의 이 혼 의 사 철 회 서

당사자　부 ○ ○ ○
　　　　　19○○년 ○월 ○일생
　　　　　등록기준지 ○○시 ○○구 ○○길 ○○
　　　　　주소 ○○시 ○○구 ○○길 ○○(우편번호)
　　　　　전화 ○○○ - ○○○○

　　　　　처 ○ ○ ○
　　　　　19○○년 ○월 ○일생
　　　　　등록기준지 ○○시 ○○구 ○○길 ○○
　　　　　주소 ○○시 ○○구 ○○길 ○○(우편번호)
　　　　　전화 ○○○ - ○○○○

　위 당사자간 ○○가정법원에서 200○. ○. ○. 200○호 제○○○○호 협의이혼의사확인서 등본을 발급받았으나, 위 합의에 이의가 있으므로 이혼의사를 철회하고자 협의이혼의사확인서 등본을 첨부하여 가족관계 등록 등에 관한 규칙 제80조에 따라서 이혼의사철회신고를 합니다.

첨 부 서 류

1. 협의이혼확인서등본　　　　　　　　　1통

```
                    200○.  ○.  ○○.
              위 신청인  부(또는 처)  ○  ○  ○  (인)

  ○ ○ 시 장     귀 하
```

협 의 이 혼 의 사 철 회 서			
당 사 자	남편	성 명	
		주민등록번호	
		등 록 기 준 지	
		주 소	
	아내	성 명	
		주민등록번호	
		등 록 기 준 지	
		주 소	
확 인 법 원			법원
확 인 년 월 일			20 년 월 일

위와 같이 이혼의사 확인을 받았으나, 본인은 이혼할 의사가 없으므로
이혼의사를 철회합니다.

                    20   년   월   일
          위 철회인   성   명 :   (서명 또는 날인)
                     연락처 :

                                     장   귀하

■ 협의이혼의사를 철회하려면 어떠한 방법으로 진행하여야 하는지요?

Q. 저는 과거에 甲과 혼인하여 작년까지 함께 생활하다가, 가정불화로 甲과 협의이혼을 하기로 하였습니다. 이에 저희 부부는 법원으로부터 협의이혼의사의 확인을 받은 상황입니다. 그러나 최근에 甲과의 관계가 개선되어 협의이혼의사를 철회하고 싶습니다. 이러한 경우에는 어떠한 방법으로 진행하여야 하는지요?

A. 위 사안과 관련하여서는 협의이혼의사의 철회방법이 쟁점이 되는 경우라 할 것입니다. 이와 관련하여서는 두 가지의 방법이 존재하는바, 다음과 같습니다.
  ① 이혼신고서의 미제출
    ㉠ 가정법원으로부터 협의이혼의사를 확인받으면 그 확인서를 첨부해서 3개월 이내에 행정관청에 이혼신고를 해야 비로소 이혼의 효력이 발생합니다(민법 제836조제1항 및 가족관계의 등록 등에 관한 법률 제75조제2항). 이 3개월의 기간이 지나면 이혼의사확인의 효력이 상실되므로(가족관계의 등록 등에 관한 법률 제75조제3항), 이혼을 하려면 법원의 협의이혼의사확인 절차를 다시 거쳐야 합니다.
    ㉡ 따라서 이혼신고를 하기 전에 이혼의사가 없어진 경우에는 이혼신고서를 제출하지 않는 방법으로 이혼이 성립되는 것을 막을 수 있습니다.
  ② 이혼의사철회서의 제출
    ㉠ 이혼신고서가 수리되기 전에 이혼의사확인서 등본을 첨부한 이혼의사철회서를 등록기준지 또는 주소지 관할 시청·구청·읍사무소 또는 면사무소에 제출하면 이혼의사가 철회됩니다(가족관계의 등록 등에 관한 규칙 제80조제1항 본문).
    ㉡ 그러나 본인의 이혼의사철회서보다 배우자의 이혼신고서가 먼저 제출된 경우에는 이혼이 이미 성립되었기 때문에 철회서를 제출하더라도 그 효력이 발생하지 않습니다(가족관계의 등록 등에 관한 규칙 제80조제2항). 따라서 귀하의 경우에는 위 두 가지의 방법에 따라 협의이혼 의사를 철회하시면 될 것으로 보입니다.

5. 외국에서의 협의이혼

5-1. 부부 양쪽이 외국에 있는 경우

5-1-1. 재외공관의 장에게 협의이혼의사확인 신청

① 부부 양쪽이 외국에 거주하는 경우 협의이혼을 하려면 부부의 거주지
를 관할하는 재외공관(대한민국 대사관·총영사관·영사관·분관 또는
출장소를 말하며, 그 지역을 관할하는 재외공관이 없는 경우에는 인
접지역을 관할하는 재외공관을 말하고, 부부의 거주국가가 다른 경
우에는 부부 중 어느 한 쪽의 거주지를 관할하는 재외공관을 말함.
이하 같음)의 장에게 협의이혼의사확인을 신청할 수 있습니다(가족관
계의 등록 등에 관한 규칙 제75조제1항 및 제3항).

② 협의이혼의사확인을 신청 받은 재외공관의 장은 신청서를 제출한 당
사자에게 이혼에 관한 안내서면을 교부한 후, 부부의 이혼의사 유무
와 미성년인 자녀가 있는지 여부 및 미성년인 자녀가 있는 경우에는
그 자녀에 대한 양육과 친권자결정에 관한 협의서 1통 또는 가정법
원의 심판정본 및 확정증명서(이하 "이혼사항"이라 함) 3통을 제출받
아 확인하고 그 요지를 기재한 서면(이하 "진술요지서"라 함)을 작성
해서 기명날인한 후 제출받은 협의이혼의사확인신청서를 첨부하여 지
체없이 서울가정법원으로 송부합니다(가족관계의 등록 등에 관한 규
칙 제75조제4항).

5-1-2. 서울가정법원의 협의이혼의사확인

① 서울가정법원은 재외공관으로부터 송달받은 진술요지서 및 첨부서류
에 의하여 이혼확인신청 당사자의 이혼의사 등을 확인하고, 부부 양
쪽이 이혼에 관한 안내를 받은 날부터 일정기간(양육해야 할 자녀가
있는 경우에는 3개월, 그렇지 않은 경우에는 1개월)이 지난 후 이혼
의사 등을 확인합니다.

② 다만, 폭력으로 인해 당사자 일방에게 참을 수 없는 고통이 예상되는 등 이혼을 해야 할 급박한 사정이 있는 경우에는 그 기간이 단축되거나 면제될 수 있습니다(민법 제836조의2제2항·제3항, 가족관계의 등록 등에 관한 법률 제75조제1항 및 가족관계의 등록 등에 관한 규칙 제76조제1항·제4항).

③ 부부의 거주국가가 다른 경우 서울가정법원은 이혼확인신청 당사자가 아닌 상대방의 관할 재외공관에 촉탁해서 이혼사항을 확인할 수 있습니다(가족관계의 등록 등에 관한 규칙 제76조제3항).

④ 서울가정법원이 이혼의사 등을 확인한 후 법원사무관등은 협의이혼의사확인서등본, 미성년인 자녀가 있는 경우 양육과 친권자결정에 관한 협의서등본 및 양육비부담조서정본 또는 심판정본 및 확정증명서를 재외공관의 장에게 송부하고, 재외공관의 장은 이를 부부에게 교부 또는 송달하게 됩니다(가족관계의 등록 등에 관한 규칙 제78조제4항).

5-1-3. 재외공관에 이혼신고

부부 중 어느 한 쪽이 협의이혼의사확인서등본을 교부·송달받은 날로부터 3개월 이내에 그 확인서등본을 첨부한 이혼신고서를 관할 재외공관에 제출하면 이혼의 효력이 발생합니다(민법 제836조제1항, 가족관계의 등록 등에 관한 법률 제34조, 제75조 및 가족관계의 등록 등에 관한 규칙 제79조).

■ 해외거주 중인 부부의 협의이혼은 어떤 절차로 하나요?

Q. 저는 오래 전부터 가족들과 함께 미국에 이민을 가서 살고 있는데, 남편과의 불화로 인하여 서로 이혼하기로 합의하였습니다. 이 경우 이혼하려면 한국으로 가서 해야만 하는지요?

A. 외국에 거주하고 있는 한국인 부부의 협의이혼은 그 거주지를 관할하는 재외공관의 장에게 협의이혼의사확인을 신청할 수 있고, 그 지역을 관

할하는 재외공관이 없는 때에는 인접하는 지역을 관할하는 재외공관의 장에게 신청할 수 있습니다.

협의이혼의사의 확인신청을 받은 재외공관의 장은 당사자 쌍방에게 이혼의사의 유무와 미성년인 자녀가 있는지 여부 및 미성년인 자녀가 있는 경우에 그 자녀에 대한 양육과 친권자결정에 관한 협의서 1통 또는 가정법원의 심판정본 및 확정증명서 3통을 제출받아 확인하고 그 요지를 기재한 서면을 작성하여 기명·날인한 후 이를 신청서에 첨부하여 서울가정법원에 송부합니다(가족관계의 등록 등에 관한 규칙 제75조).

서류를 송부받은 가정법원은 서류에 의해 이혼의사가 확인되면 확인서등본을 재외공관의 장에게 송부하게 되고, 재외공관의 장은 이를 당사자 쌍방에게 교부 또는 송달하여야 합니다(같은 규칙 제76조, 제78조 제4항). 당사자들은 위 확인서 등본을 교부받아 한국의 등록기준지나 대한민국 재외공관의 장에게 이혼신고를 할 수 있습니다(가족관계의 등록 등에 관한 법률 제34조).

재외공관의 장이 서류를 수리한 때에는 1개월 이내에 외교부장관을 경유하여 재외국민 가족관계등록사무소의 가족관계등록관에게 송부하여야 합니다(같은 법 제36조).

5-2. 부부 중 한쪽이 외국에 있는 경우

5-2-1. 국내에 있는 배우자가 신청하는 경우

① 가정법원에 협의이혼의사확인 신청

부부 중 한쪽이 외국에 있고 국내에 있는 배우자가 협의이혼의사확인을 신청하는 경우에는 등록기준 또는 주소지를 관할하는 가정법원에 출석해서 협의이혼의사확인서를 제출하고, 이혼에 관한 안내(외국에 있는 배우자는 이혼에 관한 안내서면)를 받아야 합니다(가족관계의 등록 등에 관한 법률 제75조제1항 및 가족관계의 등록 등에 관한 규칙 제73조제2항).

② 가정법원의 협의이혼의사확인

㉠ 가정법원은 이혼의사확인 신청자가 아닌 상대방 관할 재외공관에 촉탁해서 이혼사항을 확인하고, 부부중 한쪽인 재외국민이 이혼에 관한 안내를 받은 날부터 일정기간(양육해야 할 자녀가 있는 경우에는 3개월, 그렇지 않은 경우에는 1개월)이 지난 후에 이혼확인 신청자를 출석시켜 이혼의사 등을 확인합니다. 다만, 폭력으로 인해 당사자 일방에게 참을 수 없는 고통이 예상되는 등 이혼을 해야 할 급박한 사정이 있는 경우에는 그 기간이 단축되거나 면제될 수 있습니다(민법 제836조의2제2항·제3항, 가족관계의 등록 등에 관한 법률 제75조제1항 및 가족관계의 등록 등에 관한 규칙 제74조제2항).

㉡ 가정법원이 이혼의사 등을 확인한 후 법원사무관등은 협의이혼의사확인서등본, 미성년인 자녀가 있는 경우 양육과 친권자 결정에 관한 협의서등본 및 양육비부담조서정본 또는 심판정본 및 확정증명서를 이혼확인 신청자에게 교부하거나 송달하고, 외국에 있는 상대방에게는 재외공관의 장을 통해 교부 또는 송달하게 됩니다(가족관계의 등록 등에 관한 규칙 제78조제4항).

③ 행정관청 또는 재외공관에 이혼신고

협의이혼의사확인서 등본을 교부·송달받은 날로부터 3개월 이내에 이혼확인 신청자가 자신의 등록기준지 또는 주소지를 관할하는 시청·구청·읍사무소 또는 면사무소에 이혼신고서를 제출하거나, 외국에 있는 상대방이 관할 재외공관에 이혼신고서를 제출하면 이혼의 효력이 발생합니다(민법 제836조제1항, 가족관계의 등록 등에 관한 법률 제34조, 제75조 및 가족관계의 등록 등에 관한 규칙 제79조).

5-2-2. 외국에 있는 배우자가 신청하는 경우

① 재외공관에 협의이혼의사확인 신청

㉮ 외국에 있는 배우자가 협의이혼의사확인을 신청하는 경우에는 그 거주지를 관할하는 재외공관의 장에게 협의이혼의사확인서를 제출하면 됩니다(가족관계의 등록 등에 관한 규칙 제75조제2항).

㉯ 협의이혼의사확인을 신청 받은 재외공관의 장은 신청서를 제출한 당사자에게 이혼에 관한 안내서면을 교부한 후 이혼사항을 확인하고 진술요지서를 작성해서 기명날인한 후 제출받은 협의이혼의사확인신청서를 첨부하여 지체없이 서울가정법원으로 송부합니다(가족관계의 등록 등에 관한 규칙 제75조제4항).

② 서울가정법원의 협의이혼의사확인

㉮ 서울가정법원은 재외공관으로부터 서류를 송달받으면 국내에 있는 이혼의사확인신청 상대방을 출석시켜 이혼에 관한 안내를 한 후 이혼사항을 확인하고, 부부 양쪽이 이혼에 관한 안내를 받은 날부터 일정기간(양육해야 할 자녀가 있는 경우에는 3개월, 그렇지 않은 경우에는 1개월)이 지난 후 이혼의사 등을 확인합니다. 다만, 폭력으로 인해 당사자 일방에게 참을 수 없는 고통이 예상되는 등 이혼을 해야 할 급박한 사정이 있는 경우에는 그 기간이 단축되거나 면제될 수 있습니다(민법 제836조의2제2항·제3항, 가족관계의 등록 등에 관한 법률 제75조제1항 및 가족관계의 등록 등에 관한 규칙 제76조제2항·제4항).

㉯ 서울가정법원이 이혼의사 등을 확인한 후 법원사무관등은 협의이혼의사확인서등본, 미성년인 자녀가 있는 경우 양육과 친권자결정에 관한 협의서등본 및 양육비부담조서정본 또는 심판정본 및 확정증명서를 재외공관의 장을 통해 이혼확인 신청자에게 교부 또는 송달하고, 국내에 있는 상대방에게는 직접 교부하거나 송달하게 됩니다(가족관계의 등록 등에 관한 규칙 제78조제4항).

③ 재외공관 또는 행정관청에 이혼신고

협의이혼의사확인서 등본을 교부·송달받은 날로부터 3개월 이내에, 이혼확인 신청자가 관할 재외공관에 이혼신고서를 제출하거나, 국내

내지 제2항은 "①법 제75조에 따라 협의상 이혼을 하려는 부부는 두 사람이 함께 등록기준지 또는 주소지를 관할하는 가정법원에 출석하여 협의이혼의사확인신청서를 제출하고 이혼에 관한 안내를 받아야 한다. ②부부 중 한쪽이 재외국민이거나 수감자로서 출석하기 어려운 경우에는 다른 쪽이 출석하여 협의이혼의사확인신청서를 제출하고 이혼에 관한 안내를 받아야 한다. 재외국민이나 수감자로서 출석이 어려운 자는 서면으로 안내를 받을 수 있다."라고 규정하고 있으며, 같은 규칙 제74조 제1항 내지 제2항은 "① 제73조의 이혼의사확인신청이 있는 때에는 가정법원은 부부 양쪽이 이혼에 관한 안내를 받은 날부터 「민법」 제836조의2 제2항 또는 제3항에서 정한 기간이 지난 후에 부부 양쪽을 출석시켜 그 진술을 듣고 이혼의사의 유무 및 부부 사이에 미성년인 자녀가 있는지 여부와 미성년인 자녀가 있는 경우 그 자녀에 대한 양육과 친권자결정에 관한 협의서 또는 가정법원의 심판정본 및 확정증명서(다음부터 이 장에서 "이혼의사 등"이라 한다)를 확인하여야 한다. ② 부부 중 한쪽이 재외국민이거나 수감자로서 출석하기 어려워 다른 한쪽이 출석하여 신청한 경우에는 관할 재외공관이나 교도소(구치소)의 장에게 이혼의사 등의 확인을 촉탁하여 그 회보서의 기재로써 그 당사자의 출석·진술을 갈음할 수 있다. 이 경우 가정법원은 부부 중 한쪽인 재외국민 또는 수감자가 이혼에 관한 안내를 받은 날부터 「민법」 제836조의2 제2항 또는 제3항에서 정한 기간이 지난 후에 신청한 사람을 출석시켜 이혼의사 등을 확인하여야 한다. ③ 제1항의 협의이혼의사확인기일은 공개하지 아니한다. 다만, 법원이 공개함이 적정하다고 인정하는 자에게는 방청을 허가할 수 있다. ④ 제1항의 협의이혼의사확인기일에 참여한 법원서기관, 법원사무관, 법원주사 또는 법원주사보는 조서를 작성하여야 한다."라고 규정하고 있습니다.

그러므로 협의이혼의사확인신청은 재외국민이거나 수감자 등이 아닌 한 부부가 함께 법원에 출석하여 협의이혼의사확인신청서를 제출하여야 하고, 또한 법원의 출석기일에 부부 양쪽이 출석하여 협의이혼의사확인을 받은 후 시(구)·읍·면의 장에게 이혼신고를 함으로써 협의이혼이 성립될 것입니다.

다만, 재외국민이거나 수감자의 경우 협의이혼확인신청을 함에 있어서는 다른 일방이 출석하여 제출할 수 있고, 협의이혼의사확인을 받음에 있어서는 법원이 관할재외공관이나 교도소(구치소)의 장에게 협의이혼의사확인을 촉탁하여 그 회보서의 기재로써 당사자의 출석·진술에 갈음할 수 있다고 할 것입니다.

1-3. 재판상 이혼 사유

「민법」 제840조는 재판상 이혼 사유로 다음 여섯 가지를 규정하고 있습니다.

1-3-1. 배우자에게 부정(不貞)한 행위가 있었을 때

① 부정행위의 의미

배우자의 부정행위란 혼인한 이후에 부부 일방이 자유로운 의사로 부부의 정조의무(貞操義務), 성적 순결의무를 충실히 하지 않은 일체의 행위를 말하는 것으로 성관계를 전제로 하는 간통보다 넓은 개념입니다(대법원 1992. 11. 10. 선고 92므68 판결). 부정행위인지 여부는 개개의 구체적인 사안에 따라 그 정도와 상황을 참작해서 평가됩니다.

② 판례상 부정행위

1. 부정행위로 본 사례 : 대법원 1992. 11. 10. 선고 92므68 판결, 대법원 1988. 5. 24. 선고 88므7 판결, 대법원 1971. 2. 23. 선고 71므1 판결, 대법원 1967. 8. 29. 선고 67므 24 판결, 대법원 1963. 3. 14. 선고 62다54 판결

2. 부정행위로 보지 않은 사례 : 대법원 1991. 9.13. 선고 91므85,92 판결, 대법원 1990. 7. 24.선고 89므1115 판결, 대법원 1986. 6. 10. 선고 86므8 판결

③ 제소기간

배우자의 부정행위를 안 날로부터 6개월, 그 부정행위가 있은 날로부터 2년이 지나면 부정행위를 이유로 이혼을 청구하지 못합니다. 또한, 배우자의 부정행위를 사전에 동의했거나 사후에 용서한 경우에는 이혼을 청구하지 못합니다(민법841조).

■ **부정행위를 한 남편이 협의이혼을 해주지 않을 경우 어떻게 하면 이혼할 수 있는지요?**

Q. 남편이 같은 회사의 여사원과 불륜관계를 맺고 있습니다. 그래서 저는 남편에게 이혼을 제의했으나, 남편은 이혼을 못하겠다고 합니다. 어떻게 하면 이혼할 수 있는지요?

A. 「민법」 제840조에 의하면 부부일방은 ①배우자의 부정한 행위가 있었을 때, ②배우자가 악의로 다른 일방을 유기한 때, ③배우자 또는 그 직계존속으로부터 심히 부당한 대우를 받았을 때, ④자기의 직계존속이 배우자로부터 심히 부당한 대우를 받았을 때, ⑤배우자의 생사가 3년 이상 분명하지 아니한 때, ⑥기타 혼인을 계속하기 어려운 중대한 사유가 있을 때에는 가정법원에 이혼을 청구할 수 있다고 규정하고 있습니다. 이와 같이 부부는 동거하면서 서로 부양하고 협조하여야 하며(같은 법 제826조 제1항) 정조를 지킬 의무가 있는데, 다른 여자와 불륜관계를 맺은 것은 부정한 행위로서 재판상 이혼사유가 되므로 남편이 협의이혼에 불응하면 남편의 부정한 행위를 원인으로 하는 이혼소송을 관할 가정법원에 하면 될 것입니다.

그리고 부정행위를 안 날로부터 6개월, 그 사실이 있은 날로부터 2년 내에 이혼청구소송을 제기하여야 합니다(같은 법 제841조).

(관련판례 1)
갑이 남편 을과 을의 직장동료 병의 부정행위로 혼인관계가 파탄에 이르게 되었다고 주장하면서 을과 병의 사용자인 정 주식회사를 상대로 손해배상을 구한 사안에서, 을과 병의 부정한 행위는 성적 자기결정권에 기초한 사생활의 내밀한 영역에서 발생한 것이고, 을과 병이 정 회사에 함께 근무하는 것을 기화로 부정행위를 하였더라도 그 행위가 정 회사의 사업활동 내지 사무집행행위 또는 그와 관련된 사무집행에 관하여 발생하였다고 보기 어렵다는 이유로 갑의 청구를 기각한 사례.(서울가정법원 2015. 6. 17. 선고 2014드합309189 판결)

(관련판례 2)

의식불명의 식물상태와 같은 의사무능력 상태에 빠져 금치산선고를 받은 자의 배우자에게 부정행위나 악의의 유기 등과 같이 민법 제840조 각 호가 정한 이혼사유가 존재하고 나아가 금치산자의 이혼의사를 객관적으로 추정할 수 있는 경우에는, 민법 제947조, 제949조에 의하여 금치산자의 요양·감호와 그의 재산관리를 기본적 임무로 하는 후견인(민법 제940조에 의하여 배우자에서 변경된 후견인이다)으로서는 의사무능력 상태에 있는 금치산자를 대리하여 그 배우자를 상대로 재판상 이혼을 청구할 수 있다. 다만, 위와 같은 금치산자의 이혼의사를 추정할 수 있는 것은, 당해 이혼사유의 성질과 정도를 중심으로 금치산자 본인의 결혼관 내지 평소 일상생활을 통하여 가족, 친구 등에게 한 이혼에 관련된 의사표현, 금치산자가 의사능력을 상실하기 전까지 혼인생활의 순탄 정도와 부부 간의 갈등해소방식, 혼인생활의 기간, 금치산자의 나이·신체·건강상태와 간병의 필요성 및 그 정도, 이혼사유 발생 이후 배우자가 취한 반성적 태도나 가족관계의 유지를 위한 구체적 노력의 유무, 금치산자의 보유 재산에 관한 배우자의 부당한 관리·처분 여하, 자녀들의 이혼에 관한 의견 등의 제반 사정을 종합하여 혼인관계를 해소하는 것이 객관적으로 금치산자의 최선의 이익에 부합한다고 인정되고 금치산자에게 이혼청구권을 행사할 수 있는 기회가 주어지더라도 혼인관계의 해소를 선택하였을 것이라고 볼 수 있는 경우이어야 한다.(대법원 2010. 4. 29. 선고 2009므639 판결)

■ 재판상 이혼사건 진행 중 상대방의 부정행위가 불법행위를 구성하는지요?

Q. 甲과 乙은 법률상 부부이나 이혼소송 항소심 진행중입니다. 乙은 등산모임에서 丙을 만나 알게 되어 연락을 주고받고 금전거래를 하는 등 친밀하게 지내왔는데, 위 이혼소송이 항소심에 계속 중이던 시기에 丙의 집에서 乙이 丙과 부정행위를 하다 우연히 甲에게 발각되었습니다. 이 경우 乙은 甲에게 불법행위 책임을 부담하나요?

A. 이와 유사한 사안에서 대법원 2014. 11. 20. 선고 2011므2997 사건에서는 다음과 같이 판시하고 있습니다. "부부가 장기간 별거하는 등의 사유로 실질적으로 부부공동생활이 파탄되어 실체가 더 이상 존재하지 아니하게 되고 객관적으로 회복할 수 없는 정도에 이른 경우에는 혼인의 본질에 해당하는 부부공동생활이 유지되고 있다고 볼 수 없다. 따라서 비록 부부가 아직 이혼하지 아니하였지만 이처럼 실질적으로 부부공동생활이 파탄되어 회복할 수 없을 정도의 상태에 이르렀다면, 제3자가 부부의 일방과 성적인 행위를 하더라도 이를 두고 부부공동생활을 침해하거나 유지를 방해하는 행위라고 할 수 없고, 또한 그로 인하여 배우자의 부부공동생활에 관한 권리가 침해되는 손해가 생긴다고 할 수도 없으므로 불법행위가 성립한다고 보기 어렵다. 그리고 이러한 법률관계는 재판상 이혼청구가 계속 중에 있다거나 재판상 이혼이 청구되지 않은 상태라고 하여 달리 볼 것은 아니다."

위 판결내용에 의하면, 비록 이혼소송이 계속 중인 이유로 아직 **법률상 혼인관계에 있는 甲과 乙일지라도 이미 부부공동생활이 파탄되어 회복할 수 없을 정도의 상태에 이르렀다면, 乙이 丙과 성적 행위를 하였다고 할지라도 이를 두고 甲에 대한 불법행위를 구성하지는 아니한다고** 판단할 수 있을 것입니다.

(관련판례)
부부는 동거하며 서로 부양하고 협조할 의무를 진다(민법 제826조). 부부는 정신적·육체적·경제적으로 결합된 공동체로서 서로 협조하고 보호하여 부부공동생활로서의 혼인이 유지되도록 상호 간에 포괄적으로 협력할 의무를 부담하고 그에 관한 권리를 가진다. 이러한 동거의무 내지 부부공동생활 유지의무의 내용으로서 부부는 부정행위를 하지 아니하여야 하는 성적(성적) 성실의무를 부담한다. 부부의 일방이 부정행위를 한 경우에 부부의 일방은 그로 인하여 배우자가 입은 정신적 고통에 대하여 불법행위에 의한 손해배상의무를 진다.

한편 제3자도 타인의 부부공동생활에 개입하여 부부공동생활의 파탄을 초래하는 등 그 혼인의 본질에 해당하는 부부공동생활을 방해하여서는 아니 된다. 제3자가 부부의 일방과 부정행위를 함으로써 혼인의 본질에 해당하는 부부공동생활을 침해하거나 유지를 방해하고 그에 대한 배우자로서의 권리를 침해하여 배우자에게 정신적 고통을 가하는 행위는 원칙적으로 불법행위를 구성한다.

그리고 부부의 일방과 제3자가 부담하는 불법행위책임은 공동불법행위책임으로서 부진정연대채무 관계에 있다.(대법원 2015. 5. 29. 선고 2013므2441 판결)

1-3-2. 배우자가 악의(惡意)로 다른 일방을 유기(遺棄)한 때

① 악의의 유기의 의미

배우자의 악의의 유기란 배우자가 정당한 이유 없이 부부의 의무인 동거·부양·협조의무를 이행하지 않는 것을 말합니다.

② 판례상 악의의 유기

1. 악의의 유기로 본 사례 : 대법원 1998. 4. 10. 선고 96므 1434 판결, 대법원 1990. 11. 9. 선고 90므583,590 판결, 대법원 1986. 10. 28. 선고 86므83,84 판결, 대법원 1985. 7. 9. 선고 85므5 판결, 대법원 1984.7.10. 선고 84므27,28 판결

2. 악의의 유기로 보지 않은 사례: 대법원 1990. 3. 23. 선고 89므 1085 판결, 대법원 1986. 6. 24. 선고 85므6 판결, 대법원 1986. 8. 19. 선고 86므75 판결, 대법원 1986. 6. 24. 선고 85므6 판결,

대법원 1986. 5. 27. 선고 85므87 판결, 대법원 1986. 5. 27. 선고 86므26 판결, 대법원 1959.5.28. 선고 4291민상190 판결

■ 남편이 가정을 돌보지 않고 아내를 유기한 경우에 어떻게 하면 되는지요?

Q. 저는 3년 전 남편과 결혼하여 혼인신고를 하고 딸 1명을 두고 있는데, 지난해 가을부터 남편의 외박이 잦아지더니 몇 달 전부터는 집에 거의 들어오지 않고 시댁에서 잠을 자고 아침에 회사로 곧바로 출근을 하고 있습니다. 남편은 저와는 성격이 맞지 않다느니 정이 떨어졌다느니 하면서 더 이상 같이 살 수 없으니 이혼을 해달라고 하면서 생활비조차 주지 않고 있습니다. 저는 하는 수 없이 딸을 데리고 친정에 와 있는데, 저로서는 어떻게 하면 되는지요?

A. 부부는 동거하면서 부양하고 협조해야 하며(민법 제826조), 또한 정조를 지키고 자녀양육비를 비롯하여 부부공동생활에 필요한 비용은 특별한 약정이 없는 한 부부가 공동으로 부담하여야 합니다(민법 제833조, 제974조). 그런데 부부일방이 이러한 의무를 저버린 경우에는 다음 두 가지 선택의 길이 있습니다. 우선, 귀하의 경우 남편이 정당한 이유 없이 성격차이와 사랑이 식었다는 핑계 등으로 처자식을 돌보지 않아 남편으로서의 의무를 저버렸으므로, 그 의무이행을 법으로 강제하는 길이 있습니다. 즉, 남편을 상대로 법원에 부양료청구소송을 제기하여 승소판결을 받아 남편의 월급에서 매월 생활비를 받아내는 방법입니다.

다음으로는 부부일방이 정당한 이유 없이 고의로 다른 일방을 돌보지 않고 유기(遺棄)하거나, 부정한 행위를 한 때, 기타 혼인을 계속하기 어려운 중대한 사유가 있어 결혼생활이 파탄에 이르게 되면 이는 재판상 이혼사유가 됩니다(민법 제840조).

귀하의 경우 남편이 정당한 이유 없이 아내를 저버림으로써 결혼생활이 파탄에 이른 것이므로 그 책임이 남편에게 있다고 할 것이고, 따라서 귀하는 남편을 상대로 이혼소송을 제기하고 동시에 위자료 및 재산분할

을 청구할 수도 있습니다.

그리고 딸의 양육관계에 대하여는 당사자간의 협의로 결정하여야 하나, 협의가 되지 않거나 협의할 수 없는 때에는 당사자는 가정법원에 친권자 지정을 청구하여야 합니다(민법 제909조 제4항).

(관련판례)

> 의식불명의 식물인간 상태와 같이 의사무능력자인 금치산자의 경우, 민법 제947조, 제949조에 의하여 금치산자의 요양·감호와 그의 재산관리를 기본적 임무로 하는 후견인이 금치산자를 대리하여 그 배우자를 상대로 재판상 이혼을 청구할 수 있고, 그 후견인이 배우자인 때에는 가사소송법 제12조 본문, 민사소송법 제62조 제1, 2항에 따라 수소법원에 특별대리인의 선임을 신청하여 그 특별대리인이 배우자를 상대로 재판상 이혼을 청구할 수 있다. (대법원 2010. 4. 8. 선고 2009므3652 판결)

■ **배우자가 악의로 다른 일방을 유기한 경우에 해당하는지요?**

Q. 甲은 乙과 법률상 혼인관계에 있으나, 혼인신고 이후 곧바로 미국으로 유학을 떠나 별거를 하게 되었습니다. 그러나 甲은 박사학위를 취득하지 못하였고, 그 동안 경제활동을 전혀 하지 못하였습니다. 乙은 甲의 부모님과 함께 생활하였는데, 甲의 부모님은 단지 乙의 임신을 위해 잠시 甲이 있는 미국을 다녀오는 것을 허락하는 등 乙을 자유를 구속하였습니다. 이러한 경우 乙은 甲을 상대로 재판상 이혼을 청구할 수 있나요?

A. 민법 제840조 는 재판상 이혼사유를 열거하고 있는데, 제2호에서는 "배우자가 악의로 다른 일방을 유기한 때"를, 제3호에서는 "배우자 또는 그 직계존속으로부터 심히 부당한 대우를 받았을 때"를, 제6호에서는 "기타 혼인을 계속하기 어려운 중대한 사유가 있을 때"를 각 규정하고 있습니다.

사안의 경우 甲은 16년간의 유학생활에도 불구하고 박사학위는 취득하지 못하였고, 그 동안 경제활동을 전혀 하지 못하였을 뿐만 아니라, 1996년 이후로는 한번도 귀국하지 않아 국내에서 자녀들을 홀로 양육하며 외롭게 생활을 한 乙의 甲에 대한 애정과 신뢰를 무너뜨렸고, 귀국한 이후에도 특별한 사유 없이 집을 나간 甲의 행동은 민법 제840조 제2, 3, 6호의 재판상 이혼사유에 해당하므로 이를 이유로 한 乙의 이혼 청구는 정당하다고 할 것입니다(서울가정법원 2007. 7. 11. 선고 2006드합1213 판결 참조).

(관련판례)

혼인은 남녀가 일생의 공동생활을 목적으로 하여 도덕 및 풍속상 정당시되는 결합을 이루는 법률상, 사회생활상 중요한 의미를 가지는 신분상의 계약으로서 본질은 양성 간의 애정과 신뢰에 바탕을 둔 인격적 결합에 있다고 할 것이고, 특별한 사정이 없는 한 임신가능 여부는 민법 제816조 제2호의 부부생활을 계속할 수 없는 악질 기타 중대한 사유에 해당한다고 볼 수 없다. 그리고 '혼인을 계속하기 어려운 중대한 사유'에 관한 민법 제840조 제6호의 이혼사유와는 다른 문언내용 등에 비추어 민법 제816조 제2호의 '부부생활을 계속할 수 없는 중대한 사유'는 엄격히 제한하여 해석함으로써 그 인정에 신중을 기하여야 한다.(대법원 2015. 2. 26. 선고 2014므4734,4741 판결)

1-3-3. 배우자 또는 그 직계존속(시부모, 장인, 장모 등)으로부터 심히 부당한 대우를 받았을 때

① 심히 부당한 대우의 의미

배우자 또는 그 직계존속의 심히 부당한 대우란 혼인관계의 지속을 강요하는 것이 가혹하다고 여겨질 정도로 배우자 또는 직계존속으로부터 폭행, 학대 또는 모욕을 당하는 것을 말합니다(대법원 2004. 2. 27. 선고 2003므1890 판결).

② 판례상 심히 부당한 대우

1. 심히 부당한 대우로 본 사례: 대법원 2004. 2. 27. 선고 2003므

1890 판결, 대법원 1990. 11. 27. 선고 90므484 판결, 대법원 1990.
2. 13. 선고 88므504,511 판결, 대법원 1986. 5. 27. 선고 86므14
판결, 대법원 1985. 11. 26. 선고 85므51 판결, 대법원 1983. 10.
25. 선고 82므28 판결, 대법원 1969. 3. 25. 선고 68므29 판결

2. 심히 부당한 대우로 보지 않은 사례: 대법원 1999. 11. 26. 선고
99므180 판결, 대법원 1989. 10. 13. 선고 89므 785 판결, 대법원
1986. 9. 9. 선고 86므68 판결, 대법원 1986. 9. 9. 선고86므56
판결, 대법원 1986. 6. 24. 선고 85므6 판결, 대법원 1982. 11.
23. 선고 82므36 판결, 대법원 1981. 10. 13. 선고 80므9 판결

1-3-4. 자기의 직계존속이 배우자로부터 심히 부당한 대우를 받았을 때

① 심히 부당한 대우의 의미

자기의 직계존속에 대한 심히 부당한 대우란 혼인관계를 지속하는
것이 고통스러울 정도로 자기의 직계존속이 배우자에게 폭행, 학대
또는 모욕을 당하는 것을 말합니다(대법원 1986. 5. 27. 선고 86므
14 판결).

② 판례상 심히 부당한 대우

1. 심히 부당한 대우로 본 사례: 대법원 1986. 5. 27. 선고 86므14 판
결, 대법원 1969. 3. 25. 선고 68므29 판결

2. 심히 부당한 대우로 보지 않은 사례: 대법원 1986. 2. 11. 선고 85
므37 판결, 대법원 1984. 8. 21. 선고 84므49 판결

1-3-5. 배우자의 생사가 3년 이상 분명하지 않을 때

① 생사불명의 의미

배우자의 생사불명이란 배우자가 살아있는지 여부를 전혀 증명할 수
없는 상태가 이혼 청구 당시까지 3년 이상 계속되는 것을 말합니다.

② 실종선고와 구별

배우자의 생사불명으로 인한 이혼은 실종선고(민법 제27조)에 의한
혼인해소와는 관계가 없습니다. 즉, 실종선고에 의해 혼인이 해소되
면 배우자가 살아 돌아온 경우에 실종선고 취소를 통해 종전의 혼인
이 부활하지만(민법 제29조제1항), 생사불명을 이유로 이혼판결이 확
정된 경우에는 배우자가 살아 돌아오더라도 종전의 혼인이 당연히
부활하는 것은 아닙니다.

1-3-6. 그 밖에 혼인을 계속하기 어려운 중대한 사유가 있을 때

① 혼인을 계속하기 어려운 중대한 사유의 의미

혼인을 계속하기 어려운 중대한 사유란 혼인의 본질인 원만한 부부
공동생활 관계가 회복할 수 없을 정도로 파탄되어 그 혼인생활의 계
속을 강제하는 것이 일방 배우자에게 참을 수 없는 고통이 되는 것
을 말합니다(대법원 2005. 12. 23. 선고 2005므1689 판결). 혼인을
계속하기 어려운 중대한 사유가 있는지는 혼인파탄의 정도, 혼인계속
의사의 유무, 혼인생활의 기간, 당사자의 책임유무, 당사자의 연령,
이혼 후의 생활보장이나 그 밖에 혼인관계의 여러 가지 사정을 고려
해서 판단됩니다(대법원 2000. 9. 5. 선고 99므1886 판결).

② 판례상 혼인을 계속하기 어려운 중대한 사유

1. 혼인을 계속하기 어려운 사유로 본 사례 : 대법원 2005. 12. 23.
선고 2005므1689 판결, 대법원2004. 9. 13. 선고 2004므740 판결,
대법원 2002. 3. 29. 선고 2002므74 판결, 대법원 2000. 9. 5. 선
고 99므1886 판결, 대법원 1997. 3. 28. 선고 96므608,615 판결,
대법원 1991. 12. 24. 선고 91므627 판결, 대법원 1991. 11. 26.
선고 91므559 판결, 대법원 1991. 1. 15. 선고90므446 판결, 대법
원 1991. 1. 11. 선고 90므552 판결, 대법원 1987. 8. 18. 선고
87 므33,34판결, 대법원 1987. 7. 21. 선고 87므24 판결, 대법원

1986. 3. 25. 선고 85므72판결, 대법원 1986. 3. 25. 선고 85므85 판결, 대법원 1974. 10. 22. 선고 74므1 판결, 대법원 1970. 2. 24. 선고 69므13 판결, 대법원 1966. 1. 31. 선고 65므50 판결

2. 혼인을 계속하기 어려운 사유로 보지 않은 사례: 대법원 1995. 12. 22. 선고 95므861 판결, 대법원 1996. 4. 26. 선고 96므226 판결, 대법원 1993. 9. 14. 선고 93므621,638 판결, 대법원 1991. 9. 13. 선고 91므85,92 판결, 대법원 1991. 2.26. 선고 89므365,367 판결, 대법원 1990. 9. 25. 선고 89므112 판결, 대법원 1984. 6. 26. 선고 83므46 판결, 대법원 1982. 11. 23. 선고 82므36 판결, 대법원 1981. 10. 13. 선고 80므9 판결, 대법원 1981. 7. 14. 선고 81므26 판결, 대법원 1967. 2. 7. 선고 66므34 판결, 대법원 1965. 9. 25. 선고 65므16 판결, 대법원 1965. 9. 21. 선고 65므37 판결

③ 제소기간

그 밖에 혼인을 계속하기 어려운 중대한 사유로 이혼하는 경우 그 사유를 안 날로부터 6개월, 그 사유가 있은 날로부터 2년이 지나면 이혼을 청구하지 못합니다(민법 제842조). 다만, 그 밖에 혼인을 계속하기 어려운 중대한 사유가 이혼청구 당시까지 계속되고 있는 경우에는 이 기간이 적용되지 않으므로(대법원 2001. 2. 23. 선고 2000므1561 판결, 대법원 1996. 11. 8. 선고 96므1243 판결), 언제든지 이혼을 청구할 수 있습니다.

■ 부부의 일방이 정신병적 증세를 보인다 하여 곧 바로 이혼청구를 할 수 있는지요?

Q. 부부의 일방이 정신병적 증세를 보인다 하여 곧바로 이혼청구가 가능한가요?

A. 대법원 2004. 9. 13. 선고 2004므740 판결에서는 "부부의 일방이 정신병적 증세를 보여 혼인관계를 유지하는 데 어려움이 있다고 하더라

도 그 증상이 가벼운 정도에 그치는 경우라든가, 회복이 가능한 경우인 때에는 그 상대방 배우자는 사랑과 희생으로 그 병의 치료를 위하여 진력을 다하여야 할 의무가 있는 것이고, 이러한 노력을 제대로 하여 보지 않고 정신병 증세로 인하여 혼인관계를 계속하기 어렵다고 주장하여 곧 이혼청구를 할 수는 없다."고 판시하고 있으나, 한편 "부부 중 일방이 불치의 정신병에 이환되었고, 그 질환이 단순히 애정과 정성으로 간호되거나 예후가 예측될 수 있는 것이 아니고 그 가정의 구성원 전체에게 끊임없는 정신적·육체적 희생을 요구하는 것이며, 경제적 형편에 비추어 많은 재정적 지출을 요하고 그로 인한 다른 가족들의 고통이 언제 끝날지 모르는 상태에 이르렀다면, 온 가족이 헤어날 수 없는 고통을 받더라도 타방 배우자는 배우자 간의 애정에 터잡은 의무에 따라 한정 없이 참고 살아가라고 강요할 수는 없는 것이므로, 이러한 경우는 민법 제840조 제6호 소정의 재판상 이혼사유에 해당한다."고 하여 상대방이 불치의 정신병에 걸렸고, 그것이 타방 당사자에게 끊임없는 정신적 ? 육체적 고통을 수반시키는 것이라면, 재판상 이혼사유로 인정할 수 있다는 취지의 판시를 하고 있습니다.

결론적으로, 상대방이 불치의 정신병에 걸렸다면 상대방에게 사회상규상 지나치게 무거운 부담을 지울 수 없는 사정 등을 고려하여 제한적으로 민법 제 840조 제6호 사유에 해당되는지를 판단하는 것으로 보입니다.

(관련판례 1)

갑이 아내인 을을 상대로 을의 책임 있는 사유로 혼인관계가 더 이상 회복할 수 없을 정도로 파탄되었다고 주장하면서 이혼 등을 구한 사안에서, 을이 자신의 기준에 어긋나거나 감정적으로 서운한 경우 비난과 힐난, 폭력적인 방식으로 대응하여 갑과 을의 갈등이 악화된 면이 있으나, 갑 역시 자녀들의 양육문제와 가사를 을에게 모두 미루어 둔 채 남편과 아버지로서의 역할을 등한시하여 갈등을 야기한 측면이 있는 점, 갑과 을이 현재 각방을 쓰면서 신뢰관계가 흔들리고 있으나, 갈등이 심화된 기간에도 한 집에 거주하면서 자녀들을 염려하면서 서로 책임지려는 모습을 보이고 있어 현재의 갈등상황을 갑과 을이 합리적으로 해결할 수 있는 능력과 여지가 있는 것으로 보이는 점 등에 비추어 보면, 갑과 을의 혼인관계가 을의 책임 있는 사유로 파탄되었음을 인정하기에 부족하다.(서울가정법원 2015. 3. 25. 선고 2013드합9048 판결)

(관련판례 2)

부부 중에 성기능의 장애가 있거나 부부간의 성적인 접촉이 부존재하더라도 부부가 합심하여 전문적인 치료와 조력을 받으면 정상적인 성생활로 돌아갈 가능성이 있는 경우에는 그러한 사정은 일시적이거나 단기간에 그치는 것이므로 그 정도의 성적 결함만으로는 '혼인을 계속하기 어려운 중대한 사유'가 될 수 없으나, 그러한 정도를 넘어서서 정당한 이유 없이 성교를 거부하거나 성적 기능의 불완전으로 정상적인 성생활이 불가능하거나 그 밖의 사정으로 부부 상호간의 성적 욕구의 정상적인 충족을 저해하는 사실이 존재하고 있다면, 부부간의 성관계는 혼인의 본질적인 요소임을 감안할 때 이는 '혼인을 계속하기 어려운 중대한 사유'가 될 수 있다.(대법원 2010. 7. 15. 선고 2010므1140 판결)

(관련판례 3)

민법 제840조 제6호 소정의 이혼원인인 '혼인을 계속하기 어려운 중대한 사유가 있을 때'라 함은 혼인의 본질에 상응하는 부부공동생활 관계가 회복할 수 없을 정도로 파탄되고, 그 혼인생활의 계속을 강제하는 것이 일방 배우자에게 참을 수 없는 고통이 되는 경우를 말하고, 이를 판단함에 있어서는 혼인계속의사의 유무, 파탄의 원인에 관한 당사자의 책임 유무, 혼인생활의 기간, 자녀의 유무, 당사자의 연령, 이혼 후의 생활보장, 기타 혼인관계의 제반 사정을 두루 고려하여야 한다. (대법원 2009. 12. 24. 선고 2009므2130 판결)

(관련판례 4)

민법 제840조는 '혼인을 계속하기 어려운 중대한 사유가 있을 때'를 이혼사유로 삼고 있으며, 부부간의 애정과 신뢰가 바탕이 되어야 할 혼인의 본질에 해당하는 부부공동생활 관계가 회복할 수 없을 정도로 파탄되고 혼인생활의 계속을 강제하는 것이 일방 배우자에게 참을 수 없는 고통이 되는 경우에는 위 이혼사유에 해당할 수 있다. 이에 비추어 보면 부부가 장기간 별거하는 등의 사유로 실질적으로 부부공동생활이 파탄되어 실체가 더 이상 존재하지 아니하게 되고 객관적으로 회복할 수 없는 정도에 이른 경우에는 혼인의 본질에 해당하는 부부공동생활이 유지되고 있다고 볼 수 없다.

따라서 비록 부부가 아직 이혼하지 아니하였지만 이처럼 실질적으로 부부공동생활이 파탄되어 회복할 수 없을 정도의 상태에 이르렀다면, 제3자가 부부의 일방과 성적인 행위를 하더라도 이를 두고 부부공동생활을 침해하거나 유지를 방해하는 행위라고 할 수 없고 또한 그로 인하여 배우자의 부부공동생활에 관한 권리가 침해되는 손해가 생긴다고 할 수도 없으므로 불법행위가 성립한다고 보기 어렵다. 그리고 이러한 법률관계는 재판상 이혼청구가 계속 중에 있다거나 재판상 이혼이 청구되지 않은 상태라고 하여 달리 볼 것은 아니다.(대법원 2014. 11. 20. 선고 2011므2997 전원합의체 판결)

■ 성적 불능 기타 부부 상호간의 성적 요구의 정상적인 충족을 저해하는 사실이 존재하는 경우 재판상 이혼을 청구할 수 있나요?

Q. 甲과 乙은 혼인신고 이후 7년 이상의 장기간에 걸친 성관계 부존재 등의 사유로 불화를 겪다가 별거생활을 시작하였습니다. 당시 甲에게는 경미한 성기능의 장애가 있었으나 전문적인 치료와 조력을 받으면 정상적인 성생활이 가능할 수 있었음에도 불구하고 이를 이유로 乙은 甲과의 성관계를 거부하였는데, 이 경우 甲은 성관계 거부 등을 이유로 재판상 이혼을 청구할 수 있나요?

A. 대법원 2010. 7. 15. 선고 2010므1140 판결에서는 "부부 중에 성기능의 장애가 있거나 부부간의 성적인 접촉이 부존재하더라도 부부가 합심하여 전문적인 치료와 조력을 받으면 정상적인 성생활로 돌아갈 가능성이 있는 경우에는 그러한 사정은 일시적이거나 단기간에 그치는 것이므로 그 정도의 성적 결함만으로는 '혼인을 계속하기 어려운 중대한 사

유'가 될 수 없으나, 그러한 정도를 넘어서서 정당한 이유 없이 성교를 거부하거나 성적 기능의 불완전으로 정상적인 성생활이 불가능하거나 그 밖의 사정으로 부부 상호간의 성적 욕구의 정상적인 충족을 저해하는 사실이 존재하고 있다면, 부부간의 성관계는 혼인의 본질적인 요소임을 감안할 때 이는 '혼인을 계속하기 어려운 중대한 사유'가 될 수 있다."고 판시하고 있습니다.

위 판결내용에 따르면 甲은 乙의 부당한 부부생활 거절을 이유로 재판상 이혼 청구를 할 수 있을 것이고, 근거는 민법 제 840조 제 6호가 될 것입니다.

(관련판례 1)

법률상 부부인 갑과 을이 별거하면서 갑이 병과 사실혼관계를 형성하였고, 그 후 갑과 을의 별거상태가 약 46년간 지속되어 혼인의 실체가 완전히 해소되고 각자 독립적인 생활관계가 고착화되기에 이르자 갑이 을을 상대로 이혼을 청구한 사안에서, 갑과 을의 혼인은 혼인의 본질에 상응하는 부부공동생활 관계가 회복할 수 없을 정도로 파탄되었고, 그 혼인생활의 계속을 강제하는 것이 일방 배우자에게 참을 수 없는 고통이 될 것이며, 혼인제도가 추구하는 목적과 민법의 지도이념인 신의성실의 원칙에 비추어 보더라도 혼인관계의 파탄에 대한 갑의 유책성이 반드시 갑의 이혼청구를 배척하지 않으면 아니 될 정도로 여전히 남아 있다고 단정할 수 없으므로, 갑과 을의 혼인에는 민법 제840조 제6호에 정한 '혼인을 계속하기 어려운 중대한 사유가 있을 때'라는 이혼원인이 존재한다고 한 사례.(대법원 2010. 6. 24. 선고 2010므1256 판결)

(관련판례 2)

법률상 부부인 갑과 을이 약 25년간 별거하면서 사실상 일체의 교류를 단절하고 있고, 갑은 다른 여성과 25년간 중혼적 사실혼 관계를 유지하면서 혼외자를 출산하였는데, 갑이 을을 상대로 이혼을 청구한 사안에서, 갑과 을이 갑의 귀책사유로 본격적으로 별거에 이르게 되었다고 하더라도, 25년 이상 장기간의 별거생활이 지속되면서 혼인의 실체가 완전히 해소되고 갑과 을이 각자 독립적인 생활관계를 갖기에 이른 점, 갑과 을의 부부공동생활 관계의 해소 상태가 장기화되면서 갑의 유책성도 세월의 경과에 따라 상당 정도 약화되고 그에 대한 사회적 인식이나 법적 평가도 달라질 수밖에 없으므로, 현 상황에 이르러 갑과 을의 이혼 여부를 판단하는 기준으로서 파탄에 이르게 된 책임의 경중을 엄밀히 따지는 것은 법적·사회적 의의가 현저히 감쇄(감살)되었다고 보이는 점 등을 종합하면, 갑과 을의 혼인에는 민법 제840조 제6호의 '혼인을 계속하기 어려운 중대한 사유가 있을 때'라는 이혼원인이 존재한다.(서울가정법원 2015. 10. 23. 선고 2014르2496 판결)

■ 북한이탈주민이 북한지역의 잔존 배우자를 상대로 대한민국 법원에 이혼청구가 가능한지요?

Q. 甲은 북한지역을 이탈하여 남한에 건너온 사람입니다. 그러나 甲은 북한지역에서 乙과 혼인하여 결혼생활을 영위하였으나, 이탈 당시 甲혼자 이탈을 하여 현재 乙의 생사조차 알 수 없는 상황입니다. 이 경우 甲은 남한법원에 乙에 대한 재판상 이혼청구가 가능할까요?

A. 북한이탈주민의 보호 및 정착지원에 관한 법률 제19조의2에서는 이혼에 관한 특례를 규정하고 있습니다. 동조 제1항에서는 '동법 제19조에 따라 가족관계 등록을 창설한 사람 중 북한에 배우자를 둔 사람은 그 배우자가 남한에 거주하는지 불명확한 경우 이혼을 청구할 수 있다.'고 규정하고 있고, 동조 제2항에서는 '제19조에 따라 가족관계 등록을 창설한 사람의 가족관계등록부에 배우자로 기록된 사람은 재판상 이혼의 당사자가 될 수 있다.'고 규정하고 있습니다.

또한, 이러한 재판상 이혼소송에 관해서는 공시송달로 재판을 진행할 수 있다는 규정을 두는 등 재판상 이혼의 진행에 관한 특례규정도 함께 규정되어 있습니다.

하급심 판례이기는 하나 서울가정법원 2007. 6. 22. 선고 2004드단 77721 판결에서는 "북한이탈주민보호법의 규정 취지, 앞서 인정한 바와 같은 경위로 원, 피고의 혼인생활이 이미 북한에서도 파탄에 이르렀고, 그 후 원고가 북한을 이탈하게 된 점, 현재 피고가 남한에 거주하는지 여부가 불명확한 점, 대한민국이 군사분계선을 기준으로 나뉘어 남·북한주민 사이의 왕래나 서신교환이 자유롭지 못한 현재의 상태가 가까운 장래에 해소될 개연성이 그리 크지 않은 점 등의 사정을 종합하여 보면, 결국 원, 피고 사이에 혼인관계를 계속하기 어려운 중대한 사유가 있다고 할 것이므로 이는 민법 제840조 제6호 소정의 재판상 이혼사유에 해당한다."고 판시하고 있는 바, 이에 따르면 甲은 이와 같은 사정을 근거로 재판상 이혼 청구가 가능할 것으로 보입니다.

■ 이혼 합의사실의 존재가 재판상이혼사유에 해당되는지요?

Q. 저는 甲과 혼인하여 남매를 두고 있는데 가정불화가 심해져 3개월 전 이혼하기로 합의하면서 5,000만원을 위자료로 지급받아 별거에 들어갔습니다. 그러나 자녀들을 생각하면 참고 살아야 할 것 같아 甲에게 재결합할 것을 요구하였으나, 甲은 거부하면서 위 합의사실만으로도 이혼사유가 된다며 이혼을 요구하고 있습니다. 甲의 말이 맞는지요?

A. 「민법」 제840조에 의하면 재판상 이혼사유를 제한적으로 열거하고 있는데, 위 사안에서와 같이 당사자간에 이혼합의가 있었고 위자료까지 지급하였다는 사실이 민법에 규정된 재판상 이혼사유에 해당되는지가 문제됩니다.

이와 관하여 판례는 "혼인생활 중 부부가 일시 이혼에 합의하고 위자료 명목의 금전을 지급하거나 재산분배를 하였다고 하더라도, 그것으로 인하여 부부관계가 돌이킬 수 없을 정도로 파탄되어 부부쌍방이 이혼의사로 사실상 부부관계의 실체를 해소한 채 생활하여 왔다는 등의 특별한 사정이 없다면, 그러한 이혼합의 사실의 존재만으로는 이를 민법 제840조 제6호의 재판상 이혼사유인 혼인을 계속할 수 없는 중대한 사유에 해당한다고 할 수 없는 것이다."라고 하였습니다(대법원 1996. 4. 26. 선고 96므226 판결).

따라서 귀하의 경우에도 단순히 위와 같은 사유만으로 재판상 이혼사유가 된다고 할 수는 없을 듯하며, 귀하와 甲 중 누구에게 어떠한 귀책사유가 있느냐를 구체적으로 검토해 보아야 재판상 이혼사유 해당 여부가 결정될 것입니다.

1-4. 유책배우자의 이혼청구

1-4-1. 원칙

판례에 따르면 혼인파탄에 대해 주된 책임이 있는 배우자(이하 "유책배우자"라 함)는 그 파탄을 이유로 스스로 이혼청구를 할 수 없는 것이 원칙입니다. 혼인파탄을 자초한 사람이 이혼을 청구하는 것은 도덕성에 근본적으로 배치되고 배우자 일방에 의한 이혼 또는 축출(逐出)이혼이 될 수 있기 때문입니다(대법원 1999. 2. 12. 선고 97므612 판결, 대법원 1987. 4. 14. 선고 86므28 판결 등).

1-4-2. 예외

그러나 다음의 예시와 같은 특수한 사정이 있는 경우 판례는 예외적으로 유책배우자의 이혼청구를 인정하고 있습니다.

① 상대방도 혼인을 지속할 의사가 없음이 객관적으로 명백함에도 불구하고 오기나 보복적 감정에서 이혼에 불응하는 등의 특별한 사정이 있는 경우(대법원 2004. 9. 24. 선고 2004므1033 판결)

② 유책배우자의 이혼청구에 대해 상대방이 반소(反訴)로 이혼청구를 하는 경우(대법원 1987. 12. 8. 선고 87므44,45 판결). 다만, 유책배우자의 이혼청구에 대해 상대방이 그 주장사실을 다투면서 오히려 다른 사실을 내세워 반소로 이혼청구를 하더라도 그 사정만으로 곧바로 상대방은 혼인을 계속할 의사가 없으면서도 오기나 보복적 감정

에서 유책배우자의 이혼청구에 응하지 않는 것이라고 단정할 수는 없습니다(대법원 1998. 6. 23. 선고 98므15,22 판결).

③ 부부 쌍방의 책임이 동등하거나 경중(輕重)을 가리기 어려운 경우(대법원 1997. 5. 16. 선고 97므155 판결, 대법원 1994. 5. 27. 선고 94므130 판결)

■ **유책배우자의 재판상 이혼청구가 가능한지요?**

Q. 甲은 乙과 약 15년간 별거를 하였고, 그 사이에 甲은 丙과 동거하면서 두 명의 자녀를 출생하였습니다. 甲과 乙은 별거기간 중 생활비 등을 위한 경우를 제외하고는 별다른 연락 없이 지내면서 관계회복을 위한 노력을 전혀 하지 않았는데, 이 경우 유책배우자인 甲의 재판상 이혼청구가 가능한가요?

A. 판례에 의하면, 혼인생활의 파탄에 대하여 주된 책임이 있는 배우자는 원칙적으로 그 파탄을 사유로 하여 이혼을 청구할 수 없으므로(대법원 1993.4.23.선고 92므1078판결 참조), 원칙적으로 유책 배우자는 이혼을 청구할 수 없다고 할 수 있습니다.

그러나 한편 대법원은 유책배우자의 이혼 청구를 허용하지 아니하는 것은 혼인제도가 요구하는 도덕성에 배치되고 신의성실의 원칙에 반하는 결과를 방지하려는 데 있으므로, 혼인제도가 추구하는 이상과 신의성실의 원칙에 비추어 보더라도 그 책임이 반드시 이혼 청구를 배척해야 할 정도로 남아 있지 아니한 경우에는 그러한 배우자의 이혼 청구는 혼인과 가족제도를 형해화할 우려가 없고 사회의 도덕관·윤리관에도 반하지 아니한다고 할 것이므로 허용될 수 있다고 보아야 한다고 판시하고 있으므로(대법원 2015. 9. 15. 선고 2013므568 판결 참조), 이혼이 인정될 경우의 상대방 배우자의 정신적 사회적 경제적 상태와 상활보장의 정도, 그 밖의 혼인관계의 여러 사정을 두루 고려하여 판단할 수 있을 것입니다.

(관련판례 1)

　　혼인생활의 파탄에 주된 책임이 있는 배우자는 원칙적으로 그 파탄을 사유로 하여 이혼을 청구할 수 없다. 다만 상대방 배우자도 혼인을 계속할 의사가 없어 일방의 의사에 의한 이혼 내지 축출이혼의 염려가 없는 경우는 물론, 나아가 이혼을 청구하는 배우자의 유책성을 상쇄할 정도로 상대방 배우자 및 자녀에 대한 보호와 배려가 이루어진 경우나 세월의 경과에 따라 혼인파탄 당시 현저하였던 유책배우자의 유책성과 상대방 배우자가 받은 정신적 고통이 점차 약화되어 쌍방의 책임의 경중을 엄밀히 따지는 것이 더 이상 무의미할 정도가 된 경우 등과 같이 혼인생활의 파탄에 대한 유책성이 그 이혼청구를 배척해야 할 정도로 남아 있지 아니한 특별한 사정이 있는 경우에는 예외적으로 유책배우자의 이혼청구를 허용할 수 있다.

　　이와 같이 유책배우자의 이혼청구를 예외적으로 허용할 수 있는지를 판단할 때에는, 유책배우자의 책임의 태양·정도, 상대방 배우자의 혼인계속의사 및 유책배우자에 대한 감정, 당사자의 연령, 혼인생활의 기간과 혼인 후의 구체적인 생활관계, 별거기간, 부부간의 별거 후에 형성된 생활관계, 혼인생활의 파탄 후 여러 사정의 변경 여부, 이혼이 인정될 경우의 상대방 배우자의 정신적·사회적·경제적 상태와 생활보장의 정도, 미성년 자녀의 양육·교육·복지의 상황, 그 밖의 혼인관계의 여러 사정을 두루 고려하여야 한다(대법원 2015. 9. 15. 선고 2013므568 전원합의체 판결 참조).(대법원 2015. 10. 29. 선고 2012므721 판결)

(관련판례 2)

　　혼인생활의 파탄에 대하여 주된 책임이 있는 배우자는 원칙적으로 그 파탄을 사유로 하여 이혼을 청구할 수 없고, 다만 상대방도 그 파탄 이후 혼인을 계속할 의사가 없음이 객관적으로 명백함에도 오기나 보복적 감정에서 이혼에 응하지 아니하고 있을 뿐이라는 등의 특별한 사정이 있는 경우에만 예외적으로 유책배우자의 이혼청구권이 인정된다(대법원 2010. 12. 9. 선고 2009므844 판결 등 참조).(대법원 2013. 11. 28. 선고 2010므4095 판결)

갑과 을의 혼인관계가 파탄에 이르게 된 데에는 다른 여자와 부정한 관계를 맺고 이혼을 요구하며 일방적으로 집을 나가 생활비를 지급하지 않은 채 처 을과 아들 병을 유기한 갑에게 주된 책임이 있다고 판단하고, 을이 혼인을 계속할 의사가 없음이 객관적으로 명백한데도 오기나 보복적 감정에서 이혼에 응하지 아니하고 있는 것으로 보기는 어렵다고 하면서도, 혼인관계가 사실상 실질적으로 파탄되어 재결합의 가능성이 없다는 이유로 유책배우자인 갑의 이혼청구를 인용한 원심판단에 유책배우자의 이혼청구에 관한 법리를 오해한 위법이 있다고 한 사례.(대법원 2010. 12. 9. 선고 2009므844 판결)

2. 재판상 이혼 절차

2-1. 조정(調停)에 의한 이혼

2-1-1. 가정법원에 조정신청

① 조정전치주의(調停前置主義)

재판상 이혼을 하려면 먼저 가정법원의 조정을 거쳐야 합니다. 즉, 이혼소송을 제기하기 전에 먼저 가정법원에 조정을 신청해야 하며, 조정신청 없이 이혼소송을 제기한 경우에는 가정법원이 그 사건을 직권으로 조정에 회부합니다. 다만, 다음의 경우에는 조정절차를 거치지 않고 바로 소송절차가 진행됩니다(가사소송법 제2조제1항제1호나목 4 및 제50조).

1. 공시송달(公示送達)에 의하지 않고는 부부 일방 또는 쌍방을 소환할 수 없는 경우
2. 이혼사건이 조정에 회부되더라도 조정이 성립될 수 없다고 인정되는 경우

※ 이혼조정을 신청하는 경우에는 재산분할, 위자료, 양육사항 및 친권

자지정 등 부부 간 합의되지 않은 사항이 있다면 이를 함께 신청해
서 조정 받을 수 있습니다(가사소송법 제 57조).

② 관할법원

이혼조정 신청은 다음의 가정법원에 조정신청서를 제출하면 됩니다
(가사소송법 제22조 및 제51조).

1. 부부가 같은 가정법원의 관할구역 내에 보통재판적이 있는 경우에
   는 그 가정법원
2. 부부가 마지막으로 같은 주소지를 가졌던 가정법원의 관할구역 내
   에 부부 중 어느 한쪽의 보통재판적이 있는 경우에는 그 가정법원
3. 위 1.과 2.에 해당되지 않는 경우로서 부부 중 한쪽이 다른 한쪽을
   상대로 하는 경우에는 상대방의 보통재판적이 있는 곳의 가정법원
4. 부부가 합의로 정한 가정법원

③ 신청에 필요한 서류

이혼조정을 신청할 때에는 다음의 서류를 갖추어서 제출해야 합니다.

1. 이혼소장 또는 이혼조정신청서 각 1통
2. 부부 각자의 혼인관계증명서 각 1통
3. 부부 각자의 주민등록등본 각 1통
4. 부부 각자의 가족관계증명서 각 1통
5. 미성년인 자녀[임신 중인 자녀를 포함하되, 이혼숙려기간(민법 제836조
   의2제2항 및 제3항에서 정한 기간) 이내에 성년에 도달하는 자녀는
   제외]가 있는 경우에는 그 자녀 각자의 기본증명서, 가족관계증명서
6. 그 외 각종 소명자료

[서식 예] 이혼 조정신청서

이 혼 조 정 신 청

신 청 인   ㅇ ㅇ ㅇ (주민등록번호)
　　　　　　　주소   ㅇㅇ시 ㅇㅇ구 ㅇㅇ길 ㅇㅇ(우편번호)
　　　　　　　전화   ㅇㅇㅇ - ㅇㅇㅇㅇ
　　　　　　　등록기준지   ㅇㅇ시 ㅇㅇ구 ㅇㅇ길 ㅇㅇ

피 신 청 인   △ △ △ (주민등록번호)
　　　　　　　주소   ㅇㅇ시 ㅇㅇ구 ㅇㅇ길 ㅇㅇ(우편번호)
　　　　　　　전화   ㅇㅇㅇ - ㅇㅇㅇㅇ
　　　　　　　등록기준지   ㅇㅇ시 ㅇㅇ구 ㅇㅇ길 ㅇㅇ

신 청 취 지

　신청인과 피신청인은 이혼한다.
라는 조정을 구합니다.

신 청 원 인

1. 결혼한 경위
가. 신청인과 피신청인은 198ㅇ. ㅇ. 초순경 결혼식을 올리고 198ㅇ. ㅇ.
　　ㅇ. 혼인신고를 한 법률상 부부로서 슬하에는 1녀 □□(여, 만14세),
　　1남 □□(남, 만12세)을 두고 근 15년간 결혼생활을 해왔습니다.
나. 신청인은 198ㅇ. ㅇ. ㅇㅇ대학을 졸업하였으나, 졸업과 동시에 198ㅇ. ㅇ. 하
　　순 경 ㅇㅇ은행에 취직하여 서울 중구 서소문동 소재 동 은행본점
　　영업부에서 근무하게 되었는바, 같은 직장내에서 피신청인을 알게 되
　　었고, 피신청인은 198ㅇ년 ㅇㅇ대학교 경제학과를 졸업, 198ㅇ년 군대
　　를 제대한 후 동 회사에 입사하였고 신청인과 피신청인은 입사동기
　　로 3년여를 교제하였습니다.
2. 피신청인의 이상성격과 폭력
가. 피신청인은 3년간이나 신청인과 교제하면서 보이지 않던 행동을, 신
　　혼 여행을 다녀오자마자 사소한 일에 생트집을 잡는 등 하지 않던

행동과 시댁에 소홀히 한다면서 시댁식구들이 보는 앞에서 쌍소리를 하며 무시하였습니다.

나. 신청인은 피신청인이 폭력을 일삼는 등 이상성격의 소유자임을 뒤늦게 알았지만 자식을 낳고 살면서 시간이 지나면 좀 성격이 달라질 것으로 믿었습니다. 그러나 피신청인은 같이 직장생활을 한다고 월급은 한푼도 생활비로 내어놓지 아니하고 술과 도박으로 밤을 낮으로 삼고 외박이 잦으며 신청인에게 툭하면 "개", "쌍년"이란 말을 섞어 넣어 가면서 장소를 불문하고 못된 욕지거리와 폭력을 가하였고, 특히 결혼 후인 198○. ○. 초순 경 시동생 결혼식 피로연에서 특별한 이유도 없이 피신청인은 신청인의 머리채를 잡고 때리면서 상스런 욕설을 하여 여러 친지들 앞에서 망신을 준 사실도 있습니다.

다. 198○. ○월 신청인은 둘째 아이를 낳으면서 직장을 그만두었는데 생활비는 월 ○○○원씩만 지급하면서 피신청인은 승용차를 구입하여 출.퇴근을 하는 등 가족들의 생계에는 전혀 신경을 쓰지 않았습니다.

라. 199○. ○. 초순경부터는 설상가상으로 낯모르는 여자한테 번갈아 전화가 걸려오고 피신청인의 직장에도 어떤 여자와 피신청인이 바람을 피운다는 소문이 파다하게 퍼졌습니다.

3. 신청인은 위와 같은 사정으로 이제 더 이상 견딜 수 없어 부득이 조정신청에 이르게 된 것이므로 신청취지와 같은 조정을 내려 주시기 바랍니다.

첨 부 서 류

1. 혼인관계증명서   1통
1. 가족관계증명서   1통
1. 주민등록등본   1통

20○○년 ○월 ○일
위 청구인 ○ ○ ○   (인)

○ ○ 가 정 법 원 귀중

2-1-2. 가정법원의 사실조사

① 각 가정마다 생활사정, 혼인생활, 이혼에 이르게 된 경위 등에 차이가 있기 때문에 조정 시에는 이러한 개별적·구체적 사정이 고려될 필

요가 있습니다. 이를 위해서 가사조사관이 가사조정 전에 사실에 대한 조사를 실시하게 됩니다(가사소송법 제6조 및 제56조).

② 사실조사를 위해 필요한 경우에는 경찰 등 행정기관과 그 밖에 상당하다고 인정되는 단체 또는 개인(예를 들어 은행, 학교 등)을 대상으로 조정 당사자의 예금, 재산, 수입, 교육관계 및 그 밖의 사항에 관한 사실을 조사할 수 있습니다(가사소송법 제8조 및 가사소송규칙 제3조).

2-1-3. 부부 쌍방의 출석 및 가정법원의 조정

① 부부 쌍방의 출석·진술

법원의 조정기일이 정해지면 조정당사자 또는 법정대리인이 출석해서 (특별한 사정이 있는 경우에는 허가받은 대리인이 출석하거나 보조인을 동반할 수 있음) 진술하고 조정당사자의 합의에 기초해서 조정합니다(가사소송법 제7조).

조정기일에 조정신청인이 출석하지 않으면 다시 기일을 정하는데 그 새로운 기일 또는 그 후의 기일에도 조정신청인이 출석하지 않으면 조정신청은 취하된 것으로 보며(가사소송법 제49조 및 민사조정법 제31조), 조정상대방이 조정기일에 출석하지 않으면 조정위원회 또는 조정담당판사가 직권으로 조정에 갈음하는 결정(즉, 강제조정결정)을 하게 됩니다(가사소송법 제49조, 민사조정법 제30조 및 제32조).

② 조정성립

조정절차에서 당사자 사이에 이혼의 합의가 이루어지면 그 합의된 사항을 조정조서에 기재함으로써 조정이 성립됩니다(가사소송법 제59조제1항). 이 조정은 재판상 화해와 동일한 효력이 생겨(가사소송법 제59조제2항 본문) 혼인이 해소됩니다.

③ 조정에 갈음하는 결정·화해권고결정

조정상대방이 조정기일에 출석하지 않거나, 당사자 사이에 합의가 이루어지지 않거나, 조정당사자 사이의 합의내용이 적절하지 않다고 인정되는 사건에 관해 조정위원회 또는 조정담당판사가 직권으로 조정에 갈음하는 결정을 하거나 화해권고결정을 할 수 있습니다(가사소송법 제12조, 제49조, 민사조정법 제30조, 제32조 및 민사소송법 제225조제1항).

이 강제조정결정 등에 대해서 당사자가 그 송달 후 2주 이내에 이의신청을 하지 않거나, 이의신청이 취하되거나, 이의신청의 각하결정이 확정된 경우에는 재판상 화해, 즉 확정판결과 동일한 효력이 생깁니다(가사소송법 제49조, 제59조제2항, 민사조정법 제34조 및 민사소송법 제231조).

2-1-4. 행정관청에 이혼신고

조정이 성립되면 조정신청인은 조정성립일부터 1개월 이내에 이혼신고서에 조정조서의 등본 및 확정증명서를 첨부해서 등록기준지 또는 주소지 관할 시청·구청·읍사무소 또는 면사무소에 이혼신고를 해야 합니다(가족관계의 등록 등에 관한 법률 제58조 및 제78조).

2-2. 재판에 의한 이혼

2-2-1. 조정절차에서 소송절차로 이행되는 경우

① 조정을 하지 않기로 하는 결정이 있거나(민사조정법 제26조), ② 조정이 성립되지 않은 것으로 종결되거나(민사조정법 제27조), ③ 조정에 갈음하는 결정 등에 대해 2주 이내에 이의신청이 제기되어 그 결정이 효력을 상실한 경우(민사조정법 제34조)에는 조정신청을 한 때에 소송이 제기된 것으로 보아, 조정절차가 종결되고 소송절차로 이행됩니다(가사소송법 제49조 및 민사조정법 제36조제1항).

2-2-2. 소송진행

① 부부 쌍방의 변론

소송절차가 개시되어 변론기일이 정해지면 소송당사자 또는 법정대리인이 출석해서(특별한 사정이 있는 경우에는 허가받은 대리인이 출석하거나 보조인을 동반할 수 있음) 소송제기자(원고)와 소송상대방(피고) 각자의 주장 및 증거관계를 진술하고, 법원의 사실조사·증거조사 및 신문(訊問) 후 판결을 선고받습니다(가사소송법 제7조, 제17조 및 민사소송법 제287조제1항).

② 법원의 판결

이혼소송의 판결은 선고로 그 효력이 발생합니다(가사소송법 제12조 및 민사소송법 제205조).

이혼청구를 인용(認容)한 확정판결(원고승소판결)은 제3자에게도 효력이 있습니다(가사소송법 제21조제1항). 한편, 이혼청구를 배척(排斥)하는 판결(원고패소판결)이 확정되면, 원고는 사실심의 변론종결 전에 참가할 수 없었음에 대해 정당한 사유가 있지 않는 한 동일한 사유로 다시 소를 제기할 수 없습니다(가사소송법 제21조제2항).

③ 판결에 불복하는 경우

판결에 대해 불복이 있으면 판결정본 송달 전 또는 판결정본이 송달된 날부터 14일 이내 항소 또는 상고할 수 있습니다(가사소송법 제19조제1항 및 제20조).

2-2-3. 행정관청에 이혼신고

이혼판결이 확정되면 부부 중 어느 한 쪽이 재판의 확정일부터 1개월 이내에 이혼신고서에 재판서의 등본 및 확정증명서를 첨부해서 등록기준지 또는 주소지 관할 시청·구청·읍사무소 또는 면사무소에 이혼신고를 해야 합니다(가족관계의 등록 등에 관한 법률 제58조 및 제78조).

[서식 예] 이혼청구의 소(유기)

소　　　　　장

원　고　　○　○　○ (주민등록번호)
　　　　　등록기준지 및 주소 : ○○시 ○○구 ○○길 ○○(우편번호)

피　고　　리차드 ○ △△
　　　　　　　최후 국내 주소 : 불 명
　　　　　　　미국 상 주소 : 미합중국 오하이오주 ○○시 ○로
　　　　　　　　　　　　　　(○st. ○○○, Ohio , U.S.A)

이혼청구의 소

청 구 취 지

1. 원고와 피고는 이혼한다.
2. 소송비용은 피고의 부담으로 한다.
라는 판결을 구합니다.

청 구 원 인

1. 혼인 경위
　원고는 다방 종업원으로 일하던 중 주한 미군인 미합중국 국적의 피고를 만나 결혼식은 올리지 않고 19○○. ○. ○. 혼인신고를 함으로써 법률상 부부가 되었고 그 사이에 자녀는 없습니다.
2. 재판상 이혼 사유
가. 피고는 원고와 혼인한 후 집에도 잘 들어오지 않고 다른 여자들과 부정한 관계를 일삼다가 혼인한 지 약 1개월 정도 지난 19○○. ○월경 원고에게 아무런 말도 없이 미국으로 떠난 후, 지금까지 연락조차 없습니다.
나. 원고는 피고와 이혼하고 싶어도 소송을 제기할 여력이 없어 약 ○○년간 그대로 지냈으나, 이제라도 호적정리를 하고자 민법 제 840조 제2호 소정의 재판상이혼사유인 "악의의 유기"를 이유로 이 건 이혼청구를 합니다.
3. 재판관할권 및 준거법
가. 이 건 이혼청구는 피고가 미합중국 국적을 가지고 있어 섭외적 사법관계에 속한다고 할 것인바, 원고의 본국 및 주소지국이 대한민국이고 위에서 기재한 바와 같이 피고가 원고를 유기하고 있으므로 이 사건에 대한 재판관할권은 대한민국에 있다고 할 것입니다. (첨부한 하급심 판결 ○○가정법

원 ㅇㅇ 드 ㅇㅇㅇㅇㅇ호 참조) 그리고 피고의 보통재판적이 국내에 없으므로 대법원 소재지의 가정법원인 귀원에 그 관할권이 있다 할 것입니다.

나. 또한 위 하급심판결에 의하면 미합중국의 경우 판례와 학설에 의하여 인정된 이혼에 관한 섭외사법의 일반원칙에 따르면 부부 일방의 주소지에 재판관할권이 인정됨과 동시에 그 법정지법이 준거법으로 인정되고 있다는 것이므로, 이 건 소송은 원고가 출생이래 지금까지 계속 영주의 의사로 대한민국에 주소를 가지고 있으므로 대한민국 민법이 준거법이 된다 할 것입니다.

4. 공시송달신청

피고는 19ㅇㅇ년경 본국인 미합중국으로 귀국한 것으로 보이나 (약 ㅇㅇ년 전 일이고, 원고는 피고의 인적사항을 정확히 알고 있지 않아 출입국 증명원은 발급을 받을 수 없음) 원고는 피고의 미국 주소를 불명확하여 그 주소로 송달해도 송달이 불가능한 상태이므로 민법 제179조에 의해 공시송달하여 주실 것을 신청합니다.

입 증 방 법

1. 갑 제 1호증   혼인관계증명서
1. 갑 제 2호증   주민등록초본
1. 갑 제 3호증   사실확인서

첨 부 서 류

1. 소장 부본   1통
1. 위 각 입증방법   각 1통
1. 참고자료 (하급심 판결)   1통
1. 위임장   1통
1. 납부서   1통

20ㅇㅇ년 ㅇ월 ㅇ일.
위 원고 ㅇ ㅇ ㅇ (인)

ㅇ ㅇ 가 정 법 원 귀 중

(법원 양식) 소장(이혼)

소   장
(이혼)

원   고 성명: ☎
주민등록번호
주   소[1]
송 달 장 소[2]
등록 기준지[3]
피   고 성명: ☎
주민등록번호
주   소
송 달 장 소
등록 기준지
□ 별지 당사자표시서에 기재 있음[4]

청 구 취 지
1. 원고와 피고는 이혼한다.
2. 소송비용은 피고가 부담한다.

청 구 원 인

유의사항

1. 이혼소송은 가사소송법 제50조 제2항에 따라 재판을 받기 전에 조정절차를 거치는 것이 원칙이고, 많은 사건이 조정절차에서 원만하게 합의되어 조기에 종결됩니다.

2. 서로의 감정을 상하게 하거나 갈등을 고조시켜 원만한 조정에 방해가 되지 않도록 조정기일 전에는 이 소장 외에 준비서면 등을 더 제출하는 것을 삼가주시기 바랍니다.

3. 구체적인 사정은 조정기일에 출석하여 진술할 수 있고, 만일 조정이 성립되지 않아 소송절차로 이행할 경우 준비서면을 제출하여 이 소장에 기재하지 못한 구체적인 청구원인을 주장하거나 추가로 증거를 제출할 수 있습니다.

　청구하고자 하는 부분의 □안에 V표시를 하시고, ____부분은 필요한 경우 직접 기재하시기 바랍니다.

1. 원고와 피고는 _____년 ___월 ___일 혼인신고를 마쳤다.[1]
   원고와 피고는 (□ 동거 중/□ ___년 __월 __일부터 별거 중/□기타: _____)이다.

2. 이혼

가. 원고는 아래와 같은 재판상 이혼원인이 있어 이 사건 이혼청구를 하였다(중복 체크 가능, 민법 제840조 참조).
   □ 피고가 부정한 행위를 하였음(제1호)
   □ 피고가 악의로 원고를 유기하였음(제2호)
   □ 원고가 피고 또는 그 부모로부터 부당한 대우를 받았음(제3   호)
   □ 원고의 부모가 피고로부터 부당한 대우를 받았음(제4호)
   □ 피고의 생사가 3년 이상 불분명함(제5호)
   □ 기타 혼인을 계속하기 어려운 중대한 사유가 있음(제6호)
   ☞ 아래 나.항은 이혼에 관하여 상대방과 합의를 기대/예상하는 경우에는 기재하지 않아도 됩니다.

나. 이혼의 계기가 된 결정적인 사정 3~4개는 다음과 같다.
   □ 배우자 아닌 자와 동거/출산   □ 배우자 아닌 자와 성관계
   □ 기타 부정행위 □ 장기간 별거   □ 가출   □ 잦은 외박
   □ 폭행   □ 욕설/폭언   □ 무시/모욕
   □ 시가/처가와의 갈등   □ 시가/처가에 대한 지나친 의존
   □ 마약/약물 중독   □ 알코올 중독   □ 도박   □ 게임 중독
   □ 정당한 이유 없는 과도한 채무 부담   □ 정당한 이유 없는 생활비 미지급
   □ 사치/낭비   □ 기타 경제적 무책임
   □ 가정에 대한 무관심   □ 애정 상실   □ 대화 단절   □ 극복할 수 없는 성격 차이
   □ 원치 않는 성관계 요구   □ 성관계 거부   □ 회복하기 어려운 성적 문제
   □ 회복하기 어려운 정신질환   □ 배우자에 대한 지나친 의심   □ 범죄/구속
   □ 과도한 음주   □ 전혼 자녀와의 갈등   □ 종교적인 갈등   □ 자녀 학대
   □ 이혼 강요   □ 국내 미입국   □ 해외 거주
   □기타(배우자아닌 피고의 책임 있는 사유도 여기에 기재하시기 바랍니다.

....

첨 부 서 류

1. 원고의 기본증명서, 혼인관계증명서, 가족관계증명서, 주민등록등본 각 1통
2. 피고의 기본증명서, 혼인관계증명서, 가족관계증명서, 주민등록등본 각 1통
3. 원고 및 피고의 각 주소변동 사항이 모두 나타나 있는 주민등록초본 각 1통
   (원, 피고 중 일방의 주소가 서울이 아닌 경우에만 제출하시면 됩니다)
4. 입증자료 (갑 제____호증 ~ 갑 제____호증)
   (입증자료는 "갑 제1호증", "갑 제2호증"과 같이 순서대로 번호를 기재하여 제출하시면 됩니다)

※ 소장에는 판결문, 진단서 등 객관적이고 명백한 증거만 첨부하여 제출하시고, 특히 증인진술서는 증거 제출을 삼가주시기 바랍니다. 기타 필요한 나머지 증거는 이후 소송절차에서 제출하시기 바랍니다.

201 .   .   .

원 고   인 / 서명

서울○○법원 귀중

■ 관할

관할을 위반한 경우 이송 등의 절차로 소송이 지연될 수 있으니 유의하시기 바랍니다.

1. 부부가 서울가정법원의 관할구역(서울특별시) 내에 주소지가 있을 때
2. 부부의 최후 공통의 주소지가 서울이고 부부 중 일방의 주소가 계속하여 서울일 때
3. 피고의 주소가 외국에 있거나 이를 알 수 없을 때(주로 외국인의 경우)
→ 위의 3가지 경우에는 서울가정법원이 전속관할이 됩니다.
4. 위에 해당하지 아니하는 때에는 피고의 주소지 소재 (가정)법원이 관할법원입니다.

■ 인지액

이혼 청구의 경우 수입인지 20,000원과 송달료 88,800원을 각 납부하셔야합니다(법원 내 신한은행에서 납부하고 영수증을 첨부하여야 함).

---

1) 주민등록상 주소를 기재하시기 바랍니다.
2) 우편물을 받는 곳이 주소와 다를 경우에 기재하시기 바랍니다.
3) 등록기준지는 가족관계증명서 및 혼인관계증명서 맨 앞장 위에 기재되어 있으므로 이를 참고하여 기재하시고, 외국인일 경우에는 국적을 기재하시면 됩니다.
4) 피고나 사건본인의 수가 많은 경우 별지로 당사자표시서를 작성한 후 첨부하시면 됩니다.

(법원 양식) 답변서(이혼)

답 변 서
(이혼)

사건번호	20___드단(드합)_____	
원 고		
피 고		전화번호

청구취지에 대한 답변

해당되는 부분 □안에 V표시를 하시고, _____부분은 필요한 경우 직접 기재하시기 바랍니다.

이혼 청구 → □ 인정함   □ 인정할 수 없음

청구원인에 대한 답변

유의사항
1. 이혼소송은 가사소송법 제50조 제2항에 따라 재판을 받기 전에 조정절차를 거치는 것이 원칙이고, 많은 사건이 조정절차에서 원만하게 합의되어 조기에 종결됩니다.
2. 서로의 감정을 상하게 하거나 갈등을 고조시켜 원만한 조정에 방해가 되지 않도록 조정기일 전에는 이 소장 외에 준비서면 등을 더 제출하는 것을 삼가 주시기 바랍니다.
3. 구체적인 사정은 조정기일에 출석하여 진술할 수 있고, 만일 조정이 성립되지 않아 소송절차로 이행할 경우 준비서면을 제출하여 이 답변서에 기재하지 못한 구체적인 것을 주장하거나 추가로 증거를 제출할 수 있습니다.

해당되는 부분 □안에 V표시를 하시고, _____ 부분은 필요한 경우 직접 기재하시기 바랍니다.

1. 동거 여부 → □ 인정함   □ 인정할 수 없음   □ 일부 인정함

인정할 수 없거나, 일부 인정할 경우, 피고의 주장을 기재하시기 바랍니다.

___

☞ **원고의 이혼 청구를 인정하는 경우 이 항에 답을 할 필요가 없습니다.**

2. 이혼 청구

□ 피고에게 책임 있는 사유를 인정할 수 없음

□ 피고에게 책임 있는 사유를 일부 인정하지만, 그래도 혼인관계는 계속 유지될 수

　있음 (인정하는 부분:　　　　　　　　　　　　)

□ 오히려 원고에게 책임 있는 사유가 더 크므로 원고의 이혼 청구는 기각되어야 함

□ 기타: ....

201　．　　．　　．

피 고　　　　　　　인 / 서명

○○가정법원　귀중

소 장
(이혼, 미성년자녀)

원   고 성명: ☎
주민등록번호[1]
주   소[2]
송 달 장 소[3]
등록 기준지

피   고 성명: ☎
주민등록번호
주   소
송 달 장 소
등록 기준지
☐ 별지 당사자표시서에 기재 있음[4]

사건본인(미성년자녀)[5]
1. 성명: 주민등록번호:
   주   소
   등록기준지
2. 성명: 주민등록번호:
   주   소
   등록기준지
☐ 별지 당사자표시서에 기재 있음

청 구 취 지

청구하고자 하는 부분의 ☐안에 V표시를 하시고, _____부분은 필요한 경우 직접 기
재하시기 바랍니다.

1. 원고와 피고는 이혼한다.

2. □ 사건본인(들)에 대한 친권자 및 양육자로 (□원고 / □피고)를 지정한다.
   (기타: _____)

3. □ (□원고 / □피고)는 (□원고 / □피고)에게 사건본인(들)에 대한 양육
   비로 다음과 같이 지급하라.

   가. □ _____부터 사건본인(들)이 (각) 성년에 이르기 전날까지 매월
   _____일에 사건본인 1인당 매월 _____원의 비율로 계산한 돈

   나. □ 기타: _____

4. □ (□원고 / □피고)는 다음과 같이 사건본인(들)을 면접교섭한다.

	일 자	시 간
□	매월 ___째 주	_____요일 _____시부터 _____요일 _____시까지
□	매주	_____요일 _____시부터 _____요일 _____시까지
□	기타:	

5. 소송비용은 피고가 부담한다.

청 구 원 인

유의사항

1. 이혼소송은 가사소송법 제50조 제2항에 따라 재판을 받기 전에 조정절차를 거치는 것이 원칙이고, 많은 사건이 조정절차에서 원만하게 합의되어 조기에 종결됩니다.

2. 서로의 감정을 상하게 하거나 갈등을 고조시켜 원만한 조정에 방해가 되지 않도록 조정기일 전에는 이 소장 외에 준비서면 등을 더 제출하는 것을 삼가주시기 바랍니다.

3. 구체적인 사정은 조정기일에 출석하여 진술할 수 있고, 만일 조정이 성립되지 않아 소송절차로 이행할 경우 준비서면을 제출하여 이 소장에 기재하지 못한 구체적인 청구원인을 주장하거나 추가로 증거를 제출할 수 있습니다.

1. 원고와 피고는 _____년 ___월 ___일 혼인신고를 마쳤다.[6]
   원고와 피고는 (□ 동거 중/□ ___년 __월 __일부터 별거 중/□기타: _____)이다.

2. **이혼**

   가. 원고는 아래와 같은 재판상 이혼원인이 있어 이 사건 이혼 청구를 하였다(중복 체크 가능, 민법 제840조 참조).

□ 피고가 부정한 행위를 하였음(제1호)

□ 피고가 악의로 원고를 유기하였음(제2호)

□ 원고가 피고 또는 그 부모로부터 부당한 대우를 받았음(제3호)

□ 원고의 부모가 피고로부터 부당한 대우를 받았음(제4호)

□ 피고의 생사가 3년 이상 불분명함(제5호)

□ 기타 혼인을 계속하기 어려운 중대한 사유가 있음(제6호)

☞ **아래 나.항은 이혼에 관하여 상대방과 합의를 기대/예상하는 경우에는 기재하지 않아도 됩니다.**

나. 이혼의 계기가 된 결정적인 사정 3~4개는 다음과 같다.

□ 배우자 아닌 자와 동거/출산   □ 배우자 아닌 자와 성관계   □ 기타 부정행위

□ 장기간 별거   □ 가출   □ 잦은 외박   □ 폭행   □ 욕설/폭언

□ 무시/모욕   □ 시가/처가와의 갈등   □ 시가/처가에 대한 지나친 의존

□ 마약/약물 중독   □ 알코올 중독   □ 도박   □ 게임 중독

□ 정당한 이유 없는 과도한 채무 부담   □ 정당한 이유 없는 생활비 미지급

□ 사치/낭비   □ 기타 경제적 무책임   □ 가정에 대한 무관심   □ 애정 상실

□ 대화 단절   □ 극복할 수 없는 성격 차이   □ 원치 않는 성관계 요구

□ 성관계 거부

□ 회복하기 어려운 성적 문제   □ 회복하기 어려운 정신질환

□ 배우자에 대한 지나친 의심   □ 범죄/구속   □ 과도한 음주

□ 전혼 자녀와의 갈등   □ 종교적인 갈등   □ 자녀 학대   □ 이혼 강요

□ 국내 미입국   □ 해외 거주

□ 기타(배우자 아닌 피고의 책임 있는 사유도 여기에 기재하시기 바랍니다):

_____

3. 친권자 및 양육자 지정에 관한 의견

사건본인(들)에 대하여 청구취지 기재와 같이 친권자 및 양육자 지정이 필요한 이유는 다음과 같다(중복 체크 가능).

□ 과거부터 현재까지 계속하여 양육하여 왔다.

□ (현재는 양육하고 있지 않으나) 과거에 주된 양육자였다.

□ 별거 이후 혼자 양육하고 있다.

□ 사건본인(들)이 함께 살기를 희망한다.

□ 양육환경(주거 환경, 보조 양육자, 경제적 안정성 등)이 보다 양호하다.

□ 사건본인(들)과 보다 친밀한 관계이다.

□ 기타: _____

4. 양육비 산정에 관한 의견

(현재 파악되지 않은 상대방의 직업, 수입 등은 기재하지 않아도 됩니다)

　가. 원고의 직업은 ＿＿＿＿＿＿, 수입은 월＿＿＿＿＿원(□ 세금 공제 전 / □ 세금 공제 후)이고, 피고의 직업은 ＿＿＿＿＿, 수입은 월＿＿＿＿＿원(□ 세금 공제 전 / □ 세금 공제 후)이다.

　나. (과거 양육비를 청구하는 경우) 과거 양육비 산정 기간은 ＿＿＿＿＿＿부터 ＿＿＿＿＿＿까지 ＿＿년 ＿＿개월이다.

　다. 기타 양육비 산정에 고려할 사항 : ＿＿＿＿＿＿＿＿＿＿＿＿＿＿＿＿
＿＿＿＿＿＿＿＿＿＿＿＿＿＿＿＿＿＿＿＿＿＿＿＿＿＿＿＿＿＿＿＿

5. 면접교섭에 관한 의견

　희망 인도 장소: 사건본인(들)을 ＿＿＿＿＿＿에서 인도하고 인도받기를 희망한다.

　면접교섭 시 참고사항: ＿＿＿＿＿＿＿＿＿＿＿＿＿＿＿＿＿＿＿＿＿＿
＿＿＿＿＿＿＿＿＿＿＿＿＿＿＿＿＿＿＿＿＿＿＿＿＿＿＿＿＿＿＿＿

첨 부 서 류

1. 원고의 기본증명서, 혼인관계증명서, 가족관계증명서, 주민등록등본 각 1통
2. 피고의 기본증명서, 혼인관계증명서, 가족관계증명서, 주민등록등본 각 1통
3. 원고 및 피고의 각 주소변동 사항이 모두 나타나 있는 주민등록초본 각 1통
 (원, 피고 중 일방의 주소가 서울이 아닌 경우에만 제출하시면 됩니다)
4. 사건본인(들)에 대한 (각) 기본증명서, 가족관계증명서, 주민등록등본 각 1통
5. 입증자료 (갑 제＿＿호증 ~ 갑 제＿＿호증)
 (입증자료는 "갑 제1호증", "갑 제2호증"과 같이 순서대로 번호를 기재하여 제출하시면 됩니다)

※ 소장에는 판결문, 진단서 등 객관적이고 명백한 증거만 첨부하여 제출하시고, 특히 증인진술서는 증거 제출을 삼가주시기 바랍니다. 기타 필요한 나머지 증거는 이후 소송절차에서 제출하시기 바랍니다.

201 ．　　　．　　　．

원 고　　　　　　　　　　　　인 / 서명

서울○○법원　귀중

> **■ 관할**
> 관할을 위반한 경우 이송 등의 절차로 소송이 지연될 수 있으니 유의하시기 바랍니다.
>   1. 부부가 서울가정법원의 관할구역(서울특별시) 내에 주소지가 있을 때
>   2. 부부의 최후 공통의 주소지가 서울이고 부부 중 일방의 주소가 계속하여 서울일 때
>   3. 피고의 주소가 외국에 있거나 이를 알 수 없을 때(주로 외국인의 경우)
>   → 위의 3가지 경우에는 서울가정법원이 전속관할이 됩니다.
>   4. 위에 해당하지 아니하는 때에는 피고의 주소지 소재 (가정)법원이 관할법원입니다.
> **■ 인지액**
> 이혼 청구의 경우 수입인지 20,000원과 송달료 88,800원을 각 납부하셔야 합니다(법원 내 신한은행에서 납부하고 영수증을 첨부하여야 함).
>
> 1) 주민등록상 주소를 기재하시기 바랍니다.
> 2) 우편물을 받는 곳이 주소와 다를 경우에 기재하시기 바랍니다.
> 3) 등록기준지는 가족관계증명서 및 혼인관계증명서 맨 앞장 위에 기재되어 있으므로 이를 참고하여 기재하시고, 외국인일 경우에는 국적을 기재하시면 됩니다.
> 4) 피고나 사건본인의 수가 많은 경우 별지로 당사자표시서를 작성한 후 첨부하시면 됩니다.
> 5) 원고와 피고 사이에 미성년 자녀(만 19세가 되지 아니한 자)가 있는 경우에 기재하시기 바랍니다.
> 6) 혼인관계증명서에 기재된 혼인신고일 또는 혼인증서제출일을 기재하시면 됩니다.

(법원 양식) 답변서(이혼, 미성년자녀)

답 변 서
(이혼, 미성년자녀)

사건번호	20____드단(드합)_____		
원 고			
피 고		전화번호	

청구취지에 대한 답변

해당되는 부분 □안에 V표시를 하시고, _____ 부분은 필요한 경우 직접 기재하시기 바랍니다.

1. 이혼 청구 → □ 인정함   □ 인정할 수 없음
2. 친권자 및 양육자 지정 청구 → □ 인정함   □ 인정할 수 없음[사건본인(들) 에 대한 친권자 및 양육자로 □ 원고/ □ 피고를 지정한다]
   (기타: _____)
3. 양육비 청구 → □ 인정함 □ 인정할 수 없음 □ 일부 (월_____원) 인정함
   (기타: _____)
4. 면접교섭 청구 → □ 인정함   □ 다른 의견이 있음
   면접교섭에 관하여 원고와 다른 의견이 있는 경우 기재하시기 바랍니다.

	일 자	시 간
□	매월 ____째 주	____요일 ___시부터 ____요일 ___시까지
□	매주	____요일 ___시부터 ____요일 ___시까지
□	기타:	

청구원인에 대한 답변

유의사항
1. 이혼소송은 가사소송법 제50조 제2항에 따라 재판을 받기 전에 조정절차

를 거치는 것이 원칙이고, 많은 사건이 조정절차에서 원만하게 합의되어 조기에 종결됩니다.

2. 서로의 감정을 상하게 하거나 갈등을 고조시켜 원만한 조정에 방해가 되지 않도록 조정기일 전에는 이 소장 외에 준비서면 등을 더 제출하는 것을 삼가주시기 바랍니다.

3. 구체적인 사정은 조정기일에 출석하여 진술할 수 있고, 만일 조정이 성립되지 않아 소송절차로 이행할 경우 준비서면을 제출하여 이 소장에 기재하지 못한 구체적인 청구원인을 주장하거나 추가로 증거를 제출할 수 있습니다.

해당되는 부분 □안에 V표시를 하시고, _____ 부분은 필요한 경우 직접 기재하시기 바랍니다.

1. **동거 여부** → □ 인정함　□ 인정할 수 없음　□ 일부 인정함
　인정할 수 없거나, 일부 인정할 경우, 피고의 주장을 기재하시기 바랍니다.

_____

☞ **원고의 이혼 청구를 인정하는 경우 이 항에 답을 할 필요가 없습니다.**
2. **이혼 청구**
　□ 피고에게 책임 있는 사유를 인정할 수 없음
　□ 피고에게 책임 있는 사유를 일부 인정하지만, 그래도 혼인관계는 계속 유지될 수 있음
　(인정하는 부분: _____)
　□ 오히려 원고에게 책임 있는 사유가 더 크므로 원고의 이혼 청구는 기각되어야 함
　□ 기타: _____

☞ **원고의 친권자 및 양육자 지정 청구를 인정하는 경우 이 항에 답을 할 필요가 없습니다.**
3. **친권자 및 양육자 지정에 관한 의견**
　사건본인(들)에 대하여 청구취지에 대한 답변에 기재된 것과 같은 친권자 및 양육자 지정이 필요한 이유는 다음과 같다(중복 체크 가능).
　□ 과거부터 현재까지 계속하여 양육하여 왔다.
　□ (현재는 양육하고 있지 않으나) 과거에 주된 양육자였다.
　□ 별거 이후 혼자 양육하고 있다.
　□ 사건본인(들)이 함께 살기를 희망한다.
　□ 양육환경(주거 환경, 보조 양육자, 경제적 안정성 등)이 보다 양호하다.
　□ 사건본인(들)과 보다 친밀한 관계이다.

□ 기타: _____

☞ 원고의 양육비 청구를 인정하는 경우 이 항에 답을 할 필요가 없습니다.
4. 양육비 산정에 관한 의견
   가. 직업 및 수입에 관한 의견
      (현재 파악되지 않은 상대방의 직업, 수입 등은 기재하지 않아도 됩니다)
      원고의 직업은 _____, 수입은 월 _____원(□ 세금 공제 전 / □
      세금 공제 후)이고, 피고의 직업은 _____, 수입은 월 _____원(□
      세금 공제 전 / □ 세금 공제 후)이다.
   나. 기타 양육비 산정에 고려할 사항: _____
      _____

☞ 원고의 면접교섭 청구를 인정하는 경우 이 항에 답을 할 필요가 없습니다.
5. 면접교섭 청구에 관한 의견
   가. 면접교섭 일시에 관하여 원고의 주장과 다르게 희망한 이유:_____
      _____
   나. 희망 인도 장소 : 사건본인을 _____에서 인도하고 인도받기를 희망한다.
   다. 면접교섭 시 참고사항:_____
      _____

201 .   .   .

피 고   인 / 서명

○○가정법원 귀중

(법원양식) 소장(이혼, 위자료 재산분할)

소　　　장
(이혼, 위자료, 재산분할)

원　　　고 성명:　　　　　　　　　　☎
주민등록번호
주　　　　　소[1]
송 달 장 소[2]
등록 기준지[3]

피　　　고 성명:　　　　　　　　　　☎
주민등록번호
주　　　　　소
송 달 장 소
등록 기준지
□ 별지 당사자표시서에 기재 있음[4]

청 구 취 지

> 청구하고자 하는 부분의 □안에 V표시를 하시고, _____부분은 필요한 경우
> 직접 기재하시기 바랍니다.
> 피고가 여러 명인 경우, 배우자 이외의 피고에 대한 청구취지는 별지로 작성
> 한 후 첨부하시면 됩니다.

1. 원고와 피고는 이혼한다.
2. □ 피고는 원고에게 위자료[5]로 _____원 및 이에 대하여 이 사건 소장 부본
　　송달일 다음날부터 다 갚는 날까지 연 15%의 비율로 계산한 돈을 지급하라.
3. □ 피고는 원고에게 재산분할[6]로 다음과 같이 이행하라.
　가. □ _____원 및 이에 대하여 이 판결 확정일 다음날부터 다 갚는 날
　　　까지 연 5%의 비율로 계산한 돈을 지급하라.
　나. □ 아래 기재 부동산(□전부 / □지분 _____)에 관하여 이 판결 확정
　　　일 재산분할을 원인으로 한 소유권이전등기절차를 이행하라.
　　　부동산의표시[7]: _____
　다. □ 기타: _____
4. 소송비용은 피고가 부담한다.

청 구 원 인

1. 원고와 피고는 _____년 ___월 ___일 혼인신고를 마쳤다.[8)]
   원고와 피고는 (□ 동거 중/□ ____년 __월 __일부터 별거 중/□기타: _____)이다.

2. **이혼 및 위자료**

   가. 원고는 아래와 같은 재판상 이혼원인이 있어 이 사건 이혼 청구를 하였다 (중복 체크 가능, 민법 제840조 참조).
   - □ 피고가 부정한 행위를 하였음(제1호)
   - □ 피고가 악의로 원고를 유기하였음(제2호)
   - □ 원고가 피고 또는 그 부모로부터 부당한 대우를 받았음(제3호)
   - □ 원고의 부모가 피고로부터 부당한 대우를 받았음(제4호)
   - □ 피고의 생사가 3년 이상 불분명함(제5호)
   - □ 기타 혼인을 계속하기 어려운 중대한 사유가 있음(제6호)

   ☞ 아래 나.항은 이혼 및 위자료에 관하여 상대방과 합의를 기대/예상하는 경우에는 기재하지 않아도 됩니다.

   나. 이혼의 계기가 된 **결정적인 사정** 3~4개는 다음과 같다.
   - □ 배우자 아닌 자와 동거/출산 □ 배우자 아닌 자와 성관계 □ 기타 부정행위
   - □ 장기간 별거 □ 가출 □ 잦은 외박 □ 폭행 □ 욕설/폭언
   - □ 무시/모욕 □ 시가/처가와의 갈등 □ 시가/처가에 대한 지나친 의존
   - □ 마약/약물 중독 □ 알코올 중독 □ 도박 □ 게임 중독

□ 정당한 이유 없는 과도한 채무 부담   □ 정당한 이유 없는 생활비 미지급
□ 사치/낭비   □ 기타 경제적 무책임   □ 가정에 대한 무관심   □ 애정 상실
□ 대화 단절   □ 극복할 수 없는 성격 차이   □ 원치 않는 성관계 요구   □ 성관계 거부
□ 회복하기 어려운 성적 문제   □ 회복하기 어려운 정신질환
□ 배우자에 대한 지나친 의심   □ 범죄/구속   □ 과도한 음주
□ 전혼 자녀와의 갈등   □ 종교적인 갈등   □ 자녀 학대   □ 이혼 강요
□ 국내 미입국   □ 해외 거주
□ 기타(배우자 아닌 피고의 책임 있는 사유도 여기에 기재하시기 바랍니다): _____
　　　　_____

☞ 아래 3.항은 재산분할청구를 하는 경우에만 기재하시기 바랍니다.
3. 재산분할청구
분할하고자 하는, 현재 보유 중인 재산은 별지 "재산내역표"에 기재된 것과 같다.
다음과 같은 사정(중복 체크 가능)을 고려하여 볼 때, 위 재산에 대한 원고의
기여도는 _____%이다.
□ 원고의 소득활동/특별한 수익
□ 원고의 재산관리(가사담당 및 자녀양육 포함)
□ 원고의 혼전 재산/부모의 지원/상속
□ 피고의 혼전 채무 변제
□ 피고의 재산 감소 행위
□ 기타: _____

첨 부 서 류
1. 원고의 기본증명서, 혼인관계증명서, 가족관계증명서, 주민등록등본 각 1통
2. 피고의 기본증명서, 혼인관계증명서, 가족관계증명서, 주민등록등본 각 1통
3. 원고 및 피고의 각 주소변동 사항이 모두 나타나 있는 주민등록초본 각 1통
   (원, 피고 중 일방의 주소가 서울이 아닌 경우에만 제출하시면 됩니다)
4. 입증자료 (갑 제____호증 ~ 갑 제____호증)
(입증자료는 "갑 제1호증", "갑 제2호증"과 같이 순서대로 번호를 기재하여 제
출하시면 됩니다)
※ 소장에는 판결문, 진단서 등 객관적이고 명백한 증거만 첨부하여 제출하시고,
특히 증인진술서는 증거 제출을 삼가주시기 바랍니다. 기타 필요한 나머지
증거는 이후 소송절차에서 제출하시기 바랍니다.
※ 상대방의 재산내역 파악 등을 위해 필요한 경우, 별도로 금융거래정보 제출
명령 등을 신청하시기 바랍니다.

201   .   .   .

원 고   인 / 서명

서울○○법원 귀중

■ 관할

관할을 위반한 경우 이송 등의 절차로 소송이 지연될 수 있으니 유의하시기 바랍니다.

1. 부부가 서울가정법원의 관할구역(서울특별시) 내에 주소지가 있을 때

2. 부부의 최후 공통의 주소지가 서울이고 부부 중 일방의 주소가 계속하여 서울일 때

3. 피고의 주소가 외국에 있거나 이를 알 수 없을 때(주로 외국인의 경우) → 위의 3가지 경우에는 서울가정법원이 전속관할이 됩니다.

4. 위에 해당하지 아니하는 때에는 피고의 주소지 소재 (가정)법원이 관할 법원입니다.

■ 인지액

1. 이혼 청구의 경우 수입인지 20,000원과 송달료 88,800원을 각 납부하셔야 합니다(법원 내 신한은행에서 납부하고 영수증을 첨부하여야 함).

2. 위자료·재산분할 청구가 포함된 경우에는 아래 금액에 따른 수입인지 금액표를 참조하시기 바랍니다(이때 이혼 청구의 인지 20,000원은 흡수됩니다).

※ 가사소송수수료 규칙에 따라 민사소송 등 인지법에 따른 금액 X 1/2로 계산.

소가 500만 원 → 20,000원	소가 5,000만 원 → 115,000원
소가 1,000만 원 → 25,000원	소가 6,000만 원 → 137,500원
소가 1,500만 원 → 36,200원	소가 7,000만 원 → 160,000원
소가 2,000만 원 → 47,500원	소가 8,000만 원 → 182,500원
소가 2,500만 원 → 58,700원	소가 9,000만 원 → 205,000원
소가 3,000만 원 → 70,000원	소가 1억 원 → 227,500원
소가 4,000만 원 → 92,500원	소가 2억 원 → 427,500원

재산내역표

※ 원고와 피고의 현재 재산내역에 대해서 알고 있는 내용만 기재하시기 바랍니다. 다만, 자신의 주거래은행, 보험회사 등은 반드시 밝히시기 바랍니다. 상대방의 재산내역 중 알지 못하는 부분에 대하여는 별도의 증거신청을 통하여 재산내역을 확인하고 보완하시기 바랍니다.

			재산의 표시	시가 또는 잔액(원)
원고	재산	1		
		2		
		3		
		4		
		5		
		소 계		
	채무	1		
		2		
		3		
		4		
		5		
		소 계		
	원고의 순재산 (재산에서 채무를 공제: A)			
피고	재산	1		
		2		
		3		
		4		
		5		
		소 계		
	채무	1		
		2		
		3		
		4		
		5		
		소 계		
	피고의 순재산 (재산에서 채무를 공제: B)			
	원, 피고의 순재산 합계 (A+B)			

재산내역표 기재요령

현재 보유하고 있는 재산 및 부담하고 있는 채무만 기재하시기 바랍니다.

1. 재　산

가. 부동산: '재산의 표시'란에 소재지번 등을 기재하고, '시가 또는 잔액'란에 원고가 알고 있는 현재 시가를 기재한 후, 부동산등기부 등본 및 시가 입증 자료(가급적 감정서, 인터넷 KB 부동산 시세, 공시지가 등 객관적 자료를 제출하고, 이러한 자료가 없을 경우 공인중개사의 확인서 등을 제출)를 첨부하시기 바랍니다.

나. 예금 채권: '재산의 표시'란에 금융기관의 명칭, 계좌번호를 기재하고, '시가 또는 잔액'란에 현재 예금 잔액을 기재한 후, 예금통장사본, 계좌내역, 잔액조회서 등의 자료를 첨부하시기 바랍니다.

다. 임대차보증금반환 채권: '재산의 표시'란에 부동산의 소재지번을 기재하고, '시가 또는 잔액'란에 임대차보증금 금액을 기재한 후, 임대차계약서 사본을 첨부하시기 바랍니다.

라. 주식: '재산의 표시'란에 회사의 명칭, 주식의 수 등을 기재하고, '시가 또는 잔액'란에 현재 시가를 기재한 후 주식예탁통장 사본 및 시가 입증 자료를 첨부하시기 바랍니다.

마. 특허권 등의 지적재산권: '재산의 표시'란에 다른 특허권 등과 구분이 가능한 정도로 권리를 표시하고, '시가 또는 잔액'란에 원고가 알고 있는 시가를 기재하시기 바랍니다.

바. 동산: '재산의 표시'란에 동산의 종류 및 수량, 현재 있는 장소 등을 기재하고, '시가 또는 잔액'란에 원고가 알고 있는 시가를 기재하시기 바랍니다.

사. 자동차: '재산의 표시'란에 차량번호와 모델명, 출고된 연도 등을 기재하고, '시가 또는 잔액'란에 원고가 알고 있는 현재 시가를 기재한 후, 자동차등록증 사본, 중고차 시세를 알 수 있는 자료를 첨부하시기 바랍니다.

아. 보험: '재산의 표시'란에 보험회사, 보험의 종류 및 명칭 등을 기재하시고, '시가 또는 잔액'란에 현재 예상해약환급금을 기재한 후, 예상해약환급금확인서 등의 자료를 첨부하시기 바랍니다.

2. 채　무

가. 사인 간 채무: '재산의 표시'란에 채권자 성명, 차용 일시 등을 기재하고, '시가 및 잔액'란에 현재 채무액을 기재한 후 차용증 사본 등을 첨부하시기 바랍니다.

나. 금융기관 채무: '재산의 표시'란에 대출 금융기관의 명칭, 대출일 등을 기
    재하고, '시가 및 잔액'란에 현재 남아 있는 대출액을 기재한 후, 대출확
    인서 등의 자료를 첨부하시기 바랍니다.
다. 임대차보증금반환 채무: '재산의 표시'란에 부동산의 소재지번을 기재하고,
    '시가 또는 잔액'란에 임대차보증금 금액을 기재한 후, 임대차계약서 사본
    을 첨부하시기 바랍니다.

(각주)
1) 주민등록상 주소를 기재하시기 바랍니다.
2) 우편물을 받는 곳이 주소와 다를 경우에 기재하시기 바랍니다.
3) 등록기준지는 가족관계증명서 및 혼인관계증명서 맨 앞장 위에 기재되어 있으므
   로 이를 참고하여 기재하시고, 외국인일 경우에는 국적을 기재하시면 됩니다.
4) 피고나 사건본인의 수가 많은 경우 별지로 당사자표시서를 작성한 후 첨부하시
   면 됩니다.
5) 위자료를 청구할 경우, 뒤에 있는 '위자료 금액에 따른 수입인지금액표'를 참조
   하여 위자료 금액에 따른 인지를 매입하여 소장에 붙여 주시기 바랍니다.
6) 재산분할로 현금의 지급을 청구하는 경우에는 위 3의 가항에, 부동산 소유권의
   이전을 청구하는 경우에는 나항에, 그 외의 재산, 예를 들어 지분, 주식, 특허권
   등의 지적재산권, 동산 등의 명의이전 또는 인도를 청구하는 경우에는 다항에
   각 기재하시고, 기재할 칸이 부족한 경우에는 별지(부동산 목록 등)를 사용하시
   기 바랍니다. 다만, 부동산 목록을 작성하실 경우에는 부동산등기부 등본의 부동
   산표시를 기재하셔야 합니다.
7) 부동산의 소재 지번 등
8) 혼인관계증명서에 기재된 혼인신고일 또는 혼인증서제출일을 기재하시면 됩니다.

(법원양식) 답변서(이혼, 위자료, 재산분할)

답 변 서
(이혼, 위자료, 재산분할)

사건번호	20____드단(드합)_____	
원 고		
피 고		전화번호

청구취지에 대한 답변

> 해당되는 부분 □안에 V표시를 하시고, _____ 부분은 필요한 경우 직접 기재하시기 바랍니다.

1. 이혼 청구 → □ 인정함   □ 인정할 수 없음
2. 위자료 청구 → □ 인정함   □ 인정할 수 없음   □ 일부 (_____원) 인정함
3. 재산분할 청구 → □ 인정함   □ 인정할 수 없음   □ 일부 인정함
   일부 인정할 경우, 인정하는 부분을 기재하시기 바랍니다.

청구원인에 대한 답변

> **유의사항**
> 1. 이혼소송은 가사소송법 제50조 제2항에 따라 재판을 받기 전에 조정절차를 거치는 것이 원칙이고, 많은 사건이 조정절차에서 원만하게 합의되어 조기에 종결됩니다.
> 2. 서로의 감정을 상하게 하거나 갈등을 고조시켜 원만한 조정에 방해가 되지 않도록 조정기일 전에는 이 소장 외에 준비서면 등을 더 제출하는 것을 삼가주시기 바랍니다.
> 3. 구체적인 사정은 조정기일에 출석하여 진술할 수 있고, 만일 조정이 성립되지 않아 소송절차로 이행할 경우 준비서면을 제출하여 이 답변서에 기재하지 못한 구체적인 것을 주장하거나 추가로 증거를 제출할 수 있습니다.

해당되는 부분 □안에 V표시를 하시고, _____ 부분은 필요한 경우 직접 기재하시기 바랍니다.

1. **동거 여부** → □ 인정함 □ 인정할 수 없음   □ 일부 인정함

   인정할 수 없거나, 일부 인정할 경우, 피고의 주장을 기재하시기 바랍니다.

   _____

☞ **원고의 이혼 청구를 인정하는 경우 이 항에 답을 할 필요가 없습니다.**

2. **이혼 청구**

   □ 피고에게 책임 있는 사유를 인정할 수 없음

   □ 피고에게 책임 있는 사유를 일부 인정하지만, 그래도 혼인관계는 계속 유지될 수 있음

   (인정하는 부분: _____)

   □ 오히려 원고에게 책임 있는 사유가 더 크므로 원고의 이혼 청구는 기각되어야 함

   □ 기타: _____

☞ **원고의 위자료 청구를 인정하는 경우 이 항에 답을 할 필요가 없습니다.**

3. **위자료 청구**

   가. 원고의 위자료 청구를 인정하지 않는 이유 (위자료 청구를 인정할 수 없음에 체크한 경우)

   　　□ 피고에게 책임 있는 사유를 인정할 수 없음

   　　□ 이혼에 대한 원고의 책임이 피고의 책임과 대등하거나 더 무거움

   나. 원고의 위자료 청구를 일부만 인정하는 이유 (위자료 청구를 일부 인정함에 체크한 경우)

   　　□ 피고에게 책임 있는 사유가 과장되어 있음

   　　_____

   　　□ 원고에게 책임 있는 사유도 있음

   　　_____

   　　□ 피고의 경제적 사정 등에 비추어 금액이 과다함

   　　_____

   　　□ 기타:_____

☞ **원고의 재산분할청구를 인정하는 경우 이 항에 답을 할 필요가 없습니다.**

4. **재산분할청구**

   가. 분할하고자 하는 현재 보유 중인 재산은 별지 "재산내역표"에 기재된 것

과 같다.

나. 다음과 같은 사정(중복 체크 가능)을 고려하여 볼 때, 위 재산에 대한 피고의 기여도는 _____%이다.

- □ 피고의 소득활동/특별한 수익
- □ 피고의 재산관리(가사담당 및 자녀양육 포함)
- □ 피고의 혼전 재산/부모의 지원/상속
- □ 원고의 혼전 채무 변제
- □ 원고의 재산 감소 행위
- □ 기타: _____

201 .   .   .

피 고   인 / 서명

서울가정법원 귀중

재산내역표

※ 원고와 피고의 현재 재산내역에 대해서 알고 있는 내용만 기재하시기 바랍니다. 다만, 자신의 주거래은행, 보험회사 등은 반드시 밝히시기 바랍니다. 상대방의 재산내역 중 알지 못하는 부분에 대하여는 별도의 증거신청을 통하여 재산내역을 확인하고 보완하시기 바랍니다.

			재산의 표시	시가 또는 잔액(원)
원고	재산	1		
		2		
		3		
		4		
		5		
	소 계			
	채무	1		
		2		
		3		
		4		

		5		
		소 계		
	원고의 순재산 (재산에서 채무를 공제: A)			
피 고	재 산	1		
		2		
		3		
		4		
		5		
	소 계			
	채무	1		
		2		
		3		
		4		
		5		
	소 계			
	피고의 순재산 (재산에서 채무를 공제: B)			
	원, 피고의 순재산 합계 (A+B)			

재산내역표 기재요령

현재 보유하고 있는 재산 및 부담하고 있는 채무만 기재하시기 바랍니다.

1. 재 산
   가. 부동산: '재산의 표시'란에 소재지번 등을 기재하고, '시가 또는 잔액'란에 원고가 알고 있는 현재 시가를 기재한 후, 부동산등기부 등본 및 시가 입증 자료(가급적 감정서, 인터넷 KB 부동산 시세, 공시지가 등 객관적 자료를 제출하고, 이러한 자료가 없을 경우 공인중개사의 확인서 등을 제출)를 첨부하시기 바랍니다.
   나. 예금 채권: '재산의 표시'란에 금융기관의 명칭, 계좌번호를 기재하고, '시가 또는 잔액'란에 현재 예금 잔액을 기재한 후, 예금통장사본, 계좌내역, 잔액조회서 등의 자료를 첨부하시기 바랍니다.
   다. 임대차보증금반환 채권: '재산의 표시'란에 부동산의 소재지번을 기재하고, '시가 또는 잔액'란에 임대차보증금 금액을 기재한 후, 임대차계약서 사본을 첨부하시기 바랍니다.

라. 주식: '재산의 표시'란에 회사의 명칭, 주식의 수 등을 기재하고, '시가 또는 잔액'란에 현재 시가를 기재한 후 주식예탁통장 사본 및 시가 입증 자료를 첨부하시기 바랍니다.

마. 특허권 등의 지적재산권: '재산의 표시'란에 다른 특허권 등과 구분이 가능한 정도로 권리를 표시하고, '시가 또는 잔액'란에 원고가 알고 있는 시가를 기재하시기 바랍니다.

바. 동산: '재산의 표시'란에 동산의 종류 및 수량, 현재 있는 장소 등을 기재하고, '시가 또는 잔액'란에 원고가 알고 있는 시가를 기재하시기 바랍니다.

사. 자동차: '재산의 표시'란에 차량번호와 모델명, 출고된 연도 등을 기재하고, '시가 또는 잔액'란에 원고가 알고 있는 현재 시가를 기재한 후, 자동차등록증 사본, 중고차 시세를 알 수 있는 자료를 첨부하시기 바랍니다.

아. 보험: '재산의 표시'란에 보험회사, 보험의 종류 및 명칭 등을 기재하시고, '시가 또는 잔액'란에 현재 예상해약환급금을 기재한 후, 예상해약환급금 확인서 등의 자료를 첨부하시기 바랍니다.

2. 채　　무

가. 사인 간 채무: '재산의 표시'란에 채권자 성명, 차용 일시 등을 기재하고, '시가 및 잔액'란에 현재 채무액을 기재한 후 차용증 사본 등을 첨부하시기 바랍니다.

나. 금융기관 채무: '재산의 표시'란에 대출 금융기관의 명칭, 대출일 등을 기재하고, '시가 및 잔액'란에 현재 남아 있는 대출액을 기재한 후, 대출확인서 등의 자료를 첨부하시기 바랍니다.

다. 임대차보증금반환 채무: '재산의 표시'란에 부동산의 소재지번을 기재하고, '시가 또는 잔액'란에 임대차보증금 금액을 기재한 후, 임대차계약서 사본을 첨부하시기 바랍니다.

(법원양식) 소장(이혼, 위자료, 재산분할, 미성년자녀)

소　　장
(이혼, 위자료, 재산분할, 미성년자녀)

원　　　고 성명:　　　　　　　　☎
주민등록번호
주　　　　소[1]
송 달 장 소[2]
등록 기준지[3]

피　　　고 성명:　　　　　　　　☎
주민등록번호
주　　　　소
송 달 장 소
등록 기준지
□ 별지 당사자표시서에 기재 있음[4]

사건본인(미성년자녀)[5]
1. 성명:　　　　　　주민등록번호:
　　주　　　　소
　　등록기준지
2. 성명:　　　　　　주민등록번호:
　　주　　　　소
　　등록기준지
□ 별지 당사자표시서에 기재 있음

청 구 취 지

청구하고자 하는 부분의 □안에 V표시를 하시고, ＿＿＿＿부분은 필요한 경우
직접 기재하시기 바랍니다.
피고가 여러 명인 경우, 배우자 이외의 피고에 대한 청구취지는 별지로 작
성한 후 첨부하시면 됩니다.

1. 원고와 피고는 이혼한다.
2. □ 피고는 원고에게 위자료[6]로 _____원 및 이에 대하여 이 사건 소장 부본 송달일 다음날부터 다 갚는 날까지 연 15%의 비율로 계산한 돈을 지급하라.
3. □ 피고는 원고에게 재산분할[7]로 다음과 같이 이행하라.
   가. □ _____원 및 이에 대하여 이 판결 확정일 다음날부터 다 갚는 날까지 연 5%의 비율로 계산한 돈을 지급하라.
   나. □ 아래 기재 부동산(□전부 / □지분 _____)에 관하여 이 판결 확정일 재산분할을 원인으로 한 소유권이전등기절차를 이행하라.
       부동산의 표시[8]: _____
   다. □ 기타: _____
4. □ 사건본인(들)에 대한 친권자 및 양육자로 (□원고 / □피고)를 지정한다.
   (기타: _____)
5. □ (□원고 / □피고)는 (□원고 / □피고)에게 사건본인(들)에 대한 양육비로 다음과 같이 지급하라.
   가. □ _____부터 사건본인(들)이 (각) 성년에 이르기 전날까지 매월 _____일에 사건본인 1인당 매월 _____원의 비율로 계산한 돈
   나. □ 기타: _____

6. □ (□원고 / □피고)는 다음과 같이 사건본인(들)을 면접교섭한다.

	일 자	시 간
□	매월 ___째 주	_____요일 ____시부터 _____요일 ____시까지
□	매주	_____요일 ____시부터 _____요일 ____시까지
□	기타:	

7. 소송비용은 피고가 부담한다.

청 구 원 인

유의사항

1. 이혼소송은 가사소송법 제50조 제2항에 따라 재판을 받기 전에 조정절차를 거치는 것이 원칙이고, 많은 사건이 조정절차에서 원만하게 합의되어 조기에 종결됩니다.

2. 서로의 감정을 상하게 하거나 갈등을 고조시켜 원만한 조정에 방해가 되지 않도록 조정기일 전에는 이 소장 외에 준비서면 등을 더 제출하는 것을 삼가주시기 바랍니다.

3. 구체적인 사정은 조정기일에 출석하여 진술할 수 있고, 만일 조정이 성립되지 않아 소송절차로 이행할 경우 준비서면을 제출하여 이 소장에 기재하지 못한 구체적인 청구원인을 주장하거나 추가로 증거를 제출할 수 있습니다.

1. 원고와 피고는 _____년 ___월 ___일 혼인신고를 마쳤다.[9]

   원고와 피고는 (□ 동거 중/□ ____년 __월 __일부터 별거 중/□기타: _____)이다.

2. 이혼 및 위자료

가. 원고는 아래와 같은 재판상 이혼원인이 있어 이 사건 이혼 청구를 하였다(중복 체크 가능, 민법 제840조 참조).

   □ 피고가 부정한 행위를 하였음(제1호)

   □ 피고가 악의로 원고를 유기하였음(제2호)

   □ 원고가 피고 또는 그 부모로부터 부당한 대우를 받았음(제3호)

   □ 원고의 부모가 피고로부터 부당한 대우를 받았음(제4호)

   □ 피고의 생사가 3년 이상 불분명함(제5호)

   □ 기타 혼인을 계속하기 어려운 중대한 사유가 있음(제6호)

☞ **아래 나.항은 이혼 및 위자료에 관하여 상대방과 합의를 기대/예상하는 경우에는 기재하지 않아도 됩니다.**

나. 이혼의 계기가 된 결정적인 사정 3~4개는 다음과 같다.

   □ 배우자 아닌 자와 동거/출산   □ 배우자 아닌 자와 성관계   □ 기타 부정행위

   □ 장기간 별거   □ 가출   □ 잦은 외박   □ 폭행   □ 욕설/폭언

   □ 무시/모욕   □ 시가/처가와의 갈등   □ 시가/처가에 대한 지나친 의존

   □ 마약/약물 중독   □ 알코올 중독   □ 도박   □ 게임 중독

   □ 정당한 이유 없는 과도한 채무 부담   □ 정당한 이유 없는 생활비 미지급

   □ 사치/낭비   □ 기타 경제적 무책임   □ 가정에 대한 무관심   □ 애정 상실

   □ 대화 단절   □ 극복할 수 없는 성격 차이   □ 원치 않는 성관계 요구

   □ 성관계 거부   □ 회복하기 어려운 성적 문제   □ 회복하기 어려운 정신질환

   □ 배우자에 대한 지나친 의심   □ 범죄/구속   □ 과도한 음주

현재 보유하고 있는 재산 및 부담하고 있는 채무만 기재하시기 바랍니다.

1. 재 산

가. 부동산: '재산의 표시'란에 소재지번 등을 기재하고, '시가 또는 잔액'란에 원고가 알고 있는 현재 시가를 기재한 후, 부동산등기부 등본 및 시가 입증 자료(가급적 감정서, 인터넷 KB 부동산 시세, 공시지가 등 객관적 자료를 제출하고, 이러한 자료가 없을 경우 공인중개사의 확인서 등을 제출)를 첨부하시기 바랍니다.

나. 예금 채권: '재산의 표시'란에 금융기관의 명칭, 계좌번호를 기재하고, '시가 또는 잔액'란에 현재 예금 잔액을 기재한 후, 예금통장사본, 계좌내역, 잔액조회서 등의 자료를 첨부하시기 바랍니다.

다. 임대차보증금반환 채권: '재산의 표시'란에 부동산의 소재지번을 기재하고, '시가 또는 잔액'란에 임대차보증금 금액을 기재한 후, 임대차계약서 사본을 첨부하시기 바랍니다.

라. 주식: '재산의 표시'란에 회사의 명칭, 주식의 수 등을 기재하고, '시가 또는 잔액'란에 현재 시가를 기재한 후 주식예탁통장 사본 및 시가 입증 자료를 첨부하시기 바랍니다.

마. 특허권 등의 지적재산권: '재산의 표시'란에 다른 특허권 등과 구분이 가능한 정도로 권리를 표시하고, '시가 또는 잔액'란에 원고가 알고 있는 시가를 기재하시기 바랍니다.

바. 동산: '재산의 표시'란에 동산의 종류 및 수량, 현재 있는 장소 등을 기재하고, '시가 또는 잔액'란에 원고가 알고 있는 시가를 기재하시기 바랍니다.

사. 자동차: '재산의 표시'란에 차량번호와 모델명, 출고된 연도 등을 기재하고, '시가 또는 잔액'란에 원고가 알고 있는 현재 시가를 기재한 후, 자동차등록증 사본, 중고차 시세를 알 수 있는 자료를 첨부하시기 바랍니다.

아. 보험: '재산의 표시'란에 보험회사, 보험의 종류 및 명칭 등을 기재하시고, '시가 또는 잔액'란에 현재 예상해약환급금을 기재한 후, 예상해약환급금 확인서 등의 자료를 첨부하시기 바랍니다.

2. 채 무

가. 사인 간 채무: '재산의 표시'란에 채권자 성명, 차용 일시 등을 기재하고, '시가 및 잔액'란에 현재 채무액을 기재한 후 차용증 사본 등을 첨부하시

기 바랍니다.

　　나. 금융기관 채무: '재산의 표시'란에 대출 금융기관의 명칭, 대출일 등을 기
　　　　재하고, '시가 및 잔액'란에 현재 남아 있는 대출액을 기재한 후, 대출확
　　　　인서 등의 자료를 첨부하시기 바랍니다.

　　다. 임대차보증금반환 채무: '재산의 표시'란에 부동산의 소재지번을 기재하고,
　　　　'시가 또는 잔액'란에 임대차보증금 금액을 기재한 후, 임대차계약서 사본
　　　　을 첨부하시기 바랍니다.

(각주)

1) 주민등록상 주소를 기재하시기 바랍니다.
2) 우편물을 받는 곳이 주소와 다를 경우에 기재하시기 바랍니다.
3) 등록기준지는 가족관계증명서 및 혼인관계증명서 맨 앞장 위에 기재되어 있
　　으므로 이를 참고하여 기재하시고, 외국인일 경우에는 국적을 기재하시면 됩
　　니다.
4) 피고나 사건본인의 수가 많은 경우 별지로 당사자표시서를 작성한 후 첨부
　　하시면 됩니다.
5) 원고와 피고 사이에 미성년 자녀(만 19세가 되지 아니한 자)가 있는 경우에
　　기재하시기 바랍니다.
6) 위자료를 청구할 경우, 뒤에 있는 '위자료 금액에 따른 수입인지금액표'를 참
　　조하여 위자료 금액에 따른 인지를 매입하여 소장에 붙여 주시기 바랍니다.
7) 재산분할로 현금의 지급을 청구하는 경우에는 위 3의 가항에, 부동산 소유
　　권의 이전을 청구하는 경우에는 나항에, 그 외의 재산, 예를 들어 지분, 주
　　식, 특허권 등의 지적재산권, 동산 등의 명의이전 또는 인도를 청구하는 경
　　우에는 다항에 각 기재하시고, 기재할 칸이 부족한 경우에는 별지(부동산 목
　　록 등)를 사용하시기 바랍니다. 다만, 부동산 목록을 작성하실 경우에는 부
　　동산등기부 등본의 부동산표시를 기재하셔야 합니다.
8) 부동산의 소재 지번 등
9) 혼인관계증명서에 기재된 혼인신고일 또는 혼인증서제출일을 기재하시면 됩니다.

(법원양식) 답변서(이혼, 위자료, 재산분할, 미성년자녀)

답 변 서
(이혼, 위자료, 재산분할, 미성년자녀)

사건번호	20____드단(드합)_____		
원 고			
피 고		전화번호	

청구취지에 대한 답변

> 해당되는 부분 □안에 V표시를 하시고, _____ 부분은 필요한 경우 직접 기재하시기 바랍니다.

1. 이혼 청구 → □ 인정함   □ 인정할 수 없음
2. 위자료 청구 → □ 인정함   □ 인정할 수 없음   □ 일부 (_____원) 인정함
3. 재산분할 청구 → □ 인정함   □ 인정할 수 없음   □ 일부 인정함
   일부 인정할 경우, 인정하는 부분을 기재하시기 바랍니다.
   _____
4. 친권자 및 양육자 지정 청구 → □ 인정함   □ 인정할 수 없음[사건본인
   (들)에 대한 친권자 및 양육자로 □ 원고/ □ 피고를 지정한다]
   (기타: _____)
5. 양육비 청구 → □ 인정함 □ 인정할 수 없음 □ 일부 (월____원) 인정함
   (기타: _____)
6. 면접교섭 청구 → □ 인정함   □ 다른 의견이 있음
   면접교섭에 관하여 원고와 다른 의견이 있는 경우 기재하시기 바랍니다.

	일 자	시 간
□	매월 __째 주	____요일 ___시부터 ____요일 ___시까지
□	매주	____요일 ___시부터 ____요일 ___시까지

□	기타:

청구원인에 대한 답변

유의사항

1. 이혼소송은 가사소송법 제50조 제2항에 따라 재판을 받기 전에 조정절차를 거치는 것이 원칙이고, 많은 사건이 조정절차에서 원만하게 합의되어 조기에 종결됩니다.

2. 서로의 감정을 상하게 하거나 갈등을 고조시켜 원만한 조정에 방해가 되지 않도록 조정기일 전에는 이 소장 외에 준비서면 등을 더 제출하는 것을 삼가주시기 바랍니다.

3. 구체적인 사정은 조정기일에 출석하여 진술할 수 있고, 만일 조정이 성립되지 않아 소송절차로 이행할 경우 준비서면을 제출하여 이 소장에 기재하지 못한 구체적인 청구원인을 주장하거나 추가로 증거를 제출할 수 있습니다.

해당되는 부분 □안에 V표시를 하시고, _____ 부분은 필요한 경우 직접 기재하시기 바랍니다.

1. **동거 여부 →** □ 인정함 □ 인정할 수 없음 □ 일부 인정함

   인정할 수 없거나, 일부 인정할 경우, 피고의 주장을 기재하시기 바랍니다.

   _____

☞ 원고의 이혼 청구를 인정하는 경우 이 항에 답을 할 필요가 없습니다.

2. **이혼 청구**

   □ 피고에게 책임 있는 사유를 인정할 수 없음

   □ 피고에게 책임 있는 사유를 일부 인정하지만, 그래도 혼인관계는 계속 유지될 수 있음

   (인정하는 부분: _____)

   □ 오히려 원고에게 책임 있는 사유가 더 크므로 원고의 이혼 청구는 기각되어야 함

   □ 기타: _____

☞ 원고의 위자료 청구를 인정하는 경우 이 항에 답을 할 필요가 없습니다.

3. 위자료 청구

　가. 원고의 위자료 청구를 인정하지 않는 이유 (위자료 청구를 인정할 수 없음에
　　　체크한 경우)

　　□ 피고에게 책임 있는 사유를 인정할 수 없음

　　□ 이혼에 대한 원고의 책임이 피고의 책임과 대등하거나 더 무거움

　나. 원고의 위자료 청구를 일부만 인정하는 이유 (위자료 청구를 일부 인정
　　　함에 체크한 경우)

　　□ 피고에게 책임 있는 사유가 과장되어 있음

　　_____

　　□ 원고에게 책임 있는 사유도 있음

　　_____

　　□ 피고의 경제적 사정 등에 비추어 금액이 과다함

　　_____

　　□ 기타: _____

☞ 원고의 재산분할청구를 인정하는 경우 이 항에 답을 할 필요가 없습니다.

4. 재산분할청구

　가. 분할하고자 하는 현재 보유 중인 재산은 별지 "재산내역표"에 기재된 것
　　　과 같다.

　나. 다음과 같은 사정(중복 체크 가능)을 고려하여 볼 때, 위 재산에 대한 피
　　　고의 기여도는 _____%이다.

　　□ 피고의 소득활동/특별한 수익

　　□ 피고의 재산관리(가사담당 및 자녀양육 포함)

　　□ 피고의 혼전 재산/부모의 지원/상속

　　□ 원고의 혼전 채무 변제

　　□ 원고의 재산 감소 행위

　　□ 기타: _____

☞ 원고의 친권자 및 양육자 지정 청구를 인정하는 경우 이 항에 답을 할 필요가
　없습니다.

5. 친권자 및 양육자 지정에 관한 의견

　사건본인(들)에 대하여 청구취지에 대한 답변에 기재된 것과 같은 친권자 및
　양육자 지정이 필요한 이유는 다음과 같다(중복 체크 가능).

□ 과거부터 현재까지 계속하여 양육하여 왔다.

      □ (현재는 양육하고 있지 않으나) 과거에 주된 양육자였다.

      □ 별거 이후 혼자 양육하고 있다.

      □ 사건본인(들)이 함께 살기를 희망한다.

      □ 양육환경(주거 환경, 보조 양육자, 경제적 안정성 등)이 보다 양호하다.

      □ 사건본인(들)과 보다 친밀한 관계이다.

      □ 기타: _____

☞ **원고의 양육비 청구를 인정하는 경우 이 항에 답을 할 필요가 없습니다.**

6. 양육비 산정에 관한 의견

  가. 직업 및 수입에 관한 의견

    (현재 파악되지 않은 상대방의 직업, 수입 등은 기재하지 않아도 됩니다)

    원고의 직업은 _____, 수입은 월_____원(□ 세금 공제 전 / □ 세금 공제 후)이고, 피고의 직업은 _____, 수입은 월_____원(□ 세금 공제 전 / □ 세금 공제 후)이다.

  나. 기타 양육비 산정에 고려할 사항: _____

  _____

☞ **원고의 면접교섭 청구를 인정하는 경우 이 항에 답을 할 필요가 없습니다.**

7. 면접교섭 청구에 관한 의견

  가. 면접교섭 일시에 관하여 원고의 주장과 다르게 희망한 이유:_____

  _____

  나. 희망 인도 장소 : 사건본인을 _____에서 인도하고 인도받기를 희망한다.

  다. 면접교섭 시 참고사항:_____

  _____

201   .   .   .

피 고   인 / 서명

○○가정법원 귀중

재산내역표

※ 원고와 피고의 현재 재산내역에 대해서 알고 있는 내용만 기재하시기 바랍니다. 다만, 자신의 주거래은행, 보험회사 등은 반드시 밝히시기 바랍니다. 상대방의 재산내역 중 알지 못하는 부분에 대하여는 별도의 증거신청을 통하여 재산내역을 확인하고 보완하시기 바랍니다.

			재산의 표시	시가 또는 잔액(원)
원고	재산	1		
		2		
		3		
		4		
		5		
	소 계			
	채무	1		
		2		
		3		
		4		
		5		
	소 계			
원고의 순재산 (재산에서 채무를 공제: A)				
피고	재산	1		
		2		
		3		
		4		
		5		
	소 계			
	채무	1		
		2		
		3		
		4		
		5		
	소 계			
피고의 순재산 (재산에서 채무를 공제: B)				
원, 피고의 순재산 합계 (A+B)				

재산내역표 기재요령

현재 보유하고 있는 재산 및 부담하고 있는 채무만 기재하시기 바랍니다.

1. 재　산
　가. 부동산: '재산의 표시'란에 소재지번 등을 기재하고, '시가 또는 잔액'란에 원고가 알고 있는 현재 시가를 기재한 후, 부동산등기부 등본 및 시가 입증 자료(가급적 감정서, 인터넷 KB 부동산 시세, 공시지가 등 객관적 자료를 제출하고, 이러한 자료가 없을 경우 공인중개사의 확인서 등을 제출)를 첨부하시기 바랍니다.
　나. 예금 채권: '재산의 표시'란에 금융기관의 명칭, 계좌번호를 기재하고, '시가 또는 잔액'란에 현재 예금 잔액을 기재한 후, 예금통장사본, 계좌내역, 잔액조회서 등의 자료를 첨부하시기 바랍니다.
　다. 임대차보증금반환 채권: '재산의 표시'란에 부동산의 소재지번을 기재하고, '시가 또는 잔액'란에 임대차보증금 금액을 기재한 후, 임대차계약서 사본을 첨부하시기 바랍니다.
　라. 주식: '재산의 표시'란에 회사의 명칭, 주식의 수 등을 기재하고, '시가 또는 잔액'란에 현재 시가를 기재한 후 주식예탁통장 사본 및 시가 입증 자료를 첨부하시기 바랍니다.
　마. 특허권 등의 지적재산권: '재산의 표시'란에 다른 특허권 등과 구분이 가능한 정도로 권리를 표시하고, '시가 또는 잔액'란에 원고가 알고 있는 시가를 기재하시기 바랍니다.
　바. 동산: '재산의 표시'란에 동산의 종류 및 수량, 현재 있는 장소 등을 기재하고, '시가 또는 잔액'란에 원고가 알고 있는 시가를 기재하시기 바랍니다.
　사. 자동차: '재산의 표시'란에 차량번호와 모델명, 출고된 연도 등을 기재하고, '시가 또는 잔액'란에 원고가 알고 있는 현재 시가를 기재한 후, 자동차등록증 사본, 중고차 시세를 알 수 있는 자료를 첨부하시기 바랍니다.
　아. 보험: '재산의 표시'란에 보험회사, 보험의 종류 및 명칭 등을 기재하시고, '시가 또는 잔액'란에 현재 예상해약환급금을 기재한 후, 예상해약환급금 확인서 등의 자료를 첨부하시기 바랍니다.

2. 채　무
　가. 사인 간 채무: '재산의 표시'란에 채권자 성명, 차용 일시 등을 기재하고, '시가 및 잔액'란에 현재 채무액을 기재한 후 차용증 사본 등을 첨부하시

기 바랍니다.

나. 금융기관 채무: '재산의 표시'란에 대출 금융기관의 명칭, 대출일 등을 기재하고, '시가 및 잔액'란에 현재 남아 있는 대출액을 기재한 후, 대출확인서 등의 자료를 첨부하시기 바랍니다.

다. 임대차보증금반환 채무: '재산의 표시'란에 부동산의 소재지번을 기재하고, '시가 또는 잔액'란에 임대차보증금 금액을 기재한 후, 임대차계약서 사본을 첨부하시기 바랍니다.

■ 이혼판결 확정 후 그 신고기간 내 이혼신고를 하지 않은 경우 이혼의 효력과 가족관계등록부 정리문제는 어떻게 되는지요?

Q. 저는 남편 甲의 부정행위를 이유로 이혼소송을 제기하여 이혼확정판결을 받았습니다. 그러나 저는 2개월이 지나도록 이혼신고를 하지 못하였는데, 이혼신고기간은 언제까지이며 그 기간이 경과되었을 경우 이혼의 효력과 가족관계등록부 정리문제는 어떻게 되는지요?

A. 재판상이혼의 경우 소를 제기한 사람은 판결이 확정된 날로부터 1개월 이내에 재판서의 등본과 확정증명서를 첨부하여 이혼신고를 하여야 합니다(가족관계의 등록 등에 관한 법률 제78조, 제58조).

그러나 재판상이혼은 판결이 확정됨으로써 혼인해소의 효력이 발생되는 것이고, 이혼신고는 가족관계등록부 정리를 위한 보고적 신고에 불과하므로 위 이혼신고기간을 경과하였다고 하여 이혼의 효력이 상실되는 것은 아닙니다.

그리고 이혼판결이 확정되면 법원사무관 등은 지체 없이 당사자의 등록기준지의 가족관계등록사무를 처리하는 자에게 그 뜻을 통지하도록 되어 있고(가사소송규칙 제7조 제1항), 이러한 가족관계등록사무를 처리하는 자에게의 통지는 그 통지사항에 관하여 당사자에게 「가족관계의 등록 등에 관한 법률」상의 신고의무가 있음을 전제로 한 것이므로 통지를 받은 시(구)·읍·면의 장은 신고의무자에게 상당한 기간을 정하여 신고를 최고하고, 최고할 수 없거나 2회의 최고를 하여도 신고하지 아니하는 때에는 감독법원의 허가를 얻어 직권으로 통지 받은 사항을 기재하게 됩니다(가족관계의 등록 등에 관한 법률 제38조, 제18조 제2항).

따라서 귀하가 신고기간 내에 이혼신고를 하지 않은 경우에는 5만원 이하의 과태료에 처해질 수 있고, 기간을 정하여 신고의 최고를 하였음에도 신고하지 아니하는 경우에는 10만원 이하의 과태료처분을 받게 됩니다(가족관계의 등록 등에 관한 법률 제122조, 제121조).

만일, 아직까지도 이혼확정판결의 뜻이 직권으로 가족관계등록부에 기재되어 있지 않다면 지금이라도 이혼신고를 하여야 할 것입니다(가족관계의 등록 등에 관한 법률 제40조).

■ 후견인이 의사무능력상태에 있는 자를 대리하여 그 배우자를 상대로 재판상 이혼을 청구할 수 있는지요?

Q. 甲은 피성년후견인인데, 현재 의사무능력상태에 있습니다. 乙은 甲과 법률상 부부관계에 있는 자임에도 불구하고 甲이 의사무능력상태에 있는 시기동안 부정한 행위를 하였습니다. 甲에게 성년후견인이 선임되어 있는 경우 후견인이 甲을 대리하여 乙을 상대로 재판상 이혼을 청구할 수 있나요?

A. 민법상의 성년후견제도가 개정되기 이전의 판례이기는 하나, 대법원 2010. 4. 29. 선고 2009므639 판결에서는 "의식불명의 식물상태와 같은 의사무능력 상태에 빠져 금치산선고를 받은 자의 배우자에게 부정행위나 악의의 유기 등과 같이 민법 제840조 각 호가 정한 이혼사유가 존재하고 나아가 금치산자의 이혼의사를 객관적으로 추정할 수 있는 경우에는, 민법 제947조 , 제949조 에 의하여 금치산자의 요양·감호와 그의 재산관리를 기본적 임무로 하는 후견인(민법 제940조 에 의하여 배우자에서 변경된 후견인이다)으로서는 의사무능력 상태에 있는 금치산자를 대리하여 그 배우자를 상대로 재판상 이혼을 청구할 수 있다.

다만, 위와 같은 금치산자의 이혼의사를 추정할 수 있는 것은, 당해 이혼사유의 성질과 정도를 중심으로 금치산자 본인의 결혼관 내지 평소 일상생활을 통하여 가족, 친구 등에게 한 이혼에 관련된 의사표현, 금치산자가 의사능력을 상실하기 전까지 혼인생활의 순탄 정도와 부부간의 갈등해소방식, 혼인생활의 기간, 금치산자의 나이 · 신체 · 건강상태와 간병의 필요성 및 그 정도, 이혼사유 발생 이후 배우자가 취한 반성적 태도나 가족관계의 유지를 위한 구체적 노력의 유무, 금치산자의 보유 재산에 관한 배우자의 부당한 관리 · 처분 여하, 자녀들의 이혼에 관한 의견 등의 제반 사정을 종합하여 혼인관계를 해소하는 것이 객관적으로 금치산자의 최선의 이익에 부합한다고 인정되고 금치산자에게 이혼청구권을 행사할 수 있는 기회가 주어지더라도 혼인관계의 해소를 선택하였을 것이라고 볼 수 있는 경우이어야 한다."고 판시하고 있습니다.

구체적인 사실관계에 따라 달리 판단할 수 있겠으나, 위와 같은 사정 하에서는 甲의 후견인이 甲을 대리하여 乙을 상대로 재판상 이혼을 청구할 수 있다고 볼 수 있을 것입니다.

■ 이혼한 전 배우자와 다시 혼인한 경우, 전혼 생활 중 이혼사유를 후혼의 이혼사유로 삼을 수 있는지요?

Q. 甲은 乙과 혼인신고 후 이혼하였다가(전혼), 약 5년 후 다시 甲과 乙은 혼인신고(후혼)를 하였습니다. 그런데 甲은 乙과 다시 이혼을 하고자 하면서 전혼에서 있었던 이혼의 사유를 그 이유로 주장하고 있습니다. 이러한 甲의 주장이 타당한가요?

A. 이와 유사한 사안에서 하급심 법원은 다음과 같이 판단하고 있습니다.
『이혼한 전 배우자와 다시 혼인을 한 경우 재결합한 이후의 사정만을 이혼사유로 고려할 수 있을 뿐이고, 전혼 생활 중 이혼에 이르게 된 사정은 재결합 후의 이혼청구에서 고려할 사항이 아니다(서울가정법원 2008. 4. 18. 선고 2007르2139 판결 참조).』

이에 따르면, 甲의 전혼에 있었던 乙에 대한 재판상 이혼사유는 乙과의 후혼에 대한 재판상 이혼청구에는 주장할 수 없는 것이 타당하다 할 것입니다.

3. 공시송달에 의한 이혼

3-1. 송달의 의의

소송이 제기되면 소송 상대방에게 소송이 제기된 사실을 알리고 이에 대한 방어기회를 주기 위해 법원이 직권으로(민사소송법 제174조) 소송 상대방에게 소송 관련 서류를 보내는데, 이를 송달이라고 합니다.

3-2. 송달의 방법

송달의 방법은 송달 받을 사람에게 직접 서류를 교부하는 교부송달을 원칙으로 합니다(민사소송법 제178조). 그러나 이러한 교부송달이 불가능한 경우에는 보충(대리)송달(민사소송법 제186조 제1항 및 제3항), 유치(留置)송달(민사소송법 제186조제3항), 우편(발송)송달(민사소송법 제187조), 송달함(送達函)송달(민사소송법 제188조), 전화에 의한 송달(민사소송규칙 제46조제1항) 또는 공시(公示)송달(민사소송법 제195조)의 방법으로 송달할 수 있습니다.

3-3. 공시송달에 의한 이혼

공시송달이란 상대방의 주소 또는 근무장소를 알 수 없는 등의 이유로 상대방에게 통상의 방법으로 서류를 송달할 수 없을 경우에 당사자의 신청 또는 법원이 직권으로 행하는 것으로서 법원사무관 등이 송달할 서류를 보관하고 그 사유를 ① 법원게시판에 게시하거나 ② 관보·공보 또는 신문에 게재하거나 ③ 전자통신매체를 이용해 공시하는 방법으로 상대방이 언제라도 송달받을 수 있게 하는 송달방법입니다(민사소송법 제 194조, 제195조 및 민사소송규칙 제54조제1항).

3-4. 신청에 의한 공시송달

이혼소송 상대방의 주소를 몰라 법원에 공시송달을 신청하려면 다음의 서류를 갖추어서 이혼소송을 제기한 가정법원에 제출하면 됩니다.

1. 공시송달 신청서
2. 말소된 주민등록 등본, 최후 주소지 통·반장의 불거주확인서, 상대방 의 친족(부모, 형제, 자매 등)이 작성한 소재불명확인서 등 상대방의 현주소를 알 수 없음을 밝히는 자료

[서식 예] 공시송달신청서

공 시 송 달 신 청

사 건 20○○드단 ○○○호 이혼 등
원 고 ○ ○ ○
피 고 △ △ △

위 사건에 관하여 피고는 19○○년경 집을 나가 지금까지 소재불명으로 주 민등록지에도 거주하지 않고 있어 통상의 방법으로는 피고에 대한 이 건 소장 부본 및 변론기일 소환장의 송달이 불가능하므로 공시송달의 방법으로 송달하 여 줄 것을 신청합니다.

첨 부 서 류

1. 피고 주민등록등본   1통
1. 통장 불거주확인서 및 통장 위촉장   각 1통
1. 친족 소재불명확인서 및 인감증명   각 1통
1. 가족관계증명서(피고와 위 친족과의 친족관계 입증) 1통

```
            20○○년 ○월 ○일
          위 원 고   ○  ○  ○ (인)

○ ○ 가 정 법 원(가사○단독) 귀 중
```

3-5. 법원의 직권에 의한 공시송달

법원은 당사자의 공시송달 신청을 기대할 수 없거나 소송지연을 방지할
필요가 있는 경우에 직권으로 공시송달하게 됩니다.

3-6. 공시송달 효력 발생

공시송달은 소장부본 전달, 출석통지 등 소송진행과정에 따라 여러 차례
할 수도 있습니다. 이 때 첫 번째 공시송달은 공시송달한 날부터 2주가
지나면 효력이 발생하고, 같은 당사자에게 하는 그 뒤의 공시송달은 공
시송달을 실시한 다음 날부터 효력이 발생해서(민사소송법 제196조), 재
판절차가 진행됩니다.

■ 가출신고를 하면 이혼이 될 수 있는지요?

Q. 저는 4년 전 甲녀와 결혼하여 남매를 두고 있는데, 직업이 외항선
   원인 관계로 나가 있는 기간이 많습니다. 작년 겨울 귀국해보니 甲
   은 가출하였고 자식들은 큰집에서 양육하고 있었습니다. 甲을 찾기
   위하여 파출소에 가출신고를 하였는바, 가출신고 후 6개월이 경과
   되면 자동적으로 이혼이 된다는데 사실인지요?

A. 귀하처럼 가출신고 후 6개월이 경과되면 자동적으로 이혼이 되는 것으
   로 생각하는 사람이 의외로 많으나, 이는 전혀 근거 없는 것으로 사실
   이 아닙니다.

혼인관계는 오직 배우자의 사망과 이혼에 의해서만 해소되고, 이혼의 경우에는 일정한 형식과 절차를 거치도록 민법은 규정하고 있습니다.

「민법」에 규정된 이혼의 방법에는 협의상 이혼(같은 법 제834조)과 재판상 이혼(같은 법 제840조)이 있으며, 협의이혼은 이혼에 관한 당사자 쌍방의 합의로 법원의 확인을 받아 가족관계의 등록 등에 관한 법률이 정한 바에 따라 신고함으로써 성립하는 방법이며, 재판상 이혼은 이혼원인이 있음에도 합의가 되지 않거나 협의할 수 없는 경우 법원의 재판에 의해서 이혼하는 방법입니다.

재판상 이혼은 같은 법 제840조에 규정된 사유가 있는 경우에 한하여 가능한데, 귀하의 경우 처가 정당한 이유 없이 가출하여 6개월 이상 소식이 없다면 배우자로서의 동거, 부양, 협조의무 등을 포기한 것으로써 재판상 이혼사유 중 배우자의 악의의 유기에 해당된다고 할 수도 있을 것입니다.

따라서 귀하는 甲의 가출로 협의이혼을 할 수 있는 형편이 아니므로 법원에 이혼소송을 제기하여 공시송달방법에 의하여 송달하고 승소판결을 받는다면 그 판결이 확정된 후 1개월 이내에 재판의 등본 및 확정증명서를 첨부하여 이혼신고하면 될 것입니다.

4. 외국에서의 이혼소송(부부가 외국에 있는 경우)

4-1. 이혼의 준거법

이혼소송의 당사자(부부)가 대한민국 국민인 경우 외국에 거주하고 있더라도 이혼, 양육권 등에 관한 판단에 있어서 대한민국 법이 적용됩니다 (국제사법 제37조제1호 및 제39조).

4-2. 재판관할

대한민국 법원에 소송을 제기하기 위해서는 대한민국 법원이 해당 이혼 사건에 대해 국제재판관할권을 가지고 있어야 합니다. 이에 대해 판례는 원칙적으로 피고주소지주의를 채택하고 있으며(대법원 2006. 5. 26. 선고 2005므884 판결), 「국제사법」 제2조에서는 당사자 또는 분쟁이 된 사안이 대한민국과 실질적 관련이 있는 경우에 우리나라 법원이 국제재판관할권을 가진다고 규정하고 있습니다.

(관련판례)

대한민국 국적을 가진 갑과 스페인 국적을 가진 을이 대한민국에서 혼인한 후 스페인에서 생활하다가 갑이 대한민국으로 혼자 돌아와 자녀 병을 출산한 다음 수개월이 지나 병과 함께 다시 스페인으로 돌아가게 되었는데, 그 후 갑이 병을 데리고 대한민국에 귀국하여 을을 상대로 대한민국 법원에 이혼 소송을 제기한 사안에서, 국제재판관할권은 배타적인 것이 아니라 병존할 수 있는 것이므로 지리상·언어상 증거수집의 편의 측면에서 외국 법원이 심리에 더 편리하다는 것만으로 대한민국 법원의 재판관할권을 쉽게 부정하여서는 안 되는 점, 갑과 자녀 병이 대한민국 국적을 가지고 있고, 병이 대한민국에서 출생하여 대한민국에 있는 유치원에 다니고 있으며, 결혼식과 혼인신고 등이 갑·을이 대한민국에 거주할 때 이루어졌으므로 을 역시 이혼 소송이 대한민국에 제기될 수 있음을 예측할 수 있었던 점, 혼인기간 동안 갑은 대한민국 내에

4-3. 대한민국 가정법원에 이혼소송을 제기하는 경우

① 소송방법

변론기일, 심리기일, 또는 조정기일에 소환을 받은 때에는 소송 당사자 또는 법정대리인이 출석하여야 합니다. 그러나 외국에 있는 자가 국내에서 이혼소송을 하는 경우와 같이 특별한 사정이 있는 경우에는 재판장, 조정장, 조정담당판사의 허가를 받아 대리인을 출석하게 할 수 있습니다(가사소송법 제7조).

② 재외공관 또는 대한민국 행정관청에 이혼신고

이혼소송을 통해 이혼판결이 확정되면 부부 중 어느 한 쪽이 조정성립 또는 재판 확정일로부터 1개월 이내에 이혼신고서에 재판서의 등본 및 확정증명서를 첨부해서 재외공관(대한민국 대사관·총영사관·영사관·분관 또는 출장소를 말하며, 그 지역을 관할하는 재외공관이 없는 경우에는 인접지역을 관할하는 재외공관을 말함. 이하 같음) 또는 국내의 등록기준지 또는 주소지를 관할하는 시청·구청·읍사무소 또는 면사무소에 이혼신고를 해야 합니다(가족관계의 등록 등에 관한 법률 제 34조, 제58조 및 제78조).

■ **외국인 남성과 한국인 여성 사이의 재판상 이혼에 있어 우리나라법원에 관할이 존재하는지요?**

Q. 甲(미국인)은 미국 미주리 주에 법률상 주소를 두고 있는 자인데, 乙(한국인)과 대한민국에서 혼인하였습니다. 甲과 乙은 대한민국에서 거주하다 甲이 乙을 상대로 재판상 이혼을 청구한 경우 대한민

A. 대법원 2006. 5. 26. 선고 2005므884 전원합의체 판결에서는 "미합중국 미주리 주에 법률상 주소를 두고 있는 미합중국 국적의 남자(원고)가 대한민국 국적의 여자(피고)와 대한민국에서 혼인 후, 미합중국 국적을 취득한 피고와 거주기한을 정하지 아니하고 대한민국에 거주하다가 피고를 상대로 이혼, 친권자 및 양육자지정 등을 청구한 사안에서, 원·피고 모두 대한민국에 상거소(常居所)를 가지고 있고, 혼인이 대한민국에서 성립되었으며, 그 혼인생활의 대부분이 대한민국에서 형성된 점 등을 고려하면 위 청구는 대한민국과 실질적 관련이 있다고 볼 수 있으므로 국제사법 제2조 제1항 의 규정에 의하여 대한민국 법원이 재판관 할권을 가진다고 할 수 있고, 원·피고가 선택에 의한 주소를 대한민국에 형성했고, 피고가 소장 부본을 적법하게 송달받고 적극적으로 응소한 점까지 고려하면 국제사법 제2조 제2항 에 규정된 '국제재판관 할의 특수성'을 고려하더라도 대한민국 법원의 재판관 할권 행사에 아무런 문제가 없다."고 판시하고 있습니다.

이어 "미합중국 국적을 보유하고 대한민국에 거주하는 부부 쌍방이 모두 선택에 의한 주소를 대한민국에 형성한 상태에서 남편(원고)이 처(피고)를 상대로 대한민국 법원에 이혼, 친권자 및 양육자지정 청구의 소를 제기한 경우, 원·피고의 현재 주소가 소속된 법정지의 법률이 준거법이 되어야 할 것이므로, '준거법 지정시의 반정(反定)'에 관한 국제사법 제9조 제1항 을 유추적용한 '숨은 반정'의 법리에 따라 법정지법인 대한민국 민법을 적용해야 한다."고 판시하여 위와 같은 사안에서는 대한민국 민법이 적용된다고 보고 있습니다.

즉, 사안에서 甲은 乙을 상대로 대한민국 법원에 재판상 이혼청구를 할 수 있을 것으로 보입니다.

(관련판례)
갑이 아내인 을과 혼인 후 미국 뉴욕 주에서 함께 거주하다가 네바다 주 클라크카운티 지방법원에 이혼소송을 제기하여 이혼판결을 받았고, 대한민국에서 위 이혼판결에 기하여 이혼신고를 하여 가족관계등록부상 갑과 을 사이에 이혼이 성립되었다고 등재되었는데, 을이 대한민국에서 신고한 이혼의 무효 확인 등을 구한 사안에서, 갑은 을과 함께 거주하였던 뉴욕 주가 아니라 전혀 연관성이 없는 네바다 주에서 이혼소송을 제기하였고 을이 이혼소송의 소장 부본을 송달받았다고 볼 객관적인 정황이 전혀 나타나지 아니하여 적법한 송달을 받았다고 보기 어려운 점 등에 비추어 위 이혼판결을 근거로 갑이 대한민국에서 신고한 이혼은 무효이고, 갑은 을의 배우자이자 을이 양육하고 있는 미성년 자녀인 병의 아버지로서 을과 병의 부양료를 지급할 의무가 있다.(서울가정법원 2015. 7. 17. 선고 2014드단312270 판결)

4-4. 외국 법원에 이혼소송을 제기하는 경우

4-4-1. 외국 재판의 승인

외국 법원에 이혼소송을 제기해서 이혼판결을 받은 경우 이 판결의 효력이 국내에서 바로 유효하게 인정되는 것은 아닙니다. 외국법원의 확정판결 또는 이와 동일한 효력이 인정되는 재판(이하 "확정재판 등"이라 함)은 다음의 요건을 모두 갖추어야 승인됩니다(민사소송법 제217조제1항).

1. 대한민국의 법령 또는 조약에 따른 국제재판관할의 원칙상 그 외국법원의 국제재판관할권이 인정될 것

2. 패소한 피고가 소장 또는 이에 준하는 서면 및 기일통지서나 명령을 적법한 방식에 따라 방어에 필요한 시간여유를 두고 송달받았거나 (다만, 공시송달이나 이와 비슷한 송달에 의한 경우는 제외) 송달받지 않았더라도 소송에 응했을 것

3. 그 확정재판 등의 내용 및 소송절차에 비추어 그 확정재판 등의 승인이 대한민국의 선량한 풍속이나 그 밖의 사회 질서에 어긋나지 않을 것

4. 상호보증이 있거나 대한민국과 그 외국법원이 속하는 국가에 있어 확정재판 등의 승인요건이 현저히 균형을 상실하지 않고 중요한 점에서 실질적으로 차이가 없을 것

(관련판례 1)

　　갑이 미국 네바다 주 소재 지방법원에서 확정된 을과 갑 사이의 이혼판결을 기초로 이혼신고를 한 후 병과 혼인하여 미국 네바다 주 혼인등록관에게 혼인등록을 하고 혼인증서를 발급받아 증서등본을 서울 강서구청장에게 제출하여 혼인신고를 마쳤는데, 을이 대한민국 국적인 갑과 미국 국적인 병을 상대로 갑과 병 사이의 혼인 무효 확인을 구한 사안에서, 갑과 을 사이의 이혼이 을의 진정한 이혼 의사 없이 편취된 판결에 기하여 이루어진 것이어서 이혼신고는 무효이고, 따라서 갑과 병 사이의 혼인은 중혼에 해당하는데, 중혼의 효력에 관하여 당사자의 본국법이 서로 다른 경우에는 일반적으로 혼인의 유효성을 보다 부정하는 나라의 법률을 적용함이 타당하므로, 갑과 병 사이의 혼인은 미국 네바다 주 법을 적용하여 무효라고 본 사례.(서울가정법원 2014. 6. 27. 선고 2013드단91378 판결)

(관련판례 2)

　　대한민국 국적을 가진 갑이 현재 스페인 국적을 가지고 있는 을을 상대로 제기한 이혼소송의 국제재판관할권이 문제 된 사안에서, 갑의 청구가 대한민국과 실질적 관련성이 있으므로 대한민국 법원에 국제재판관할권이 인정된다고 본 원심판단을 정당하다.(대법원 2014. 5. 16. 선고 2013므1196 판결)

(관련판례 3)

　　동일 당사자 간의 동일 사건에 관하여 대한민국에서 판결이 확정된 후에 다시 외국에서 판결이 선고되어 확정되었다면 그 외국판결은 대한민국 판결의 기판력에 저촉되는 것으로서 대한민국의 선량한 풍속 기타 사회질서에 위반되어 「민사소송법」 제203조제3호 (1993. 6. 11. 법률 제4561호로 개정되기 전의 것)에 정해진 외국판결의 승인요건을 흠결한 경우에 해당하므로 대한민국에서는 효력이 없다.(대법원 1994. 5. 10. 선고 93므1051,1068 판결)

(관련판례 4)

　　갑이 배우자 을을 상대로 미국 오레곤주 법원에 이혼소송을 제기하여 자녀 병 등에 대한 친권과 양육권을 갑에게 부여하는 것 등을 내용으로 하는 판결이 확정되었는데, 위 판결이 민사소송법 제217조 제4호에서 정한 외국판결의 승인요건으로서 '상호보증'의 요건을 갖추었는지 문제된 사안에서, 미국 오레곤주법이 이혼에 관한 외국판결의 승인 및 효력에 관하여 특별한 규정을 두고 있지는 않지만, 오레곤주 법원은 예양(comity, 예양)에 의하여 외국판결의 경우에도 외국법원이 실제적 관할을 가지고 있고, 재판 결과가 기망에 의하여 부정하게 취득되지 않았으며, 적정한 송달과 심문 등 적법절차에 따라 공정하게 이루어졌고, 오레곤주의 공공질서에 어긋나지 않는 경우에는 이를 승인하여 온 점에 비추어, 오레곤주의 외국판결 승인요건은 우리나라에 비해 현저하게 균형을 상실하지 아니하였고 우리나라 민사소송법이 정한 그것보다 전체로서 과중하지 아니하며 중요한 점에서 실질적으로 거의 차이가 없어 오레곤주가 우리나라의 동종 판결을 승인할 것으로 기대할 수 있다는 이유로, 위 판결이 상호보증의 요건을 갖추었다고 본 원심판단을 정당하다고 한 사례. (대법원 2013. 2. 15. 선고 2012므66,73 판결)

4-4-2. 재외공관 또는 대한민국 행정관청에 이혼신고

외국 법원의 이혼판결에 따라 이혼이 확정되면 부부 중 어느 한 쪽이 조정 성립 또는 재판 확정일로부터 1개월 이내에 이혼신고서에 다음의 서류를 첨부해서 재외공관 또는 국내의 등록기준지 또는 주소지를 관할하는 시청·구청, 읍·면사무소 또는 재외국민 가족관계등록사무소 가족관계등록관에 이혼신고를 해야 합니다(가족관계의 등록 등에 관한 법률 제58조, 78조).

1. 판결의 정본 또는 등본 및 확정증명서. 다만, 외국 법원의 정본 또는 등본과 그 확정증명서를 갈음하는 이혼증명서를 발급한 경우에는 그 증명서
2. 패소한 피고가 소장 또는 이에 준하는 서면 및 기일통지서나 명령을 적법한 방식에 따라 방어에 필요한 시간 여유를 두고 송달받았거나 (공시송달이나 이와 비슷한 송달에 의한 경우는 제외), 송달받지 않았더라도 소송에 응한 서면(판결의 정본 또는 등본에 의해 이 점이 명백하지 않은 경우에만 첨부)
3. 위 각 서류의 번역문

5. 이혼 상대방의 재산처분 방지 조치

5-1. 사전처분

5-1-1. 사전처분이란?

가사사건의 소 제기, 심판청구 또는 조정의 신청이 있는 경우에 가정법원, 조정위원회 또는 조정담당판사가 사건의 해결을 위해 특히 필요하다고 인정한 경우에는 직권 또는 당사자의 신청에 의해 상대방이나 그 밖의 관계인에 대해 다음과 같은 처분을 할 수 있는데, 이것을 사전처분이라고 합니다(가사소송법 제62조제1항).

1. 현상을 변경하거나 물건을 처분하는 행위를 금지하는 처분

   (예시) 부부의 부양·협조·생활비용의 부담에 관한 처분, 재산관리자의 변경에 관한 처분 등

2. 사건에 관련된 재산의 보존을 위한 처분

   (예시) 재산분할 대상·위자료 지급 재원이 되는 재산처분 금지에 관한 처분 등

3. 관계인의 감호와 양육을 위한 처분

   (예시) 자녀의 면접교섭 및 양육비지급에 관한 처분 등

4. 그 밖의 적당하다고 인정되는 처분

5-1-2. 사전처분 신청

사전처분은 이혼소송을 제기하거나, 심판청구를 하거나, 조정신청을 한 이후에 그 사건을 관할하는 법원에 신청할 수 있습니다(가사소송법 제62조제1항).

5-1-3. 위반 시 제재

당사자 또는 관계인이 정당한 이유 없이 사전처분을 위반하면 가정법원, 조정위원회 또는 조정담당판사의 직권 또는 권리자의 신청에 의해 결정

으로 1천만원 이하의 과태료가 부과될 수 있습니다(가사소송법 제67조
제1항).

5-2. 보전처분 : 가압류·가처분

5-2-1. 보전처분의 종류

보전처분에는 가압류와 가처분의 두 가지가 있습니다. 사전처분과 달리
보전처분은 이혼소송을 제기하기 전에도 신청할 수 있으나, 소송과 별도
로 신청하기 때문에 비용이 지출됩니다.

5-2-2. 가압류

① 가압류(假押留)란 금전채권이나 금전으로 환산할 수 있는 채권에 관
해 장래 그 집행을 보전하려는 목적으로 미리 채무자(즉, 배우자)의
재산을 압류해서 채무자가 처분하지 못하도록 하는 것을 말합니다
(민사집행법 제276조제1항). 가압류의 유형에는 ㉮건물, 토지 등 부
동산가압류, ㉯가구, 가전용품 등 유체동산가압류, ㉰임대차보증금,
예금, 급여 등 채권가압류 등이 있습니다.

② 가압류 신청
가압류 신청을 하려면 가압류신청서(가압류 대상에 따라 부동산가압류
신청서, 유체동산가압류 신청서, 채권가압류 신청서)와 소명자료를 다음
의 법원 중 한 곳에 제출하면 됩니다(민사집행법 제278조 및 제279조).
1. 가압류할 물건이 있는 곳을 관할하는 법원
2. 본안(즉, 이혼소송)이 제기되었을 경우 이를 관할하는 법원

③ 가압류의 효력
법원의 가압류 결정에 따라 가압류 집행이 완료되면 채무자는 자기
재산에 대해 일체의 처분을 할 수 없습니다. 즉, 가압류된 부동산을
매매하거나 증여하는 등의 처분을 할 수 없으며, 처분을 한 경우에
도 채무자와 제3취득자 사이의 거래가 유효함을 권리자(즉, 가압류를
집행한 상대 배우자)에게 주장할 수 없습니다.

[서식 예] 부동산가압류신청서(양육비, 위자료)

부동산가압류신청

채 권 자 ○○○
  ○○시 ○○구 ○○길 ○○(우편번호 ○○○-○○○)
  전화·휴대폰번호:
  팩스번호, 전자우편(e-mail)주소:
채 무 자 ◇◇◇
  ○○시 ○○구 ○○길 ○○(우편번호 ○○○-○○○)
  전화·휴대폰번호:
  팩스번호, 전자우편(e-mail)주소:

청구채권의 표시
금 ○○○원(채권자가 채무자로부터 가지는 위자료, 양육비청구채권의 일부금)

가압류하여야 할 부동산의 표시
별지 1목록 기재와 같습니다.

신 청 취 지
  채권자가 채무자에 대하여 가지는 위 청구채권의 집행을 보전하기 위하여
채무자 소유의 별지 1목록 기재 부동산은 이를 가압류한다.
라는 재판을 구합니다.

신 청 이 유

1. 채무자의 이혼사유
  가. 채권자는 20○○. ○. ○. 채무자와 혼인하여 20○○. ○. ○. 아들 신청
    외 ◎◎◎를 낳고 지금까지 살고 있는데, 채무자는 아이를 임신한 초기부
    터 채권자를 구타하기 시작하였습니다. 20○○. ○.경 채권자가 임신한 사
    실을 알리자 채무자는 줄담배를 피우면서 "왜 임신을 했느냐?"며 채권자를
    다그치고 채권자는 기가 차서 아무 대꾸도 못하고 태아에게 해로우니 담
    배를 밖에 나가서 피우라고 하자 오히려 연기를 채권자의 코에다 내뿜고
    이에 채권자가 따지자 주먹으로 채권자의 안면부를 치고 밖으로 나간 사
    실이 있습니다. 그 뒤에도 여러 차례 폭력을 행사하였고 20○○. ○. ○.
    채권자가 아들을 낳고 산후조리도 못하고 앓아 누워 있는데 채무자는 제

시간에 맞춰 밥을 해주지 않는다고 욕설과 함께 발과 주먹으로 채권자의 온몸을 때리고 밟아 1주일 동안 움직이지도 못하게 된 일도 있습니다.

나. 채무자는 채권자가 자신의 마음에 들지 않는다고 이야기하면서 마치 채권자를 노리개나 강아지처럼 취급하여 거실이나 방에서 지나가면서도 주먹으로 머리를 때리거나 발로 차고 지나갑니다.

다. 200○. ○.경 채권자를 엎어놓고 발로 밟고 걷어차 채권자에게 늑골골절과 요추염좌의 상해를 입히고, 200○. ○. ○. 그 동안 채무자의 이러한 행동으로 불안한 가정을 행복하게 해준다고 시어머니가 굿을 하라고 하여 할 수 없이 참여하게 되었는데 집으로 돌아온 채권자가 "굿을 한다고 되는 것이 아니라"고 하자 채무자는 자신의 모친이 하게 한 굿을 비난하였다고 채권자의 머리와 얼굴을 주먹으로 여러 차례 때려 채권자는 이를 감당할 수 없어 의식을 잃고 말았습니다. 다음날 깨어나서도 1주일 이상 계속 머리가 아프고 정신을 제대로 차리지 못하자 채권자는 외숙모를 데리고 와 같이 병원에 가서 진찰을 받은 결과 콧속의 뼈가 부러졌다는 진단을 받게 되었고 이를 수술하여야 하고 또 악성은 아니지만 뇌종양이 있다는 의사의 설명이 있는데도 채무자는 수술을 할 필요 없다면서 퇴원하도록 하였고 채권자는 지금까지 수술을 하지 못한 채 고통을 받고 있습니다.

라. 채권자는 이러한 채무자의 위와 같은 행패에도 불구하고 지금은 단지 정신이 홀려서 그럴 것이라는 생각과 제정신으로 돌아와 아이와 채권자를 돌볼 것이라는 환상을 가지고 고소와 이혼하는 것을 거부하고 참고 생활해왔는데, 채무자의 구타를 더 이상 견디지 못하고 무서워 채무자의 요구대로 이혼을 해주기로 하였으며 채무자는 위자료로 금 20,000,000원을 주고, 신청외 ○○○는 자신이 부양한다고 하면서 일방적으로 협의이혼을 강요하므로 폭력이 두려워 협의이혼하기로 하였는바, 채권자는 협의이혼 법정에서도 이혼하지 않으려고 이혼의사여부를 묻는 질문에 눈물을 흘리면서 대답을 못하자 채무자는 채권자를 흘기면서 죽여버리겠다고 하므로 무서워서 협의이혼을 하겠다고 하였습니다.

마. 그러나 채무자는 채권자에게 지급하기로 한 위자료를 지급하지 않고 신청외 ○○○를 채권자가 양육하기 위하여 채무자가 이혼신고를 하기 전에 채권자는 이혼의사철회신고를 먼저 제출하여 채무자의 이혼신고는 수리되지 않았습니다.

바. 채권자는 위에서 열거하지 않은 수많은 폭력과 학대를 더 이상 견딜 수 없고 정상적인 결혼생활을 지속하기 어려우며 이러한 파탄의 책임은 전적으로 채무자에게 있다고 할 것이므로 채무자는 채권자에게 위자료를 지

급하여야 할 것입니다.

2. 위자료 청구

　채무자는 위에서 열거한 것 외에도 헤아릴 수 없을 정도로 구타를 일삼았으며 비인간적인 수모를 주는 욕설과 무시로 인간의 존엄성을 무참히 짓밟았으므로 채권자에게 준 고통을 치유하기 위하여 최소한 금 30,000,000원을 지급하여야 할 것입니다.

3. 양육비

　가. 채무자는 채권자 사이에 출생한 신청외 ◎◎◎는 만 2세 남짓하여 엄마의 보호가 절실하며 채무자는 지금 신청외 ◎◎◎를 양육할 수도 없고 현재 자신의 형님 집에 보내어 키우고 있어 채무자가 양육하기에는 부적당하므로 채권자가 양육하고자 합니다.

　나. 양육비청구범위

・양육비 청구기간 : 20○○. ○. ○.부터 대학졸업하기까지 20○○. ○. ○.까지
호프만 계수 : ○○○개월 = ○○○.○○○○

・양육비 일시청구액 : 금 300,000원×○○○.○○○○(호프만계수)=금 ○○○원

4. 결 론

　따라서 채무자는 채권자에게 금 ○○○원(위자료 금 30,000,000원 + 양육비 금 ○○○원)을 청구하는 소송을 준비하고 있는데, 채무자가 오히려 20○○드단○○○호로 이혼소송을 제기하였으나 종결시까지 상당한 시일이 걸리고 그 동안 채무자가 그 재산을 처분할 가능성이 많으므로 집행보전의 방법상 금 20,000,000원의 청구채권범위 내에서 부득이 이 사건 신청에 이른 것입니다.

5. 담보제공

　담보제공은 공탁보증보험증권(■■보증보험주식회사 증권번호 제○○호)을 제출하는 방법으로 할 수 있도록 허가하여 주시기 바랍니다.

소 명 방 법

1. 소갑 제1호증	혼인관계증명서
1. 소갑 제2호증	가족관계증명서
1. 소갑 제3호증	주민등록등본
1. 소갑 제4호증	치료확인서
1. 소갑 제5호증	진단서
1. 소갑 제6호증	각서

```
               첨 부 서 류
     1. 위 소명서류                        각 1통
     1. 부동산등기사항증명서                    2통
     1. 가압류신청진술서                       1통
     1. 송달료납부서                          1통


              20○○.  ○.  ○.
           위 채권자 ○○○ (서명 또는 날인)

 ○○지방법원  귀중
```

[별지]

부동산의 표시

1동의 건물의 표시
    ○○시 ○○구 ○○동 ○○
    [도로명주소] ○○시 ○○구 ○○길 ○○
    ○○시 ○○구 ○○동 ○○-○ ◎◎아파트 제107동
    철근콘크리트조 슬래브지붕 15층 아파트
    1층 291.80㎡
    2층 283.50㎡
    3층 283.50㎡
    4층 283.50㎡
    5층 283.50㎡
    6층 283.50㎡
    7층 283.50㎡
    8층 283.50㎡
    9층 283.50㎡
    10층 283.50㎡
    11층 283.50㎡
    12층 283.50㎡

13층 283.50㎡

14층 283.50㎡

15층 283.50㎡

지층 282.38㎡

전유부분의 건물의 표시

철근콘크리트조 제9층 제901호 131.40㎡

대지권의 목적인 토지의 표시

1. ○○시 ○○구 ○○동 ○○ 대 ○○○○㎡

2. ○○시 ○○구 ○○동 ○○-○ 대 ○○○㎡

대지권의 표시   1, 2 소유대지권 비율 43685.4분의 58.971. 끝.

(관련판례)

부동산에 대한 가압류집행 후 가압류목적물의 소유권이 제3자에게 이전된 경우 가압류의 처분금지적 효력이 미치는 것은 가압류결정 당시의 청구금액의 한도 안에서 가압류목적물의 교환가치이고, 위와 같은 처분금지적 효력은 가압류채권자와 제3취득자 사이에서만 있는 것이므로 제3취득자의 채권자가 신청한 경매절차에서 매각 및 경락 인이 취득하게 되는 대상은 가압류목적물 전체라고 할 것이지만, 가압류의 처분금지적 효력이 미치는 매각대금 부분은 가압류채권자가 우선적인 권리를 행사할 수 있고 제3취득자의 채권자들은 이를 수인 하여야 하므로, 가압류채권자는 그 매각절차에서 당해 가압류목적물 의 매각대금에서 가압류결정 당시의 청구금액을 한도로 하여 배당을 받을 수 있고, 제3취득자의 채권자는 위 매각대금 중 가압류의 처분 금지적 효력이 미치는 범위의 금액에 대하여는 배당을 받을 수 없 다.(대법원 2006. 7. 28. 선고 2006다19986 판결)

③ 가압류 취소

채무자는 다음 어느 하나에 해당하는 사유가 있으면 가압류가 인가된 뒤에도 가압류의 취소를 신청할 수 있습니다(민사집행법 제288조제1항).

1. 가압류 이유가 소멸되거나 그 밖에 사정이 바뀐 경우
2. 법원이 정한 담보를 제공한 경우
3. 가압류가 집행된 뒤에 3년간 본안의 소를 제기하지 않은 경우(이 경우에는 이해관계인도 신청 가능)

5-2-3. 가처분

① 가처분(假處分)이란 금전채권이 아닌 특정계쟁물(다툼의 대상이 되고 있는 것)에 관해 장래 그 집행을 보전할 목적으로 그 계쟁물을 현상 변경하지 못하도록 하거나, 당사자 사이에 다툼이 있는 권리관계가 존재하고 그에 대한 확정판결이 있기까지 현상의 진행을 그대로 방치한다면 권리자가 현저한 손해를 입거나 목적을 달성하기 어려운 경우에 잠정적으로 임시의 지위를 정하는 것을 말합니다(민사집행법 제300조). 가처분의 대상과 유형은 다양하지만 처분금지가처분과 점유이전금지가처분이 그 대표적 유형입니다.

② 가처분 신청

가처분 신청을 하려면 가처분신청서와 소명자료를 다음의 법원 중 한 곳에 제출하면 됩니다(민사집행법 제279조, 제301조 및 제303조).

1. 다툼의 대상이 있는 곳을 관할하는 지방법원
2. 본안(즉, 이혼소송)이 제기되었을 경우 이를 관할하는 법원

③ 가처분의 효력

법원의 가처분 결정에 따라 가처분 집행이 완료되면 채무자는 특정계쟁물의 현상 또는 임시의 지위에 대해 일체의 변경을 할 수 없습니다. 즉, 처분금지가처분의 경우 그 목적이 된 특정계쟁물을 처분할 수 없으며, 처분을 한 경우에도 채무자와 제3취득자 사이의 거래가 유효함 권리자에게 주장할 수 없습니다.

부동산처분금지가처분신청

채권자 ○○○
    ○○시 ○○구 ○○길 ○○(우편번호 ○○○-○○○)
    전화·휴대폰번호:
    팩스번호, 전자우편(e-mail)주소:
채무자 ◇◇◇
    ○○시 ○○구 ○○길 ○○(우편번호 ○○○-○○○)
    등기부상 주소 ○○시 ○○구 ○○길 ○○○
    전화·휴대폰번호:
    팩스번호, 전자우편(e-mail)주소:

목적물의 표시   별지목록 기재와 같습니다.
피보전권리의 내용   200○. ○. ○. 재산분할을 원인으로 한 소유권이전등기청구권
목적물의 가격   ○○○원

신 청 취 지

  채무자는 별지 목록 기재 부동산에 대하여 매매, 증여, 저당권설정 그 밖의 일체의 처분행위를 하여서는 아니 된다.
라는 결정을 구합니다.

신 청 이 유

1. 당사자간의 협의이혼 및 재산분할약정
  채권자는 19○○. ○. ○ 채무자와 혼인하여 19○○. ○. ○. 신청외 딸 ◉①◉를, 19○○. ○. ○. 신청외 아들 ◉②◉를, 19○○. ○. ○ 딸 ◉③◉를 각 낳고 살다가 채무자의 구타로 200○. ○. ○. 협의이혼을 하였으며, 협의이혼 당시 채무자는 별지 목록 기재 부동산을 재산분할조로 채무자에게 소유권이전하기로 약정하였습니다.
2. 소유권이전등기의무의 불이행
  채권자는 채무자와 협의이혼을 한 뒤 별지목록 기재 부동산에서 위 자녀들과 함께 거주하고 있는데, 채무자는 별지목록 기재 부동산에 대한 채권자의 여러 차

례에 걸친 소유권이전등기요구에도 불구하고 계속 미루면서 "내명의로 등기되어 있는 동안에는 내가 소유자이기 때문에 내맘대로 들어오는데 네년이 무슨 소리냐?"라고 하면서 수시로 침입하여 술주정 등으로 가족을 괴롭히고 있습니다.

3. 결 론

따라서 채권자는 채무자를 상대로 별지목록 기재 부동산에 대한 소유권이전등기절차이행청구의 소를 제기하고자 준비중이나, 소송종료시까지 많은 시일이 걸리고 만약 채무자가 별지목록 기재의 부동산을 처분할 경우 채권자나 자녀들은 생활의 터전을 상실함은 물론 소송의 목적을 달성할 수 없으므로 그 집행을 보전하기 위하여 이 사건 신청에 이르렀습니다.

4. 담보제공

한편, 이 사건 부동산처분금지가처분명령의 손해담보에 대한 담보제공은 민사집행법 제19조 제3항, 민사소송법 제122조에 의하여 보증보험주식회사와 지급보증위탁계약을 맺은 문서를 제출하는 방법으로 담보제공을 할 수 있도록 허가하여 주시기 바랍니다.

소 명 방 법

1. 소갑 제1호증	혼인관계증명서
1. 소갑 제2호증의 1, 2, 3	가족관계증명서(자녀)
1. 소갑 제3호증의 1, 2, 3	각 재학증명서
1. 소갑 제4호증	각 서
1. 소갑 제5호증	주민등록표등본

첨 부 서 류

1. 위 소명방법	각 1통
1. 부동산등기사항전부증명서	1통
1. 토지대장등본	1통
1. 건축물대장등본	1통
1. 송달료납부서	1통

20○○. ○. ○.

위 채권자 ○ ○ ○ (서명 또는 날인)

○○지방법원 귀중

[별지]

부동산의 표시

1. 1동의 건물의 표시

    ○○시 ○○구 ○○동 ○○ 제4동

    [도로명주소] ○○시 ○○구 ○○로 ○○

    철근콘크리트조 및 벽돌조 슬래브지붕 4층 다세대주택

        1층 152.75㎡

        2층 152.75㎡

        3층 152.75㎡

        4층 152.75㎡

2. 대지권의 목적인 토지의 표시

    ○○시 ○○구 ○○동 ○○ 대 747㎡

3. 전유부분의 건물의 표시

    철근콘크리트조 및 벽돌조 1층 411호 72.80㎡

4. 대지권의 표시

    소유권 7470분의 377 대지권. 끝.

(관련판례)

부동산에 관하여 처분금지가처분의 등기가 마쳐진 후에 가처분권자가 본안소송에서 승소판결을 받아 확정되면 그 피보전권리의 범위 내에서 그 가처분에 저촉되는 처분행위의 효력을 부정할 수 있고, 이 때 그 처분행위가 가처분에 저촉되는 것인지의 여부는 그 처분행위에 따른 등기와 가처분등기의 선후에 의하여 정해진다.(대법원 2003. 2. 28. 선고 2000다65802,65819 판결)

④ 가처분 취소

채무자는 다음 어느 하나에 해당하는 사유가 있으면 가처분이 인가된 뒤에도 가처분의 취소를 신청할 수 있습니다(민사집행법 제288조 제1항 및 제301조).

1. 가처분 이유가 소멸되거나 그 밖에 사정이 바뀐 경우

2. 법원이 정한 담보를 제공한 경우
3. 가처분이 집행된 뒤에 3년간 본안의 소를 제기하지 않은 경우(이 경우에는 이해관계인도 신청 가능)

(참고) 재산분할청구권 보전을 위한 사해행위취소권

① 사해행위취소권이란?
부부 일방이 다른 일방의 재산분할청구권 행사를 해함을 알면서도 부동산을 처분하는 등 재산권을 목적으로 하는 법률행위, 즉 사해행위(詐害行爲)를 한 경우 다른 일방은 「민법」의 채권자취소권에 관한 조항을 준용해서 그 사해행위의 취소 및 원상회복을 가정법원에 청구할 수 있는데, 이를 사해행위취소권이라고 합니다(민법 제406조제1항 및 제839조의3제1항).
② 사해행위취소소송의 제기기간
사해행위취소소송은 그 취소원인을 안 날부터 1년, 법률행위가 있은 날로부터 5년 이내에 제기해야 합니다(민법 제406조제2항 및 제839조의3제2항)

제4장

이혼시 재산은 어떻게
처리해야 하나요?

제4장 이혼시 재산은 어떻게 처리해야 하나요?

1. 위자료 청구권

1-1. 위자료 청구권의 개념

① 이혼하는 경우에는 그 이혼을 하게 된 것에 책임이 있는 배우자(유책배우자)에게 이혼으로 인한 정신적 고통(예를 들어 배우자의 혼인파탄행위 그 자체와 그에 따른 충격, 불명예 등)에 대한 배상, 즉 위자료를 청구할 수 있습니다(민법 제806조 및 제843조).

② 이혼으로 인한 위자료청구는 재판상 이혼뿐만 아니라 협의이혼, 혼인의 무효·취소의 경우에도 할 수 있습니다(민법 제806조, 제825조 및 가사소송법 제2조제1항제1호다목 2).

③ 또한 위자료에는 과실상계의 규정이 준용되므로(민법 제396조 및 제763조) 부부 쌍방이 혼인파탄에 비슷한 정도의 책임이 있는 경우에는 그 중 일방의 위자료청구는 기각됩니다(대법원 1994. 4. 26. 선고 93므1273,1280 판결).

1-2. 위자료청구권의 양도 · 상속

위자료청구권은 양도 또는 승계하지 못하는 것이 원칙이지만, 당사자 사이에 이미 그 배상에 관한 계약이 성립되거나 소송을 제기한 이후에는 양도 또는 승계할 수 있습니다(민법 제806조제3항 및 제843조).

(관련판례)
이혼위자료청구권은 원칙적으로 일신전속적 권리로서 양도나 상속 등 승계가 되지 아니하나 이는 행사상 일신전속권이고 귀속상 일신전속권은 아니라 할 것인바, 그 청구권자가 위자료의 지급을 구하는 소송을 제기함으로써 청구권을 행사할 의사가 외부적 객관적

으로 명백하게 된 이상 양도나 상속 등 승계가 가능하다.(대법원
1993. 5. 27. 선고 92므143 판결)

1-3. 위자료청구권과 재산분할청구권의 관계

① 이혼 위자료는 부부 일방의 잘못으로 이혼하게 된 사람의 정신적 고
통을 위로하는 것을 목적으로 하고, 재산분할은 혼인 중 부부가 공
동으로 모은 재산에 대해 본인의 기여도에 따른 상환을 청구하는 것
을 목적으로 하는 등 그 권리의 발생근거, 제도의 입법취지, 재판절
차 진행 등 여러 가지 관점에서 차이가 있어 판례는 이를 별개의 제
도로 보고 있습니다(대법원 2001. 5. 8. 선고 2000다58804판결).

② 따라서 위자료청구와 재산분할청구는 양자를 개별적으로 청구하는
것이 가능합니다.

> **(참고) 법원의 위자료 산정기준**
> 위자료의 액수를 어떻게 정할 것인지는 일원화되어 있지 않습니
> 다. 다만, 판례(대법원 2004. 7. 9. 선고 2003므2251,2268
> 판결, 대법원 1987. 10. 28. 선고 87므55,56 판결등)에 따르
> 면, ① 이혼에 이르게 된 경위와 정도, ② 혼인관계파탄의 원인
> 과 책임, ③ 당사자의 재산상태 및 생활정도, ④ 당사자의 연
> 령, 직업 등 변론에 나타나는 모든 사정을 고려해서 위자료의
> 액수를 정하는 것으로 보입니다.

2. 혼인파탄에 책임있는 제3자에 대한 위자료 청구

2-1. 혼인파탄에 책임있는 제3자에 대한 위자료 청구

① 위자료는 이혼의 원인을 제공한 사람에게 청구할 수 있습니다(민법
제750조, 제751조, 제806조, 제843조 및 가사소송법 제2조제1항제1
호다목 2).

② 따라서 배우자가 혼인파탄에 책임이 있다면 그 배우자를 상대로, 시부모나 장인·장모 등 제3자가 혼인파탄에 책임이 있다면 그 제3자를 상대로 위자료를 청구할 수 있습니다.

③ 제3자가 혼인파탄에 책임이 있는 경우

시부모나 장인·장모 또는 첩(妾)이나 배우자의 간통 상대방 등이 혼인생활에 부당하게 간섭해서 혼인을 파탄에 이르게 한 경우나 혼인생활의 지속을 강요하는 것이 가혹하다고 여겨질 정도로 시부모나 장인·장모에게 폭행, 학대 또는 모욕당하는 경우(대법원 2004. 2. 27. 선고 2003므1890 판결, 대법원 1998.4.10. 선고 96므1434 판결 등) 등을 말할 수 있습니다.

[서식 예] 이혼 및 위자료 조정신청서

이혼 및 위자료 조정신청

신 청 인　　○　○　○(주민등록번호)
　　　　　　등록기준지　　○○시 ○○구 ○○길 ○○
　　　　　　주소　　○○시 ○○구 ○○길 ○○(우편번호)
　　　　　　전화　　○○○ - ○○○○
피신청인　　△　△　△(주민등록번호)
　　　　　　등록기준지　　○○시 ○○구 ○○길 ○○
　　　　　　주소　　○○시 ○○구 ○○길 ○○(우편번호)
　　　　　　전화　　○○○ - ○○○○

이혼 및 위자료 조정신청

신 청 취 지

1. 신청인과 피신청인은 이혼한다.
2. 피신청인은 신청인에게 위자료 금 ○○○원 및 이에 대하여 이 조정성립일로부터 다 갚는 날까지 연 15%의 비율에 의한 금원을 지급하라.

라는 조정을 구합니다.

신 청 원 인

1. 당사자의 지위
 신청인과 피신청인은 199○. ○. ○. 혼인하여 슬하에 1남을 둔 법률상 부부입니다.
2. 혼인의 파탄
 가. 신청인은 198○. 초경 ○○에 있는 미용실에 근무하면서 손님으로 온 피신청인과 만나 교제하던 중 신청외 자 ㅁㅁㅁ을 가지게 되었고 할 수 없이 199○. ○. ○. 혼인신고를 하고 가정을 이루게 되었습니다.
 나. 피신청인은 결혼 후 ○○의 구두공장에서 미싱사로 근무를 하다가 혼인신고 후 약 4개월이 지나 ◎◎으로 내려와 같은 일을 하면서 어렵게 생활을 하였는데 술을 너무 좋아하여 다른 사람들과 싸움을 다반사로 하였습니다.
 다. 그러던 중 199○.경부터는 미싱일을 그만 두고 건축현장 등을 전전하며 막노동을 하기 시작한 이후부터는 자주 외박을 하였고 가끔 집에 들어오는 날이면 술에 취해 들어와 신청인과 신청외 자 ㅁㅁㅁ에 대한 갖은 폭행과 횡포를 일삼아 신청인과 자 ㅁㅁㅁ은 공포에 떨면서 살아왔습니다.
 라. 피신청인은 200○. ○월경부터 가출까지 하였는데 도박을 좋아하여 피고가 사채업자로부터 돈을 빌렸는지 신청인으로서 전혀 모르는 젊은 남자 2명이 찾아와 전세금을 빼가겠다며 협박을 하다가 피신청인을 잡겠다며 집 근처에서 배회를 하는 등, 200○. ○. ○.경에는 ◎◎경찰서로부터 사기혐의로 고소가 되어 출석요구가 발송되었으나 도망다니는 관계로 현재 기소중지 된 상태입니다.
 마. 신청인은 피신청인만을 의지하며 살수 없어 식당일, 파출부 등으로 생활을 해왔으며 현재 공공근로를 하며 어렵게 생활을 유지해 가고 있기에 피신청인과 더 이상 혼인을 유지하고 싶지 않습니다.
3. 이런 피신청인의 외박 및 도박, 신청인에 대한 악의의 유기, 상습적인 폭행은 재판상 이혼사유에 해당된다 할 것입니다. 이는 피신청인의 책임 있는 사유에 해당할 수 있어 신청인은 피신청인에 대하여 이혼 및 혼인 파탄에 대한 위자료의 지급을 구하고자 이 신청에 이르게 된 것입니다.

입 증 방 법

1. 갑 제1호증   진단서
1. 갑 제2호증   혼인관계증명서
1. 갑 제3호증   가족관계증명서
1. 갑 제4호증   주민등록등본
1. 갑 제5호증   출석요구서

첨 부 서 류

1. 위 입증방법   각 1통
1. 신청서 부본   1통
1. 납부서   1통

20○○년　○월　○일

위 신청인　○　○　○　　(인)

○ ○ 지 방 법 원　귀중

(관련판례)

　　갑이 을과 병의 부정행위 때문에 혼인관계가 파탄되었음을 이유로 을을 상대로 이혼소송을 제기하여 이혼 및 을의 갑에 대한 위자료채무 등과 갑의 을에 대한 재산분할금채무가 확정되었는데, 갑과 을이 위 위자료채무 등과 재산분할금채무를 상계하는 계약을 체결한 상태에서 갑이 병을 상대로 혼인관계 파탄을 이유로 손해배상을 구한 사안에서, 부진정연대채무자 중 1인이 채권자와 상계계약을 체결한 경우 상계로 인한 채무소멸의 효력은 소멸한 채무 전액에 관하여 다른 부진정연대채무자에게도 미친다고 보아야 하는데, 을과 병은 공동불법행위자로서 갑에게 부진정연대채무를 부담하고, 병보다 책임이 큰 을의 위자료채무가 상계로 소멸한 이상 그 효력은 병의 위자료채무 전액에 미쳐 병의 위자료지급채무가 없다.(부

2-2. 혼인파탄 후, 제3자의 불법행위에 대한 손해배상 청구

① 부부가 불화와 장기간의 별거로 파단되어 부부생활의 실체가 더 이상 존재하지 않고 객관적으로 회복할 수 없는 정도에 이른 후에는 제3자가 부부의 일방과 외도를 하였더라도 상대 배우자는 제3자에게 손해배상을 청구할 수 없습니다(대법원 2014. 11. 20. 선고 2011므2997 판결).

② 제3자에 대한 손해배상책임을 인정하지 않는 경우

대법원은 "부부가 아직 이혼하지 아니하였지만 실질적으로 부부공동생활이 파탄되어 회복할 수 없을 정도의 상태에 이르렀다면, 제3자가 부부의 일방과 외도를 하더라도 이를 두고 부부공동생활을 침해하거나 그 유지를 방해하는 행위라고 할 수 없고 또한 그로 인하여 배우자의 부부공동생활에 관한 권리가 침해되는 손해가 생긴다고 할 수도 없으므로 불법행위가 성립한다고 보기 어렵다. 그리고 이러한 법률관계는 재판상 이혼청구가 계속 중에 있다거나 재판상 이혼이 청구되지 않은 상태라고 하여 달리 볼 것은 아니다(대법원 2014. 11. 20. 선고 2011므2997 판결)"라고 판단하고 있습니다.

3. 위자료청구권의 행사기간

① 부부가 이혼하는 경우의 위자료청구권은 그 손해 또는 가해자를 안 날부터(즉, 이혼한 날부터) 3년이 지나면 시효로 인해 소멸합니다(민법 제766조).

② 재판상 이혼을 하는 경우에는 위자료청구를 이혼청구와 함께 하는 것

이 일반적이므로 위자료청구권의 행사기간이 경과할 우려가 거의 없습니다. 그러나 협의이혼을 하는 경우에는 위자료에 대한 합의가 되지 않은 채 이혼하는 경우가 종종 있습니다. 이런 경우에는 이혼한 날부터 3년 이내에 위자료청구권을 행사해야만 위자료를 받을 수 있습니다.

③ 이혼한 날이란 협의이혼의 경우는 이혼신고일, 재판상 이혼·혼인취소의 경우는 이혼판결 또는 혼인취소판결의 확정일을 말합니다.

4. 위자료 지급의 강제방법

4-1. 이행명령

이행명령이란 가정법원의 판결·심판·조정조서·조정에 갈음하는 결정 또는 양육비부담조서에 따라 금전의 지급 등 재산상의 의무, 유아의 인도(引渡)의무 또는 자녀와의 면접교섭허용의무를 이행해야 할 의무자가 정당한 이유 없이 그 의무를 이행하지 않을 때 당사자의 신청에 의해 가정법원이 일정한 기간 내에 그 의무를 이행할 것을 명하는 것을 말합니다.

4-2. 위자료 지급의무 불이행에 대한 이행명령 신청

상대방이 위자료를 지급하지 않는 경우에는 위자료 지급을 명한 판결·심판 또는 조정을 한 가정법원에 이행명령을 신청해서 상대방이 위자료지급의무를 이행할 것을 법원이 명하도록 할 수 있습니다.

이행명령 신청서

사건번호 2013(드단, 느단)   (이행명령의 근거가 되는 재판)
신 청 인   성   명 :   (☎ :   )
      주민등록번호 :
      주   소 :
      송 달 장 소 :
피신청인   성   명 :
      주민등록번호 :
      주   소 :
사건본인   성   명 :
      주민등록번호 :
      주   소 :

신 청 취 지

위 당사자간 서울가정법원 20   (드단, 느단)   호 사건의 확정
판결(심판, 조정조서)에 기한 의무의 이행으로 (주문, 조정(화해)조항) 중
항을 이행하라는 결정을 구함.

신 청 이 유
(신청 사유를 구체적으로 기재)

첨 부 서 류
1. 판결(조정조서, 화해조서 등) 정본   1통
1. 확정(송달)증명서   1통
1. 신청서 부본   1부

20 . . .
신청인 :   (서명 또는 날인)

서울○○법원 귀중

☞ 유의사항
1. 신청서에는 수입인지 1,000원을 붙여야 합니다.
2. 송달료는 37,000원을 송달료취급은행에 납부하고 납부서를 첨부하여야 합니다.
3. ☎ 란에는 연락 가능한 휴대전화번호(전화번호)를 기재하시기 바랍니다.

4-3. 이행명령 불이행에 대한 제재

위자료를 지급해야 할 의무자가 이행명령을 받고도 위자료를 지급하지 않는 경우 가정법원은 다음의 방법으로 그 이행을 강제할 수 있습니다.

① 과태료 부과

의무자가 위자료 지급 이행명령을 받고도 정당한 이유 없이 위자료를 지급하지 않으면 가정법원·조정위원회 또는 조정담당판사는 직권 또는 권리자의 신청에 의해 결정으로 1천만원 이하의 과태료를 부과할 수 있습니다(가사소송법 제67조1항).

② 감치(監置)

또한, 의무자가 위자료 지급 이행명령을 받고도 정당한 이유 없이 위자료를 3기 이상 지급하지 않으면 가정법원은 권리자의 신청에 의해 결정으로 30일 이내의 범위에서 위자료를 지급할 때까지 의무자를 감치에 처할 수 있습니다(가사소송법 제68조제1항제1호).

(법률용어해설)

감치(監置) : 감치란 법원의 명령 등을 위반한 의무자에 대해 권리자가 감치에 처하는 재판을 신청해서 법원의 결정으로 의무자를 경찰서유치장, 교도소 또는 구치소 등 감치시설에 구인(拘引)하는 것을 말합니다(가사소송법 제70조, 가사소송규칙 제130조, 제132조 및 법정등의질서유지를위한재판에관한규칙 제23조제1항). 의무자가 감치 중에 그 의무를 이행하면 감치가 종료되어 석방됩니다(가사소송규칙 제137조제2항).

(법원양식) 이행명령 불이행 등에 따른 감치·과태료 신청서

이행명령 불이행 등에 따른 감치.과태료 신청서

대상사건번호 20   즈기   (이행명령, 수검명령, 일시금지급명령)
신 청 인 성   명 :   (☎ :   )
　　　주민등록번호 :
　　　주 　　　소 :
　　　송 달 장 소 :
피신청인 성   명 :
　　　주민등록번호 :
　　　주 　　　소 :

신 청 취 지

피신청인은 위 당사자간 서울가정법원 20   즈기   호   사건의
이행의무를 위반하였으므로 (감치, 과태료)에 처한다.
라는 결정을 구합니다.

신 청 이 유
(신청 사유를 구체적으로 기재)

첨 부 서 류
1. 이행명령 등 정본 또는 사본   1통
1. 신청서 부본   1부

20   .   .   .
신청인 :   (서명 또는 날인)

서울○○법원   귀중

4-4. 강제집행

강제집행이란 상대방이 채무를 이행하지 않은 경우에 국가권력에 의해 강제적으로 그 의무의 이행을 실현하는 것을 말합니다. 예를 들어, 위자료지급의무를 이행해야 할 의무자가 위자료를 지급하지 않는 경우에 권리자가 그 의무자의 부동산을 강제경매해서 위자료로 충당하는 방법이 가능합니다.

4-5. 위자료 지급의무 불이행에 대한 강제집행 신청

① 상대방이 위자료를 지급하지 않는 경우에는 집행권원(예를 들어 판결, 조정조서, 화해조서 등)을 근거로 강제집행을 할 수 있다는 집행문을 부여받아 상대방 재산에 강제집행을 신청해서 경매처분을 통해 위자료를 받을 수 있습니다(민사집행법 제28조, 제39조, 제56조, 제90조 및 가사소송법 제41조).

② 상대방에게 재산이 없으면 위와 같은 방법을 이용하더라도 위자료를 지급받는 것이 불가능하므로 소송을 제기하기 전에 상대방의 재산에 대해 가압류·가처분 등의 보전처분을 해 놓는 것이 좋습니다.

■ 이혼 및 위자료의 소송이 확정된 경우 위자료에 대한 이행명령은 어떻게 하나요?

Q. 저는 남편인 甲의 간통과 폭력 등으로 정상적인 혼인생활을 지속할 수 없어 이혼소송을 제기하여 법원으로부터 ①원고와 피고는 이혼하며, ②피고는 원고에게 위자료 3,000만원을 지급하라는 판결을 받았습니다. 그런데 甲은 위자료를 지급할 능력이 있음에도 불구하고 이를 지급하지 않고 있는데, 甲소유의 재산을 찾을 수 없어 강제집행을 못하고 있습니다. 구제방법이 있는지요?

A. 이혼소송 및 위자료청구소송에서 승소하였으나, 위자료를 지급받지 못하였을 경우에는 상대방 재산에 강제집행을 하여 받는 것이 원칙입니다.

그러므로 위 사안에서와 같이 상대방 소유의 재산을 파악조차 하지 못하거나 상대방에게 재산이 현재 없거나 앞으로도 생겨날 여지가 없다면 판결문 상의 위자료를 지급받기는 어려울 것입니다.

다만, 가정법원은 판결, 심판, 조정조서 또는 조정에 갈음하는 결정에 의하여 금전의 지급 등 재산상의 의무를 이행하여야 할 자가 정당한 이유 없이 그 의무를 이행하지 아니할 때에는 당사자의 신청에 의하여 일정한 기간 내에 그 의무를 이행할 것을 명할 수 있는 이행명령을 할 수가 있습니다(가사소송법 제64조 제1항).

또한, 당사자 또는 관계인이 정당한 이유 없이 이러한 명령에 위반한 때는 가정법원, 조정위원회 또는 조정담당판사는 직권 또는 권리자의 신청에 의하여 결정으로 1000만원 이하의 과태료에 처하거나(가사소송법 제67조 제1항), 위자료의 정기적 지급을 명령받은 사람이 정당한 이유 없이 3기(期) 이상 그 의무를 이행하지 아니한 경우 30일의 범위에서 그 의무를 이행할 때까지 의무자에 대한 감치를 명할 수 있습니다(가사소송법 제68조 제1항 제1호).

따라서 귀하는 甲의 재산을 최대한 찾아보고 더 이상 재산을 찾을 방법이 없다면 甲을 상대로 가사소송법상의 이행명령, 감치를 청구하거나 이명령에 불응하는 경우 과태료 부과신청을 하는 것이 효과적일 수 있을 것입니다.

(관련판례)

가사소송법 제64조 제1항, 제67조 제1항, 제68조 제1항을 종합하면, 가사소송법 제64조에 규정된 이행명령은 과태료 또는 감치와 같은 제재를 통하여 판결, 심판, 조정조서 등에 따라 확정되어 있는 금전의 지급의무 등의 이행을 촉구하는 가사소송법상의 이행확보제도로서, 권리의 존부를 확정하는 기관과 확정된 권리를 실현하는 기관을 엄격히 분리시키지 아니하고 권리의 존부를 확정한 판단기관 자신이 의무의 이행을 촉구하는 것이기는 하지만, 권리의 존부를 확정하기 위한 절차가 아니라 이미 확정되어 있는 권리

5. 위자료 지급에 대한 과세

5-1. 위자료를 받는 사람에 대한 과세

① 증여세 해당 없음위자료는 이혼에 따른 정신적 고통을 배상받는 일
   종의 손해배상금으로서, 위자료 지급은 「상속세 및 증여세법」 제2조
   제6호에 따른 증여에 해당하지 않으므로, 증여받은 재산에 부과되는
   세금인 증여세(상속세 및 증여세법 제4조제1항)는 문제되지 않습니
   다. 그러나 조세포탈을 목적으로 한 가장이혼(假裝離婚) 등과 같이
   사실상 증여에 해당한다고 인정되는 경우에는 증여세가 부과될 여지
   가 있습니다.

② 소득세 해당 없음
   위자료는 「소득세법」 제4조에 따른 소득에 해당하지 않으므로 소득에
   대해 부과되는 세금인 소득세(소득세법 제3조)는 문제되지 않습니다.

③ 부동산 취득에 따른 취득세 등 부과
   위자료로 부동산의 소유권을 이전받은 경우에는 「지방세법」상 취득
   세, 지방교육세, 농어촌특별세를 납부해야 합니다(지방세법 제7조,
   제150조 및 농어촌특별세법 제3조).

(관련판례)

법률상의 부부관계를 해소하려는 당사자 간의 합의에 따라 이혼이
성립한 경우 그 이혼에 다른 목적이 있다 하더라도 당사자 간에

이혼의 의사가 없다고 말할 수 없고, 이혼이 가장이혼으로서 무효가 되려면 누구나 납득할 만한 특별한 사정이 인정되어야 한다. 그리고 이혼에 따른 재산분할은 부부가 혼인 중에 취득한 실질적인 공동재산을 청산·분배하는 것을 주된 목적으로 하는 제도로서 재산의 무상이전으로 볼 수 없으므로 이혼이 가장이혼으로서 무효가 아닌 이상 원칙적으로 증여세 과세대상이 되지 않는다. 다만 민법 제839조의2 제2항의 규정 취지에 반하여 상당하다고 할 수 없을 정도로 과대하고 상속세나 증여세 등 조세를 회피하기 위한 수단에 불과하여 그 실질이 증여라고 평가할 만한 특별한 사정이 있는 경우에는 상당한 부분을 초과하는 부분에 한하여 증여세 과세대상이 될 수 있다.(대법원 2017. 9. 12. 선고 2016두58901 판결)

5-2. 위자료를 지급하는 사람에 대한 과세

위자료로 부동산의 소유권을 이전하는 경우에는 그 부동산을 양도한 대가로 위자료와 양육비지급의무의 소멸이라는 경제적 이익을 얻은 것으로서 「소득세법상 유상으로 양도하는 경우에 해당하므로(소득세법 제88조), 양도소득이 발생했다면 양도소득세를 납부해야 합니다(소득세법 제2조, 제4조 및 제94조).

(관련판례)
구 소득세법(2009. 12. 31. 법률 제9897호로 개정되기 전의 것) 제89조 제1항 제3호, 구 소득세법 시행령(2010. 2. 18. 대통령령 제22034호로 개정되기 전의 것) 제154조 제1항의 문언 내용과 체계, 조세법률주의의 원칙상 과세요건이거나 비과세요건 또는 조세감면요건을 막론하고 조세법규의 해석은 특별한 사정이 없는 한 법문대로 해석하여야 하는 점 등을 종합하면, 양도소득세의 비과세요건인 '1세대 1주택'에 해당하는지를 판단할 때 거주자와 함께 1세대를 구성하는 배우자는 법률상 배우자만을 의미한다고 해석되므로, 거주자가 주택의 양도 당시 이미 이혼하여 법률상 배우자가 없다면, 그 이혼을 무효로 볼 수 있는 사정이 없는 한 종전 배우자와는 분리되어 따로 1세대를 구성하는 것으로 보아야 한다.(대법원 2017. 9. 7. 선고 2016두35083 판결)

6. 재산분할청구권

6-1. 재산분할청구권의 개념

① 부부가 이혼하면 혼인 중 부부가 공동으로 모은 재산을 나눌 필요가 생깁니다. 이 때 이혼한 부부 일방이 상대 배우자에 대해 재산분할을 청구할 수 있는 권리가 재산분할청구권입니다.

② 재산분할청구권은 협의이혼, 재판상 이혼의 경우에 모두 인정되며, 부부 사이에 재산분할에 관한 합의가 이루어지지 않으면 가정법원에 재산분할심판을 청구할 수 있습니다(민법 제839조의2, 제843조 및 가사소송법 제2조제1항제2호나목4, 제36조제1항).

(법원양식) 재산분할 심판청구서

재산분할 심판청구서

청 구 인 성   명 :   (☎ :   )
　　　주민등록번호 :
　　　주   소 :
　　　송 달 장 소 :
상 대 방 성   명 :
　　　주민등록번호 :
　　　주   소 :

청 구 취 지
(재산분할 심판청구 취지를 구체적으로 기재)

청 구 원 인
(재산분할 심판청구 사유를 구체적으로 기재)

첨 부 서 류

1. 청구인의 혼인관계증명서, 주민등록표등(초)본   각 1통
1. 상대방의 혼인관계증명서, 주민등록표등(초)본   각 1통
1. 분할재산소명자료(부동산등기사항전부증명서,임대차계약서 등)   1부

20 . . .

청구인 :   (서명 또는 날인)

서울○○법원 귀중

※ 청구취지 작성 예시
○ 금전지급에 의한 분할 : 소송촉진등에 관한 특례법 적용 없음
「상대방은 청구인에게 재산분할로 100,000,000원 및 이에 대한 이 심판확정 다음날부터 다 갚는 날까지 연 5%의 비율에 따른 금원을 지급하라.」
○ 소유권 이전등기(현물분할)
「상대방은 청구인에게 별지 목록 기재 부동산에 대하여 이 심판확정 일자 재산분할을 원인으로 한 소유권이전등기절차를 이행하라.」
○ 경매분할
「별지목록 기재 부동산을 경매에 부쳐 그 대금에서 경매비용을 공제한 나머지 금액을 청구인에게 2/3, 상대방에게 1/3의 비율로 분할한다.」
○ 현물분할을 하면서 기여도에 따른 분할비율과의 차이를 금전으로 정산하게 하는 경우
「1. 상대방은 청구인에게 별지 제1목록 기재 부동산 중 1/2지분에 관하여 이 심판확정일자 재산분할을 원인으로 한 소유권이전등기절차를 이행하고, 청구인은 상대방에게 별지 제2목록 기재 부동산 중 1/2지분에 관하여 이 심판 확정일자 재산분할을 원인으로 한 소유권이전등기절차를 이행하라.
2. 청구인은 위 재산분할의 조정으로서 상대방에게 5,000만 원을 지급하라」

☞ **유의사항**
1. 관할법원은 상대방 주소지 가정법원입니다.
2. 이미 이루어진 재산분할에 관한 약정의 이행을 구하는 것은 민사사건입니다.
3. 혼인해소 전에 미리 재산분할청구권을 포기할 수는 없으며, 재산분할청구권은 혼인해소 후 2년이 경과하면 소멸 (제척기간)
4. ☎ 란에는 연락 가능한 휴대전화번호(전화번호)를 기재하시기 바랍니다.

■ 법원이 재산분할대상을 직권으로 조사할 수 있는지요?

Q. 사실혼관계가 해소되어 재산분할청구를 한 경우에 당사자가 주장을 하지 아니한 재산에 대하여도 법원이 직권으로 조사하여 재산분할 대상에 포함시킬 수 있는지요?

A. 위 사안과 관련하여 판례는 "가사비송절차에 관하여는 가사소송법에 특별한 규정이 없는 한, 비송사건절차법 제1편의 규정을 준용하고 있으며, 비송사건절차에 있어서는 민사소송의 경우와는 달리 당사자의 변론에만 의존하는 것이 아니고, 법원이 자기의 권능과 책임으로 재판의 기초가 되는 자료를 수집하는 이른바 직권탐지주의에 의하고 있으므로, 원고가 어떤 부동산을 재산분할대상의 하나로 포함시킨 종전주장을 철회하였더라도, 법원은 원고의 주장에 구애되지 아니하고 재산분할의 대상이 무엇인지 직권으로 사실조사를 하여 포함시킬 수 있다."라고 하였습니다(대법원 1995. 3. 28. 선고 94므1584 판결, 1999. 11. 26. 선고 99므1596 등 판결).

그러므로 이혼하는 당사자가 재산분할청구소송을 제기한 경우 법원은 당사자의 주장에 구애받지 아니하고 재산분할의 대상이 무엇인지 직권으로 사실조사를 하여 포함시킬 수 있다 할 것이고, 이혼당사자의 소유 부동산과 채무관계, 현황, 그 형성과정 및 이용 상황 등에 비추어 적정한 재산분할방법을 결정하고 그 비율에 관하여는 당사자들의 나이와 직업, 생활정도, 수입, 재산상태, 혼인관계가 파탄에 이르게 된 경위, 당사자가 그 재산의 형성에 기여한 정도 등 모든 사정을 참작하여 적극재산의 가액에서 소극재산인 채무를 공제한 금액 등으로 결정할 수 있다 할 것입니다.

■ 반소 인용 시 기각된 본소에 병합된 재산분할청구의 판단은 어떻게 하는지요?

Q. 甲은 그의 처 乙을 상대로 이혼청구의 소를 제기하였고, 乙도 그에 대하여 반소로서 이혼청구의 소를 제기하였습니다. 그런데 乙은 甲이 이혼청구의 소를 제기하면서 재산분할청구를 하였으므로 반소를 제기하면서 재산분할청구의 소를 제기하지 하지 않았습니다. 이 경우 甲의 본소가 기각되고 乙의 반소가 인용될 경우 재산분할문제는 어떻게 되는지요?

A. 위 사안에서와 같이 본소 이혼청구를 기각하고 반소 이혼청구를 인용하는 경우, 본소 이혼청구에 병합된 재산분할청구에 대하여 심리·판단하여야 하는지 문제됩니다.

이에 관하여 판례는 "원고가 본소의 이혼청구에 병합하여 재산분할청구를 제기한 후 피고가 반소로써 이혼청구를 한 경우, 원고가 반대의 의사를 표시하였다는 등의 특별한 사정이 없는 한, 원고의 재산분할청구 중에는 본소의 이혼청구가 받아들여지지 않고 피고의 반소청구에 의하여 이혼이 명하여지는 경우에도 재산을 분할해달라는 취지의 청구가 포함된 것으로 봄이 상당하다고 할 것이므로(이때 원고의 재산분할청구는 피고의 반소청구에 대한 재반소로서의 실질을 가지게 된다), 이러한 경우 사실심으로서는 원고의 본소 이혼청구를 기각하고 피고의 반소청구를 받아들여 원·피고의 이혼을 명하게 되었다고 하더라도, 마땅히 원고의 재산분할청구에 대한 심리에 들어가 원·피고가 협력하여 이룩한 재산의 액수와 당사자 쌍방이 그 재산의 형성에 기여한 정도 등 일체의 사정을 참작하여 원고에게 재산분할을 할 액수와 방법을 정하여야 한다."라고 하였습니다(대법원 2001. 6. 15. 선고 2001므626, 633 판결).

따라서 위 사안에서도 乙이 반소를 제기하면서 재산분할청구를 하지 않았다고 하여도 乙의 반소가 인용되는 경우라면, 甲이 본소 청구 시 병합하여 청구한 재산분할에 대하여 甲이 특별히 반대의 의사를 표시하지 아니한다면 재산분할에 대해서도 심리하여 재산분할을 할 액수와 방법을 정하게 될 것으로 보입니다.

■ **재산분할채무의 이행기와 이행지체시에 금채무불이행으로 인한 손해배상액산정의 기준이 되는 법정이율이 어떻게 되는지요?**

Q. 甲은 그의 처 乙을 상대로 이혼소송을 제기하였고, 乙도 이혼소송과 병합하여 재산분할청구의 반소를 제기하였습니다. 그런데 乙의 반소가 인용될 가능성이 높아졌는바, 이 경우 乙의 반소가 인용되면서 재산분할로써 금전의 지급을 명하는 판결을 하는 경우, 그 금전지급채무의 이행기와 이행지체시에 금전채무불이행으로 인한 손해배상액산정의 기준이 되는 법정이율이 어떻게 되는지요?

A. 「소송촉진 등에 관한 특례법」 제3조는 "① 금전채무의 전부 또는 일부의 이행을 명하는 판결(심판을 포함한다. 이하 같다)을 선고할 경우, 금전채무 불이행으로 인한 손해배상액 산정의 기준이 되는 법정이율은 그 금전채무의 이행을 구하는 소장 또는 이에 준하는 서면이 채무자에게 송달된 날의 다음 날부터는 연 100분의 40 이내의 범위에서 「은행법」에 따른 금융기관이 적용하는 연체금리 등 경제 여건을 고려하여 대통령령으로 정하는 이율에 따른다. 다만, 「민사소송법」 제251조에 규정된 소(訴)에 해당하는 경우에는 그러하지 아니하다. ② 채무자에게 그 이행의무가 있음을 선언하는 사실심 판결이 선고되기 전까지 채무자가 그 이행의무의 존재 여부나 범위에 관하여 항쟁하는 것이 타당하다고 인정되는 경우에는 그 타당한 범위에서 제1항을 적용하지 아니한다."라고 규정하고 있고, 「소송촉진 등에 관한 특례법 제3조제1항 본문의 법정이율에 관한 규정」은 법정이율을 연 100분의 15로 규정하고 있습니다.

그런데 재산분할청구권은 이혼이 성립한 때에 그 법적 효과로서 비로소 발생하는 것이므로 이혼소송과 병합하여 재산분할청구를 하고, 법원이 이혼과 동시에 재산분할로써 금전의 지급을 명하는 판결을 하는 경우,

그 금전지급채무의 이행기와 이행지체시에 금전채무불이행으로 인한 손해배상액산정의 기준이 되는 법정이율이 어떻게 되는지 문제됩니다.

이에 관하여 판례는 "이혼으로 인한 재산분할청구권은 이혼을 한 당사자의 일방이 다른 일방에 대하여 재산분할을 청구할 수 있는 권리로서 이혼이 성립한 때에 그 법적 효과로서 비로소 발생하는 것일 뿐만 아니라, 협의 또는 심판에 의하여 그 구체적 내용이 형성되기까지는 그 범위 및 내용이 불명확·불확정하기 때문에 구체적으로 권리가 발생하였다고 할 수 없으므로, 당사자가 이혼이 성립하기 전에 이혼소송과 병합하여 재산분할의 청구를 하고 법원이 이혼과 동시에 재산분할로써 금전의 지급을 명하는 판결을 하는 경우 그 금전지급채무에 관하여는 그 판결이 확정된 다음날부터 이행지체책임을 지게 되고, 따라서 소송촉진등에관한특례법 제3조 제1항 단서에 의하여 소송촉진등에관한특례법 제3조 제1항 본문에 정한 이율이 적용되지 아니한다."라고 하였습니다(대법원 2001.9.25. 선고 2001므725 등 판결, 2002.10.25.선고 2002다43370 판결).

그러므로 위 사안에서 乙의 재산분할청구가 인용되면서 재산분할로써 금전의 지급을 명하는 판결을 하는 경우 그 금전지급채무에 관하여는 그 판결이 확정된 다음날부터 이행지체책임을 지게 되며, 그 적용이율은 「소송촉진 등에 관한 특례법」 제3조 제1항 단서에 의하여 같은 조항 본문에 정한 이율이 적용되지 아니하므로, 판결확정일 다음날부터 완제일까지 「민법」에 정한 연 5%의 비율에 의한 지연손해금의 지급을 명하게 될 것으로 보입니다.

(관련판례)

이혼으로 인한 재산분할청구권은 이혼이 성립한 때에 법적 효과로서 발생하는 것이지만 협의 또는 심판에 의하여 구체적 내용이 형성되기까지는 범위 및 내용이 불명확하기 때문에 구체적으로 권리가 발생하였다고 할 수 없다.

따라서 당사자가 이혼 성립 후에 재산분할 등을 청구하고 법원이 재산분할로서 금전의 지급을 명하는 판결이나 심판을 하는 경우에

6-2. 재산분할청구권의 양도 · 상속

재산분할청구권이 양도 또는 상속될 수 있는지에 대해서는 이견이 있습니다. 다만, 이혼소송과 재산분할청구가 함께 병합된 사건에서 배우자 일방이 사망하면 이혼의 성립을 전제로 해서 이혼소송에 부대한 재산분할청구 역시 이를 유지할 이익이 상실되므로 이혼소송의 종료와 동시에 종료된다고 한 판례가 있습니다(대법원 1994. 10. 28. 선고 94므246,253 판결).

■ **재산분할청구 계속 중 배우자 일방이 사망하게 되면 재산분할청구는 어떻게 되나요?**

Q. 이혼과 재산분할청구가 병합청구 되어 있는 도중 배우자 일방이 사망하게 되면 재산분할청구는 어떻게 되나요?

A. 일반적으로 이혼소송을 제기함에 있어, 이혼청구와 함께 재산분할, 위자료, 친권 및 양육권자 지정 등 부대청구를 병합하는 경우가 많습니다. 이러한 경우 소송 계속 중 당사자인 배우자 일방이 사망한 경우에 판례는 "이혼소송과 재산분할청구가 병합된 경우, 재판상의 이혼청구권은 부부의 일신전속의 권리이므로 이혼소송 계속 중 배우자의 일방이 사망한 때에는 상속인이 그 절차를 수계할 수 없음은 물론이고, 또 그러한 경우에 검사가 이를 수계할 수 있는 특별한 규정도 없으므로 이혼소송은 종료되고(당원 1985.9.10. 선고 85므27, 1993.5.27. 선고 92므143 판결 등 참조), 이에 따라 이혼의 성립을 전제로 하여 이혼소송에 부대한 재산분할청구 역시 이를 유지할 이익이 상실되어 이혼소송의 종료와 동시에 종료한다고 할 것이다."고 판시하였습니다. (대법원 1994. 10. 28.선고 94므246 판결)

따라서 배우자 일방의 사망으로 인해 병합청구 되어 있는 이혼소송과 재산분할청구는 모두 종료되게 됩니다.

■ **협의이혼을 전제한 재산분할약정이 재판상이혼 시 적용되는지요?**

Q. 저는 남편 甲과 협의이혼하기로 하면서 혼인기간동안 甲명의로 마련한 부동산 중 주택 1동을 제 명의로 이전하기로 하고 그 약정서를 사서인증까지 해두었습니다. 그러나 자녀의 친권행사문제로 의견이 맞지 않아 협의이혼을 하지 못하고, 甲의 부정행위를 이유로 한 재판상이혼을 청구하여 이혼판결을 받았습니다. 재산분할청구는 위 약정서가 있었으므로 하지 않았는데, 甲은 협의이혼이 되지 않았으므로 위 약정은 무효라면서 위 주택의 명의이전을 거부하고 있습니다. 이 경우 민사소송으로 소유권이전등기청구가 가능한지요?

A. 위 사안과 관련하여 판례는 "재산분할에 관한 협의는 혼인 중 당사자쌍방의 협력으로 이룩한 재산의 분할에 관하여 이미 이혼을 마친 당사자 또는 아직 이혼하지 않은 당사자 사이에 행하여지는 협의를 가리키는 것인바, 그 중 아직 이혼하지 않은 당사자가 장차 협의상 이혼할 것을 약정하면서 이를 전제로 하여 위 재산분할에 관한 협의를 하는 경우에 있어서는, 특별한 사정이 없는 한 장차 당사자 사이에 협의상 이혼이 이루어질 것을 조건으로 하여 조건부 의사표시가 행하여지는 것이라 할 것이므로, 그 협의 후 당사자가 약정한 대로 협의상 이혼이 이루어진 경우에 한하여 그 협의의 효력이 발생하는 것이지, 어떠한 원인으로든지 협의상 이혼이 이루어지지 아니하고 혼인관계가 존속하게 되거나 당사자 일방이 제기한 이혼청구의 소에 의하여 재판상 이혼(화해 또는 조정에 의한 이혼을 포함)이 이루어진 경우에 그 협의는 조건의 불성취로 인하여 효력이 발생하지 않는다."라고 하였습니다(대법원 2000. 10. 24. 선고 99다33458 판결, 2003. 8. 19. 선고 2001다14061 판결).

그리고 "협의이혼을 전제로 재산분할의 약정을 한 후 재판상 이혼이 이루어진 경우, 재판상 이혼 후 또는 재판상 이혼과 함께 재산분할을 원하는 당사자로서는, 이혼성립 후 새로운 협의가 이루어지지 아니하는 한, 이혼소송과 별도의 절차로 또는 이혼소송절차에 병합하여 가정법원에 재산분할에 관한 심판을 청구하여야 하는 것이지(이에 따라 가정법원이 재산분할의 액수와 방법을 정함에 있어서는 그 협의의 내용과 협의가 이루어진 경위 등을 민법 제839조의2 제2항 소정 '기타 사정'의 하나로서 참작하게 될 것임), 당초의 재산분할에 관한 협의의 효력이 유지됨을 전제로 하여 민사소송으로써 그 협의내용 자체의 이행을 구할 수는 없다."라고 하였습니다(대법원 1995. 10. 12. 선고 95다23156 판결). 따라서 귀하는 위 약정서에 기하여 민사소송으로 위 주택의 소유권이전등기청구를 할 수는 없으며, 가정법원에 재산분할청구를 하여야 할 것입니다.

6-3. 재산분할청구권과 위자료청구권의 관계

① 재산분할은 혼인 중 부부가 공동으로 모은 재산에 대해 본인의 기여도에 따른 상환을 청구하는 것을 목적으로 하고, 위자료는 부부 일방의 잘못으로 이혼하게 된 사람의 정신적 고통을 위로하는 것을 목적으로 하는 등 그 권리의 발생근거, 제도의 입법취지, 재판절차 진행 등 여러 가지 관점에서 차이가 있어 판례는 이를 별개의 제도로 보고 있습니다(대법원 2001. 5. 8. 선고 2000다58804 판결).

② 따라서 재산분할청구와 위자료청구는 양자를 개별적으로 청구하는 것이 가능합니다.

③ 법원의 재산분할 산정시기 및 산정기준
판례는 협의이혼인 경우 이혼신고일, 재판상 이혼인 경우 사실심 변론종결시를 기준으로 해서 재산분할의 대상이 되는 재산과 그 가액을 정하며(대법원 2000. 9. 22. 선고 99므906 판결, 대법원 2006. 9. 14. 선고 2005다74900 판결 등), 재산분할의 방법이나 비율 또는 그 액수에 관해서는 당사자 쌍방의 협력으로 이룩한 재산의 액수 및

그 밖의 사정을 참작해서 산정하는 것으로 보고 있습니다(대법원 1998. 2. 13. 선고 97므1486,1493 판결).

[서식 예] 재산분할 심판청구서

재 산 분 할 심 판 청 구

청구인 김 ○ ○ (주민등록번호)
        등록기준지 : ○○시 ○○구 ○○길 ○○
        주소 : ○○시 ○○구 ○○길 ○○(우편번호)
        전화 :
상대방 박 △ △ (주민등록번호)
        등록기준지 : ○○시 ○○구 ○○길 ○○
        주소 : ○○시 ○○구 ○○길 ○○(우편번호)
        전화 :

청 구 취 지

1. 상대방은 청구인에게 재산분할로서 금○○○원 및 이에 대하여 20○○. ○. ○. 부터 이 사건 제 1심 판결 선고일 까지는 연 5%, 그 다음날부터 완제일까지는 연 15%의 각 비율에 의한 금원을 지급하라.
2. 심판비용은 상대방의 부담으로 한다.
라는 심판을 구합니다.

청 구 원 인

1. 협의 이혼 경위
    청구인과 상대방은 중매로 만나 198○. ○. ○. 결혼식을 올리고 198○. ○. ○. 혼인신고를 하여 그 사이에 소외 박ㅁㅁ(현재 만 14세)을 두었으나, 20○○. ○. ○. 협의 이혼하였습니다. 청구인과 상대방의 혼인생활은 상대방의 잦은 폭행과 다른 여자들과의 불륜관계로 인하여 파탄에 이르렀고 청구인은 상대방으로 인해 신경 쇠약으로 정신과 치료까지 받을 정도가 되어 더 이상 상대방과 혼인생활을 계속할 수 없어 금○○○원을 위자료로 받고 협의 이혼하게 되었으며, 재산분할에 대해서는 합의한 바 없습니다. 그리고 위 박ㅁㅁ은 청구인이 양육할 형편이 되지 않아 상대방이 양육하고 있습니다.
(증거 : 갑 제 1호증의 1,2 (각 혼인관계증명서), 갑 제 3호증(위자료합의서))

2. 재산분할 청구
가. 재산분할 대상
  청구인과 상대방의 혼인 중 취득한 재산으로 상대방 명의로 된 ○○시 ○○구 ○○동 ○○ ◎◎아파트에 대한 전세보증금 ○○○원의 반환 채권이 있습니다. {증거: 갑 제 4호증(아파트 전세 계약서)}
나. 재산형성경위 및 청구인의 기여도
 (1) 상대방은 결혼당시부터 특별한 직업 없이 무위도식하고 있었으므로 198○.초 청구인이 보증금 없이 월세 ○○○원에 조그만 건물을 임차하여 피아노 학원을 운영하여 생계를 꾸려 나갔고 피아노학원 안에 방 1칸 마련하여 살림집으로도 사용하였습니다.
 (2) 그러다가 198○년 가을 상대방은 ☆☆석탄공사 강원도 태백지사에 광부로 취직되어 199○.년경까지 근무하였습니다. 그런데 태백시에 청구인의 친정집이 있었으므로 청구인은 처음 1년간은 상대방과 함께 친정살이를 하다가 198○년 가을 친정어머니의 도움으로 피아노 4대를 구입하여 월세 4만원의 방을 얻어 피아노 교습소를 차려 199○년 태백시를 떠날 때까지 피아노를 9대까지 늘려가며 피아노 교습소를 운영하였습니다. {증거 : 갑 제 5호증(경력증명서), 위 기간동안 월 소득은 상대방이 ○○○원정도, 청구인이 ○○○원 정도였습니다.
 (3) 상대방은 199○. 가을경 인천시 소재 ◇◇지지(주)에 취직하여 6개월 정도 근무하다 그만두고 ★★건설(주)에서 5개월 정도 근무하였고 다시 ◐◑건설(주)로 옮겨 7개월 정도 근무하다가 199○. ○.부터 지금까지 ◐◑개발(주)이라는 건설회사에 근무하고 있으며 월 평균 소득은 ○○○원 상당이었습니다. 청구인은 199○년경 인천으로 이사하면서 ○○○원(권리금+ 전세금)에 피아노학원을 인수하여 운영하였고 전세금 ○○○원에 아파트를 임차하여 살림집으로 사용하였으며 그 당시 피아노 학원으로 인한 수입은 월 ○○○원 상당이었습니다. 그런데 사정상 9개월만에 피아노 학원을 정리하고 서울로 이사를 했고 학원 전세보증금과 인천의 아파트 전세보증금을 합하여 7,500만원에 아파트 전세를 얻었습니다. 그리고 서울에서도 집에서 소규모를 피아노 교습을 하여(10명 정도) 월

○○○원 상당의 수입을 얻었습니다.

(4) 그 후 1990. ○. ○. 상대방의 현 주소지인 위 ◎◎아파트로 이사하면서 그 전의 아파트 전세보증금 ○○○원중 ○○○원은 위 ◎◎아파트의 전세보증금으로 쓰고 ○○○원은 이사비용으로 사용하였으며 나머지 ○○○원은 상대방명의로 예금을 했는데 청구인에 대한 위자료로 사용된 듯합니다.

(5) 위와 같은 사실을 종합해 보면 청구인의 재산형성에 대한 기여도는 상대방보다 높아 60% 정도로 봄이 상당하므로 청구인은 상대방에게 재산분할로서 ○○○원을 청구하고자 합니다.

3. 결 론

따라서 청구인은 상대방에게 재산분할로서 금 ○○○원 및 이에 대하여 협의이혼일인 20○○. ○. ○.부터 이 사건 제 1심 판결 선고일까지는 민법 소정의 연 5%의, 그 다음날부터 완제일까지는 소송촉진등에관한특례법 소정의 연 15%의 비율에 의한 지연손해금의 지급을 구하고자 이 건 소제기에 이르렀습니다.

입 증 방 법

1. 갑 제1호증의 1,2	각 혼인관계증명서
1. 갑 제2호증의 1,2	각 주민등록등본
1. 갑 제3호증	위자료 합의서
1. 갑 제4호증	아파트 전세 계약서
1. 갑 제5호증	경력 증명서

첨 부 서 류

1. 위 각 입증방법	각 1통
1. 심판 청구서 부본	1통
1. 위임장	1통
1. 납부서	1통

20○○년 ○월 ○일

위 청구인 ○ ○ ○ (인)

○ ○ 가 정 법 원 귀 중

6-4. 유책배우자의 재산분할청구

재산분할청구권은 이혼의 책임이 누구에게 있는지에 관계없이 부부 일방이 상대방에게 청구할 수 있는 권리로서 법원은 다음에 해당하는 자도 재산분할청구권을 행사할 수 있다고 보고 있습니다.

1. 혼인관계의 파탄에 대해 책임이 있는 배우자(대법원1993. 5. 11. 자 93스6 결정)

2. 사실혼이 파기된 경우 사실혼 관계에 있던 배우자(대법원 1996. 9. 20. 선고 96므530 판결)

■ 이혼 유책배우자에게도 재산분할청구권이 인정되는지요?

Q. 부부 중 일방 당사자에게 이혼의 책임이 있다고 인정되는 경우, 그러한 유책배우자에게도 재산분할청구권이 인정되나요?

A. 민법 제839조의2 제1항에서는 "협의상 이혼한 자의 일방은 다른 일방에 대하여 재산분할을 청구할 수 있다."고 하여 유책배우자 여부를 구별하지 않고 있습니다.

또한 판례 역시 "민법 제839조의2 에 규정된 재산분할제도는 부부가 혼인 중에 취득한 실질적인 공동재산을 청산분배하는 것을 주된 목적으로 하는 것이므로, 부부가 협의에 의하여 이혼할 때 쌍방의 협력으로 이룩한 재산이 있는 한, 그 재산의 분할에 관하여 협의가 되지 아니하거나 협의할 수 없는 때에는 법원으로서는 당사자의 청구에 의하여 그 재산의 형성에 기여한 정도 등 당사자 쌍방의 일체의 사정을 참작하여 분할의 액수와 방법을 정하여야 하는바, 처가가사노동을 분담하는 등으로 내조를 함으로써 부의 재산의 유지 또는 증가에 기여하였다면 그와 같이 쌍방의 협력으로 이룩된 재산은 재산분할의 대상이 된다고 보아야 할 것이다."고 하여 유책배우자라 할지라도 재산의 유지 또는 증가에 기여하였다면 재산분할청구가 가능함을 판시하고 있습니다. (대법원 1993. 5. 11. 자 93스6 결정)

따라서 유책배우자도 재산분할청구는 가능하며, 실제로 공동재산 형성에 기여한 바가 있는지 여부는 그 이후의 문제라 할 것입니다.

(관련판례 1)
사실혼관계는 사실상의 관계를 기초로 하여 존재하는 것으로서 당사자 일방의 의사에 의하여 해소될 수 있고 당사자 일방의 파기로 인하여 공동생활의 사실이 없게 되면 사실상의 혼인관계는 해소되는 것이며, 다만 정당한 사유 없이 해소된 때에는 유책자가 상대방에 대하여 손해배상의 책임을 지는 데 지나지 않는다.(대법원 2009. 2. 9. 자 2008스105 결정)

(관련판례 2)
이혼에 관하여 파탄주의를 채택하고 있는 여러 나라의 이혼법제는 우리나라와 달리 재판상 이혼만을 인정하고 있을 뿐 협의상 이혼을 인정하지 아니하고 있다. 우리나라에서는 유책배우자라 하더라도 상대방 배우자와 협의를 통하여 이혼을 할 수 있는 길이 열려 있다. 이는 유책배우자라도 진솔한 마음과 충분한 보상으로 상대방을 설득함으로써 이혼할 수 있는 방도가 있음을 뜻하므로, 유책배우자의 행복추구권을 위하여 재판상 이혼원인에 있어서까지 파탄주의를 도입하여야 할 필연적인 이유가 있는 것은 아니다.
우리나라에는 파탄주의의 한계나 기준, 그리고 이혼 후 상대방에 대한 부양적 책임 등에 관해 아무런 법률 조항을 두고 있지 아니하다. 따라서 유책배우자의 상대방을 보호할 입법적인 조치가 마련되어 있지 아니한 현 단계에서 파탄주의를 취하여 유책배우자의 이혼청구를 널리 인정하는 경우 유책배우자의 행복을 위해 상대방이 일방적으로 희생되는 결과가 될 위험이 크다.
유책배우자의 이혼청구를 허용하지 아니하고 있는 데에는 중혼관계에 처하게 된 법률상 배우자의 축출이혼을 방지하려는 의도도 있는데, 여러 나라에서 간통죄를 폐지하는 대신 중혼에 대한 처벌 규정을 두고 있는 것에 비추어 보면 이에 대한 아무런 대책 없이 파탄주의를 도입한다면 법률이 금지하는 중혼을 결과적으로 인정하게 될 위험이 있다.
가족과 혼인생활에 관한 우리 사회의 가치관이 크게 변화하였고 여성의 사회 진출이 대폭 증가하였더라도 우리 사회가 취업, 임금, 자녀양육 등 사회경제의 모든 영역에서 양성평등이 실현되었다고 보기에는 아직 미흡한 것이 현실이다. 그리고 우리나라에서 이혼율이 급증하고 이혼에 대한 국민의 인식이 크게 변화한 것이 사실이더라도 이는 역설적으로 혼인과 가정생활에 대한 보호의 필요성이 그만큼 커졌다는 방증이고, 유책배우자의 이혼청구로 인하여 극심한 정신적 고통을 받거나 생계유지가 곤란한 경우가 엄연히 존재하는 현실을 외면해서도 아니 될 것이다.(대법원 2015. 9. 15. 선고 2013므568 전원합의체 판결)

6-5. 재산분할청구권의 행사기간

① 부부가 이혼하는 경우 재산분할청구권은 이혼한 날부터 2년을 경과하면 소멸합니다(민법 제839조의2제3항).

② 재판상 이혼을 하는 경우에는 재산분할청구를 이혼청구와 함께 하는 것이 일반적이므로 재산분할청구권의 행사기간이 경과할 우려가 거의 없습니다. 그러나 협의이혼을 하는 경우에는 재산분할에 대한 합의가 되지 않은 채 이혼하는 경우가 종종 있습니다. 이런 경우에는 이혼한 날부터 2년 이내에 재산분할청구권을 행사해야만 재산을 분할 받을 수 있습니다.

③ 이혼한 날이란 협의이혼의 경우는 이혼신고일, 재판상 이혼·혼인취소의 경우는 이혼판결 또는 혼인취소판결의 확정일을 말합니다.

■ 재산분할 청구권을 이혼 전 미리 포기할 수 있는지요?

Q. 甲은 乙과 혼인신고를 마치고 생활하다가 이혼하기로 합의하면서 상대방의 요구에 따라 "청구인은 재산분할을 청구하지 않습니다."라는 내용의 각서를 작성하여 주었습니다. 이러한 각서가 효력이 있는지요?

A. 민법 제839조의2는 다음과 같이 재산분할청구권을 규정하고 있습니다.

①협의상 이혼한 자의 일방은 다른 일방에 대하여 재산분할을 청구할 수 있다. ②제1항의 재산분할에 관하여 협의가 되지 아니하거나 협의할 수 없는 때에는 가정법원은 당사자의 청구에 의하여 당사자 쌍방의 협력으로 이룩한 재산의 액수 기타 사정을 참작하여 분할의 액수와 방법을 정한다. ③제1항의 재산분할청구권은 이혼한 날부터 2년을 경과한 때에는 소멸한다.

판례는 "민법 제839조의2 에 규정된 재산분할제도는 혼인 중에 부부 쌍방의 협력으로 이룩한 실질적인 공동재산을 청산·분배하는 것을 주된 목적으로 하는 것이고,이혼으로 인한 재산분할청구권은 이혼이 성립한 때에 그 법적 효과로서 비로소 발생하는 것일 뿐만 아니라 협의 또는 심판에 의하여 구체적 내용이 형성되기까지는 범위 및 내용이 불명확·불확정하기 때문에 구체적으로 권리가 발생하였다고 할 수 없으므로, 협의 또는 심판에 의하여 구체화되지 않은 재산분할청구권을 혼인이 해소되기 전에 미리 포기하는 것은 그 성질상 허용되지 아니한다."라고 하였습니다(대법원 2003. 3. 25.선고 2002므1787,1794 ,1800판결 등). 따라서 甲은 각서에도 불구하고 이후 재산분할 청구권을 행사할 수 있을 것으로 보입니다.

7. 재산분할의 대상

7-1. 부부의 공동재산

① 재산분할의 대상이 되는 재산은 원칙적으로 혼인 중 부부가 공동으로 협력해서 모은 재산으로서 부부 중 누구의 소유인지가 불분명한 공동재산입니다.

② 판례는 그 재산이 비록 부부 일방의 명의로 되어 있거나 제3자 명의로 명의신탁되어 있더라도 실제로 부부의 협력으로 획득한 재산이라면 재산분할의 대상이 되는 것으로 보고 있습니다(대법원 1998. 4.

10. 선고 96므1434 판결). 부부의 공동재산에는 주택, 예금, 주식, 대여금 등이 모두 포함되고, 채무(빚)가(이) 있는 경우 그 재산에서 공제됩니다.

③ 부부의 협력이란 맞벌이는 물론이고, 육아 및 가사노동도 포함되는 것으로 판례는 보고 있습니다(대법원 1993. 5. 11. 자 93스6 결정).

(관련판례 1)

민법 제839조의2에 규정된 재산분할제도는 혼인 중에 부부 쌍방의 협력으로 이룩한 실질적인 공동재산을 청산·분배하는 것을 주된 목적으로 하는 것이고, 이혼으로 인한 재산분할청구권은 이혼이 성립한 때에 법적 효과로서 비로소 발생하는 것일 뿐만 아니라 협의 또는 심판에 따라 구체적 내용이 형성되기까지는 범위 및 내용이 불명확·불확정하기 때문에 구체적으로 권리가 발생하였다고 할 수 없으므로, 협의 또는 심판에 따라 구체화되지 않은 재산분할청구권을 혼인이 해소되기 전에 미리 포기하는 것은 성질상 허용되지 아니한다. 아직 이혼하지 않은 당사자가 장차 협의상 이혼할 것을 합의하는 과정에서 이를 전제로 재산분할청구권을 포기하는 서면을 작성한 경우, 부부 쌍방의 협력으로 형성된 공동재산 전부를 청산·분배하려는 의도로 재산분할의 대상이 되는 재산액, 이에 대한 쌍방의 기여도와 재산분할 방법 등에 관하여 협의한 결과 부부 일방이 재산분할청구권을 포기하기에 이르렀다는 등의 사정이 없는 한 성질상 허용되지 아니하는 '재산분할청구권의 사전포기'에 불과할 뿐이므로 쉽사리 '재산분할에 관한 협의'로서의 '포기약정'이라고 보아서는 아니 된다.(대법원 2016. 1. 25. 자 2015스451 결정)

(관련판례 2)

[1] 재판상 이혼시의 재산분할에 있어 분할의 대상이 되는 재산과 그 액수는 이혼소송의 사실심 변론종결일을 기준으로 하여 정하여야 하므로, 법원은 변론종결일까지 기록에 나타난 객관적인 자료에 의하여 개개의 공동재산의 가액을 정하여야 한다.

[2] 부부 일방이 혼인 중 제3자에게 부담한 채무는 일상가사에 관한 것 이외에는 원칙적으로 그 개인의 채무로서 청산의 대상이 되

■ 이혼 또는 혼인의 취소 시 재산분할청구 절차는 어떻게 하는지요?

Q. 저는 남편 甲과 혼인생활 10년 만에 가정불화로 협의이혼을 하였습니다. 저는 혼인기간동안 맞벌이를 계속하였으나 그 기간 중 취득한 부동산은 모두 甲단독명의로 하였습니다. 그런데 위 부동산은 같이 노력하여 마련한 재산이므로 이혼하는 시점에서 제 몫을 찾고 싶은데, 그 내용과 그 절차는 어떤지요?

A. 「민법」 제843조 및 제839조의2에서 이혼한 자의 일방은 다른 일방에 대하여 재산분할을 청구할 수 있고, 재산분할에 관하여 협의가 되지 아니하거나 협의할 수 없는 때에는 가정법원은 당사자의 청구에 의하여 당사자 쌍방의 협력으로 이룩한 재산의 액수 기타 사정을 참작하여 분할의 액수와 방법을 정한다고 규정하고 있습니다.

종전에는 이혼 시 재산분할은 주로 위자료로써 해결해왔으나, 「민법」은 위와 같이 별도의 재산분할청구권에 관한 규정을 두고 있으며, 판례도 "위자료청구권과 재산분할청구권은 그 성질을 달리하기 때문에 위자료청구와 함께 재산분할청구를 할 수도 있고, 혼인 중에 부부가 협력하여 이룩한 재산이 있는 경우에는 혼인관에 책임이 있는 배우자라도 재산의 분할을 청구할 수 있다."라고 하였습니다(대법원 1993. 5. 11.자 93스6 결정).

또한, 재산분할청구권의 법적 성질에 대하여 판례는 "이혼에 있어서 재산분할은 부부가 혼인 중에 가지고 있었던 실질상의 공동재산을 청산하여 분배함과 동시에 이혼 후에 상대방의 생활유지에 이바지하는 데 있지만, 분할자의 유책행위에 의하여 이혼함으로 인하여 입게 되는 정신적 손해(위자료)를 배상하기 위한 급부로서의 성질까지 포함하여 분할할 수도 있다."라고 하였습니다(대법원 2005. 1. 28. 2004다58963 판결).

그리고 분할대상 재산은 당사자가 함께 협력하여 이룩한 재산만이 그

대상이 되므로, 혼인 전부터 각자 소유하고 있던 재산이나 일방이 상속·증여 등으로 취득한 재산 등 특유재산은 원칙적으로 분할의 대상이 되지 아니하나, 그 특유재산의 유지에 협력하여 그 감소를 방지하였거나 그 증식에 협력하였다고 인정되는 경우에는 분할의 대상이 될 수 있습니다(대법원 1996. 2. 9. 선고 94므635, 1998. 2. 13. 97므1486, 1493 등 판결).

청산의 비율이나 방법은 일률적인 기준이 있는 것이 아니고 재산형성에 있어서의 기여도, 혼인의 기간, 혼인 중 생활정도, 혼인파탄의 유책성(有責性), 현재의 생활상황, 장래의 전망, 피부양자 유무, 이혼위자료의 유무 등을 고려하여 정하게 되며, 예컨대, 남편이 가사에 불충실한 행위를 하였다고 하더라도 그 사정은 재산분할액수와 방법을 정함에 있어서 참작사유가 될 수 있을지언정 그 사정만으로 남편이 재산형성에 기여하지 않았다고 단정할 수 없습니다. 또한, 재산분할액 산정의 기초가 되는 재산의 가액은 반드시 시가감정에 의하여야 하는 것은 아니지만, 객관성과 합리성이 있는 자료에 의하여 평가하여야 합니다(대법원 1995. 10. 12. 선고 95므175 판결, 1999. 6. 11. 선고 96므1397 판결).

(관련판례)

이혼으로 인한 재산분할청구권은 이혼을 한 당사자의 일방이 다른 일방에 대하여 재산분할을 청구할 수 있는 권리로서, 이혼이 성립한 때에 법적 효과로서 비로소 발생하며, 또한 협의 또는 심판에 의하여 구체적 내용이 형성되기 전까지는 범위 및 내용이 불명확·불확정하기 때문에 구체적으로 권리가 발생하였다고 할 수 없다. 따라서 당사자가 이혼이 성립하기 전에 이혼소송과 병합하여 재산분할의 청구를 한 경우에, 아직 발생하지 아니하였고 구체적 내용이 형성되지 아니한 재산분할청구권을 미리 양도하는 것은 성질상 허용되지 아니하며, 법원이 이혼과 동시에 재산분할로서 금전의 지급을 명하는 판결이 확정된 이후부터 채권 양도의 대상이 될 수 있다. (대법원 2017. 9. 21. 선고 2015다61286 판결)

■ 사실혼 파기로 인한 재산분할청구가 가능한지요?

Q. 사실혼관계가 파탄에 이르러 헤어질 경우 각 당사자는 사실혼기간 중 마련한 재산에 대하여 이혼의 경우를 준용하여 재산분할청구권 을 행사할 수 있는지요?

A. 사실혼이라 함은 혼인신고는 되어 있지 않지만 주관적으로는 당사자 사 이에 혼인의 의사가 있고, 객관적으로는 사회통념상 가족질서적인 면에 서 부부공동생활을 인정할만한 혼인생활의 실체가 있는 경우를 일컫는 것으로서, 선량한 풍속 기타 사회질서에 위반한 사실혼, 중혼적 사실혼, 일정목적만을 위한 계약상 부부, 무효혼인에 해당하는 근친간의 사실혼 등의 경우에는 사실혼으로 인정되지 않습니다.

사실혼에 대하여는 법률혼에 대한 민법의 규정 중 재산상속 등 혼인신 고를 전제로 하는 규정은 유추적용 할 수 없으나, 동거, 부양, 협조, 정 조의무, 일상가사대리권, 일상가사로 인한 연대책임, 특유재산의 각자 관리 및 귀속불명재산의 공유추정, 재산분할청구 등 법률혼에 준하는 일정한 효력이 인정됩니다.

판례도 "사실혼이란 당사자 사이에 혼인의 의사가 있고, 객관적으로나 사회관념상으로 가족질서적인 면에서 부부공동생활을 인정할 만한 혼인 생활의 실체가 있는 경우이므로, 법률혼에 대한 민법의 규정 중 혼인신 고를 전제로 하는 규정은 유추적용 할 수 없으나, 부부재산의 청산의 의 미를 갖는 재산분할에 관한 규정은 부부의 생활공동체라는 실질에 비추 어 인정되는 것이므로, 사실혼관계에도 준용 또는 유추적용 할 수 있다." 라고 하였습니다(대법원 1995. 3. 28. 선고 94므1584 판결, 2000. 8. 18. 선고 99므1855 판결).

그러므로 사실혼 부부의 일방이 동거하기 전부터 가진 고유재산과 동거 기간 중 자기명의로 취득한 재산은 그 명의자의 특유재산으로 추정되나, 사실혼관계에 있는 부부가 공동으로 모은 재산과 부부의 누구에게 속한 것인지 분명하지 아니한 재산은 그 부부의 공동소유로 추정됩니다(민법

제830조, 대법원 1994. 12. 22. 선고 93다52068 판결, 1995. 3. 10. 선고 94므1379, 1386 판결).

따라서 사실혼의 기간 중 공동으로 마련한 재산은 당사자 일방의 명의로 되어 있다고 하더라도 재산분할청구가 가능하고, 공유지분권을 주장하거나 그 재산명의자가 사망한 후에도 다른 일방은 사망한 자와의 사실혼관계사실과 그 재산의 소유권이 자신에게 있음을 입증하여 그의 상속인을 상대로 소유권 또는 공유지분권을 주장할 수 있을 것입니다.

참고로 판례는 "부부 사이에 13년 남짓 동안 법률혼과 사실혼이 3회에 걸쳐 계속 이어지다가 파탄되었고 그 각 협의이혼에 따른 별거기간이 6개월과 2개월 남짓에 불과한 경우에 마지막 사실혼의 해소에 따른 재산분할을 함에 있어서는 그에 앞서 이루어진 이혼에 따른 재산분할 문제를 정산하였다거나 이를 포기하였다고 볼 만한 특별한 사정이 없는 한 그 각 혼인 중에 쌍방의 협력에 의하여 이룩한 재산은 모두 청산의 대상이 될 수 있다."라고 하였으나(2000. 8. 18. 선고, 99므1855 판결), "법률상의 혼인을 한 부부의 어느 한 쪽이 집을 나가 장기간 돌아오지 아니하고 있는 상태에서 부부의 다른 한 쪽이 제3자와 혼인의 의사로 실질적인 혼인생활을 하고 있다고 하더라도, 특별한 사정이 없는 한 이를 사실혼으로 인정하여 법률혼에 준하는 보호를 허여할 수는 없고, 남편 甲이 법률상의 처 乙이 자식들을 두고 가출하여 행방불명이 된 채 계속 귀가하지 아니한 상태에서 조만간 乙과의 혼인관계를 정리할 의도로 丙과 동거생활을 시작하였으나, 그 후 甲의 부정행위 및 폭행으로 혼인생활이 파탄에 이르게 될 때까지도 甲과 乙사이의 혼인이 해소되지 아니하였다면, 甲과 丙사이에는 법률상 보호받을 수 있는 적법한 사실혼관계가 성립되었다고 볼 수는 없고, 따라서 丙의 甲에 대한 사실혼관계해소에 따른 손해배상청구나 재산분할청구는 허용될 수 없다."라고 한 경우가 있습니다(대법원 1996. 9. 20. 선고 96므530 판결, 2001. 4. 13. 선고 2000다52943 판결).

(관련판례 1)

부부의 누구에게 속한 것인지 분명하지 아니한 재산은 부부의 공유로 추정하고(민법 제830조 제2항), 채무자와 그 배우자의 공유로서 채무자가 점유하거나 그 배우자와 공동으로 점유하고 있는 유체동산은 압류할 수 있는데(민사집행법 제190조), 이와 같은 부부공유재산의 추정과 부부공유의 유체동산에 대한 압류는 혼인관계가 유지되고 있는 부부를 전제로 한다고 할 것이다.(대법원 2013. 7. 11. 선고 2013다201233 판결)

(관련판례 2)

제3자 명의의 재산이라도 그것이 부부 중 일방에 의하여 명의신탁된 재산 또는 부부의 일방이 실질적으로 지배하고 있는 재산으로서 부부 쌍방의 협력에 의하여 형성된 것, 부부 쌍방의 협력에 의하여 형성된 유형·무형의 자원에 기한 것 또는 그 유지를 위하여 상대방의 가사노동 등이 직·간접으로 기여한 것이라면 그와 같은 사정도 참작하여야 한다는 의미에서 재산분할의 대상이 된다.(대법원 2009. 11. 12. 선고 2009므2840,2857 판결)

■ **사실혼당사자의 사망한 경우 함께 모은 재산에 대해서 재산분할을 청구할 수 없는지요?**

Q. 저는 자식이 있는 이혼남 甲과 혼인신고를 하지 못하고 동거에 들어가 사실혼 관계로 12년간 살아왔고 저희 사이에 자식은 없습니다. 남편 甲은 자영업자였고, 저도 회사에 다니면서 맞벌이부부로 생활하면서 작은 아파트도 마련했습니다. 아파트의 등기는 甲의 명의로 되어 있습니다. 그러나 최근에 교통사고로 甲이 사망하였고, 전처 소생의 자식인 乙이 나타나 자신이 유일한 상속권자라고 하며 권리를 주장합니다. 제가 甲과 함께 모은 재산에 대해서 재산분할을 청구할 수 없는지요?

A. 사실혼에 관하여는 법률혼에 대한 「민법」의 규정 중 재산상속 등 혼인신고를 전제로 하는 규정은 유추적용 할 수 없으나, 동거, 부양, 협조,

정조의 의무 등 법률혼에 준하는 일정한 효력이 인정됩니다.

법률혼에 있어서 혼인 중 일방 배우자가 사망하면 상대방 배우자는 사망한 배우자의 재산을 상속하게 되는 반면, 사실혼관계에 있어서는 사실혼 배우자 일방이 사망한 경우에는 상대방 배우자에게 상속권이 인정되지 않기 때문에 생존한 사실혼 배우자를 보호하기 위하여 생존 배우자에게 상속인을 상대로 하는 재산분할청구권을 인정하여야 한다는 견해가 제기되고 있습니다.

판례는 "법률상 혼인관계가 일방 당사자의 사망으로 인하여 종료된 경우에도 생존 배우자에게 재산분할청구권이 인정되지 아니하고 단지 상속에 관한 법률 규정에 따라서 망인의 재산에 대한 상속권만이 인정된다는 점 등에 비추어 보면, 사실혼관계가 일방 당사자의 사망으로 인하여 종료된 경우에는 그 상대방에게 재산분할청구권이 인정된다고 할 수 없다."라고 하여 사실혼 관계에 있어 배우자 일방이 사망한 경우 상대방 배우자에게 재산분할청구권을 인정하고 있지 않습니다(대법원 2006. 3. 24. 선고 2005두15595판결).

따라서 위 사안의 경우 귀하는 사망한 상대방의 자녀인 乙에 대하여 재산분할을 청구할 수 없다고 보입니다.

다만, 위 사안에는 해당되지 않으나, 「민법」 제1057조의2에서는 피상속인에 대하여 상속권을 주장하는 자가 없는 때에는 가정법원은 피상속인과 생계를 같이 하고 있던 자, 피상속인의 요양간호를 한 자 기타 피상속인과 특별한 연고가 있던 자의 청구에 의하여 상속재산의 전부 또는 일부를 분여할 수 있다고 규정하고 있는 바, 만일 사망한 사실혼 배우자의 상속권을 주장하는 자가 없는 경우에는 상대방 사실혼 배우자가 민법 제1057조의2에 따라 특별연고자로서 상속재산에 대한 분여청구를 할 수 있을 것입니다.

(관련판례 1)
　　이혼 확정 후 어느 일방이 사망하였더라도 다른 일방은 사망한 자의 상속인들을 상대로 재산분할을 청구할 수 있다고 봄이 상당하고, 이와 반대의 경우 즉 사망한 일방의 상속인들은 피상속인이 재산분할청구권을 행사하지 않은 채 사망하였다면, 상속인들은 피상속인의 재산분할청구권을 행사할 수 없다고 봄이 타당하다.(서울가정법원 2010. 7. 13. 자 2009느합289 심판)

(관련판례 2)

이혼에 따른 재산분할은 혼인 중 부부 쌍방의 협력으로 이룩한 공동재산의 청산이라는 성격에 경제적으로 곤궁한 상대방에 대한 부양적 성격이 가미된 제도로서, 이미 채무초과 상태에 있는 채무자가 이혼을 하면서 그 배우자에게 재산분할로 일정한 재산을 양도함으로써 일반 채권자에 대한 공동담보를 감소시키는 결과가 된다고 하더라도, 이러한 재산분할이 민법 제839조의2 제2항의 규정 취지에 따른 상당한 정도를 벗어나는 과대한 것이라고 인정할 만한 특별한 사정이 없는 한 사해행위로서 채권자에 의한 취소의 대상으로 되는 것은 아니고, 다만 상당한 정도를 벗어나는 초과 부분에 한하여 적법한 재산분할이라고 할 수 없어 취소의 대상으로 될 수 있을 것이나, 이처럼 상당한 정도를 벗어나는 과대한 재산분할이라고 볼 특별한 사정이 있다는 점에 관한 입증책임은 채권자에게 있다고 보아야 한다(대법원 2000. 7. 28. 선고 2000다14101 판결, 대법원 2006. 9. 14. 선고 2006다33258 판결 등 참조).

한편 이혼의 효력발생 여부에 관한 형식주의 아래에서의 이혼신고의 법률상 중대성에 비추어, 협의이혼에 있어서의 이혼의 의사는 법률상의 부부관계를 해소하려는 의사를 말한다 할 것이므로, 일시적으로나마 그 법률상의 부부관계를 해소하려는 당사자간의 합의하에 협의이혼신고가 된 이상, 그 협의이혼에 다른 목적이 있다 하더라도 양자간에 이혼의 의사가 없다고는 할 수 없고 따라서 그 협의이혼은 무효로 되지 아니한다(대법원 1993. 6. 11. 선고 93므171 판결 등 참조).(대법원 2016. 12. 29. 선고 2016다249816 판결)

7-2. 부부 일방의 특유재산

① 혼인 전부터 부부가 각자 소유하고 있던 재산이나 혼인 중에 부부 일

방이 상속·증여·유증으로 취득한 재산 등은 부부 일방의 특유재산으로서(민법 제830조제1항) 원칙적으로 재산분할의 대상이 될 수 없습니다.

② 다만, 다른 일방이 그 특유재산의 유지·증가를 위해 기여했다면 그 증가분에 대해 재산분할에 포함시킬 수 있습니다(대법원 1994. 5. 13. 선고 93므1020 판결, 대법원 1998. 2. 13. 선고 97므1486·1493 판결, 대법원 2002. 8. 28. 자 2002스36 결정 등).

■ 부부 일방의 특유재산을 쌍방의 공유로 하는 방법에 의한 재산분할이 가능한지요?

Q. 甲과 乙은 이혼소송 중 재산분할을 함께 진행 중에 있습니다. 甲 개인 소유명의인 부동산의 경우에는 재산분할과 전혀 관련이 없게 되는 것인가요?

A. 원칙적으로 부부 일방의 특유재산은 재산분할의 대상이 되는 것이 아닙니다. 다만 명의상으로는 특유재산이나, 그 실질에 있어 부부 쌍방이 재산형성에 기여하여 만들어진 재산은 실질적 공유재산으로 판단합니다. 판례는 "제839조의2의 규정에 의한 재산분할사건은 가사비송사건으로서, 법원으로서는 당사자 쌍방의 일체의 사정을 참작하여 분할의 액수와 방법을 정할 수 있는 것이므로, 가사소송규칙 제98조에 불구하고 당사자 일방의 단독소유인 재산을 쌍방의 공유로 하는 방법에 의한 분할도 가능하다"고 하였습니다. (대법원 1997. 7. 22. 선고 96므318, 325 판결)

따라서 특유재산은 재산분할의 대상으로 산정되는 것은 아니지만, 재산분할의 한 이행방법으로써 공유로 하는 것은 가능하다고 할 것입니다.

(관련판례)

이혼 당사자 각자가 보유한 적극재산에서 소극재산을 공제하는 등으로 재산상태를 따져 본 결과 재산분할 청구의 상대방이 그에게 귀속되어야 할 몫보다 더 많은 적극재산을 보유하고 있거나 소극재산의 부담이 더 적은 경우에는 적극재산을 분배하거나 소극재산을 분담하도록 하는 재산분할은 어느 것이나 가능하다고 보아야 하고, 후자의 경우라고 하여 당연히 재산분할 청구가 배척되어야 한다고 할 것은 아니다. 그러므로 소극재산의 총액이 적극재산의 총액을 초과하여 재산분할을 한 결과가 결국 채무의 분담을 정하는 것이 되는 경우에도 법원은 채무의 성질, 채권자와의 관계, 물적 담보의 존부 등 일체의 사정을 참작하여 이를 분담하게 하는 것이 적합하다고 인정되면 구체적인 분담의 방법 등을 정하여 재산분할 청구를 받아들일 수 있다 할 것이다. 그것이 부부가 혼인 중 형성한 재산관계를 이혼에 즈음하여 청산하는 것을 본질로 하는 재산분할 제도의 취지에 맞고, 당사자 사이의 실질적 공평에도 부합한다. 다만 재산분할 청구 사건에 있어서는 혼인 중에 이룩한 재산관계의 청산뿐 아니라 이혼 이후 당사자들의 생활보장에 대한 배려 등 부양적 요소 등도 함께 고려할 대상이 되므로, 재산분할에 의하여 채무를 분담하게 되면 그로써 채무초과 상태가 되거나 기존의 채무초과 상태가 더욱 악화되는 것과 같은 경우에는 채무부담의 경위, 용처, 채무의 내용과 금액, 혼인생활의 과정, 당사자의 경제적 활동능력과 장래의 전망 등 제반 사정을 종합적으로 고려하여 채무를 분담하게 할지 여부 및 분담의 방법 등을 정할 것이고, 적극재산을 분할할 때처럼 재산형성에 대한 기여도 등을 중심으로 일률적인 비율을 정하여 당연히 분할 귀속되게 하여야 한다는 취지는 아니라는 점을 덧붙여 밝혀 둔다.(대법원 2013. 6. 20. 선고 2010므4071,4088 전원합의체 판결)

■ 부부일방의 고유재산이 재산분할청구대상에 포함되는지요?

Q. 저는 얼마 전 남편 甲과 가정불화를 이유로 협의이혼을 하였습니다. 그래서 재산분할청구를 하려고 하였지만 甲의 유일한 재산으로는 혼인 전에 취득한 단독주택이 있는데, 이에 대하여도 재산분할을 청구할 수 있는지요?

A. 위 사안의 경우 이혼 시 배우자 일방의 특유재산이 재산분할청구의 대상이 될 수 있는지 문제됩니다.

이에 관하여 판례는 "민법 제839조의2에 규정된 재산분할제도는 혼인 중에 취득한 실질적인 공동재산을 청산·분배하는 것을 주된 목적으로 하는 것이므로, 부부가 재판상 이혼을 할 때 쌍방의 협력으로 이룩한 재산이 있는 한, 법원으로서는 당사자의 청구에 의하여 그 재산의 형성에 기여한 정도 등 당사자 쌍방의 일체의 사정을 참작하여 분할의 액수와 방법을 정하여야 하는바, 이 경우 부부일방의 특유재산은 원칙적으로 분할의 대상이 되지 아니하나 특유재산일지라도 다른 일방이 적극적으로 그 특유재산의 유지에 협력하여 그 감소를 방지하였거나 그 증식에 협력하였다고 인정되는 경우에는 분할의 대상이 될 수 있고, 부부일방이 혼인 중 제3자에게 부담한 채무는 일상가사에 관한 것 이외에는 원칙으로 그 개인의 채무로서 청산의 대상이 되지 않으나 그것이 공동재산의 형성에 수반하여 부담한 채무인 경우에는 청산의 대상이 된다."라고 하였습니다(대법원 1993. 5. 25. 선고 92므501 판결, 1998. 2. 13. 선고 97므1486 판결).

그리고 "가사를 전담하는 외에 가업으로 24시간 개점하는 잡화상연쇄점에서 경리업무를 전담하면서 잡화상경영에 참가하여 가사비용의 조달에 협력하였다면 특유재산의 감소방지에 일정한 기여를 하였다고 할 수 있어 특유재산이 재산분할의 대상이 된다."라고 본 경우가 있습니다(대법원 1994. 5. 13. 선고 93므1020 판결, 2002. 8. 28.자 2002스36 결정).

따라서 귀하의 경우에도 단순히 위 주택이 甲이 혼인 전에 취득한 재산이라는 것만으로 재산분할청구대상에서 제외된다고는 할 수 없으며, 그 특유재산의 유지에 협력하여 감소를 방지하였거나 증식에 기여한 것이 있다면 이를 입증하여 재산분할청구권을 행사해 볼 수 있을 것입니다.

(관련판례)

> 일단 혼인이 성립되어 지속된 이상, 부부공동체로서 의미 있는 혼인생활을 하였다고 인정할 수 없을 만큼 단기간에 파탄되거나 당초부터 혼인을 계속할 의사가 없어 그로 인하여 혼인의 파국을 초래하였다고 인정되는 등 신의칙 내지 형평의 원칙에 비추어 혼인 불성립에 준하여 처리함이 타당한 특별한 경우가 아니라면, 일방 당사자는 배우자를 상대로 재산분할을 청구하는 외에 결혼식 등 혼인 생활을 위하여 지출한 비용 또는 예물·예단 등의 반환을 구하거나 그 상당액의 손해배상을 구할 수 없다(대법원 1984. 9. 25. 선고 84므77 판결, 대법원 1999. 2. 24. 선고 98므1827 판결 등 참조). 더욱이 법률혼주의를 채택하고 있는 우리나라 법제 아래에서 유효한 혼인의 합의가 이루어져 혼인신고를 마치고 법률상의 혼인이 성립되면 부부공동체로서의 동거·부양·협조 관계가 형성되고 그 혼인관계의 해소는 민법에서 정한 이혼 절차에 따라야 하므로 쉽게 그 실체를 부정하여 혼인 불성립에 준하여 법률관계를 처리하여서는 아니 될 것이다.(대법원 2014. 6. 12. 선고 2014므329,336,343 판결)

■ 1인 회사 소유의 재산을 개인 재산으로 평가하여 재산분할의 대상으로 삼을 수도 있는 것인가요?

Q. 저는 남편인 甲과 이혼을 준비하고 있습니다. 그런데 甲은 1인회사 A를 1인주주로써 운영하고 있었습니다. 그렇다면 A회사의 적극재산을 甲의 재산으로 보아 재산분할 대상으로 삼을 수도 있는 것인가요?

A. 판례는 "부부의 일방이 실질적으로 혼자서 지배하고 있는 주식회사(이른바 '1인 회사')라고 하더라도 그 회사 소유의 재산을 바로 그 개인의 재산으로 평가하여 재산분할의 대상에 포함시킬 수는 없다. 주식회사와 같은 기업의 재산은 다양한 자산 및 부채 등으로 구성되는 것으로서, 그 회사의 재산에 대하여는 일반적으로 이를 종합적으로 평가한 후에야 1인 주주에 개인적으로 귀속되고 있는 재산가치를 산정할 수 있을 것이다. 따라서 그의 이혼에 있어서 재산분할에 의한 청산을 함에 있어서는 특별

한 사정이 없는 한 회사의 개별적인 적극재산의 가치가 그대로 1인 주주의 적극재산으로서 재산분할의 대상이 된다고 할 수 없다."고 하고 있습니다. (대법원 2011. 3. 10. 선고 2010므4699, 4705, 4712 판결)

따라서 A회사가 실질적으로는 甲개인이 운영하는 것이라고 하더라도, 법인인 회사와 그 1인주주인 자연인은 별개의 권리능력 주체이므로 회사 재산을 곧 개인 재산으로 보아 회사의 적극재산을 곧바로 재산분할의 대상으로 삼을 수는 없는 것으로 보입니다.

(관련판례)

재산분할 제도는 이혼 등의 경우에 부부가 혼인 중 공동으로 형성한 재산을 청산·분배하는 것을 주된 목적으로 하는 것으로서, 부부 쌍방의 협력으로 이룩한 적극재산 및 그 형성에 수반하여 부담하거나 부부 공동생활관계에서 필요한 비용 등을 조달하는 과정에서 부담한 채무를 분할하여 각자에게 귀속될 몫을 정하기 위한 것이므로(대법원 2013. 6. 20. 선고 2010므4071, 4088 전원합의체 판결 참조), 부부 일방에 의하여 생긴 적극재산이나 채무로서 상대방은 그 형성이나 유지 또는 부담과 무관한 경우에는 이를 재산분할 대상인 재산에 포함할 것이 아니다.

그러므로 재판상 이혼에 따른 재산분할에 있어 분할의 대상이 되는 재산과 그 액수는 이혼소송의 사실심 변론종결일을 기준으로 하여 정하는 것이 원칙이지만(대법원 2000. 5. 2.자 2000스13 결정 참조), 혼인관계가 파탄된 이후 변론종결일 사이에 생긴 재산관계의 변동이 부부 중 일방에 의한 후발적 사정에 의한 것으로서 혼인 중 공동으로 형성한 재산관계와 무관하다는 등 특별한 사정이 있는 경우에는 그 변동된 재산은 재산분할 대상에서 제외하여야 할 것이다.(대법원 2013. 11. 28. 선고 2013므1455,1462 판결)

■ **부부의 일방이 별거 후에 취득한 재산이 재산분할의 대상이 되는지요?**

Q. 甲과 乙은 부부이나, 최근 사이가 나빠져 별거 중에 있으며 이혼을 고려하고 있습니다. 그런데 별거 이후 甲이 취득한 부동산에 대하여는, 乙 입장에서 주장할 수 있는 권리가 없는지 알고 싶습니다.

A. 부부 일방의 특유재산은 원칙적으로 민법 제839조의2 재산분할청구의 대상에서 제외되며, 따라서 분할의 대상이 되는 재산은 당사자 쌍방의 협력으로 이루어진 재산에 한정됩니다. 다만 판례는 부부 일방의 특유 재산이라 하더라도 "다른 일방이 적극적으로 그 특유재산의 유지에 협력하여 그 감소를 방지하였거나 그 증식에 협력하였다고 인정되는 경우"에는 분할의 대상이 될 수 있다고 판시하였습니다. (대결 2002. 8. 28. 자 2002스36 결정)

판례는 "혼인 중에 쌍방의 협력에 의하여 이룩한 부부의 실질적인 공동 재산은 부동산은 물론 현금 및 예금자산 등도 포함하여 그 명의가 누구에게 있는지 그 관리를 누가 하고 있는지를 불문하고 재산 분할의 대상이 되는 것이고, 부부의 일방이 별거 후에 취득한 재산이라도 그것이 별거 전에 쌍방의 협력에 의하여 형성된 유형?무형의 자원에 기한 것이라면 재산분할의 대상이 된다고 할 것"이라고 판시하였습니다. (대법원 2011. 3. 10. 선고 2010므4699,4705,4712 판결, 대법원 1999. 6. 11. 선고 96므1397 판결 등)

따라서 별거 이후에 일방이 취득한 재산이라도, 그것이 실질적으로 판단할 때 별거 이전부터 부부 쌍방의 협력에 의하여 형성된 자원에 근거하여 취득한 것이라면 재산분할청구의 심판 대상이 된다고 할 것입니다.

(관련판례)
> 이혼으로 인한 재산분할청구권은 이혼을 한 당사자의 일방이 다른 일방에 대하여 재산분할을 청구할 수 있는 권리로서 이혼이 성립한 때에 그 법적 효과로서 비로소 발생하는 것일 뿐만 아니라, 협의 또는 심판에 의하여 구체적 내용이 형성되기까지는 그 범위 및 내용이 불명확·불확정하기 때문에 구체적으로 권리가 발생하였다고 할 수 없으므로 협의 또는 심판에 의하여 구체화되지 않은 재산분할청구권은 채무자의 책임재산에 해당하지 아니하고, 이를 포기하는 행위 또한 채권자취소권의 대상이 될 수 없다.(대법원 2013. 10. 11. 선고 2013다7936 판결)

■ 남편이 처의 보험금을 대리 수령한 경우 재산분할 대상에 포함되는지요?

Q. 남편인 甲이 처 乙의 보험금을 대리 수령한 경우, 이러한 보험금도 재산분할의 대상으로 포함되는지요?

A. 민법 제839조의2에서 규정하고 있는 재산분할청구 제도의 대상과 내용에 관하여, 원칙적으로 특유재산은 분할대상에서 제외되며 당사자 쌍방의 협력으로 이루어진 재산을 분할대상으로 삼아 판단하게 됩니다.

보험금은 보험 계약상 납입한 보험료에 대한 대가적 성질을 가지는 것으로서, 판례는 "남편이 보험수익자인 처의 보험금을 대리 수령한 경우, 그 보험금이 처의 특유재산이고, 당사자 쌍방의 협력으로 이룩한 재산이라고 볼 수도 없어, 남편으로서는 처에 대하여 동액 상당의 지급의무를 부담하는 것이고, 이러한 채무는 재산분할과는 별도로 존속하는 것이므로 남편이 수령한 금원을 재산분할의 대상으로 삼을 수는 없다."고 설시하였습니다. (대법원 2002. 8. 28.자 2002스36 결정)

따라서 甲이 수령한 보험금은 어디까지나 乙의 특유재산이며, 甲이 이를 대리 수령함으로써 乙에 대하여 동액의 지급의무를 부담하더라도 재산분할과는 별개로 보아야 할 것입니다.

(관련판례)

재산분할사건은 가사비송사건에 해당하고, 가사비송절차에 관하여는 가사소송법에 특별한 규정이 없는 한 비송사건절차법 제1편의 규정을 준용하고 있으며[구 가사소송법(2010. 3. 31. 법률 제10212호로 개정되기 전의 것) 제34조], 비송사건절차는 민사소송절차와 달리 당사자의 변론에만 의존하는 것이 아니고, 법원이 자기의 권능과 책임으로 재판의 기초가 되는 자료를 수집하는, 이른바 직권탐지주의에 의하고 있으므로(비송사건절차법 제11조), 법원으로서는 당사자의 주장에 구애되지 아니하고 재산분할의 대상이 무엇인지 직권으로 사실조사를 하여 포함시키거나 제외시킬 수 있다(대법원 1996. 12. 23. 선고 95므1192, 1208 판결, 대법원 2010. 12. 23. 선고 2009므3928 판결 등 참조). 따라서 당사자가 소송 중에

> 일부 재산에 관한 분할방법에 관한 합의를 하였다고 하더라도, 법원으로서는 당사자가 합의한 대로 분할을 하여야 하는 것은 아니다.(대법원 2013. 7. 12. 선고 2011므1116,1123 판결)

■ 재산분할에 있어 가사노동에 대한 평가는 어디까지 고려되는 사항인가요?

Q. 저는 전업주부로서 남편과 이혼 및 재산분할 절차를 진행하려고 합니다. 다만 별다른 수입활동을 하지 않고 단지 가사에 충실해 왔는데 이러한 사정도 재산분할에서 고려되는 사항인가요?

A. 부부 일방의 특유재산은 원칙적으로 재산분할청구의 대상에서 제외됩니다. 따라서 민법 제839조의2 재산분할청구의 판단 대상이 되는 재산은 당사자 雙方의 협력으로 이루어진 재산으로 한정됩니다. 다만 판례는 부부 일방의 특유재산이라 하더라도 "다른 일방이 적극적으로 그 특유재산의 유지에 협력하여 그 감소를 방지하였거나 그 증식에 협력하였다고 인정되는 경우"에는 분할의 대상이 될 수 있다고 하여 일방의 특유재산에 대한 재산분할청구 대상 여부 판단에 있어 다소 개방적인 태도를 취하고 있습니다. (대법원 2002. 8. 28. 2002스36 결정)

이 중 처의 헌신적인 가사노동이 재산 취득, 유지 및 증가에 직접, 간접적으로 기여한 것으로 인정되는지 문제될 수 있습니다. 판례는 "민법 제839조의2에 규정된 재산분할 제도는 부부가 혼인 중에 취득한 실질적인 공동재산을 청산 분배하는 것을 주된 목적으로 하는 것이므로 부부가 협의에 의하여 이혼할 때 雙方의 협력으로 이룩한 재산이 있는 한, 처가 가사노동을 분담하는 등으로 내조를 함으로써 부의 재산의 유지 또는 증가에 기여하였다면 雙方의 협력으로 이룩된 재산은 재산분할의 대상이 된다"고 판시하였습니다(대법원 1993. 5. 11. 93스6 결정), 따라서 처의 가사노동도 재산분할 과정에서 고려될 수 있습니다.

■ 부부의 일방이 제3자와 합유하고 있는 재산에 대한 재산분할 방법은 어떻게 하나요?

Q. 부부인 甲과 乙은 이혼과 함께 재산분할을 하려 합니다. 그런데 부부 일방인 乙은 A부동산을 제3자인 丙과 합유하고 있습니다. A부동산에 대해서도 재산분할이 가능한지? 가능하다면 어떠한 방식으로 이루어지는가요?

A. 민법 제272조는 "합유물을 처분 또는 변경함에는 합유자 전원의 동의가 있어야 한다."고 정하고 있으며, 민법 제273조는 "합유자는 전원의 동의없이 합유물에 대한 지분을 처분하지 못한다. 합유자는 합유물의 분할을 청구하지 못한다."라고 규정하고 있습니다.

이와 관련하여 판례는 "합유재산이라는 이유만으로 이를 재산분할의 대상에서 제외할 수는 없고, 다만 부부의 일방이 제3자와 합유하고 있는 재산 또는 그 지분은 이를 임의로 처분하지 못하므로, 직접 당해 재산의 분할을 명할 수는 없으나 그 지분의 가액을 산정하여 이를 분할의 대상으로 삼거나 다른 재산의 분할에 참작하는 방법으로 재산분할의 대상에 포함하여야 한다."고 하였습니다. (대법원 2009. 11. 12.선고 2009므2840,2857 판결)

따라서 사안의 경우 A부동산에 대해서도 분할이 가능하나, 그 방법은 乙지분의 가액을 산정하여 이를 분할하거나 또는 다른 재산의 분할에 있어 합유지분을 참작하는 방법으로 이루어질 것으로 보입니다.

7-3. 퇴직금·연금 등 장래의 수입

판례는 이혼 당시에 이미 수령한 퇴직금·연금 등은 재산분할의 대상이 될 수 있으며(대법원 1995. 5. 23. 선고 94므1713,1720 판결, 대법원 1995. 3. 28. 선고 94므1584 판결), 이혼 당시 부부 일방이 아직 재직 중이어서 실제 퇴직급여를 수령하지 않았더라도 이혼소송의 사실심 변론

종결시에 이미 잠재적으로 존재하여 그 경제적 가치의 현실적 평가가 가능한 재산인 퇴직급여채권도 재산분할의 대상에 포함시킬 수 있고 사실심 변론 종결시를 기준으로 그 시점에 퇴직할 경우 수령할 수 있을 것으로 예상되는 퇴직급여 상당액의 채권이 그 대상이 된다고 보고 있습니다(대법원 2014. 7. 16. 선고 2013므2250 판결).

■ 향후 수령할 공무원 퇴직연금이 재산분할의 대상이 되는지요?

Q. 저는 남편 甲과 이혼을 하려고 합니다. 그런데 남편 甲이 혼인생활 중 수년간 공무원으로서 근무하였는바, 이혼 시 남편 甲이 향후 수령할 퇴직연금도 재산분할의 대상이 되는지요?

A. 협의이혼의 경우 재산분할청구권에 관하여 「민법」 제839조의2는 "①협의상 이혼한 자의 일방은 다른 일방에 대하여 재산분할을 청구할 수 있다. ②제1항의 재산분할에 관하여 협의가 되지 아니하거나 협의할 수 없는 때에는 가정법원은 당사자의 청구에 의하여 당사자 쌍방의 협력으로 이룩한 재산의 액수 기타 사정을 참작하여 분할의 액수와 방법을 정한다. ③제1항의 재산분할청구권은 이혼한 날부터 2년을 경과한 때에는 소멸한다."라고 규정하고 있습니다. 그리고 재판상 이혼의 경우에도 같은 법 제843조에 의하여 위 규정이 준용됩니다.

위와 같은 재산분할제도는 부부가 혼인 중에 취득한 실질적인 공동재산을 청산·분배하는 것을 주된 목적으로 하는 것이므로, 혼인 중에 부부가 협력하여 이룩한 재산이 있는 경우에는 혼인관계의 파탄에 대하여 책임이 있는 배우자라도 재산의 분할을 청구할 수 있습니다(대법원 1993.5. 11.자 93스6 결정).

그런데 위 사안에서는 향후 수령할 퇴직연금이 재산분할의 대상이 되는지 문제됩니다. 이에 관하여 종전 판례는 "향후 수령할 퇴직연금은 여명을 확정할 수 없으므로, 이를 바로 분할대상재산에 포함시킬 수는 없고, 이를 참작하여 분할액수와 방법을 정함이 상당하다."라고 판단해 왔습니다(대법원 1997. 3. 14. 선고 96므1533, 1540 판결, 2002. 8. 28.자 2002스36 결정).

그러나 2014년 전원합의체 판결을 통하여 "재산분할제도의 취지에 비추어 허용될 수 없는 경우가 아니라면, 이미 발생한 공무원 퇴직연금수급권도 부동산 등과 마찬가지로 재산분할의 대상에 포함될 수 있다고 봄이 상당하다. 그리고 구체적으로는 연금수급권자인 배우자가 매월 수령할 퇴직연금액 중 일정 비율에 해당하는 금액을 상대방 배우자에게 정기적으로 지급하는 방식의 재산분할도 가능하다."라고 판단하였습니다 (2014. 7. 16. 선고 2012므2888 전원합의체).

따라서 이혼소송의 사실심 변론종결 당시에 부부 일방이 공무원 퇴직연금을 실제 수령하고 있는 경우에는 이미 발생한 공무원 퇴직연금수급권에 대한 재산분할청구도 가능하다고 할 것입니다.

참고로 2016. 1. 1.부터 시행되는 개정 공무원연금법에서는 배우자가 공무원으로서 재직한 기간중의 혼인 기간이 5년 이상인 경우 일정 요건하에 분할연금을 청구할 수 있는 것으로 규정하고 있습니다.(제46조의3 이하)

(관련판례 1)
(가) 민법 제839조의2에 규정된 재산분할제도는 혼인 중에 취득한 실질적인 공동재산을 청산·분배하는 것을 주된 목적으로 하는 것이므로, 부부가 재판상 이혼을 할 때 쌍방의 협력으로 이룩한 재산이 있는 한, 법원으로서는 당사자의 청구에 의하여 재산의 형성에 기여한 정도 등 당사자 쌍방의 일체의 사정을 참작하여 분할의 액수와 방법을 정하여야 한다.
(나) 이혼소송의 사실심 변론종결 당시에 부부 중 일방이 공무원 퇴직연금을 실제로 수령하고 있는 경우에, 위 공무원 퇴직연금에는 사회보장적 급여로서의 성격 외에 임금의 후불적 성격이 불가분적으로 혼재되어 있으므로, 혼인기간 중의 근무에 대하여 상대방 배우자의 협력이 인정되는 이상 공무원 퇴직연금수급권 중 적어도 그 기간에 해당하는 부분은 부부 쌍방의 협력으로 이룩한 재산으로

볼 수 있다. 따라서 재산분할제도의 취지에 비추어 허용될 수 없는 경우가 아니라면, 이미 발생한 공무원 퇴직연금수급권도 부동산 등과 마찬가지로 재산분할의 대상에 포함될 수 있다고 봄이 상당하다. 그리고 구체적으로는 연금수급권자인 배우자가 매월 수령할 퇴직연금액 중 일정 비율에 해당하는 금액을 상대방 배우자에게 정기적으로 지급하는 방식의 재산분할도 가능하다.

(다) 이때 그 재산분할에 의하여 분할권리자가 분할의무자에 대하여 가지게 되는 위와 같은 정기금채권은 비록 공무원 퇴직연금수급권 그 자체는 아니더라도 그 일부를 취득하는 것과 경제적으로 동일한 의미를 가지는 권리인 점, 재산분할의 대상인 공무원 퇴직연금수급권이 사회보장적 급여로서의 성격이 강하여 일신전속적 권리에 해당하여서 상속의 대상도 되지 아니하는 점 등을 고려하면, 분할권리자의 위와 같은 정기금채권 역시 제3자에게 양도되거나 분할권리자의 상속인에게 상속될 수 없다고 봄이 상당하다.(대법원 2014. 7. 16. 선고 2012므2888 전원합의체 판결)

(관련판례 2)

근로자퇴직급여보장법, 공무원연금법, 군인연금법, 사립학교교직원연금법이 각 규정하고 있는 퇴직급여는 사회보장적 급여로서의 성격 외에 임금의 후불적 성격과 성실한 근무에 대한 공로보상적 성격도 지닌다. 그리고 이러한 퇴직급여를 수령하기 위하여는 일정기간 근무할 것이 요구되는바, 그와 같이 근무함에 있어 상대방 배우자의 협력이 기여한 것으로 인정된다면 그 퇴직급여 역시 부부 쌍방의 협력으로 이룩한 재산으로서 재산분할의 대상이 될 수 있다. 퇴직급여채권은 퇴직이라는 급여의 사유가 발생함으로써 현실화되는 것이므로, 이혼 시점에서는 어느 정도의 불확실성이나 변동가능성을 지닐 수밖에 없다. 그러나 그렇다고 하여 퇴직급여채권을 재산분할의 대상에서 제외하고 단지 장래의 수령가능성을 재산분할의 액수와 방법을 정하는 데 필요한 기타 사정으로만 참작하는 것은 부부가 혼인 중 형성한 재산관계를 이혼에 즈음하여 청산·분배하는 것을 본질로 하는 재산분할제도의 취지에 맞지 않고, 당사자 사이의 실질적 공평에도 반하여 부당하다.

위와 같은 재산분할제도의 취지 및 여러 사정들에 비추어 볼 때,

비록 이혼 당시 부부 일방이 아직 재직 중이어서 실제 퇴직급여를 수령하지 않았더라도 이혼소송의 사실심 변론종결 시에 이미 잠재적으로 존재하여 경제적 가치의 현실적 평가가 가능한 재산인 퇴직급여채권은 재산분할의 대상에 포함시킬 수 있으며, 구체적으로는 이혼소송의 사실심 변론종결 시를 기준으로 그 시점에서 퇴직할 경우 수령할 수 있을 것으로 예상되는 퇴직급여 상당액의 채권이 그 대상이 된다.(대법원 2014.7.16. 선고 2013므2250 전원합의체 판결)

(관련판례 3)

갑이 매월 수령하는 공무원연금(퇴직연금)이 이혼 시 재산분할의 대상이 되는지 문제 된 사안에서, 공무원연금(퇴직연금)은 사회보장적 급여의 성격뿐만 아니라 임금 후불의 성격을 갖는 것이므로 부부 공동의 협력으로 이룩한 재산이라고 보아야 하는 점, 퇴직금을 일시금으로 수령한 경우에는 재산분할의 대상이 될 수 있음에도 연금 형태로 수령하는 경우에는 재산분할의 대상이 될 수 없다고 하는 것은 수령자의 선택에 의하여 재산분할의 대상에 포함되거나 포함되지 않게 되어 불합리한 점, 공무원연금(퇴직연금) 외에 별다른 재산이 없는 경우 이를 재산분할의 대상에서 제외한다면 사실상 재산분할을 인정하지 않는 것과 같은 결과를 가져오는 점, 국민연금법에 따른 급여 중 노령연금에 관하여는 일정한 요건 하에 이혼한 배우자를 분할연금의 수급권자로 인정하여 혼인기간에 해당하는 연금액을 균등하게 나눈 금액을 지급받도록 규정하고 있는 것(국민연금법 제64조)과의 균형 등을 종합하여 공무원연금(퇴직연금)은 재산분할 대상으로 삼아야 한다고 하면서, 갑이 장래 연금을 받을 수 있다는 사정을 재산분할비율을 결정할 때 기타 사정으로 참작한 사례.(서울고등법원 2013. 4. 25. 선고 2012르3326,3333 판결)

■ 재산분할재판 이후 추가로 발견된 재산에 대해서는 재산분할 대상으로 삼을 수 없나요?

Q. 재산분할재판이 확정된 이후 새로운 재산이 추가로 발견된 경우에, 이 새로 발견된 재산에 대해서는 재산분할 대상으로 삼을 수 없나요?

A. 재판상 이혼시의 재산분할에 있어 분할의 대상이 되는 재산과 그 액수는 이혼소송의 사실심 변론종결일을 기준으로 하여 정하여야 하므로, 법원은 변론종결일까지 기록에 나타난 객관적인 자료에 의하여 개개의 공동재산의 가액을 정하게 됩니다. 다만 재산분할 재판 자체가 확정된 이후 새로운 재산이 추가 발견될 수 있습니다. 이와 관련하여 판례는 "재산분할 재판에서 분할대상인지 여부가 전혀 심리된 바 없는 재산이 재판확정 후 추가로 발견된 경우에는 이에 대하여 추가로 재산분할청구를 할 수 있다."고 설시한 바 있습니다. (대법원 2003. 2. 28. 선고 2000므582 판결)

따라서 재산분할재판 당시에는 판단되지 않은 재산이라 하더라도, 추가 청구에 의하여 재산분할 대상인지, 그 분할의 방법과 범위는 어떻게 되는지를 판단 받을 수 있습니다.

7-4. 채무

① 혼인 중 부부 일방이 제3자에게 채무(빚)가(이) 있는 경우 그것이 부부의 공동재산형성에 따른 채무(예를 들어 같이 살 집을 마련하기 위해 대출받은 돈)이거나 일상가사에 관한 채무(예를 들어 생활용품 구입비)라면 재산분할의 대상이 될 수 있습니다(대법원 2002. 8. 28. 자 2002스36 결정, 대법원 1999. 6. 11. 선고 96므1397 판결, 대법원 1998. 2. 13. 선고 97므1486,1493 판결 등).

② 경제활동을 책임지는 과정에서 빚을 떠안은 한쪽 배우자가 이혼을 청구할 경우 그 빚도 재산분할청구 대상이 될 수 있습니다. 즉, 대법원은 경제적 능력이 없는 남편을 뒷바라지하며 지내온 아내가 남편을

상대로 낸 이혼 및 재산분할 청구소송에서 '이혼 당사자 각자가 보유한 적극재산에서 소극재산(빚)을 공제하는 등으로 재산상태를 따져 본 결과 재산분할 청구의 상대방이 그에게 귀속되어야 할 몫보다 더 많은 적극재산을 보유하고 있거나 소극재산의 부담이 더 적은 경우에는 적극재산을 분배하거나 소극재산을 분담하도록 하는 재산분할은 어느 것이나 가능하다고 보아야 하고, 후자의 경우라고 하여 당연히 재산분할 청구가 배척되어야 한다고 할 것은 아니다.'라고 판시하였습니다(대법원 2013. 6. 20. 선고 2010므4071 전원합의체 판결).

■ 협의이혼을 위한 재산분할 협의 이후 시점에 분할대상 채무가 일부 변제된 채무에 영향을 미치는 것인가요?

Q. 甲과 乙은 협의이혼을 위하여 재산분할에 관한 협의를 하였습니다. 그 이후 이혼 신고를 하기 전의 기간 동안 재산분할 대상이 되는 채무를 일부 변제한 사실이 있습니다. 이때 기존의 재산분할 협의와 관련하여 일부 변제된 채무가 영향을 미치는 것인가요?

A. 판례는 이와 관련하여 "협의이혼을 예정하고 미리 재산분할 협의를 한 경우 협의이혼에 따른 재산분할에 있어 분할의 대상이 되는 재산과 액수는 협의이혼이 성립한 날(이혼신고일)을 기준으로 정하여야 한다. 따라서 재산분할 협의를 한 후 협의이혼 성립일까지의 기간 동안 재산분할 대상인 채무의 일부가 변제된 경우 그 변제된 금액은 원칙적으로 채무액에서 공제되어야 한다. 그런데 채무자가 자금을 제3자로부터 증여받아 위 채무를 변제한 경우에는 전체적으로 감소된 채무액만큼 분할대상 재산액이 외형상 증가하지만 그 수증의 경위를 기여도를 산정함에 있어 참작하여야 하고, 채무자가 기존의 적극재산으로 위 채무를 변제하거나 채무자가 위 채무를 변제하기 위하여 새로운 채무를 부담하게 된 경우에는 어느 경우에도 전체 분할대상 재산액은 변동이 없다."고 보았습니다. (대법원 2006. 9. 14. 선고 2005다74900 판결)

따라서 원칙적으로 일부 변제된 채무는 그 액수만큼 재산분할 과정에서 공제되는 것으로 보나, 채무 변제를 위해 새로운 채무를 부담하는 등의 사정이 있다면 전체 분할대상 재산액에 변동이 없다고 보게 됩니다.

■ 재산분할로 소유권이전 될 경우 임차보증금반환채무가 면책적으로 인수 되는지요?

Q. 甲은 남편 乙과 협의이혼을 하면서 재산분할도 함께 하려고 합니다. 그런데 乙은 그의 명의로 되어 있는 상가건물을 甲에게 소유권 이전 해주겠다고 합니다. 그러나 위 상가건물은 乙의 임차인 丙이 점유하고 있으므로 甲이 위 상가건물을 재산분할로 소유권이전 받을 경우 甲과 乙이 특별히 약정한 바가 없으면 乙의 丙에 대한 임차보증금반환채무가 甲에게 면책적으로 인수되는지요?

A. 면책적 채무인수라 함은 채무의 동일성을 유지하면서 이를 종래의 채무자로부터 제3자인 인수인에게 이전하는 것을 목적으로 하는 계약으로서, 채무인수로 인하여 인수인은 종래의 채무자와 지위를 교체하여 새로이 당사자로서 채무관계에 들어서서 종래의 채무자와 동일한 채무를 부담하고 동시에 종래의 채무자는 채무관계에서 탈퇴하여 면책되는 것입니다(대법원 1999. 7. 9. 선고 99다12376 판결).

그리고 매수인이 매매목적물에 관한 임대차보증금반환채무 등을 인수하면서 그 채무액을 매매대금에서 공제하기로 한 경우, 그 채무인수의 법적 성질에 관하여 판례는 "부동산의 매수인이 매매목적물에 관한 임대차보증금반환채무 등을 인수하는 한편, 그 채무액을 매매대금에서 공제하기로 약정한 경우, 그 인수는 특별한 사정이 없는 이상 매도인을 면책시키는 면책적 채무인수가 아니라 이행인수로 보아야 하고, 면책적 채무인수로 보기 위해서는 이에 대한 채권자 즉, 임차인의 승낙이 있어야 한다."라고 하였습니다(대법원 2001. 4. 27. 선고 2000다69026 판결).

한편, 재산분할의 방법으로 부동산소유권을 이전하는 경우, 그 부동산에 대한 임차보증금반환채무가 새로운 소유자에게 면책적으로 인수되는지에 관하여 판례는 "임대차의 목적물인 부동산의 소유권이 이전되는 경우 그 부동산이 주거용 건물로서 주택임대차보호법에 따라 임대인의 지위가 당연히 승계되는 등의 특별한 사정이 없는 한, 재산분할의 방법으로 부동산의 소유권이 이전된다고 하여 그에 수반하여 당해 부동산에 대한 임대차보증금반환채무가 새로운 소유자에게 면책적으로 인수되는 것은 아니다."라고 하였습니다(대법원 1997. 8. 22. 선고 96므912 판결, 1997. 8. 22. 선고 96므905 판결). 즉, 법률에 의해서 부동산의 소유자가 당연히 임대인의 지위를 승계하는 것 등의 특별한 사정이 없는 한 임차인의 동의가 없으면 임차보증금반환채무를 면책적으로 인수하는 것은 아닙니다.

그런데 법률상 부동산의 소유자가 임대인의 지위를 당연히 승계하는 경우는 주택 외에도 상가의 경우도 해당되는데 「상가건물임대차보호법」 제3조는 "①임대차는 그 등기가 없는 경우에도 임차인이 건물의 인도와 부가가치세법 제5조, 소득세법 제168조 또는 법인세법 제111조의 규정에 의한 사업자등록을 신청한 때에는 그 다음날부터 제3자에 대하여 효력이 생긴다. ②임차건물의 양수인(그 밖에 임대할 권리를 승계한 자를 포함한다)은 임대인의 지위를 승계한 것으로 본다."라고 규정하고 있어(다만, 법 제2조에 의거 대통령령이 정하는 보증금액을 초과하는 경우는 적용하지 아니함), 상가건물의 임차인이 건물의 인도와 사업자등록이라는 대항요건을 갖춘 후 건물이 양도되면 양수인은 임대인의 지위를 당연히 승계하기 때문에 임차인은 양수인에 대하여 임차권을 주장할 수 있습니다.

따라서 위 사안에서 甲이 위 상가건물의 소유권을 이혼에 따른 재산분할로 이전받을 경우 丙이 「상가건물임대차보호법」에서 정한 요건을 갖춘 상가임차인이라면 乙의 丙에 대한 임차보증금반환채무가 甲에게 면책적으로 인수된다고 할 수 있고, 위 요건을 갖추지 못한 임차인이라면 면책적으로 인수하기로 약정을 하였다고 하여도 丙의 승낙이 없으면 그 채무가 甲에게 면책적으로 인수된다고 할 수 없을 것입니다.

■ 청산대상 채무액 공제 시 잔액이 없어도 재산분할청구 가능한지요?

Q. 甲은 남편 乙의 부정행위로 인하여 이혼소송을 제기하면서 재산분할청구도 해보려고 합니다. 그런데 乙은 甲과 혼인한 직후부터 줄곧 외항선원으로 근무해오면서 번 돈을 기초로 건물을 매수하여 乙 명의로 소유권이전등기를 마쳤으나, 乙이 선원생활을 그만 두고 식당을 경영해보기 위하여 금융기관으로부터 대출받으면서 그 담보로 위 건물에 근저당권을 설정하여 주었는데, 위 근저당권의 피담보채무액인 대출원리금을 변제하지 못하여 위 건물에 대한 임의경매가 진행되어 낙찰되었으며, 그밖에도 乙은 위 건물의 1층 및 2층 일부를 임차한 임차인들에게 임대차보증금반환채무를 부담하고 있어 위 건물의 낙찰금액에서 乙의 위 대출원리금반환채무와 임대차보증금반환채무를 공제하면 남는 것이 전혀 없습니다. 이러한 경우에도 재산분할청구가 가능한지요?

A. 재산분할청구권에 관하여 「민법」 제839조의2는 "①협의상 이혼한 자의 일방은 다른 일방에 대하여 재산분할을 청구할 수 있다. ②제1항의 재산분할에 관하여 협의가 되지 아니하거나 협의할 수 없는 때에는 가정법원은 당사자의 청구에 의하여 당사자 쌍방의 협력으로 이룩한 재산의 액수 기타 사정을 참작하여 분할의 액수와 방법을 정한다. ③제1항의 재산분할청구권은 이혼한 날부터 2년을 경과한 때에는 소멸한다."라고 규정하고 있고, 위 규정은 같은 법 제843조에 의하여 재판상 이혼의 경우에도 준용되고 있습니다.

이러한 재산분할제도의 목적은 부부 중 누구 명의로 되어 있건 간에 쌍방의 협력으로 이룩한 실질적인 부부의 공동재산을 청산하는데 있습니다. 그런데 부부 일방이 청산대상인 채무를 부담하고 있는 경우, 재산분할의 비율 또는 액수를 정하는 방법에 관하여 판례는 "부부 일방이 혼인 중 제3자에게 채무를 부담한 경우에 그 채무 중에서 공동재산의 형성에 수반하여 부담하게 된 채무는 청산의 대상이 되는 것이므로, 부부 일방이 위와 같이 청산의 대상이 되는 채무를 부담하고 있는 경우에 재산분할의 비율 또는 액수를 정함에 있어서는, 이를 고려하여, 금전의 지급을 명하는 방식의 경우에는 그 채무액을 재산가액으로부터 공제한 잔액을 기준으로 지급액을 산정하여야 하고, 목적물의 지분을 취득시켜 공유로 하는 방식의 경우에는 상대방의 취득비율을 줄여 주는 등으로 분할비율을 합리적으로 정하여야 한다."라고 하였습니다(대법원 1994.12.2.선고 94므1072 판결).

또한, 총 재산가액에서 청산의 대상이 되는 채무액을 공제하면 남는 금액이 없는 경우, 상대방 배우자의 재산분할청구가 가능한지에 대하여 판례는 "부부 일방이 혼인 중 제3자에게 채무를 부담한 경우에 그 채무 중에서 공동재산의 형성에 수반하여 부담하게 된 채무는 청산의 대상이 되는 것이므로, 부부 일방이 위와 같이 청산의 대상이 되는 채무를 부담하고 있어 총 재산가액에서 위 채무액을 공제하면 남는 금액이 없는 경우에는 상대방의 재산분할청구는 받아들여질 수 없다."라고 하였습니다(대법원 1997. 9. 26. 선고 97므933 판결, 2002. 9. 4. 선고 2001므718 판결).

따라서 위 사안에서도 乙이 혼인에 따른 가족들의 생계 및 경제생활을 유지하기 위해서 식당을 경영한 것이라면 대출원리금채무와 임대차보증금반환채무도 재산분할로써 청산의 대상이 되는 채무라고 할 것이어서 재산분할청구는 인정될 수 없을 것으로 보입니다. 다만, 甲·乙간에 가족의 생계 및 경제생활을 영위하기 위한 다른 수단이 있고 식당운영이 乙의 독자적인 사업이라면 위 채무들은 乙의 개인채무이므로 청산의 대상이 되지 않을 수도 있어 재산분할청구가 가능할 소지도 있습니다.

■ 재산분할의 대상이 되는, 부부 일방이 혼인생활 중에 부담한 제3자에 대한 채무의 범위는 어디까지 인지요?

Q. 甲은 乙과 혼인관계에 있던 중, 지인 丙으로부터 유흥비 마련을 위해 돈을 빌리게 되었습니다. 이후 乙이 甲과 이혼을 하려 할 때, 甲이 丙에 대하여 부담하는 채무도 재산분할 대상이 되나요?

A. 적극재산뿐 아니라 소극재산도 재산분할의 범위를 정함에 있어 고려되는 것이나, 이혼 시 재산분할의 대상이 되는 채무의 범위와 관련하여 판례는 "혼인생활 중에 부부의 일방이 제3자에게 부담한 채무는 일상가사에 관한 것이거나 공동재산의 형성에 수반하여 부담한 것인 경우에 한하여 부부 공동으로 부담한 채무로서 청산의 대상이 되는 것이고, 부부가 혼인 중에 이룬 공동재산을 부부 중의 일방이 별거 중에 임의매각한 경우 그 매각대금이 재산분할의 대상이 되어야 할 것."이라고 판시한 바 있습니다. (대법원 2005. 8. 19. 선고 2003므1166 판결)

따라서 甲이 부담하는 채무는 일상가사에 관한 것이 아니며, 공동재산의 형성에 수반하여 부담한 것으로도 볼 수 없으므로 이러한 채무는 甲 개인이 부담할 성질의 것이지 이혼 시 재산분할의 대상으로 포함되는 것은 아니라고 할 수 있습니다.

(관련판례)
갑과 을은 법률상 부부로서 두 명의 자녀를 두었는데, 갑이 집을 나가 병과 동거하며 그 사이에 두 명의 자녀를 두었고, 을과는 생활비 등 금전 지급을 위한 경우를 제외하고는 서로 별다른 연락 없이 지내다가, 갑이 을을 상대로 이혼을 청구하고, 을은 갑을 상대로 예비적 반소로 재산분할 등을 청구한 사안에서, 갑과 을의 혼인생활은 약 15년간의 별거로 혼인의 실체가 완전히 해소되고 각자 독립적인 생활관계를 갖기에 이른 점, 갑과 을은 별거기간 중 서로 관계 회복을 위하여 아무런 노력을 하지 아니한 점, 갑이 을과 그 사이의 자녀들에게 생활비, 양육비, 결혼 비용 등을 지속적으로 지급하여 별거기간 동안 경제적 부양의무를 소홀히 하지 아니한 점 등을 종합하면, 갑과 을의 혼인에는 민법 제840조 제6호의 "혼인을 계속하기 어려운 중대한 사유가 있을 때"라는 이혼원인이 존재하고, 제반 사정에 비추어 별거 이후에 생긴 재산관계의 변동이 갑 일방에 의한 후발적 사정에 의한 것으로 보기 어렵고 을의 기여가 있었으므로, 별거 이후에 갑 명의로 취득한 재산도 재산분할의 대상이 된다. (서울고등법원 2016. 3. 8. 선고 2015르717,724 판결)

■ 근저당 부동산, 근저당부 채무의 재산분할 방법으로서는 어떠한 방법이 있나요?

Q. 남편 甲 명의 부동산에 채무자를 아내 乙로 하여 근저당권이 설정되어 있는 상태입니다. 이 경우 재산분할 방법으로서는 어떠한 방법이 있나요?

A. 민법 제839조의2의 규정에 의한 재산분할사건은 가사비송사건으로서, 법원으로서는 당사자 쌍방의 일체의 사정을 참작하여 분할의 액수와 방법을 정할 수 있는 것입니다.

판례는 "재산분할의 방법이나 비율 또는 액수는 법원이 당사자 쌍방의 협력으로 이룩한 재산의 액수 기타 사정을 참작하여 이를 정하는 것인 바, 원심이 근저당권이 설정되어 있는 부동산을 그 명의대로 남편에게 귀속시키면서 부동산에 설정된 아내 명의의 근저당권부 피담보채무도 이를 그 명의와 달리 남편에게 귀속시키는 것으로 재산분할을 명한 것은 적법하다."고 하였습니다. (대법원 2003. 1. 10. 2002므1442 판결).

따라서 기존에 남편 명의 부동산에 아내 명의의 근저당권부 피담보채무가 설정되어 있었다고 하더라도, 이를 모두 남편 명의로 귀속시키는 재산분할방법도 가능하다고 할 것입니다.

7-5. 그 밖의 재산분할대상

판례는 혼인 중 부부 일방이 다른 일방의 도움으로 변호사, 의사, 회계사, 교수 등 장래 고액의 수입을 얻을 수 있는 능력이나 자격을 취득한 경우에는 이 능력이나 자격으로 인한 장래 예상 수입 등이 재산분할의 액수와 방법을 정하는 데 참작될 수 있는 것으로 보고 있습니다(대법원 1998. 6. 12. 선고 98므213 판결).

■ **부부일방이 명의신탁한 부동산도 재산분할청구의 대상인지요?**

Q. 甲은 남편 乙이 부정행위를 하여 협의이혼을 한 후 재산분할청구를 하려고 합니다. 그런데 乙은 甲과 乙이 공동으로 마련한 부동산 중 주택 1동 및 그 대지를 그의 형 丙의 명의로 명의신탁 해둔 사실이 있습니다. 이 경우 甲이 재산분할청구를 하였을 경우 丙명의로 명의신탁된 부동산도 고려하여 재산분할이 될 수 있는지요?

A. 재산분할청구권에 관하여 「민법」 제839조의2는 "①협의상 이혼한 자의 일방은 다른 일방에 대하여 재산분할을 청구할 수 있다. ②제1항의 재산분할에 관하여 협의가 되지 아니하거나 협의할 수 없는 때에는 가정법원은 당사자의 청구에 의하여 당사자 쌍방의 협력으로 이룩한 재산의 액수 기타 사정을 참작하여 분할의 액수와 방법을 정한다. ③제1항의 재산분할청구권은 이혼한 날부터 2년을 경과한 때에는 소멸한다."라고 규정하고 있고, 위 규정은 같은 법 제843조에 의하여 재판상 이혼의 경우에도 준용되고 있습니다.
그런데 부부일방이 제3자에게 명의신탁한 부동산도 재산분할청구의 대상이 되는지에 관하여 판례는 "제3자 명의의 재산이더라도 그것이 부부 중 일방에 의하여 명의신탁된 재산 또는 부부의 일방이 실질적으로 지배하고 있는 재산으로서 부부 쌍방의 협력에 의하여 형성된 것이거나 부부 쌍방의 협력에 의하여 형성된 유형, 무형의 자원에 기한 것이라면 그와 같은 사정도 참작하여야 한다는 의미에서 재산분할의 대상이 된다."라고 하였습니다(대법원 1998. 4. 10. 선고 96므1434 판결).
이것은 재산분할제도의 목적이 부부 중 누구 명의로 되어 있건 간에 쌍방의 협력으로 이룩한 실질적인 부부의 공동재산을 청산하는데 있다고 할 것이므로, 나아가 부부 이외의 제3자 명의의 재산이라고 하더라도 그것이 부부의 협력으로 이룩한 실질적인 공동재산으로 인정되는 경우에는 재산분할의 대상으로 삼을 수 있다는 취지로 보입니다. 다만, 제3자 명의의 재산이 순수한 의미에서 부부의 일방이 명의신탁한 재산이라고 하더라도 그에 대하여 직접 재산분할을 명하는 경우 제3자는 당해 소송의 피고가 아니므로 그 재산을 직접 분할하는 현물분할이나 경매분할을 명하면 집행불능에 이르게 될 것입니다. 결국 제3자 명의의 재산도 재산분할의 대상이 된다는 것은 그 재산형성에 대한 부부 일방의 기여도를 「민법」 제839조의2 제2항 소정의 기타의 사정으로 참작하여야 한다는 의미로 이해할 수 있을 듯합니다.

따라서 위 사안에서도 甲이 청구한 재산분할청구사건에 있어서 丙명의로 명의신탁된 부동산도 甲과 乙의 재산형성에 대한 기여도를 정함에 있어서 참작할 사유로 될 수 있을 것으로 보입니다.

(관련판례)

처제와 형부 관계에 있었던 갑과 을의 사실혼관계가 파탄되어 을이 갑을 상대로 재산분할을 구한 사안에서, 갑과 을이 사실혼관계를 시작할 당시 시행되던 민법(2005. 3. 31. 법률 제7427호로 개정되기 전의 것) 제815조 제3호에 따르면 형부와 처제의 혼인은 무효였지만, 형부와 처제의 혼인에 관한 구관습법의 태도, 민법의 개정 경과 및 내용, 갑과 을의 사실혼관계의 형성경위, 갑과 을의 사실혼관계가 장기간의 공동생활로 부부생활의 안정성과 신뢰성이 형성된 점, 형부와 처제의 혼인이 취소사유에 불과한 것으로 개정된 2005년 민법 시행 이후에는 1990년 개정된 민법 시행 당시의 형부와 처제의 사실혼관계를 무효사유가 있는 사실혼관계라고 주장할 수 없는 점 등에 비추어, 갑과 을의 사실혼관계가 혼인법질서에 본질적으로 반할 정도로 반윤리적·반공익적이라고 할 수 없다는 이유로, 을의 재산분할청구를 인용한다.(서울가정법원 2013. 3. 26. 선고 2012드합7526,2011느합319 판결)

■ 상대방이 재산분할을 회피하기 위해 재산을 미리 처분해 버리는 경우에는 어떻게 해야 하나요?

Q. 상대방에 대해 이혼 및 재산분할 청구를 하려고 생각하고 있습니다. 그런데 상대방이 재산분할을 회피하기 위해 재산을 미리 처분해 버리는 경우에는 어떻게 해야 하나요?

A. 민법 제839조의3은 재산분할청구권 보전을 위한 사해행위취소권을 입법화하여 규정하고 있습니다. 이는 이혼당사자 일방이 이혼에 따른 재산분할을 회피할 목적으로 제3자에게 재산을 이전하는 것을 막기 위한 제도입니다. 일전에는 재산분할청구권이 구체적으로 확정되기 전에 잠정적 권리인 재산분할청구권을 피보전권리로 하는 사해행위취소권이 인정되는지 여부에 대하여 학설상 다툼이 있었는데 2007. 12. 제도의 신설로 입법적 해결이 이루어졌습니다.

본조의 규정에 따라 부부의 일방이 다른 일방의 재산분할청구권을 해함을 알면서도 재산권을 목적으로 하는 법률행위를 한 때에는 다른 일방은 제406조 제1항을 준용하여 그 취소 및 원상회복을 가정법원에 청구할 수 있습니다. 이 경우 제406조 제2항의 기간 내에 제기하여야 합니다.

민법 제839조의3을 준용하는 동법 제843조에 의해, 협의상 이혼뿐만 아니라 재판상 이혼 시에도 가능합니다. 또한 가사소송 다류사건으로서 조정전치주의가 적용됩니다.

8. 재산명시 및 재산조회제도

8-1. 재산명시제도

① 가정법원은 재산분할청구사건을 위해 특히 필요하다고 인정하는 때에는 직권 또는 당사자의 신청에 의하여 상당한 제출기간을 정하여 당사자에게 재산상태를 명시한 재산목록을 제출하도록 명(이하 "재산명시명령"이라 함)할 수 있습니다(가사소송법 제48조의2 및 가사소송규칙 제95조의3제1항).

② 당사자의 재산명시를 요구하는 신청은 신청취지와 신청사유를 적은 서면으로 해야 합니다(가사소송규칙 제95조의2제1항).

③ 가정법원은 위 신청서를 상대방에게 송달하여 의견을 표명할 기회를 주어야 합니다(가사소송규칙 제95조의2제2항).

④ 가정법원은 재산명시명령을 재산명시 대상 당사자에게 송달하여야 하고, 이 때에는 재산 명시 대상 당사자가 정당한 사유 없이 재산목록의 제출을 거부하거나 거짓의 재산목록을 제출하면 1천만원 이하의 과태료를 부과받을 수 있음을 함께 고지해야 합니다(가사소송법 제67조의3 및 가사소송규칙 제95조의3제2항).

⑤ 재산명시명령이 재산명시 대상 당사자에게 송달되지 않은 때에는 가정법원은 상대방에게 상당한 기간을 정하여 재산명시 대상 당사자의 주소를 보정하도록 명하며, 상대방이 이를 이행하지 않은 때에는 재산명시명령을 취소하고, 재산명시신청을 각하합니다(가사소송규칙 제95조의3제4항 및 제5항).

⑥ 재산명시 대상 당사자는 가정법원이 정한 상당한 제출기간 이내에 자신이 보유하고 있는 재산과 다음 각호의 사항을 명시한 재산목록을 제출해야 합니다(가사소송규칙 제95조의3제1항 및 제95조의4제1항).

1. 재산명시명령이 송달되기 전 2년 이내에 한 부동산의 양도
2. 재산명시명령이 송달되기 전 2년 이내에 배우자, 직계혈족 및 4촌

이내의 방계혈족과 그 배우자, 배우자의 직계혈족과 형제자매에게
한 부동산 외의 재산으로서 권리의 이전이나 행사에 등기·등록 또
는 명의개서가 필요한 재산의 양도

3. 그 밖에 가정법원이 정하는 재산의 처분행위

※ 위 각 호의 사항을 명시하는 때에는 양도나 처분을 받은 사람의
이름·주소•주민등록번호 등과 그 거래내역을 함께 적어야 합니다.

⑦ 재산목록에 적어야 할 재산은 다음과 같으며, 당사자 및 당사자와
같이 사는 친족(사실상 관계에 따른 친족을 포함)의 생활에 필요한
의복, 침구, 가구, 부엌기구 등 생활필수품과 그 밖의 공동생활용품
은 제외합니다(가사소송규칙 제95조의4제2항부터 제4항까지).

1. 부동산에 관한 소유권·지상권·전세권·임차권·인도청구권과 그에 관한
권리이전청구

2. 등기 또는 등록의 대상이 되는 자동차·건설기계·선박·항공기의 소유
권, 인도청구권과 그에 관한 권리이전청구권

3. 광업권·어업권, 그 밖에 부동산에 관한 규정이 준용되는 권리와 그
에 관한 권리이전청구권

4. 특허권·상표권·저작권·디자인권·실용신안권, 그 밖에 이에 준하는 권
리와 그에 관한 권리이전청구권

5. 100만원 이상의 금전과 합계액 100만원 이상의 어음·수표

6. 합계액 100만원 이상의 예금과 보험금 100만원 이상의 보험계약

7. 합계액 100만원 이상의 주권·국채·공채·회사채, 그 밖의 유가증권

8. 100만원 이상의 금전채권과 가액 100만원 이상의 대체물 인도 채권
(같은 채무자에 대한 채권액의 합계가 100만원 이상인 채권을 포
함), 저당권 등의 담보물권으로 담보되는 채권은 그 취지와 담보물
권의 내용

9. 정기적으로 받을 보수·부양료, 그 밖의 수입

10. 「소득세법」상의 소득으로서 제9호에서 정한 소득을 제외한 각종소
득 가운데 소득별 연간합계액 100만원 이상인 것

11. 합계액 100만원 이상의 금·은·백금·금은제품과 백금제품

12. 품목당 100만원 이상의 시계·보석류·골동품·예술품과 악기

13. 합계액 100만원 이상의 사무기구

14. 품목당 100만원 이상의 가축과 농기계를 포함한 각종 기계

15. 합계액 100만원 이상의 농·축·어업생산품(1월 안에 수확할 수 있는 과실을 포함한다), 공업생산품과 재고상품

16. 위 11.부터 15.까지 규정된 유체동산에 관한 인도청구권·권리이전청구권, 그 밖의 청구권

17. 위 11.부터 15.까지 규정되지 않은 유체동산으로 품목당 100만원 이상인 것과 그에 관한 인도청구권·권리이전청구권, 그 밖의 청구권

18. 가액 100만원 이상의 회원권, 그 밖에 이에 준하는 권리와 그에 관한 이전청구권

19. 그 밖에 가정법원이 범위를 정하여 적을 것을 명한 재산

※ 가정법원은 재산목록에 기재할 재산의 종류와 하한이 되는 액수를 이와 다르게 정할 수 있습니다.

※ 재산명시 대상 당사자는 합계액 100만원 이상의 금전채무, 합계액 100만원 이상인 목적물에 대한 인도·권리이전 채무, 재산명시명령을 송달받은 날부터 6개월이 경과한 날 이후까지 정기적으로 지출이 예상되는 비용을 재산목록에 기재할 수 있습니다.

⑧ 재산목록은 다음의 기준에 따라 적어야 합니다(가사소송규칙 제95조의4제5항).

1. 위 재산목록에 적어야 할 재산 중 권리의 이전이나 그 행사에 등기 등이 필요한 재산으로서 제3자에게 명의신탁 되어 있거나 신탁재산으로 등기·등록 또는 명의개서가 되어 있는 것도 적어야 합니다. 이 경우에는 재산목록에 명의자와 그 주소를 표시해야 합니다.

2. 위 재산목록에 적어야 할 재산 중 8. 및 11.부터 18.까지 규정된 재산의 가액은 재산목록을 작성할 당시의 시장가격에 따릅니다. 다만, 시장가격을 알기 어려운 경우에는 그 취득가액에 따릅니다.

3. 어음·수표·주권·국채·공채·회사채 등 유가증권의 가액은 액면금액으로 합니다. 다만, 시장가격이 있는 증권의 가액은 재산목록을 작성할 당시의 거래가격에 따릅니다.

4. 위 재산목록에 적어야 할 재산 중 1.부터 4.까지 규정된 것 가운데 미등기 또는 미등록인 재산에 대하여는 도면·사진 등을 붙이거나 그 밖에 적당한 방법으로 특정해야 합니다.

⑨ 가정법원은 필요한 때에는 당사자에게 재산목록에 적은 사항에 관한 참고자료의 제출을 명할 수 있으며, 당사자는 가정법원에 제출한 재산목록에 형식적인 흠이 있거나 불명확한 점이 있는 때에는 가정법원의 허가를 얻어 이미 제출한 재산목록을 정정할 수 있습니다(가사소송규칙 제95조의4제6항 및 제7항).

⑩ 가정법원에 제출된 재산목록을 재산분할 청구사건의 심판 외의 목적으로 사용한 사람은 2년 이하의 징역 또는 500만원 이하의 벌금에 처해집니다(가사소송법 제73조).

[서식 예] 재산명시 신청서

재 산 명 시 신 청

사건번호   20   느(드)   [담당재판부 : 제   가사(단독)부]
청구인(원고)
상대방(피고)

신 청 취 지

상대방(피고)은 재산상태를 명시한 재산목록을 제출하라.
라는 결정을 구합니다.

신 청 사 유

1. 상대방(피고)의 재산을 파악하기가 쉽지 않아 이 사건의 해결을 위하여 상
   대방(피고)의 재산목록 제출이 특히 필요합니다.

2. 따라서 가사소송법 제48조의2 제1항에 따라 상대방(피고)에 대한 재산명시
   명령을 신청합니다.

20   .   .   .

위 청구인(원고)   (날인 또는 서명)
        (연락처)

○ ○법원   귀중

(법원양식) 재산목록 및 작성요령

재 산 목 록					
사건		당사자		작성일	20 . . .

아래 재산의 종류 해당란에 ☑ 표시를 하고, 별첨 작성요령에 따라 뒷장에 그 내역을 기재하시기 바랍니다.

번호	구 분	재산의 종류
I	동 산	□ 1.현금 □ 2.어음·수표 □ 3.주권·국채·공채·회사채 등 □ 4.금·은백금류 □ 5.시계·보석류·골동품·예술품·악기 □ 6.사무기구 □ 7.가축 및 기계류 □ 8.농·축·어업·공업생산품 및 재고상품 □ 9.기타의 동산

II	부동산 및
	이에 준하는
	권리와
	자동차 등
		□ 10.부동산 소유권 □ 11.용익물권(지상권, 전세권, 임차권 등)
		□ 12.부동산에 관한 청구권(부동산의 인도청구권·권리이전청구권)
		□ 13.자동차·건설기계·선박·항공기에 관한 권리
		   (소유권, 인도청구권 및 권리이전청구권)
		□ 14.광업권·어업권, 그 밖에 부동산에 관한 규정이 준용되는 권리 및
		   그에 관한 권리이전청구권

III	채권 기타의 청구권	□ 15.금전채권 □ 16.대체물의 인도채권 □ 17.예금 및 보험금 등 채권 □ 18.기타의 청구권(앞의 3번부터 8번까지 항목에 해당하는 동산의 인 도청구권, 권리이전청구권 기타의 청구권)
IV	특허권·회원 권 등의 권리	□ 19.회원권 기타 이에 준하는 권리 및 그 이전청구권 □ 20.특허권 및 그 이전청구권 □ 21.상표권 및 그 이전청구권 □ 22.저작권 및 그 이전청구권 □ 23.의장권·실용신안권 및 그 이전청구권 □ 24.기타(특허권·상표권·저작권·의장권·실용신안권에 준하는 권리 및 그 이전청구권)
V	과거의 재산처분에	□ 25.재산명시결정이 송달되기 전 2년 이내에 양도한 부동산 □ 26.재산명시결정이 송달되기 전 2년 이내에 배우자, 직계혈족 및 4

	관한 사항	촌 이내의 방계혈족과 그 배우자, 배우자의 직계혈족과 형제자매에게 양도한 부동산 외의 재산으로서 권리의 이전이나 행사에 등기·등록 또는 명의개서가 필요한 재산 ☐ 27.그 밖에 법원이 정하는 처분행위
Ⅵ	채 무	☐ 28.금융기관에 대한 채무 ☐ 29.그 밖의 채무
Ⅶ	고정적 수입 등	☐ 30.정기적으로 받을 보수 및 부양료 ☐ 31.그 밖의 소득 (소득세법상의 소득으로서 30번 항목에 해당하지 아니하는 것)
Ⅷ	고정적 지출	☐ 32.향후 6개월 이상 정기적으로 지출이 예상되는 비용
Ⅸ	기 타	☐ ☐
☐ 위 목록 전체 "해당사항 없음"		

재산의 종류	내 역	재산의 종류	내 역

본인은 사실대로 이 재산목록을 작성하여 제출함을 확인합니다.

　　　　　　(당사자) 　　　　　　　　　　　㊞

※ 재산목록 첫 장부터 마지막 장까지 간인하여 주시기 바랍니다. 별지를 사용할 경우에는 그 별지도 재산목록의 일부이므로 마지막에 붙이고 간인도 해 주시기 바랍니다.

※ 재산명시절차 안내 및 재산목록 작성요령

제1. 절차 안내

귀하는 재산명시명령을 송달받은 날부터 정해진 기간 내에 귀하의 재산목록을 작성하여 제출하여야 합니다(별지 양식 사용). 다만, 법원의 허가를 받아 위 기간을 연장할 수 있습니다. 만일 귀하가 정당한 사유 없이 재산목록의 제출을 거부하거나 거짓의 재산목록을 제출한 때에는 1천만 원 이하의 과태료에 처할 수 있습니다. 이미 제출한 재산목록에 형식적인 흠이 있거나 불명확한 점이 있으면 법원의 허가를 얻어 재산목록을 정정할 수 있습니다. 법원은 필요한 경우 귀하에게 제출하는 재산목록의 기재사항에 관하여 참고자료의 제출을 요구할 수 있습니다.

제2. 재산목록 작성요령
1. 일반적 주의사항

가. 첨부된 재산목록은 만년필이나 볼펜을 사용하거나 컴퓨터 등의 기계적 수단을 이용하는 등의 방법으로 명백하게 해당사항을 기입·작성하여야 합니다.

나. 양식의 해당란이 부족할 때에는 별도의 별지에 기입하고, 양식의 해당란과 귀하가 작성한 별지 사이의 관계를 분명하게 표시하여야 합니다(예: 양식의 해당란에는 "별지 1에 기재"라고 표시하고, 별지 1에는 "양식의 1번 항목에 관한 것"이라고 부기함).

다. 각 항목에 기재하여야 할 것인지 또는 기재하지 아니할 것인지에 관하여 의문이 있는 때에는 별지를 사용하여 그 사실관계를 가능한 한 상세히 기재하여 주십시오.

라. 재산목록에 기재할 재산으로서 제3자에게 명의신탁되어 있거나 신탁재산으로 등기 또는 등록이나 명의개서 되어 있는 재산은 그 명의자의 이름·주소·주민등록번호를 기재하여야 합니다.

마. 재산명시결정에서 재산목록에 기재할 재산의 종류와 하한이 되는 액수가 아래 2.의 각항에 기재와 달리 정해진 경우에는 재산명시결정에서 정해진 종류와 금액을 기준으로 하여 재산목록을 작성하여야 합

니다(예: 결정문에 "재산목록에 기재할 재산의 하한이 되는 액수는 1,000만 원으로 한다"고 기재되어 있고, 당사자가 보유한 예금채권의 합계액이 900만 원인 경우에 예금 채권은 기재하지 않음).

2. 각 항목의 기재요령

아래의 설명을 참조하여 각 항목별로 해당란에 귀하의 재산을 기재하십시오{본안사건 상대방과 공동으로 소유한 재산이면 그 취지를 비고란에 기재하고, 재산분할 청구사건에서는 특유재산(혼인 전부터 보유하고 있던 재산, 혼인 후 증여·상속받은 재산 등)인지 여부를 비고란에 기재하십시오}.

Ⅰ. 동산

귀하 및 귀하와 같이 사는 친족(사실상 관계에 따른 친족 및 본안사건 상대방을 포함)의 생활필수품, 의류, 가구, 가전제품 등 일상생활에 필요한 공동생활용품은 기재하지 아니하여도 됩니다.

1. 현금: 외화를 포함하여 합계액 100만 원 이상인 금전의 총액을 기재하고 비고란에 그 보관장소를 기재
2. 어음·수표: 합계액 100만 원 이상의 어음·수표의 발행인, 지급인, 지급기일, 지급지, 액면금, 수량, 보관장소를 종류별로 구분하여 기재{가액은 액면금액에 의하고, 어음과 수표의 각 액면금이 100만 원 이상인 것 외에 그 합계액이 100만 원 이상인 것도 기재할 것(예: 어음의 액면금은 60만 원, 수표의 액면금은 80만 원인 경우에도 각각 기재)}
3. 주권·국채·공채·회사채 등: 합계액 100만 원 이상의 주권·국채·공채·회사채 등의 유가증권의 종류, 발행인, 가액, 수량, 만기일, 보관장소를 구분하여 기재(가액은 액면금액을 기준으로 하되, 시장가격이 있는 증권의 가액은 이 재산목록을 작성할 당시의 거래가격에 의하여 산정하고, 합계액의 산정방법은 2번 항목의 설명을 참조)
4. 금·은·백금류: 합계액 100만 원 이상의 금·은·백금과 금은제품 및 백금제품을 품명, 중량, 제품의 종류, 가액, 보관장소를 구분하여 기재(가액의 산정은 이 재산목록 작성 당시의 시가에 의하되, 시가를 알기 어려운 경우에는 취득가액에 의하고, 합계액의 산정은 2번 항목의 설명을 참조)
5. 시계·보석류·골동품·예술품·악기: 품목당 100만 원 이상의 시계·보석류·골동

품·예술품과 악기를 품명, 크기, 수량, 가액, 보관장소를 구분하여 기재 {가액의 산정은 4번 항목의 설명을 참조하고, 여러 개의 품목의 합계액 이 100만 원 이상인 것은 기재하지 아니하여도 되나, 여러 개가 집합되 어 하나의 구조물을 이룬 경우(예: 진주목걸이)에 그 가액이 100만 원 이상인 것은 기재할 것}

6. 사무기구: 합계액 100만 원 이상의 사무기구를 종류, 수량, 가액, 소재장 소를 구분하여 기재(가액의 산정은 2번 및 4번 항목의 설명을 참조)

7. 가축 및 기계류: 품목당 100만 원 이상의 가축과 농기계를 포함한 각종 기계류의 품명, 수량, 가액, 소재장소를 구분하여 기재(가액의 산정은 2 번 및 4번 항목의 설명을 참조)

8. 농·축·어업·공업생산품 및 재고상품: 합계액 100만 원 이상의 농·축·어업생 산품(1월 안에 수확할 수 있는 과실을 포함), 공업생산품과 재고상품을 종류, 수량, 단가, 보관장소를 구분하여 기재(가액의 산정은 2번 및 4번 항목의 설명을 참조)

9. 기타의 동산: 4번부터 8번까지 항목에 해당되지 아니하는 기타의 유체동 산으로서 품목당 100만 원 이상인 것을 기재(그 기재요령과 가액의 산정 방법은 5번 항목의 설명을 참조)

Ⅱ. 부동산 및 이에 준하는 권리와 자동차 등

10. 부동산 소유권: 소유하고 있는 토지와 건물을 소재지, 지목(건물의 경우 에는 구조와 용도), 면적, 가액을 구분하여 기재(가액의 산정방법은 5번 항목의 설명을 참조하고, 공동소유하고 있는 부동산은 그 소유관계를 표시하고 지분이 있는 경우에는 이를 기재)

11. 용익물권(지상권·전세권·임차권 등): 부동산의 지상권, 전세권, 임차권을 그 목적 부동산의 소재지, 지목 또는 구조와 용도, 전세금 또는 임차보 증금과 차임 또는 지료, 계약 체결일과 만료일, 목적 부동산의 소유자 등을 구분하여 기재

12. 부동산에 관한 청구권: 부동산에 관한 인도청구권과 그에 관한 권리이 전청구권(예: 부동산을 매수하고 대금의 전부 또는 일부를 지급하여 이 재산목록을 작성할 당시 이전등기를 청구할 수 있는 경우, 재개발·재건 축·환경정비사업에서 조합원으로서의 권리 등)을 그 목적 부동산의 소재

지, 종류, 지목 또는 구조와 용도, 계약일자, 대금액, 계약 상대방의 이름·주소를 구분하여 기재

13. 자동차·건설기계·선박·항공기에 관한 권리(소유권, 인도청구권 및 권리이전청구권): 소유하고 있는 자동차·건설기계·선박·항공기의 종류, 수량, 소재지 또는 보관장소를 구분하여 기재(자동차·건설기계·선박·항공기의 인도청구권과 그에 관한 권리이전청구권에 관하여는 12번 항목의 설명을 참조)

14. 광업권·어업권, 기타 부동산에 관한 규정이 준용되는 권리 및 그에 관한 권리이전청구권: 위 각 권리의 종류, 광물 또는 어업의 종류(예: 금, 근해선망어업), 그 권리가 설정된 토지 또는 수면의 위치, 그 권리의 범위를 구분하여 기재(그에 관한 권리이전청구권에 관하여는 12번 항목의 설명을 참조)

Ⅲ. 채권 기타의 청구권

15. 금전채권: 100만 원 이상의 금전채권을 채권의 종류, 근거 또는 내용(예: 2005. 1. 1.자 대여), 금액, 변제기일, 계약 상대방의 이름·주소를 구분하여 기재(동일 채무자에 대한 금전채권은 개개의 채권액이 100만 원에 미달하더라도 그 합계액이 100만 원 이상인 때에는 각각의 채권을 모두 기재하고, 저당권, 유치권, 질권 또는 양도담보 등의 담보물권에 의하여 담보되는 금전채권에 대하여는 그 담보물권의 내용도 아울러 기재)

16. 대체물의 인도채권: 100만 원 이상의 대체물인도채권을 기재(15번 항목의 기재요령에 따라 기재)

17. 예금 및 보험금 등 채권: 합계액 100만 원 이상의 각종 예금과 보험금 및 보험해약환급금을 예금 또는 보험계약의 종류, 예금액 또는 보험금액 및 보험해약환급금액, 예탁한 은행 또는 보험계약을 체결한 보험회사의 명칭과 소재지, 계좌번호를 구분하여 기재(합계액의 산정은 2번 항목의 설명을 참조하고, 보험해약환급금의 산정은 이 재산목록 작성 당시를 기준으로 함)

18. 기타의 청구권(앞의 3번부터 8번까지 항목에 해당하는 동산의 인도청구권, 권리이전청구권 기타의 청구권) : 9번 항목에 해당하는 동산의 인도청구권 또는 그에 관한 권리이전청구권을 목적물의 종류, 수량, 대금액, 근거, 상대방의 이름과 주소를 구분하여 기재(9번 항목의 설명 참조)

Ⅳ. 특허권·회원권 등의 권리

19. 회원권 기타 이에 준하는 권리 및 그 이전청구권: 권당 가액 100만 원 이상의 회원권, 그 밖에 이에 준하는 권리를 종류, 발행인, 수량, 가액을 구분하여 기재(그 이전청구권의 경우에는 청구권의 근거와 상대방의 이름·주소를 아울러 기재하고, 가액의 산정은 4번 및 5번 항목의 설명을 참조)

20. 특허권 및 그 이전청구권: 각 권리의 종류, 내용, 등록일자를 구분하여 기재(그 이전청구권에 대하여는 19번 항목의 설명을 참조)

21.~24.: 위 20번의 작성요령과 동일

Ⅴ. 과거의 재산처분에 관한 사항

귀하가 이 법원으로부터 ① 재산명시결정을 송달받은 날부터 역산하여 2년 이내에 양도한 모든 부동산과 ② 같은 기간 내에 귀하의 배우자, 직계혈족 및 4촌 이내의 방계혈족과 그 배우자, 배우자의 직계혈족과 형제자매에게 양도한 부동산 외의 재산으로서 권리의 이전이나 행사에 등기·등록 또는 명의개서가 필요한 재산, ③ 그 밖에 법원이 정하는 처분행위 일체를 기재(거래 상대방의 이름·주소·주민등록번호, 귀하와의 관계, 거래내역과 일시, 대가를 받은 경우 그 내용과 가액을 비고란에 기재하고, 시가란에는 거래 당시의 시가를 기재)

Ⅵ. 채무

28. 금융기관에 대한 채무: 금융기관에 대한 합계액 100만 원 이상의 금전채무와 합계액 100만 원 이상인 목적물에 대한 인도, 권리 이전 채무를 채무의 종류, 근거 또는 내용(예: 2005. 1. 1.자 대출), 금액, 변제기일, 금융기관의 명칭·지점, 계좌번호 등으로 구분하여 기재(동일 금융기관에 대한 채무는 개개의 채무액이 100만 원에 미달하더라도 그 합계액이 100만 원 이상인 때에는 각각의 채무를 기재하고, 저당권, 유치권, 질권 또는 양도담보 등의 담보물권에 의하여 담보되는 금전채무에 대하여는 그 담보물권의 내용도 아울러 기재)

29. 그 밖의 채무: 금융기관에 대한 채무를 제외하고, 100만 원 이상의 금전채무와 합계액 100만 원 이상인 목적물에 대한 인도, 권리 이전 채무를 채무의 종류, 근거 또는 내용(예: 2005. 1. 1.자 차용), 금액, 변제

기일, 상대방의 이름·주소·주민등록번호 등을 구분하여 기재(기재요령은 28번 항목의 설명 참조)

VII. 고정적 수입 등

30. 정기적으로 받을 보수 및 부양료 : 고용관계 또는 근로관계에 의하여 정기적으로 받을 보수 및 정기적으로 받을 부양료를 보수 또는 부양료의 종류와 금액, 고용관계 또는 근로관계와 부양관계의 성립일자, 고용주 또는 상대방의 이름과 주소(법인인 경우에는 그 명칭과 주된 사무소의 소재지), 보수 또는 부양을 지급받는 일자를 구분하여 기재

31. 그 밖의 소득(소득세법상의 소득으로서 30번 항목에 해당하지 아니하는 것): 소득세의 부과대상이 되는 이자소득·배당소득·사업소득·퇴직소득·양도소득·산림소득 기타의 소득으로서 각 소득의 연간 합계액이 100만 원 이상인 소득을 소득의 종류, 금액, 근거 또는 내용을 기재(이자소득·배당소득·퇴직소득의 경우에는 그 상대방의 이름·주소를 아울러 기재하고, 합계액의 산정방법은 2번 항목의 설명을 참조)

VIII. 고정적 지출

재산명시결정을 송달받은 날부터 6개월이 경과한 날 이후까지 정기적으로 지출이 예상되는 비용(예: 월세, 대출금 이자, 양육비, 근로자 급여)을 그 종류와 금액, 상대방의 이름과 주소, 지출 주기 및 일자(예: 매월 말일, 매주 월요일), 지출의 시기와 종기가 있는 경우 그 날짜를 구분하여 기재

IX. 기타

가정법원이 범위를 정하여 적을 것을 명한 재산을 기재

제3. 작성례

앞면

번호	구 분	재산의 종류
Ⅰ	동 산	□ 1.현금 □ 2.어음·수표 ☑ 3.주권·국채·공채·회사채 등 □ 4.금·은·백금류 □ 5.시계·보석류·골동품·예술품·악기 □ 6.사무기구 □ 7.가축 및 기계류 □ 8.농·축·어업·공업생산품 및 재고상품 □ 9.기타의 동산

뒷면

재산의 종류	내 역	재산의 종류	내 역
3. 주권	발행인 : 삼성전자 주식회사 1주의 액면가액 : 10,000원 1주의 시장가격 : 700,000원 주식의 종류 : 보통주 수량 : 100주 예탁기관 : 삼성증권 주식회사		

■ **소송 판결이 확정되기 전 재산명시신청을 할 수 있는지요?**

Q. 甲과 乙은 법률상 부부였으나 협의이혼하였습니다. 이혼 당시 甲은 丙의 친권·양육자로 乙은 양육비부담의무자로 협의하였음에도 불구하고 乙이 의무를 이행하지 않자 甲은 乙에게 양육비를 청구하고자 합니다. 양육비를 청구함에 있어 乙의 현재 재산의 형성 정도를 파악하고자 하는데 양육비 지급 이행청구 중에 乙의 재산조회가 가능한가요?

A. 일반민사와 달리 가정법원이 재산분할, 부양료 및 미성년 자녀의 양육비 청구사건을 위하여 특히 필요하다고 인정하는 때에는 직권 또는 당사자의 신청에 의하여 당사자에게 재산상태를 명시한 재산목록을 제출하도록 명할 수 있습니다.

신청인은 청구인 당사자이면 가정법원은 신청서를 상대방에게 송달하여 의견을 표명할 기회를 주어야 합니다(가사소송규칙 제92조의 2 제2항). 관할법원은 사건이 계속 중인 가정법원에 재산명시조회를 할 수 있으며 재산명시 대상 당사자가 정당한 사유 없이 재산목록의 제출을 거부하거나 거짓의 재산목록을 제출한 때에는 1,000만원 이하의 과태료에 처하게 됩니다.

따라서 본 사안의 경우 甲은 판결 등이 확정되기 전이라도 정당한 사유를 들어 상대방인 乙의 재산조회를 할 수 있습니다.

8-2. 재산조회제도

① 가정법원은 재산명시절차에 따라 제출된 재산목록만으로는 재산분할 청구사건의 해결이 곤란하다고 인정할 경우에 직권 또는 당사자의 신청에 의하여 당사자 명의의 재산에 관하여 조회할 수 있습니다(가사소송법 제48조의3제1항).

② 당사자 명의의 재산에 관한 조회를 요구하는 신청은 다음의 사항을 적은 서면으로 해야 하고, 신청의 사유를 소명해야 합니다(가사소송규칙 제95조의6).

1. 조회의 대상이 되는 당사자
2. 조회할 공공기관, 금융기관 또는 단체
3. 조회할 재산의 종류
4. 과거의 재산보유내역에 대한 조회를 요구하는 때에는 그 취지 와 조회기간
5. 신청취지와 신청사유

③ 재산조회를 신청하는 당사자는 재산조회에 필요한 비용으로서 가정법원이 정하는 금액을 미리 내야 합니다. 가정법원이 부족한 비용을 미리 내라고 명하는 때에도 같습니다(가사소송규칙 제95조의7제1항).

④ 가정법원이 직권으로 재산조회를 하는 때에는 그 재산조회로 이익을 받

을 당사자에게 비용을 내게 할 수 있습니다. 재산조회로 이익을 받을 당사자가 분명하지 않은 때에는 조회대상자의 상대방을 재산조회로 이익을 받을 당사자로 봅니다(가사소송규칙 제95조의7제1항 및 제2항).

⑤ 가정법원은 당사자가 비용을 내지 않는 경우에는 신청을 각하하거나 재산조회결정을 취소할 수 있습니다(가사소송규칙 제95조의7제3항).

⑥ 재산조회의 결과를 재산분할청구의 심판 외의 목적으로 사용한 사람은 2년 이하의 징역 또는 500만원 이하의 벌금에 처해집니다(가사소송법 제48조의3제4항 및 제73조).

(법원양식) 재산조회 신청서

채 권 자	이름 : 주민등록번호 : 주소 : 전화번호 : 팩스번호: 이메일 주소 : 대리인 :
채 무 자	이름 : (한자 :) 주민등록번호 : 주소 : (사업자등록번호)
조회대상기관 조회대상재산	별지와 같음
재산명시사건	지방법원 20 카명 호
집행권원	
불이행 채권액	
신청취지	위 기관의 장에게 채무자 명의의 위 재산에 대하여 조회를 실시한다.
신청사유	채권자는 아래와 같은 사유가 있으므로 민사집행법 제74조 제1항의 규정에 의하여 채무자에 대한 재산조회를 신청합니다. (해당란 □에 ∨표시) □ 명시기일 불출석 □ 재산목록 제출거부 □ 선서 거부 □ 거짓 재산목록 제출 □ 집행채권의 만족을 얻기에 부족함 □ 주소불명으로 인하여 명시절차를 거치지 못함
비용환급용 예금계좌	
첨부서류	
(인지 첨부란)	20 . . . 신청인 (날인 또는 서명) 지방법원 귀중

혼인이 취소된 경우 부부 관계에 있던   배우자
재산분할청구권의 행사기간   ————————————————

주 ① 신청서에는 1,000원의 수입인지를 붙여야 합니다.
　② 신청인은 별지 조회비용의 합계액을 법원보관금 중 재산조회비
　　용으로 예납하여야 합니다.
　③ 신청인은 송달필요기관수에 2를 더한 횟수의 송달료를 예납하여
　　야 합니다.
　※ 「송달필요기관」이란 별지 조회기관 중 음영으로 표시된 기관을
　　의미합니다.
　④ "불이행 채권액"란에는 채무자가 재산조회신청 당시까지 갚지
　　아니한 금액을 기재합니다.
　⑤ 채무자가 법인인 경우 사업자등록번호를 기재하면 더욱 정확한
　　재산조회가 가능합니다.

9. 재산분할에 대한 과세

9-1. 재산분할을 받는 사람에 대한 과세

① 증여세 해당 없음

　재산분할은 본질적으로 혼인 중 부부 쌍방의 협력으로 형성된 공동
　재산을 나누는 것이라는 점에서 「상속세 및 증여세법」 제2조제6호에
　따른 증여에 해당하지 않으므로, 증여받은 재산에 부과되는 세금인
　증여세(상속세 및 증여세법 제4조제1항)는 문제되지 않습니다.

② 소득세 해당 없음

　분할 받은 재산은 「소득세법」 제4조에 따른 소득에 해당하지 않으므
　로 소득에 대해 부과되는 세금인 소득세(소득세법 제3조)는 문제되지
　않습니다.

③ 부동산 취득에 따른 취득세 등 부과

　분할한 재산은 부동산의 소유권을 이전받은 경우에는 「지방세법」상
　취득세, 지방교육세, 농어촌특별세를 납부해야 합니다(지방세법 제7
　조, 제150조 및 농어촌특별세법 제3조).

9-2. 재산분할을 해주는 사람에 대한 과세

이혼할 때 재산분할은 혼인 중 형성한 부부공동재산을 각자가 나누어 갖는 것으로서, 재산분할로 부동산의 소유권을 이전하는 경우 판례는 부부 각자의 소유명의로 되어 있던 각 부동산을 상대방에게 서로 이전했다고 해도 유상양도에 해당한다고 볼 수 없고, 또한 재산분할이 이루어짐으로써 분여자(分與者)의 재산분할의무가 소멸하는 경제적 이익이 발생한다고 해도 이런 경제적 이익은 분할재산의 양도와 대가적 관계에 있는 자산이라 할 수 없으므로 유상양도에 포함되지 않아 양도소득세 과세대상이 되지 않는 것으로 보고 있습니다(대법원 1998. 2. 13. 선고 96누14401 판결).

■ **이혼 시 재산분할로 자산 이전이 일어날 경우 양도소득세 과세 대상인지요?**

Q. 이혼 시 재산분할의 방법으로 부부 일방의 소유 명의로 되어 있던 부동산을 상대방에게 이전하는 것이 자산의 유상양도에 해당하는지 문의 드립니다. 만약 이에 해당한다면 양도소득세 과세 대상인지요?

A. 이혼 시 재산분할의 이행방법으로서 상대방에게 자산이 이전되는 외형이 있으나 이것이 자산의 유상양도에 해당하여 양도 소득세 과세 대상이 되는지와 관련하여, 판례는 "민법 제839조의2에 규정된 재산분할제도는 그 법적 성격, 분할대상 및 범위 등에 비추어 볼 때 실질적으로는 공유물분할에 해당하는 것이어서 공유물분할에 관한 법리가 준용되어야 할 것인바, 공유물의 분할은 법률상으로는 공유자 상호 간 지분의 교환 또는 매매라고 볼 것이나 실질적으로는 공유물에 대하여 관념적으로 그 지분에 상당하는 비율에 따라 제한적으로 행사되던 권리, 즉 지분권을 분할로 인하여 취득하는 특정 부분에 집중시켜 그 특정 부분에만 존속시키는 것으로 소유형태가 변경된 것뿐이어서 이를 자산의 유상양도라고 할 수 없으며, 이러한 법리는 이혼 시 재산분할의 방법으로 부부 일방의 소유명의로

되어 있던 부동산을 상대방에게 이전한 경우에도 마찬가지라고 할 것."이라고 판시하였습니다.(대법원 2003. 11. 14. 선고 2002두6422 판결) 따라서 이는 자산의 유상양도에 해당하지 않으므로, 양도소득세 과세대상이 아니라고 할 것입니다.

(관련판례)

구 지방세법(2015. 7. 24. 법률 제13427호로 개정되기 전의 것) 제15조 제1항 제6호(이하 '법률조항'이라고 한다)는 민법 제834조 및 제839조의2에 따른 재산분할로 인한 취득에 대하여 같은 법 제11조 등에 따른 표준세율에서 중과기준세율인 1000분의 20을 뺀 세율을 적용하도록 규정하고 있다. 이는 부부가 혼인 중 공동의 노력으로 이룩한 재산을 부부관계 해소에 따라 분할하는 것에 대하여 통상보다 낮은 취득세율을 적용함으로써 실질적 부부 공동재산의 청산으로서의 성격을 반영하는 취지이다.

그리고 법률조항에서의 민법 제834조 및 제839조의2는 협의상 이혼 시 재산분할에 관한 규정이지만, 민법 제839조의2는 민법 제843조에 따라 재판상 이혼 시 준용되고 있고, 혼인 취소는 물론 사실혼 해소의 경우에도 해석상 준용되거나 유추적용되는데, 이는 부부공동재산의 청산의 의미를 갖는 재산분할은 부부의 생활공동체라는 실질에 비추어 인정되는 것이라는 점에 근거한다.

위 각 법률조항의 내용 및 체계, 입법 취지, 사실혼 해소의 경우에도 민법상 재산분할에 관한 규정이 준용되는 점, 법률혼과 사실혼이 혼재된 경우 재산분할은 특별한 사정이 없는 한 전체 기간 중에 쌍방의 협력에 의하여 이룩한 재산을 모두 청산 대상으로 하는 점, 실질적으로 부부의 생활공동체로 인정되는 경우에는 혼인신고의 유무와 상관없이 재산분할에 관하여 단일한 법리가 적용됨에도 세법을 적용할 때 혼인신고의 유무에 따라 다르게 과세하는 것은 합리적이라고 보기 어려운 점, 사실혼 여부에 관하여 과세관청으로서는 이를 쉽게 파악하기 어렵더라도 객관적 자료에 의해 이를 증명한 사람에 대해서는 그에 따른 법률효과를 부여함이 상당한 점 등을 더하여 보면, 법률조항은 사실혼 해소 시 재산분할로 인한 취득에 대해서도 적용된다.(대법원 2016. 8. 30. 선고 2016두36864 판결)

제5장

이혼 시 자녀문제는
어떻게 해결하나요?

제5장 이혼 시 자녀문제는 어떻게 해결하나요?

1. 이혼 시 자녀에 대한 친권

1-1. 친권 및 친권의 행사

① 친권이란 부모가 미성년인 자녀에 대해 가지는 신분·재산상 권리와 의무를 말합니다. 부모는 미성년자인 자녀의 친권자가 되고, 양자(養子)의 경우에는 양부모가 친권자가 됩니다(민법 제909조제1항).

② 친권은 부모가 혼인 중인 때에는 부모가 공동으로 행사하고, 이혼하는 경우에는 친권자를 지정해야 합니다(민법 제909조제2항부터 제5항까지).

1-2. 친권자의 권리·의무

친권을 행사하는 부(父) 또는 모(母)는 미성년자인 자녀의 법정대리인이 되고(민법 제911조) 친권을 행사하는데, 그 주요 내용은 다음과 같습니다.

1. 자녀를 보호·교양할 권리의무(민법 제913조)
2. 자녀가 거주하는 장소를 지정할 수 있는 거소지정권(민법 제 914조)
3. 자녀의 보호·교양을 위해 필요한 징계를 하고 법원의 허가를 받아 감화 또는 교정기관에 위탁할 수 있는 징계권(민법 제915조)
4. 자녀가 자기명의로 취득한 특유재산에 관한 관리권(민법 제916조). 다만, 무상(無償)으로 자녀에게 재산을 수여한 제3자가 친권자의 관리에 반대하는 의사를 표시한 경우에는 친권자는 그 재산을 관리하지 못합니다. 이 경우 제3자가 그 재산관리인을 지정하지 않으면 법원은 재산의 수여를 받은 사람 또는 친족(8촌 이내의 혈족, 4촌 이내의 인척 및 배우자)의 청구에 따라 관리인을 선임합니다(민법 제777조 및 제918조).
5. 자녀의 재산에 관한 법률행위의 대리권(민법 제920조)

1-3. 친권과 양육권

① 양육권은 미성년인 자녀를 부모의 보호 하에서 양육하고 교양할 권리를 의미하지만, 친권은 자녀의 신분과 재산에 관한 사항을 결정할 수 있는 권리이므로 양육권보다는 친권이 좀 더 포괄적인 개념이라고 할 수 있습니다.

② 이혼하는 경우에는 친권자와 양육자를 부모 중 일방 또는 쌍방으로 지정할 수 있고, 친권자와 양육자를 각각 달리 지정할 수도 있습니다. 친권자와 양육자가 달리 지정된 경우에는 친권의 효력은 양육권을 제외한 부분에만 미치게 됩니다.

(관련판례)

법률상 부부인 갑과 을이 협의이혼하면서 자녀들의 친권자 및 양육자를 을로 지정하되, 갑이 을에게 자녀 양육비로 매월 일정액을 지급하기로 약정하고, 갑이 지급을 지체하는 경우 을에게 장래 발생분까지 포함한 나머지 양육비 등 전액을 일시 지급하며, 지체된 금액에 대한 지연손해금을 가산하여 지급하기로 하고, 채무불이행시 갑이 즉시 강제집행을 당하여도 이의가 없음을 인낙한다는 취지의 공정증서를 작성한 사안에서, 기한의 이익 상실 사유가 있을 때 갑으로 하여금 장래 발생분까지 포함한 양육비 등 전액과 이에 대한 지연손해금을 일시 지급하도록 정한 약정이 선량한 풍속 기타 사회질서에 반한다고 단정할 수 없고 한 사례(대법원 2017. 4. 13. 선고 2016다275433, 275440 판결)

1-4. 친권자의 지정

1-4-1. 협의이혼하는 경우

① 협의이혼을 하는 경우 부부가 합의해서 친권자를 지정해야 하고, 합의할 수 없거나 합의가 이루어지지 않는 경우에는 가정법원이 직권으로 또는 당사자의 청구에 따라 친권자를 지정합니다(민법 제909조제4항 및 가사소송법 제2조제1항제2호나목 5).

② 친권자가 지정된 후에도 자녀의 복리를 위해 필요한 경우에는 자녀의 4촌 이내의 친족의 청구에 따라 가정법원이 친권자를 변경할 수 있습니다(민법 제909조제6항 및 가사소송법 제2조제1항제2호나목 5).

1-4-2. 재판상 이혼하는 경우

① 재판상 이혼을 하는 경우 가정법원은 직권으로 친권자를 정합니다(민법 제909조제5항).
② 친권자가 지정된 후에도 자녀의 복리를 위해 필요한 경우에는 자녀의 4촌 이내의 친족의 청구에 따라 가정법원이 친권자를 변경할 수 있습니다(민법 제909조제6항 및 가사소송법 제2조제1항제2호나목 5).

[서식 예] 친권자지정 심판청구서

친권자지정 심판청구서

청구인   성   명 :   (☎ :   )
        주민등록번호 :
        주   소 :
        사건본인과의 관계 :
사건본인   성   명 :
        주민등록번호(외국인등록번호) :
        주   소 :
        등록기준지(국적) :

청 구 취 지

사건본인의 친권자로 청구인을 지정한다.
라는 심판을 구합니다.

청 구 원 인

1. 청구인은 0000. 00. 00. ○○○와 혼인하여 그 사이에 사건본인을 두었으나

0000. 00. 00. 협의이혼하였고, 협의이혼 당시 사건본인에 대한 친권자로 사건본인의 어머니인 OOO이 지정되었습니다.
2. 그런데, 위 OOO는 사건본인을 양육하던 중 00.00.00. 사망하였습니다.
3. 따라서 사건본인의 복리를 위하여 사건본인의 아버지인 청구인을 사건본인의 친권자로 지정하여 줄 것을 청구합니다.

첨 부 서 류

1. 기본증명서,가족관계증명서(청구인,사건본인,단독친권자)   각1통
2. 주민등록표등(초)본 (청구인, 사건본인)   각 1통
3. 기타(소명자료)

20   .   .   .
청구인 :   (서명 또는 날인)

서울○○법원   귀중

☞ 유의사항
1. 관할은 미성년자의 주소지 가정법원 관할입니다.
2. 위 첨부서류 이외에도 절차진행에 따라 추가서류가 필요할 수 있습니다.
3. 청구서에는 사건본인 수×수입인지 5,000원을 붙여야 합니다.
4. 송달료는 37,000원을 송달료취급은행에 납부하고 납부서를 첨부하여야 합니다.
5. ☎ 란에는 연락 가능한 휴대전화번호(전화번호)를 기재하시기 바랍니다.

(관련판례)
　　민법 제909조의2는 이혼 등을 이유로 미성년자인 자의 단독친권자로 정해진 부모의 일방이 사망한 경우 가정법원의 심리를 거쳐 친권자를 지정하거나 후견이 개시되도록 함으로써 부적격의 부 또는 모가 당연히 친권자가 되어 미성년자의 복리에 부정적인 영향을 미치는 것을 방지하고, 미성년자에게 친권자나 후견인이 존재하지 않는 공백을 최소화하기 위해서 신속하게 친권자를 지정하거나 후견이 개시되도록 하는 절차를 규정한 것으로서 궁극적으로 미성년자의 복리를 증진하기 위해 마련된 규정이다. 또한 친권자

의 지정 청구가 없어 미성년후견인 선임 청구가 있는 경우(민법 제909조의2 제3항) 또는 이미 미성년후견인이 선임된 경우(같은 조 제6항)라도 가정법원이 미성년자의 복지를 위하여 필요하다고 판단하면 직권 또는 청구권자의 청구에 의하여 생존하는 부 또는 모를 친권자로 지정할 수 있다(같은 조 제4항 또는 제6항). 따라서 민법 제909조의2 제1항에서 정한 1개월 또는 6개월의 기간이 지난 다음 친권자의 지정 청구가 있는 경우에도 가정법원은 미성년자의 복리를 위하여 필요하다면 생존하는 부 또는 모를 친권자로 지정할 수 있다.(대법원 2017. 5. 2. 자 2016스107 결정)

[서식 예] 이혼 및 친권행사자지정 청구의 소

<pre>
                        소   장

원 고   ○ ○ ○ (주민등록번호)
              등록기준지 : ○○시 ○○구 ○○길 ○○
              주소 : ○○시 ○○구 ○○길 ○○(우편번호)
피 고   △ △ △ (주민등록번호)
              등록기준지 : 원고와 같음
              최후주소 : ○○시 ○○구 ○○길 ○○
사건본인   ㅁ ㅁ ㅁ (주민등록번호)
              등록기준지 및 주소 : 원고와 같음

이혼 및 친권행사자지정 청구의 소

                      청   구   취   지

1. 원고와 피고는 이혼한다.
2. 사건본인의 친권행사자로 원고를 지정한다.
3. 소송비용은 피고의 부담으로 한다.
라는 판결을 구합니다.
</pre>

청 구 원 인

1. 재판상 이혼청구 관련
 가. 혼인 경위
    원고와 피고는 190○. ○. ○. 혼인신고를 마친 법률상 부부로서 그 사이에 ○남 ○녀를 두고 있습니다. 원고는 친구의 소개로 피고를 만나 교제 끝에 190○. ○. ○경 결혼식을 하고 동거에 들어갔고 190○. ○. ○. 딸 이◎◎를 출산하였는 바, 원고는 혼인 당시 피고가 초혼인 것으로 알고 있었으나 나중에 알고 보니 피고는 190○. ○. ○. 소외 민□□와 혼인하였다가 190○. ○. ○. 협의 이혼한 사실이 있었습니다.
 나. 혼인 파탄 경위 (부정행위 및 악의의 유기)
  (1) 피고는 원고와 결혼식을 하고 동거한 지 약 1년 정도 지난 190○년경 원고 몰래 청량리역에 근무하는 성명 미상의 여자에게 미혼이라고 속이고 사귀다 약혼식까지 거행하였다가 기혼인 사실이 발각된 사실이 있습니다.
  (2) 그 후에도 피고는 가정을 돌보지 않고 음주와 외박을 일삼았고 이로 인해 자주 다툼이 생겼으며 그 때마다 피고는 원고에게 폭력을 사용하곤 하였습니다. 그러다가 190○년 초 피고는 같은 사무실에 근무하는 소외 김□□을 사귀게 되면서 외박이 더 잦아졌고 한번 나가면 5일 내지 1주일씩 들어오지 않았는데, 결국 같은 해 6월경 그 일로 원고와 다툰 후 가출하였습니다.
  (3) 피고가 가출 한 후 원고가 피고의 행방을 탐문해 보니 피고는 위 김□□과 ○○시 ○○구 ○○길 ○○에서 동거하고 있었고, 원고에게 발각되자 행방을 감춘 후 소재파악이 되지 않다가 190○. ○.월경 피고의 모친상을 당했을 때 위 김□□과 5개월 정도 된 아이를 데리고 시댁을 찾아 온 일이 한번 있을 뿐 지금까지 연락이 단절된 상태입니다.
 다. 위와 같이 원·피고의 혼인관계는 피고의 부정행위 및 악의의 유기로 인하여 파탄되었다 할 것이므로 원고는 민법 제840조 제1호, 제2호, 제6호 소정의 재판상 이혼사유를 이유로 이혼 청구를 합니다.
2. 친권행사자 청구 관련
    사건본인은 현재 원고가 양육하고 있을 뿐만 아니라 피고는 10년전 가출하여 지금까지 소재파악도 되지 않는 상태이므로 원고를 사건 본인의 양육자 및 친권행사자로 지정함이 타당합니다.
3. 이상의 이유로 청구취지와 같은 판결을 구하고자 이 건 소제기에 이르렀습니다.

입 증 방 법

1. 갑제 1호증   가족관계증명서
1. 갑제 2호증   혼인관계증명서
1. 갑제 3호증   기본증명서
1. 갑제 4호증   주민등록등본
1. 갑제 5호증   주민등록말소자 초본
1. 갑제 6호증   사실확인서

첨 부 서 류

1. 소장 부본   1통
1. 위 입증방법   각 1통
1. 납부서   1통

20ㅇㅇ년   ㅇ월   ㅇ일
위 원 고   ㅇ   ㅇ   ㅇ (인)

ㅇ ㅇ 가 정 법 원 귀 중

(관련판례 1)

이혼한 부부 중 일방이 미성년자의 자녀에 대한 양육자 지정청구와 함께 장래의 이행을 청구하는 소로서 양육비 지급을 동시에 청구할 수 있고, 위와 같은 청구에 따라 장래의 양육비 지급을 명한 확정판결이나 이와 동일한 효력이 있는 조정조서나 화해권고결정 등에서 사건본인이 성년에 이르는 전날까지 양육비 지급을 명한 경우 재판의 확정 후 사건본인이 성년에 도달하기 전에 법률의 개정으로 성년에 이르는 연령이 변경되었다면 변경된 성년 연령이 양육비를 지급하는 종료 기준시점이 된다. 따라서 2011. 3. 7. 법률 제10429호로 개정되어 2013. 7. 1.부터 시행된 민법 제4조에 의하여 성년에 이르는 연령이 종전 20세에서 19세로 변경되었으므로 법 시행 이전에 장래의 양육비 지급을 명하는 재판이 확정되었더라도 법 시행 당시 사건본인이 아직 성년에 도달하지 아니한 이상 양육비 종료 시점은 개정된 민법 규정에 따라 사건본인이 19세에 이르기 전날까지로 봄이 타당하다.(출처 대법원 2016. 4. 2. 자 2016으2 결정)

(관련판례 2)
자의 양육을 포함한 친권은 부모의 권리이자 의무로서 미성년인 자의 복지에 직접적인 영향을 미친다. 그러므로 부모가 이혼하는 경우에 부모 중에서 미성년인 자의 친권을 가지는 사람 및 양육자를 정함에 있어서는, 미성년인 자의 성별과 연령, 그에 대한 부모의 애정과 양육의사의 유무는 물론, 양육에 필요한 경제적 능력의 유무, 부 또는 모와 미성년인 자 사이의 친밀도, 미성년인 자의 의사 등의 모든 요소를 종합적으로 고려하여 미성년인 자의 성장과 복지에 가장 도움이 되고 적합한 방향으로 판단하여야 한다. (대법원 2012. 4. 13. 선고 2011므4719 판결)

(법원양식) 친권 일시정지 심판 청구서

친권 일시정지 심판 청구

청 구 인   ○ ○ ○
          주민등록번호
          주소
          등록기준지
          ☎ : (휴대전화)   (집전화)

상 대 방   ○ ○ ○
          주민등록번호
          주소
          등록기준지

사건본인   ○ ○ ○
          주민등록번호
          주소
          등록기준지

청 구 취 지

'상대방에게 20○○. ○○. ○○.까지 사건본인에 대한 친권 행사의 정지를 명한다. 심판비용은 상대방이 부담한다.' 라는 심판을 구합니다.

청 구 이 유

(청구사유를 구체적으로 기재해 주십시오.)

첨 부 서 류

1. 청구인의 가족관계증명서, 주민등록등본   각 1통
2. 상대방의 가족관계증명서, 주민등록등본   각 1통
3. 사건본인의 기본증명서, 가족관계증명서, 주민등록등본   각 1통
4. 기타(소명자료)   1통
5. 청구서 부본   1통

20   .   .   .

위 청구인   (인)

○○가정법원   귀중

☞ 유의사항

1. 관할은 미성년자의 주소지 가정법원 관할입니다.
2. 청구서에는 사건본인 수를 기준으로 1명 당 수입인지 10,000원을 붙여야 합니다. 다만, 부모 쌍방에 대한 청구는 그 2배의 수입인지를 붙여야 합니다.
3. 송달료는 당사자수 x3,700(우편료) x12회분을 송달료취급은행에 납부하고 납부서를 첨부하여야 합니다.
4. ☎ 란에는 연락 가능한 휴대전화번호(전화번호)를 기재하시기 바랍니다.

(법원양식) 친권 상실 심판 청구서

친권 상실 심판 청구

청 구 인   ○ ○ ○
　　　　　　주민등록번호
　　　　　　주소
　　　　　　등록기준지
　　　　　　☎ : (휴대전화)　　　　　(집전화)

상 대 방   ○ ○ ○
　　　　　　주민등록번호
　　　　　　주소
　　　　　　등록기준지

사건본인   ○ ○ ○
　　　　　　주민등록번호
　　　　　　주소
　　　　　　등록기준지

청 구 취 지

'상대방의 사건본인에 대한 친권을 상실한다. 심판비용은 상대방이 부담한다.'
라는 심판을 구합니다.

청 구 이 유

(청구사유를 구체적으로 기재해 주십시오.)

첨 부 서 류

1. 청구인의 가족관계증명서, 주민등록등본　　　　　　　각 1통
2. 상대방의 가족관계증명서, 주민등록등본　　　　　　　각 1통
3. 사건본인의 기본증명서, 가족관계증명서, 주민등록등본각　1통
4. 기타(소명자료)　　　　　　　　　　　　　　　　　　　1통
5. 청구서 부본　　　　　　　　　　　　　　　　　　　　1통

20 　.　 　.　 　.
위 청구인　　　　　　　(인)

○○가정법원　　귀중

친권 회복 심판 청구

청 구 인   ○ ○ ○
주민등록번호
주소
등록기준지
☎ : (휴대전화)   (집전화)

상 대 방   ○ ○ ○
주민등록번호
주소
등록기준지

사건본인   ○ ○ ○
주민등록번호
주소
등록기준지

청 구 취 지
'○○가정법원 ○○○○느단○○○○에 의하여 (상실, 일시정지, 일부제한)된 청구인의 사건본인에 대한 친권을 회복한다. 심판비용은 상대방이 부담한다.' 라는 심판을 구합니다.

청 구 이 유
(청구사유를 구체적으로 기재해 주십시오.)

첨 부 서 류
1. 청구인의 가족관계증명서, 주민등록등본각   1통
2. 상대방의 가족관계증명서, 주민등록등본각   1통
3. 사건본인의 기본증명서, 가족관계증명서, 주민등록등본   각 1통
4. 기타(소명자료)   1통
5. 청구서 부본   1통

20 . . .
위 청구인   (인)

○○가정법원   귀중

<h2 align="center">친권 일부제한 심판 청구</h2>

청 구 인 ○ ○ ○
주민등록번호
주소
등록기준지
☎ : (휴대전화)   (집전화)

상 대 방 ○ ○ ○
주민등록번호
주소
등록기준지

사건본인 ○ ○ ○
주민등록번호
주소
등록기준지

<h2 align="center">청 구 취 지</h2>

'상대방에게 사건본인에 대한 친권 중 거소의 지정에 관한 권한 (징계권의 행사, 신상에 관한 결정 등 기타 사항) 행사의 정지를 명한다. 심판비용은 상대방이 부담한다.' 라는 심판을 구합니다.

<h2 align="center">청 구 이 유</h2>

(청구사유를 구체적으로 기재해 주십시오.)

<h2 align="center">첨 부 서 류</h2>

1. 청구인의 가족관계증명서, 주민등록등본   각 1통
2. 상대방의 가족관계증명서, 주민등록등본   각 1통
3. 사건본인의 기본증명서, 가족관계증명서, 주민등록등본각   1통
4. 기타(소명자료)   1통
5. 청구서 부본   1통

20 .   .   .

위 청구인   (인)

○○가정법원   귀중

2. 이혼 시 자녀에 대한 양육권

2-1. 양육권의 의의
2-1-1. 양육권 및 양육권 행사

① 양육이란 미성년인 자녀를 자신의 보호 하에 두고 키우면서 가르치는 것을 의미하며, 양육권이란 이러한 자녀의 양육에 필요한 사항을 결정할 수 있는 부모의 권리를 말합니다.

② 부부가 혼인 중인 때에는 양육권을 공동으로 행사할 수 있지만, 이혼하는 경우에는 양육자지정이 필요하게 됩니다.

■ 양육권 없는 부모의 법적 지위는 어떻게 되나요?

Q. 甲과 乙은 법률상 부부였으나 협의이혼 하였습니다. 이혼 당시 甲은 丙의 친권·양육자로, 乙은 양육비부담의무자로 협의하였습니다. 이후 丙은 미성년자임에도 불구하고 혼인을 원하는바 친권 및 양육자가 아닌 乙의 동의 없이 丙은 혼인할 수 있는가요?

A. 양육이란 미성년인 자녀를 자신의 보호 하에 두고 키우면서 가르치는 것을 의미하며, 양육권이란 이러한 자녀의 양육에 필요한 사항을 결정할 수 있는 부모의 권리를 말합니다.

부부가 혼인 중인 때에는 양육권을 공동으로 행사할 수 있지만, 이혼하는 경우에는 양육자지정이 필요하게 됩니다. 이혼으로 양육에 관한 사항이 정해진다고 해서 부모와 자녀 사이의 권리의무에 변화가 있는 것은 아니므로(민법 제837조제6항) 부모와 자녀 사이에 혈족관계(민법 제768조)가 지속되며, 미성년자인 자녀의 혼인에 대한 동의권(민법 제808조제1항), 부양의무(민법 제974조제1호), 상속권(민법 제1000조제1항) 등도 그대로 존속합니다.

따라서 본 사안의 경우 비록 乙은 친권 · 양육권자가 아닐지라도 부모와 자녀 사이의 권리의무에 변화가 있는 것은 아니므로 미성년자 丙이 혼인하려면 乙의 동의가필요하다 할 것입니다.

2-1-2. 양육권과 친권

① 친권은 자녀의 신분과 재산에 관한 사항을 결정할 수 있는 권리를 의미하지만, 양육권은 미성년인 자녀를 부모의 보호 하에서 양육하고 교양할 권리이므로 양육권보다는 친권이 좀 더 포괄적인 개념이라고 할 수 있습니다.

② 이혼하는 경우에는 양육자와 친권자를 부모 중 일방 또는 쌍방으로 지정할 수 있고, 양육자와 친권자를 각각 달리 지정할 수도 있습니다. 양육자와 친권자가 달리 지정된 경우에는 친권의 효력은 양육권을 제외한 부분에만 미치게 됩니다.

■ 양육권과 친권이 각각 달리 귀속될 수 있는지요?

Q. 저는 남편과 이혼 소송 중에 있으며, 슬하에 미성년자녀 한 명을 두고 있습니다. 경제적 기타 여러 사정으로 인하여 양육권은 상대방에게 주더라도 친권을 보유하고 싶은데, 이러한 방식도 가능한가요?

A. 일반적으로 이혼청구를 함에 있어 청구취지에 친권 및 양육권자의 지정을 병합하여 법원의 판단을 구하게 됩니다. 이때에 친권과 양육권의 귀속 주체를 달리 할 수 있는가와 관련하여, 판례는 "민법 제837조, 제909조 제4항, 가사소송법 제2조 제1항 제2호 나목의 3) 및 5) 등이 부부의 이혼 후 그 자의 친권자와 그 양육에 관한 사항을 각기 다른 조항에서 규정하고 있는 점 등에 비추어 보면, 이혼 후 부모와 자녀의 관계에 있어서 친권과 양육권이 항상 같은 사람에게 돌아가야 하는 것은 아니며, 이혼 후 자에 대한 양육권이 부모 중 어느 일방에, 친권이 다른 일방에 또는 부모에 공동으로 귀속되는 것으로 정하는 것은, 비록 신중한 판단이 필요하다고 하더라도, 일정한 기준을 충족하는 한 허용

된다고 할 것이다."라고 설시한 바 있습니다.(대법원 2012. 4. 13.선고 2011므4719 판결) 따라서 사안의 경우 "사건본인에 대한 친권자는 원고로, 양육권자는 피고로 한다."는 형태의 청구취지를 작성하여 구하는 방식으로 가능합니다.

■ **재판상 이혼의 경우 친권 및 양육권에 대하여 아무런 조치를 취하지 않은 경우에는 어떻게 되는 것인지요?**

Q. 부부인 甲과 乙은 재판상 이혼 절차에 따라 이혼 판결을 선고받았으나, 미성년자인 자녀에 대한 친권 및 양육권에 대하여 아무런 조치를 취하지 않은 경우에는 어떻게 되는 것인지요?

A. 민법 제909조 제5항은 재판상 이혼 등의 경우에 가정법원이 직권으로 친권자를 정하도록 규정하고 있습니다. 그리고 민법 제837조는 이혼을 하는 경우에 당사자가 자녀의 양육에 관한 사항을 협의에 의하여 정하고(제1항), 그 협의는 양육자의 결정, 양육비용의 부담, 면접교섭권의 행사 여부 및 그 방법에 관한 사항을 포함하여야 하며(제2항), 양육에 관한 사항의 협의가 이루어지지 아니하거나 협의할 수 없는 때에는 가정법원이 직권으로 또는 당사자의 청구에 따라 이에 관하여 결정하도록 규정하고 있고(제4항 전문), 또한 민법 제843조는 재판상 이혼에 따른 자녀의 양육책임 등에 관하여는 제837조를 준용한다고 규정하고 있습니다.
판례도 "위와 같이 이혼 과정에서 친권자 및 자녀의 양육책임에 관한 사항을 의무적으로 정하도록 한 위 규정들의 문언 내용 및 이혼 과정에서 자녀의 복리를 보장하기 위한 위 규정들의 취지와 아울러, 이혼 시 친권자 지정 및 양육에 관한 사항의 결정에 관한 민법 규정의 개정 경위와 그 변천 과정, 친권과 양육권의 관계 등을 종합하면, 재판상 이혼의 경우에 당사자의 청구가 없다 하더라도 법원은 직권으로 미성년자인 자녀에 대한 친권자 및 양육자를 정하여야 하며, 따라서 법원이 이혼 판결을 선고하면서 미성년자인 자녀에 대한 친권자 및 양육자를 정하지 아니하였다면 재판의 누락이 있다고 해석함이 타당하다."고 판시한 바 있습니다. (대법원 2015. 6. 23.선고 2013므2397 판결)

따라서 당사자 청구가 없다 하더라도 법원은 친권자 및 양육자에 대한 판단을 했어야 하며, 이를 하지 않음으로써 재판의 누락이 발생하였다면 그 부분 소송은 원심에 계속 중으로 민사소송법 제212조에 따라 원심이 계속하여 재판하여야 합니다.

2-2. 양육자의 지정
2-2-1. 양육에 관한 사항의 결정

① 이혼을 하는 경우 부부가 합의해서 다음과 같은 자녀의 양육에 관한 사항을 결정해야 하고, 합의할 수 없거나 합의가 이루어지지 않는 경우에는 가정법원이 직권으로 또는 당사자의 청구에 따라 양육에 관한 사항을 결정합니다(민법 제837조제1항·제2항 및 제4항).

   1. 양육자의 결정
   2. 양육비용의 부담
   3. 면접교섭권의 행사 여부 및 그 방법

양육권자 지정 및 양육비 심판청구

청 구 인   ○ ○ ○
            19○○년 ○월 ○일생
            등록기준지   ○○시 ○○구 ○○길 ○○
            주소   ○○시 ○○구 ○○길 ○○(우편번호)
            전화   ○○○ - ○○○○

상 대 방 1. 이 △ △
            19○○년 ○월 ○일생
            등록기준지   ○○시 ○○구 ○○길 ○○
            주소   ○○시 ○○구 ○○길 ○○(우편번호)
            전화   ○○○ - ○○○○

          2. 박 △ △
            19○○년 ○월 ○일생
            등록기준지   ○○시 ○○구 ○○길 ○○
            주소   ○○시 ○○구 ○○길 ○○

사건본인   □ □ □
            생년월일
            등록기준지 및 주소 : 상대방과 같음.

청 구 취 지

1. 사건본인의 양육자로 청구인을 지정한다.
2. 상대방 이△△는 사건본인을 청구인에게 인도하라.
3. 상대방 박△△은 사건본인의 양육비로서 청구인에게 20○○년 ○월 ○일부터 사건본인이 만19세에 이를 때까지 매월 금 300,000원씩을 지급하라.
4. 심판비용은 상대방들의 부담으로 한다.
5. 제2항은 가집행 할 수 있다.
라는 판결을 구합니다.

청 구 원 인

1. 청구인과 상대방 박△△은 20○○. ○. ○. 혼인신고를 마친 부부로서 20○○. ○. ○. 아들인 사건본인을 출산하였습니다.
2. 상대방 박△△과 청구인은 대학 선·후배간으로 4년 가량 교제하던 중 서로의 성격에 호감을 가져 혼인을 하게 되었고, 결혼 초에는 어느 가정 못지 않게 행복한 가정을 꾸려나갔으며 남부러울 것 없었습니다.
3. 그러나 사건본인을 출산한 이후부터는 회사일 핑계로 늦은 귀가와 외박이 잦았고, 청구인은 회사일 때문에 그런 것이라 믿었기에 참고 살았습니다. 하지만 상대방 박△△의 생활습관은 개선되지 않았고 밤늦은 시간까지 모르는 여자들로부터 전화가 걸려 오기도 하여 사유를 물으면 폭언과 폭행으로 무마하려 하였습니다.
4. 결국 청구인과 상대방 박△△은 20○○. ○. ○. 자로 협의 이혼하면서 사건본인의 친권자를 상대방으로 정하였습니다. 이혼이후 상대방 박△△는 재혼을 하면서 사건본인을 상대방 박△△의 어머니인 이△△에게 맡겼으며, 청구인은 회사에 취직하여 현재까지 직장생활을 하고 있습니다.
5. 현재 사건본인 ㅁㅁㅁ은 할머니인 이○○가 보살피고 있다 하나 이○○는 연로한 데다 노환까지 겹쳐 어린 손자를 돌본다는 것이 적합하지 않은 것으로 보입니다.
6. 따라서 사건본인의 장래를 위하여 청구인이 사건본인을 양육하는 것이 타당하며 아울러 사건본인이 성년에 이를 때까지의 생활비를 청구취지와 같이 지급받고자 이 사건 청구에 이른 것입니다.

첨 부 서 류

1. 혼인관계증명서	1통
1. 가족관계증명서	1통
1.기본증명서(사건본인들)	각 1통
1. 재직증명서	1통
1. 납 부 서	1통

20○○년 ○월 ○일

위 청구인 ○ ○ ○ (인)

○ ○ 가 정 법 원 귀중

■ 양육자 지정에 있어서 일정한 기간이나 조건을 붙여 정하는 것도 가능한 것인지요?

Q. 양육자 지정에 있어서 일정한 기간이나 조건을 붙여 정하는 것도 가능한 것인지요?

A. 양육 기간은 특별한 정함이 없으면 성년에 달하기까지로 되나, 기간을 정하여 일정기간 까지는 모를, 그 후부터는 부를 양육자로 지정할 수도 있습니다.

또한 조건을 정한 양육자 지정과 관련하여, 판례는 "모의 양육자지정청구를 받아들이면서 부는 피양육자(자)가 성년이 될 때까지 매년 일정기간 동거할 수 있고, 매월 1회 방문할 수 있으며 매년 설날과 추석에는 모가 피양육자를 부가에 보내 숭조행사에 참례케 한다는 내용의 조건을 붙이는 것이 가능하다."고 판시한 바 있습니다. (서울고등법원 1987. 2. 23.선고 86르313 판결)

따라서 피양육자의 최적의 양육환경 및 이익을 위하여 일정한 기간이나 조건을 전제로 양육자 지정을 하는 것이 가능하다고 할 것입니다.

■ 이혼 시 양육권자로 지정받으려면 어떻게 하면 되는지요?

Q. 저는 남편과 이혼하면서 독자인 아이(5세)를 제가 키우고 싶습니다. 그런데 제가 양육권자로 지정받을 수 있으려면 어떻게 하면 되는지요?

A. 「민법」은 이혼 시 자녀의 양육 및 친권에 관하여 어머니에게도 동등한 권리를 부여하고 있는바, 이혼 시 자녀의 양육 및 친권에 관한 사항은 이혼당사자가 협의하여 정하고, 협의가 되지 않거나 협의할 수 없는 때에는 당사자의 청구 또는 직권에 의하여 가정법원이 정하도록 규정하였습니다(민법 제837조).

가정법원은 당사자의 청구 또는 직권에 의하여 자녀의 연령, 부모의 재산상황, 자녀에 대한 부모의 애정정도, 자녀의 의사 등 여러 가지 사정을 참작하여 친권자 및 양육에 관한 사항을 정하게 됩니다.

따라서 귀하가 남편과의 협의이혼을 하는 경우에는 아이의 친권자 및 양육권자에 관한 사항도 협의에 의하여 정하고, 재판상이혼을 하는 경우에는 친권자 및 양육자의 지정도 함께 재판상으로 청구할 수 있습니다. 친권자 및 양육자를 당사자의 협의에 의하여 정한 경우에는 그 합의서를, 재판에 의하여 정한 경우에는 재판확정일로부터 1월 이내에 재판의 등본 및 그 확정서를 첨부하여 관할관청에 신고하여야 합니다(가족관계의 등록 등에 관한 법률 제79조).

또한, 귀하가 아이를 키우게 될 경우에도 아이의 아버지에게는 부양의무가 있기 때문에 귀하의 남편에게 아이의 양육비를 청구할 수 있습니다. 양육비에 관하여도 당사자의 협의에 의하여 정할 수 있으면 협의에 의하여 정하되 협의가 이루어지지 않는 경우에는 재판상 청구할 수밖에 없습니다. 양육비에 관하여 합의한 경우에는 나중에 분쟁을 방지하기 위하여 합의사항을 서면으로 작성하는 것이 바람직하다고 할 것입니다.

참고로 양육비에 관하여 판례는 "실제로 양육을 담당하는 이혼한 모에게 전혀 수입이 없어 자녀들의 양육비를 분담할 형편이 못되는 것이 아닌 이상, 이혼한 부와 함께 모도 양육비의 일부를 부담하도록 하였다 하여도 경험칙과 논리칙에 어긋나는 것은 아니며, 이혼한 부모 사이에 미성년의 3자녀에 대한 양육자로 모를 지정하고 부가 부담해야 할 양육비는 도시가구의 평균소비지출액과 당사자들의 각 재산정도와 수입 등 제반 사정을 참작하여 양육비로 예상되는 금액의 3분지 2 정도인 월 329,810원이 상당하다."라고 하였으며(대법원 1992. 1. 21. 선고 91므689 판결), "원고가 사건본인을 양육한 것이 일방적이고 이기적인 목적이나 동기에서 비롯된 것이라거나 사건본인의 이익을 위하여 도움이 되지 아니하거나, 그 양육비를 피고에게 부담시키는 것이 오히려 형평에 어긋나게 되는 등의 특별한 사정이 있다고 볼 아무런 자료가 없다면, 피고에게 사건본인의 양육비를 분담하게 한 것은 정당하다."라고 하였습니다(대법원 1995. 4. 25. 선고 94므536 판결).

■ 사실혼 중 출생한 미성년의 자녀에 대한 양육권자지정신청을 할 수 있는지요?

Q. 甲녀는 乙남과 혼인을 하였으나 혼인신고를 하지 않은 상태에서 자녀 1명을 출산하였습니다. 그러나 성격차이 및 고부간의 갈등문제로 서로의 합의로 헤어지려고 합니다. 그런데 아직 자녀의 출생신고를 하지 않았고 만일 양육문제가 협의되지 않을 경우에는 법원에 양육권자지정신청을 할 수 있는지요?

A. 甲과 乙 사이에 설사 주관적으로 혼인할 의사의 합치가 있고 객관적으로 사회관념이나 가족질서적인 면에서 부부공동생활을 인정할 만한 혼인생활의 실체가 인정된다 하여도 혼인신고가 없는 한 이는 사실상의 혼인관계 또는 사실혼에 불과할 뿐 법률상의 혼인관계로 인정될 수는 없습니다.

이러한 사실혼관계에 있는 자들 사이에서 출생한 자(子)는 '혼인 외의 출생자'로서 그 모(母)와의 관계에서는 인지(認知)나 출생신고를 기다리지 않고 자의 출생으로 당연히 법률상의 친자관계가 인정될 수 있지만(대법원 1967. 10. 4. 선고 67다1791 판결), 부자관계는 부(父)의 인지에 의하여서만 발생하게 되므로(대법원 1997. 2. 14. 선고 96므738 판결), 사안의 乙이 '혼인 외의 출생자'를 인지하기 전까지는 오직 甲만이 그 자에 대한 유일한 법률상 친권자로서 양육권자에 해당합니다.

따라서 친권자가 복수임을 전제로 하여 공동으로 친권 및 양육권의 행사가 불가능한 경우에 제기되는 양육권지정에 관한 문제는 논리적으로 발생할 여지가 없다 할 것입니다.

무엇보다 사실혼 관계의 해소를 이유로 양육자 지정을 청구를 하게 되면 「민법」 및 「가사소송법」상의 규정상 이혼당사자(협의이혼 및 재판상의 이혼)의 신청에 의하거나, 혼인의 무효 또는 취소의 판결을 하는 경우에 그 당사자의 신청에 의하여 자의 양육자 지정이나 양육에 관한 사항을 정하도록 허용되어 있을 뿐, 그 이외의 경우에는 이를 신청할 수 있는 법률상 근거규정이 없음이 명백한 관계로 부적법각하를 면할 수 없게 됩니다(대법원 1979. 5. 8. 선고 79므3 판결).

그러나 부가 자를 인지한 경우에는 자는 생모뿐만 아니라 부와도 법률상 친자관계가 인정되므로 친권자 및 양육자를 정할 필요가 있게 되며 이러한 경우 친권자 및 양육자의 지정은 원칙적으로 부모사이의 협의로 정하되, 협의할 수 없거나 협의가 이루어지지 않은 경우에는 당사자의 청구를 통해 가정법원이 지정하게 됩니다(민법 제909조 제4항).

한편, 甲이 스스로 위 자를 인지하지 아니하는 경우에는 인지청구의 소를 제기할 수 있고 이 경우에는 법원이 직권으로 친권자 및 양육자를 정할 수 있게 됩니다(민법 제909조 제5항).

따라서 위 사안의 경우에는 사실혼 관계의 해소를 이유로 친권자 및 양육자의 지정을 청구할 수 없고 임의인지 또는 강제인지(인지청구의 소)의 방법에 의한 친권자 및 양육자지정절차를 거쳐야 할 것으로 보입니다.

한편 사실혼 관계에 있던 당사자 일방의 상대방과의 사이에서 출산한 자에 대한 과거 및 장래의 양육비 청구에 대해, 인지는 그 자가 출생한 때에 소급하여 효력이 생기고 혼인 외 출생자의 아버지가 인지하는 때에는 부양의무도 그 자가 출생한 때로부터 효력이 있다 할 것이며, 이 경우 어떠한 사정으로 인하여 부모 중 어느 한쪽만이 자녀를 양육하게 된 경우에 그와 같은 일방에 의한 양육이 그 양육자의 일방적이고 이기적인 목적이나 동기에서 비롯한 것이라거나 자녀의 이익을 위하여 도움이 되지 아니하거나 그 양육비를 상대방에게 부담시키는 것이 오히려 형평에 어긋나게 되는 등 특별한 사정이 있는 경우를 제외하고는 양육하는 일방은 상대방에 대하여 현재 및 장래에 있어서의 양육비 중 적정 금액의 분담을 청구할 수 있음은 물론이고, 부모의 자녀양육의무는 특별한 사정이 없는 한 자녀의 출생과 동시에 발생하는 것이므로 과거의 양육비에 대하여도 상대방이 분담함이 상당하다고 인정되는 경우는 그 비용의 상환을 청구할 수 있다고 보아야 할 것입니다(서울고등법원 2012. 10. 10. 선고 2012르1641판결).

■ 부모 이외의 제3자가 양육권자가 될 수 있는지요?

Q. 남편 甲이 가출한 뒤 행방불명이 되고, 아내 乙도 어린 자녀를 시부모에게 맡긴 뒤 가출하였습니다. 이후 乙의 이혼소송이 받아들여진 경우 양육권자를 자녀를 맡아 키워온 시부모로 지정할 수 있는가요?

A. 양육사항 중 양육자의 결정은 부모 쌍방, 일방, 제3자가 양육자가 될 수 있는 것이며, (대법원 1991. 7. 23. 선고 90므828,835 판결 참조) 양육자 결정에 있어서 최우선으로 고려되는 사항은 자녀의 복리이므로 제3자도 양육권자로 지정될 수 있습니다.

또한 자녀의 복리 증진이라는 양육자 결정의 주된 판단 기준에 비추어 이혼했더라도 자녀의 친권과 양육권을 부부 두 사람이 공동으로 갖는 것도 가능합니다.

따라서 사안의 경우 자녀를 현실적으로 양육하여 왔고, 현재에도 양육하고 있는 시부모를 양육권자로 지정하는 것이 가능하다고 할 것입니다.

2-2-3. 양육에 관한 사항의 변경

양육에 관한 사항이 결정된 후에도 자녀의 복지를 위해 필요한 경우에는 직권 또는 부(父), 모(母), 자녀 및 검사의 청구에 따라 가정법원이 양육에 관한 사항을 변경할 수 있습니다(민법 제837조제5항, 대법원 1992. 12. 30. 자 92스17,18 결정).

(법원양식) 양육자 지정(변경) 및 양육비 심판청구서

양육자 지정(변경) 및 양육비 심판청구서

청 구 인 성 명:　　　　　　(☎ :　　　　　　)
　　　　　주민등록번호 :
　　　　　주　　　　소 :
　　　　　송 달 장 소 :
상 대 방 성 명 :
　　　　　주민등록번호 :
　　　　　주　　　　소 :
사건본인(자녀) 성명 :
　　　　　주민등록번호 :
　　　　　주　　　　소 :

청 구 취 지

▸**양육자 지정**
　사건본인의 양육자로 청구인을 지정한다.
▸**양육자 변경**
　사건본인의 양육자를 상대방에서 청구인으로 변경한다.
▸**장래 양육비 청구**
　상대방은 청구인에게 20 . . .부터 사건본인이 성년이 될 때까지 사건본인의
양육비로 월 ○○만 원씩을 매월 말일에 지급하라.
▸**과거 양육비＋장래 양육비 청구**
　상대방은 청구인에게,
　1. 사건본인의 과거 양육비로 ○○만 원 및 이에 대한 이 사건 심판확정일
　　 다음날부터 다 갚는 날까지 연 5%의 비율로 계산한 돈을 지급하고,
　2. 사건본인의 장래 양육비로 20 . . .(심판청구서 부본 송달 다음날 또는 심
　　 판 다음날부터 사건본인이 성년이 될 때까지 월 ○○만 원씩을 매월 말일
　　 에 지급하라.

청 구 원 인

(청구 사유를 구체적으로 기재)

```
            첨 부 서 류

1. 청구인의 혼인관계증명서, 가족관계증명서, 주민등록표등(초)   각 1통
1. 상대방의 가족관계증명서, 주민등록표등(초)본              각 1통
1. 사건본인의 기본증명서, 가족관계증명서, 주민등록표등(초)본   각 1통
1. 양육자로 지정되어야 할 소명자료                           1부
1. 양육비 지출 및 소득자료 등                                1부
1. 청구서 부본                                              1부


                  20  .    .    .


            청구인 :        (서명 또는 날인)

서울○○법원 귀중
```

■ **양육사항 변경에 있어 판단은 어떤 요소가 있나요?**

Q. 甲과 乙은 수년간 별거해오면서 별거 이후 남편 甲이 9세 남짓의 자녀인 丙을 양육해 오던 중, 이혼을 진행하며 乙로 현재의 양육상태를 변경하려 할 경우 어떠한 사항이 고려되는지요?

A. 판례는 "수년간 별거해 온 甲과 乙의 이혼에 있어, 별거 이후 甲(父)이 양육해 온 9세 남짓의 여아인 丙에 대한 현재의 양육상태를 변경하여 乙(母)을 친권행사자 및 양육자로 지정한 원심에 대하여, 현재의 양육상태에 변경을 가하여 乙(母)을 丙에 대한 친권행사자 및 양육자로 지정하는 것이 정당화되기 위하여는 그러한 변경이 현재의 양육상태를 유지하는 경우보다 丙의 건전한 성장과 복지에 더 도움이 된다는 점이 명백하여야 함에도, 단지 어린 여아의 양육에는 어머니가 아버지보다 더 적합할 것이라는 일반적 고려만으로는 위와 같은 양육상태 변경의 정당성을 인정하기에 충분하지 아니하다"고 판시함으로써, 기존의 별거 후 부에 의한 양육상태가 지속되어 온 경우 이를 변경하기 위해서는 양육상태 변경의

명백한 필요성이 있어야 한다고 밝혔습니다. (대법원 2010. 5. 13선고. 2009므1458,1465 판결)

따라서 사안의 경우 정서적 유대관계의 유무, 자녀의 의사, 양육에 있어 경제적 여력 등 직접적 양육의 가능성이 구체적으로 검토되어야 할 것입니다.

■ 이혼 시 지정했던 친권자와 양육권자를 변경할 수 있는지요?

Q. 저는 이혼할 때 경제적인 여유가 없어 남편을 친권자 및 양육자로 지정해 주었는데, 남편이 자녀를 너무나 학대하여 더 이상 두고 볼 수 없어 남편으로 되어 있는 친권자와 양육자를 저로 변경하고자 합니다. 이러한 변경이 가능한지요?

A. 미성년자녀의 양육 및 친권에 관하여 「민법」 제837조는 "① 당사자는 그 자의 양육에 관한 사항을 협의에 의하여 정한다. ② 제1항의 협의는 다음의 사항을 포함하여야 한다. 1. 양육자의 결정 2. 양육비용의 부담 3. 면접교섭권의 행사 여부 및 그 방법 ③ 제1항에 따른 협의가 자(子)의 복리에 반하는 경우에는 가정법원은 보정을 명하거나 직권으로 그 자(子)의 의사(意思)·연령과 부모의 재산상황, 그 밖의 사정을 참작하여 양육에 필요한 사항을 정한다. ④ 양육에 관한 사항의 협의가 이루어지지 아니하거나 협의할 수 없는 때에는 가정법원은 직권으로 또는 당사자의 청구에 따라 이에 관하여 결정한다. 이 경우 가정법원은 제3항의 사정을 참작하여야 한다. ⑤ 가정법원은 자(子)의 복리를 위하여 필요하다고 인정하는 경우에는 부·모·자(子) 및 검사의 청구 또는 직권으로 자(子)의 양육에 관한 사항을 변경하거나 다른 적당한 처분을 할 수 있다. ⑥ 제3항부터 제5항까지의 규정은 양육에 관한 사항 외에는 부모의 권리의무에 변경을 가져오지 아니한다."라고 규정하고 있습니다. 그리고 민법 제909조 제6항은 "가정법원은 자의 복리를 위하여 필요하다고 인정되는 경우에는 자의 4촌 이내의 친족의 청구에 의하여 정하여

진 친권자를 다른 일방으로 변경할 수 있다."라고 규정하고 있습니다.

따라서 법원의 결정이나 당사자간의 협의에 의하여 자의 양육에 관한 사항이 정해진 후 특별한 사정변경이 없더라도 필요한 경우 가정법원은 당사자의 청구에 의하여 언제든지 그 사항을 변경할 수 있는 것입니다(대법원 1991. 6. 25. 선고 90므699 판결, 1992. 12. 30.자 92스 17, 18 결정).

그러므로 당사자의 협의나 심판 등에 의하여 친권자 및 양육권자가 지정된 경우에도 상당한 이유가 있는 경우에는 관할가정법원에 친권자 및 양육자변경심판을 청구하는 방법으로 친권자와 양육권자를 변경할 수 있을 것입니다.

(관련판례)

갑과 을의 이혼 등 소송에서 '자녀 병의 친권자 및 양육자로 갑을 지정하고, 을은 병을 매주 면접교섭하되, 갑이 면접교섭 허용의무를 이행하지 아니하는 경우 위약벌로 을에게 30만 원씩 지급한다'는 내용의 조정을 갈음하는 결정이 확정되었는데, 그 직후 갑이 병을 데리고 일본으로 출국하여 그곳에서 병을 양육하면서 을을 상대로 조정을 갈음하는 결정 중 면접교섭 내용의 변경을 구하는 본심판을 제기하고, 이에 대하여 을이 갑을 상대로 친권자 및 양육자의 변경을 구하는 반심판을 제기한 사안에서, 조정을 갈음하는 결정 이후 갑이 일본에서 병을 양육하게 된 사정변경이 발생하였더라도 이는 오로지 을의 면접교섭을 회피하려는 지극히 개인적인 목적을 실현하기 위한 방법으로 갑 스스로 야기한 것일 뿐 병의 복리 실현에 정면으로 반하고, 법원이 이러한 사정변경까지 고려하여 면접교섭의 내용을 변경하는 것은 비양육친과 자녀의 정기적인 교류를 통하여 자녀의 복리를 실현하려는 면접교섭 제도를 형해화시키고 갑과 을의 합의로 성립한 조정을 갈음하는 결정의 취지에도 정면으로 반하므로 허용할 수 없으며, 병의 나이, 생활환경, 양육상황, 갑과 병의 애착관계 등을 고려하면 병의 친권자 및 양육자를 현재와 같이 갑으로 두는 것이 바람직하다고 한 사례. (서울가정법원 2016. 2. 4. 자 2015브30044,30045 결정)

■ 양육자변경지정에 관한 본심판청구와 상대방의 반심판청구에 대한 심리
  는 어떻게 이루어집니까?

Q. 저는 친권자 및 양육자 변경·지정에 관한 본심판청구를 한 사람입
   니다. 상대방이 유아인도 청구를 반심판청구로서 한 경우 법원의
   판단은 어떻게 이루어집니까?

A. 판례는 "자녀를 사실상 양육하고 있는 청구인은 사건본인의 친권자 및
   양육자를 청구인으로 변경·지정하여 달라는 본심판청구를 하고 상대방
   은 기존 양육자의 지위에서 청구인에 대하여 유아인 사건본인의 인도를
   구하는 반심판청구를 하는 사안에서, 법원이 본심판청구와 반심판청구
   를 함께 심리한 다음 그 본심판청구를 인용하는 것이 타당하다고 판단
   하는 경우에, 법원이 후견적 입장에서 합목적적인 재량에 의하여 사건
   을 처리하는 가사비송사건의 일반적 성격과 '자녀의 복리'를 최우선적으
   로 고려하는 양육처분에 관한 가사비송사건의 특성 등에 비추어 볼 때
   이와 같이 본심판에 의하여 형성될 새로운 법률관계를 전제로 하여 이
   와 양립되기 어려운 반심판청구는 이를 기각함이 상당하다."고 판시하
   였습니다. (대법원 2006. 4. 17. 2005스18 결정)
   따라서 본심판청구가 인용될 경우에는 반심판청구가 법리적으로 이와
   양립되기 어려운 지위에 놓이므로, 반심판청구에 대해서는 기각될 것으
   로 예상할 수 있습니다.

2-3. 양육권 없는 부모의 지위

① 이혼으로 양육에 관한 사항이 정해진다고 해서 부모와 자녀 사이의
   권리의무에 변화가 있는 것은 아닙니다(민법 제837조제6항).

② 즉, 부모와 자녀 사이에 혈족관계(민법 제768조)가 지속되며, 미성년자
   인 자녀의 혼인에 대한 동의권(민법 제808조제1항), 부양의무(민법 제
   974조제1호), 상속권(민법 제1000조제1항) 등도 그대로 존속합니다.

3. 친권자 및 양육권자의 변경

3-1. 친권자 및 양육자 변경청구

① 이혼 당시 자녀의 친권자 및 양육자를 정했더라도 자녀의 복리를 위해 필요한 경우(친권자가 친권상실에 준하는 행위를 하거나, 양육자가 금치산선고를 받은 경우 등)에는 친권자 및 양육자를 변경할 수 있습니다(민법 제837조제5항, 제843조 및 제909조제6항).

② 친권자는 가정법원에 지정변경을 청구해서 변경할 수 있으며, 양육자 변경은 이혼 후 당사자간 합의로 할 수 있고, 합의가 이루어지지 않는 경우에는 가정법원에 지정변경을 청구해서 변경할 수 있습니다(가사소송법 제2조제1항제2호나목 3 및 5).

[서식 예] 친권자지정 심판청구서

친권자지정 심판청구서

청구인　　성　명 :　　　　(☎ :　　　　　　　)
　　　　　　주민등록번호 :
　　　　　　주　　소 :
　　　　　　사건본인과의 관계 :
사건본인　성　　명 :
　　　　　　주민등록번호(외국인등록번호) :
　　　　　　주　　소 :
　　　　　　등록기준지(국적) :

청 구 취 지
사건본인의 친권자로 청구인을 지정한다.
라는 심판을 구합니다.

청 구 원 인
1. 청구인은 0000. 00. 00. ○○○와 혼인하여 그 사이에 사건본인을 두었으나
   0000. 00. 00. 협의이혼하였고, 협의이혼 당시 사건본인에 대한 친권자로
   사건본인의 어머니인 ○○○이 지정되었습니다.
2. 그런데, 위 ○○○는 사건본인을 양육하던 중 00.00.00. 사망하였습니다.
3. 따라서 사건본인의 복리를 위하여 사건본인의 아버지인 청구인을
   사건본인의 친권자로 지정하여 줄 것을 청구합니다.

첨 부 서 류
1. 기본증명서,가족관계증명서(청구인,사건본인,단독친권자)　각 1통
2. 주민등록표등(초)본 (청구인, 사건본인)　　　　　　　　各 1통
3. 기타(소명자료)　　　　　　　　　　　　　　　　　　　1통

20　.　.　.
청구인 :　　　　　(서명 또는 날인)

서울○○법원　귀중

■ 양육에 관한 사항이 정해진 후 가정법원이 그 사항을 변경할 수 있는지요?

Q. 저는 상대방과 이혼을 하며 조정절차를 통해 미성년자인 자녀에 대한 양육권을 갖고 양육비용을 지급 받기로 하였습니다. 그런데 그 이후 다시 산정해 본 결과 기존에 정해진 금액보다 더 많은 양육비가 필요할 것으로 판단되었습니다. 이미 조정으로 정해진 사항에 대하여 이를 변경할 수 있는 것인가요?

A. 이혼 과정에서 자녀양육에 관한 사항은 민법 제837조 제2항에 의하여 정해지게 됩니다. 민법 제837조 제2항은 "제1항의 양육에 관한 사항의 협의가 되지 아니하거나 협의할 수 없는 때에는 가정법원은 당사자의 청구 또는 직권에 의하여 그 자의 연령, 부모의 재산상황 기타 사정을 참작하여 양육에 필요한 사항을 정하며 언제든지 그 사항을 변경 또는 다른 적당한 처분을 할 수 있다."고 규정하고 있습니다.
이와 관련하여 판례는 "민법 제837조 제2항의 규정에 의하여 가정법원이 일단 결정한 양육에 필요한 사항을 그 후 변경하는 것은 당초의 결정 후에 특별한 사정변경이 있는 경우뿐만 아니라, 당초의 결정이 위 법률규정 소정의 제반 사정에 비추어 부당하게 되었다고 인정될 경우에도 가능한 것이며, 당사자가 조정을 통하여 그 자의 양육에 관한 사항을 정한 후 가정법원에 그 사항의 변경을 청구한 경우에 있어서도 가정법원은 심리를 거쳐서 그 조정조항에서 정한 사항이 위 법률규정 소정의 제반 사정에 비추어 부당하다고 인정되는 경우에는 언제든지 그 사항을 변경할 수 있고 조정의 성립 이후에 특별한 사정변경이 있는 때에 한하여 이를 변경할 수 있는 것은 아니다."라고 판시하고 있습니다. (대법원 1991. 6. 25.선고 90므699 판결)

따라서 조정 성립을 통해 이미 정하여진 양육비 등에 관한 사항이라도, 이를 변경 청구함으로써 가정법원의 심리를 거쳐 변경할 수 있다고 할 것입니다.

3-2. 청구권자

① 양육자 변경은 부(父), 모(母), 자녀 및 검사가 가정법원에 청구할 수 있으며, 가정법원이 직권으로 변경할 수도 있습니다(민법제837조제5 항 및 제843조).

② 다만, 친권자 변경은 자녀의 4촌 이내의 친족이 청구할 수 있습니다 (민법 제909조제6항).

3-3. 친권자 및 양육자 변경심판 시 판단기준

① 가정법원은 자녀의 연령, 부모의 재산상황과 그 밖의 사정을 고려해 서 친권자 및 양육자 변경 여부를 결정합니다.

② 특히, 자녀가 13세 이상인 경우에 가정법원은 그 자녀의 의견을 들어 야 하며, 자녀의 의견을 들을 수 없거나 자녀의 의견을 듣는 것이 오 히려 자녀의 복지를 해칠만한 특별한 사정이 있다고 인정되는 경우에 는 자녀의 의견을 듣지 않을 수 있습니다(가사소송규칙 제100조).

3-4. 친권자 변경신고

친권자를 변경하는 재판이 확정된 경우에는 그 재판을 청구한 사람이나 그 재판으로 친권자 또는 그 임무를 대행할 사람으로 정하여진 사람이 재판의 확정일부터 1개월 이내에 재판서의 등본 및 확정증명서를 첨부 하여 등록기준지 또는 주소지 관할 시청·구청·읍사무소 또는 면사무소에 친권자 변경신고를 해야 합니다(가족관계의 등록 등에 관한 법률 제58조 및 제79조제2항제1호).

(법원양식) 친권자·양육자 지정(변경) 심판청구서

친권자·양육자 지정(변경) 심판청구서

청 구 인   성   명 :   (☎ :   )
      주민등록번호 :
      주   소 :
      송 달 장 소 :
      등 록 기준지 :
상 대 방   성   명 :
      주민등록번호 :
      주   소 :
      등 록 기준지 :
사건본인(자녀)   성   명 :
      주민등록번호 :
      주   소 :
      등 록 기준지 :

청 구 취 지

1. 사건본인의 (친권자, 양육자)를 (청구인, 상대방)으로 지정(변경)한다
2. 심판비용은 상대방이 부담한다. 라는 심판을 구함.

청 구 원 인
(청구사유를 구체적으로 기재)

첨 부 서 류

1. 청구인의 혼인관계증명서, 가족관계증명서, 주민등록표등(초)본 각 1통
1. 상대방의 가족관계증명서, 주민등록표등(초)본   각 1통
1. 사건본인의 기본증명서, 가족관계증명서, 주민등록표등(초)본 각 1통
1. 기타(확인서, 재직증명서, 부동산등기사항전부증명서 등)   1부

```
 1. 청구서 부본                                                    1부


                        20   .    .    .
             청구인 :              (서명 또는 날인)


                                              서울○○법원 귀중
```

☞ 유의사항
1. 관할법원은 상대방 주소지 가정법원입니다.
2. 청구서에는 사건본인 1인을 기준으로 친권자(10,000원) 및 양육자(10,000
   원) 지정(변경)시 수입인지 20,000원 상당의 금액을 현금이나 신용카드·직
   불카드 등으로 납부한 내역을 기재한 영수필확인서를 첨부하여야 합니다(예:
   친권자만 변경시 : 10,000원).
3. 송달료는 88,800원을 송달료취급은행에 납부하고 납부서를 첨부하여야
   합니다.
4. ☎ 란에는 연락 가능한 휴대전화번호(전화번호)를 기재하시기 바랍니다.

4. 양육자의 자녀인도청구

4-1. 가정법원에 유아인도심판 청구

① 양육자는 자녀의 양육을 위해 자녀를 자기의 보호 하에 둘 필요가 있습
   니다. 그러나 양육자가 아닌 상대방이 자녀를 데려가서 보내주지 않는
   다고 해서 임의대로 자녀를 데려오는 것은 바람직하지 않습니다. 개인의
   실력행사)에 의한 자력구제는 원칙적으로 금지되어 있기 때문입니다.
② 양육자가 자녀를 되찾아 오기 위해서는 가정법원에 유아인도심판을
   청구하면 됩니다(가사소송법 제2조1항제2호나목 3).

유 아 인 도 심 판 청 구

청 구 인 ㅇ ㅇ ㅇ
      19ㅇㅇ년 ㅇ월 ㅇ일생
      등록기준지 ㅇㅇ시 ㅇㅇ구 ㅇㅇ길 ㅇㅇ
      주소 ㅇㅇ시 ㅇㅇ구 ㅇㅇ길 ㅇㅇ(우편번호)
      전화 ㅇㅇㅇ - ㅇㅇㅇㅇ
상 대 방 ㅁ ㅁ ㅁ
      19ㅇㅇ년 ㅇ월 ㅇ일생
      등록기준지 ㅇㅇ시 ㅇㅇ구 ㅇㅇ길 ㅇㅇ
      주소 ㅇㅇ시 ㅇㅇ구 ㅇㅇ길 ㅇㅇ(우편번호)
      전화 ㅇㅇㅇ - ㅇㅇㅇㅇ
사건본인 ◇ ◇ ◇
      20ㅇㅇ년 ㅇ월 ㅇ일생
      등록기준지 ㅇㅇ시 ㅇㅇ구 ㅇㅇ길 ㅇㅇ
      주소 ㅇㅇ시 ㅇㅇ구 ㅇㅇ길 ㅇㅇ(우편번호)
      전화 ㅇㅇㅇ - ㅇㅇㅇㅇ

청 구 취 지

  상대방 ㅁㅁㅁ은 청구인 ㅇㅇㅇ에 대하여 사건본인 ◇◇◇을 인도하라.
라는 심판을 구합니다.

청 구 원 인

1. 청구인 ㅇㅇㅇ과 상대방 ㅁㅁㅁ은 20ㅇㅇ. ㅇ. ㅇ. 혼인신고를 마친 법률
상 부부로서 20ㅇㅇ. ㅇ. ㅇ. 아들인 사건본인 ◇◇◇을 출산하였습니다.
2. 청구인과 상대방은 20ㅇㅇ. ㅇ. ㅇ. 가정법원의 조정으로 이혼하여 사건본
인의 친권자를 청구인으로 정하고 청구인이 양육하기로 하였습니다.
3. 그 후 청구인이 사건본인을 양육하여 왔습니다만, 20ㅇㅇ년 ㅇ월 ㅇ일 상
대방이 찾아와서 할머니 △△△가 사건본인을 보고싶어 한다며 데리고 간

후 상대방은 청구인이 재혼을 하고 그 사이에 아이를 낳았다고 하여 현실적으로 사건본인을 양육한다는 것이 곤란하다고 주장하며 아직까지 사건본인을 청구인에게 인도하지 않고 있습니다.

4. 그러나 상대방이 주장하는 사실은 터무니없는 낭설이고 사건본인뿐만 아니라 현재 재혼하여 살고 있는 남편도 같이 살기를 원하고 있으며 또한 청구인은 친권자인 동시에 양육자로서 사건본인을 양육할 충분한 능력과 자격이 있으므로 청구인에게 사건본인을 인도할 것을 구하기 위하여 청구취지와 같이 심판을 구하는 바입니다.

첨 부 서 류

1. 혼인관계증명서(청구인, 상대방)	1통
1. 가족관계증명서(사건본인)	1통
1. 기본증명서(사건본인)	1통
1. 주민등록등본(청구인, 상대방)	1통
1. 조정조서사본	1통

20○○년 ○월 ○일
위 청구인 ○ ○ ○ (인)

○○ 가 정 법 원   귀중

[서식 예] 유아인도 조정신청서

유 아 인 도 조 정 신 청

신 청 인 ○ ○ ○
        19○○년 ○월 ○일생
        등록기준지 ○○시 ○○구 ○○길 ○○
        주소 ○○시 ○○구 ○○길 ○○(우편번호)
        전화 ○○○ - ○○○○
피신청인 □ □ □
        19○○년 ○월 ○일생
        등록기준지 ○○시 ○○구 ○○길 ○○
        주소 ○○시 ○○구 ○○길 ○○(우편번호)
        전화 ○○○ - ○○○○
사건본인 ◇ ◇ ◇
        20○○년 ○월 ○일생
        등록기준지 ○○시 ○○구 ○○길 ○○
        주소 ○○시 ○○구 ○○길 ○○(우편번호)
        전화 ○○○ - ○○○○

신 청 취 지

  피신청인 □□□은 신청인 ○○○에게 사건본인 ◇◇◇를 인도한다.
라는 조정을 구합니다.

신 청 원 인

1. 신청인 ○○○과 상대방 피신청인 □□□은 20○○. ○. ○. 혼인신고를
   마친 법률상 부부로서 20○○. ○. ○. 아들인 사건본인 ◇◇◇을 출산하
   였습니다.
2. 신청인과 피신청인은 20○○. ○. ○. 가정법원의 조정으로 이혼하여 사건
   본인의 친권자를 신청인으로 정하고 신청인이 양육하기로 하였습니다.
3. 그 후 신청인이 사건본인을 양육하여 왔습니다만, 20○○년 ○월 ○일 피

신청인이 찾아와서 할머니 △△△가 사건본인을 보고싶어 한다며 데리고 간 후 피신청인은 신청인이 재혼을 하고 그 사이에 아이를 낳았다고 하여 현실적으로 사건본인을 양육한다는 것이 곤란하다고 주장하며 아직까지 사건본인을 신청인에게 인도하지 않고 있습니다.

4. 그러나 피신청인이 주장하는 사실은 터무니없는 낭설이고 사건본인뿐만 아니라 현재 재혼하여 살고 있는 신청인의 남편도 같이 살기를 원하고 있으며 또한 신청인은 친권자인 동시에 양육자로서 사건본인을 양육할 충분한 능력과 자격이 있으므로 신청인에게 사건본인을 인도할 것을 구하기 위하여 신청취지와 같은 이 건 신청에 이른 것입니다.

첨 부 서 류

1. 혼인관계증명서(청구인, 상대방)	1통
1. 가족관계증명서(사건본인)	1통
1. 기본증명서(사건본인)	1통
1. 주민등록등본(청구인, 상대방)	1통
1. 조정조서사본	1통

200 . . .

위 신청인 ○ ○ ○ ㊞

○○가정법원 귀중

■ **친권자와 양육권자의 자녀에 대한 인도청구권 경합시 누가 아이를 인도받게 되나요?**

Q. 남편과 이혼하는 과정에서 미성년자녀에 대한 양육권을 제가 갖고, 친권은 상대방이 행사하는 것으로 정하였습니다. 그러던 와중 상대방의 모가 저희 아이를 함부로 데려가 버렸는데 친권자인 상대방과 양육권자인 저 중 누가 아이를 인도받게 되나요?

A. 양육권자와 친권자가 다른 경우에는 양육에 관한 사항에 있어서 친권이

일부 제한받을 수 있습니다. 판례는 "자의 양육자로 지정된 자는 자의 양육, 교육에 필요한 거소지정, 부당하게 자를 억류하는 자에 대한 인도청구 내지 방해배제청구등도 할 수 있다고 보아야 할 것이므로, 위 인정의 협정이 친권자인 피청구인의 거소지정권 내지 유아인도청구권을 부당하게 침해하였다는 논지나, 이를 친권자인 피청구인이 임의로 변경할 수 있음을 전제로 하는 논지는 모두 이유없다."고 판시함으로써 불법억류된 아이의 인도청구권은 친권자와 양육권자가 모두 갖지만 양육권자의 인도청구권이 우선한다는 견지에 있습니다. (대법원 1985. 2. 26.선고 84므86 판결)

따라서 사안의 경우 상대방과 질문자가 모두 인도청구권을 행사할 경우, 양육권자인 질문자에게 인도하는 것이 적절하다고 볼 것입니다.

4-2. 유아인도 사전처분

유아인도심판이 확정될 때까지는 다소 시간이 걸릴 수 있습니다. 만약, 자녀를 신속히 인도받아야 할 이유가 있는 경우라면 심판이 확정되기 전에 자녀를 데려올 수 있도록 해당 사건을 담당하고 있는 법원에 유아인도 사전처분을 신청할 수 있습니다(가사소송법 제62조).

4-3. 유아인도의무 미이행에 따른 조치

① 이행명령

상대방이 유아인도명령을 받고도 자녀를 보내주지 않으면 가정법원에 유아인도의무의 이행을 촉구하는 명령(이행명령)을 해 줄 것을 신청할 수 있습니다(가사소송법 제64조).

상대방이 이행명령을 받고도 불응하면 다시 가정법원에 신청해서 상대방에게 1천만원 이하의 과태료를 부과시킬 수 있고(가사소송법 제67조제1항), 그 후 30일 이내에 자녀를 보내주지 않으면 경찰서유치장, 교도소 또는 구치소 등 감치시설에 상대방을 감치(監置, 붙잡아

가둠)하는 방법으로 그 이행을 강제할 수 있습니다(가사소송법 제68
조제1항제2호).

② 강제집행

이행명령에 의한 방법 외에도 집행관에게 강제집행을 위임해서 자녀
를 강제로 데려올 수도 있지만(가사소송법 제41조), 그 집행과정에서
자녀가 정신적 충격을 받을 수 있다는 점을 유의해야 합니다.

이행명령 신청서

사건번호 2013(드단, 느단)   (이행명령의 근거가 되는 재판)
신 청 인   성   명 :   (☎ :   )
　　　　주민등록번호 :
　　　　주　　　소 :
　　　　송 달 장 소 :
피신청인   성   명 :
　　　　주민등록번호 :
　　　　주　　　소 :
사건본인   성   명 :
　　　　주민등록번호 :
　　　　주　　　소 :

신 청 취 지

위 당사자간 서울가정법원 20   (드단, 느단)   호 사건의 확정판결(심판, 조정조서)에 기한 의무의 이행으로 (주문, 조정(화해)조항) 중 항을 이행하라는 결정을 구함.

신 청 이 유
(신청 사유를 구체적으로 기재)

첨 부 서 류
1. 판결(조정조서, 화해조서 등) 정본   1통
1. 확정(송달)증명서   1통
1. 신청서 부본   1부

20   .   .   .

신청인 :   (서명 또는 날인)

서울○○법원 귀중

☞ 유의사항
1. 신청서에는 수입인지 1,000원을 붙여야 합니다.
2. 송달료는 37,000원을 송달료취급은행에 납부하고 납부서를 첨부하여야 합니다.
3. ☎ 란에는 연락 가능한 휴대전화번호(전화번호)를 기재하시기 바랍니다.

(법원양식) 이행명령 불이행 등에 따른 감치·과태료 신청서

이행명령 불이행 등에 따른 감치.과태료 신청서

대상사건번호 20   즈기   (이행명령, 수검명령, 일시금지급명령)
신 청 인 성   명 :   (☎ :   )
　　　　주민등록번호 :
　　　　주　　　　소 :
　　　　송 달 장 소 :
피신청인 성   명 :
　　　　주민등록번호 :
　　　　주　　　　소 :

신 청 취 지
피신청인은 위 당사자간 서울가정법원 20   즈기   호   사
건의 이행의무를 위반하였으므로 (감치, 과태료)에 처한다.
라는 결정을 구합니다.

신 청 이 유
(신청 사유를 구체적으로 기재)

첨 부 서 류
1. 이행명령 등 정본 또는 사본   1통
1. 신청서 부본   1부

　　　　　　20   .   .   .
　　　　신청인 :   (서명 또는 날인)

　　　　　　　　　　　　서울○○법원   귀중

■ **양육권자에게 유아인도를 거절하는 경우 대처방법은 있는지요?**

Q. 저는 얼마 전 남편과 재판상 이혼을 하면서 아이의 양육자 및 친권
   행사자로 지정 받았습니다. 그러나 남편은 아이를 내줄 수 없다고
   하는데, 아이를 데려올 수 있는 좋은 방법이 있는지요?

A. 민법은 특별한 경우를 제외하고 자력구제를 금지하고 있으므로 개인의

실력행사에 의하여 아이를 빼앗아 오는 것은 법률적으로 허용되지 않습니다. 따라서 유아의 인도의무를 이행할 판결 등을 받아 강제집행을 실시하여야 하는데 이에는 인도이행의무를 거절하는 상대방에게 일정한 제재를 가하는 간접강제의 방법과 집행관에게 강제집행을 위임하여 아이를 강제로 데려오는 직접강제의 방법이 있습니다.

먼저 간접강제의 방법은 판결, 심판, 조정조서, 조정을 갈음하는 결정 또는 양육비부담조서에 의하여 유아를 인도할 의무를 지는 자로 확정된 자가 정당한 이유 없이 그 의무를 이행하지 아니할 때에는 일정한 기간 내에 그 의무를 이행하라는 이행명령을 가정법원에 신청할 수 있습니다(가사소송법 제64조).

이 명령을 위반하면 1000만원 이하의 과태료에 처할 수 있고, 그 후 30일이 지나도록 유아를 인도하지 않으면 30일의 범위 내에서 유아의 인도의무를 이행할 때까지 가정법원에 그 자를 붙잡아 가두도록 하는 감치처분(監置處分)을 신청할 수 있습니다(가사소송법 제67조 제1항, 제68조 제1항).

위와 같은 제재(制裁)에도 불구하고 유아의 인도를 거부할 경우 집행관에게 강제집행을 위임하여 아이를 강제로 데려오는 직접강제의 방법이 있으나 이 경우 집행관은 그 집행에 있어서 일반동산의 경우와는 달리 수취할 때에 세심한 주의를 하여야 하고 다만, 그 유아가 의사능력이 있어 그 유아 자신이 인도를 거부하는 때에는 집행을 할 수 없도록 하고 있습니다(대법원 재판예규 제917-2호).

따라서 유아를 인도받기 위하여 직접강제를 행사하는 것은 유아에 대하여 바람직하지 못한 결과를 가져올 수도 있고 위와 같은 제한이 있으므로, 「가사소송법」에 의한 간접강제의 방법으로 상대방의 이행을 구해보고 간접강제만으로는 실효성이 없거나 긴급한 사정이 있는 때에 한하여 예외적으로 직접강제에 의한 방법을 택하는 것이 적절할 것으로 보입니다.

5. 면접교섭권

5-1. 양육자가 아닌 부모의 자녀에 대한 면접교섭권
5-1-1. 면접교섭권이란?

① 이혼 후 자녀를 직접 양육하지 않는 부모 일방과 자녀는 상호 면접 교섭할 수 있는 권리를 가집니다(민법 제837조의2제1항).

② 면접교섭에는 직접적인 만남, 서신교환, 전화통화, 선물교환, 일정기간의 체재(예를 들어 주말동안의 숙박) 등 다양한 방법이 활용될 수 있습니다.

③ 이혼 후 자녀를 직접 양육하지 않는 부모의 직계존속은 그 부모 일방이 사망하였거나 질병, 외국거주, 그 밖에 불가피한 사정으로 자녀를 만나볼 수 없는 경우 가정법원에 자녀와의 면접교섭을 청구할 수 있습니다(민법 제837조의2제2항 전단).

④ 이 경우 가정법원은 자녀의 의사(意思), 면접교섭을 청구한 사람과 자녀와의 관계, 청구의 동기, 그 밖의 사정을 참작해서 결정하게 됩니다(민법 제837조의2제2항 후단).

5-1-2. 면접교섭의 제한·배제

① 면접교섭권의 행사는 자녀의 복리를 우선적으로 고려해서 이루어져야 합니다(민법 제912조).

② 따라서 자녀가 부모를 만나기 싫어하거나 부모가 친권상실사유에 해당하는 등 자녀의 복리를 위해 필요한 경우에는 당사자의 청구 또는 가정법원의 직권에 의해 면접교섭이 제한되거나 배제, 변경될 수 있습니다(민법 제837조의2제3항).

면 접 교 섭 권 배 제 심 판 청 구

청 구 인 ○ ○ ○(주민등록번호)
      등록기준지 ○○시 ○○구 ○○길 ○○
      주소 ○○시 ○○구 ○○길 ○○(우편번호)
      전화 ○○○ - ○○○○
상 대 방 □ □ □ (주민등록번호)
      등록기준지 ○○시 ○○구 ○○길 ○○
      주소 ○○시 ○○구 ○○길 ○○(우편번호)
      전화 ○○○ - ○○○○
사건본인 ◇ ◇ ◇ (주민등록번호)
      등록기준지 ○○시 ○○구 ○○길 ○○
      주소 ○○시 ○○구 ○○길 ○○(우편번호)
      전화 ○○○ - ○○○○

면접교섭권 배제 심판 청구

청 구 취 지

1. 상대방은 사건본인을 면접교섭하는 일체의 행위를 하여서는 아니된다.
2. 소송비용은 상대방이 부담한다.
라는 심판을 구합니다.

청 구 원 인

1. 신분관계
가. 청구인과 상대방은 20○○. ○. ○. 혼인신고를 마친 법률상 부부였던 관계로서 슬하에 자녀로 사건본인(김○○, 20○○. ○. ○.생 여)을 두었습니다.
나. 그러나 청구인과 상대방은 20○○. ○. ○. 이혼조정(귀원 20○○드단○○○○)을 하였는데, 그 당시 사건본인의 친권자 및 양육자로 청구인이 지정되어 현재까지 사건본인이 사건본인을 키워오고 있습니다(소갑 제1호증 조정조서 참조).

2. 면접교섭의 남용
가. 위 조정에 따라 상대방은 매월 마지막 주 일요일 10:00부터 16:00까지만

사건본인을 면접교섭할 수 있고, 면접교섭을 마친 후에는 장한평역 2번 출구에서 사건본인을 인도하여야 함에도 불구하고, 상대방은 20○○. ○. ○. 10:00경 사건본인을 데리고 간 이후로 청구인에게 사건본인을 인도하지 않았습니다.

나. 이에 청구인은 20○○. ○. ○. 서울동대문경찰서에 사건본인의 실종신고를 하고(소갑 제2호증 신고접수증 참조), 상대방에 대해 유아인도심판청구(귀원 20○○느단○○○)를 접수하였습니다(소갑 제3호증 유아인도심판청구서 참조).

다. 그 이후 청구인은 사건본인과 몇 차례 전화통화만 했을 뿐 사건본인을 인도받지 못하다가, 20○○. ○. ○.경 광주광역시 북구 소재 역전파출소에서 경찰들로부터 사건본인을 인도받은 후, 20○○. ○. ○. 위 유아인도심판청구를 취하하였습니다(소갑 제4호증 취하서 참조).

3. 결론

위와 같이 상대방은 조정에 기한 면접교섭을 하는 과정에서 정당한 이유 없이 일시, 장소 등 면접교섭 조건을 위반하여 청구인의 참여 없이 상대방이 독자적으로 사건본인을 면접교섭할 경우 사건본인이 탈취될 구체적인 개연성이 있으므로 상대방의 면접교섭을 허용해서는 아니된다 할 것입니다.

소 명 방 법

1. 소갑제1호증　　　　　　　　　　조정조서
1. 소갑제2호증　　　　　　　　　　신고접수증
1. 소갑제3호증　　　　　　　유아인도심판청구서
1. 소갑제4호증　　　　　　　　　　취하서

첨 부 서 류

1. 위 소명방법　　　　　　　　　　각 1부
1. 본인진술서　　　　　　　　　　　1부
1. 주민등록표등본(청구인, 상대방)　각 1부
1. 기본증명서(사건본인)　　　　　　1부
1. 심판청구서 부본　　　　　　　　　1부
1. 납부서　　　　　　　　　　　　　1통

20○○년 ○월 ○일

위 청구인 ○ ○ ○ (인)

○○ 가 정 법 원 　 귀중

5-1-3. 면접교섭에 관한 심판청구

면접교섭의 행사방법과 범위에 대해서는 부부가 합의해서 정하고, 합의가 이루어지지 않으면 가정법원에 심판을 청구해서 정할 수 있습니다(민법 제837조제2항제3호, 제843조 및 가사소송법 제2조제1항제2호나목 3).

[서식 예] 면접교섭허가 심판청구서

면접교섭허가 심판청구

청 구 인 ○ ○ ○(주민등록번호)
　　　　　등록기준지 ○○시 ○○구 ○○길 ○○
　　　　　주소 ○○시 ○○구 ○○길 ○○(우편번호)
　　　　　전화 ○○○ - ○○○○
상 대 방 □ □ □ (주민등록번호)
　　　　　등록기준지 ○○시 ○○구 ○○길 ○○
　　　　　주소 ○○시 ○○구 ○○길 ○○(우편번호)
　　　　　전화 ○○○ - ○○○○
사건본인 ◇ ◇ ◇ (주민등록번호)
　　　　　등록기준지 ○○시 ○○구 ○○길 ○○
　　　　　주소 ○○시 ○○구 ○○길 ○○(우편번호)
　　　　　전화 ○○○ - ○○○○

　　　　　　　　　　　청 구 취 지

1. 청구인은 매월 첫째 일요일 오전 ○○시부터 오후 ○○시까지 사이의 시간 동안 청구인의 주소지에서 사건본인을 만날 수 있다.
2. 상대방은 청구인과 사건본인의 면접이 원만히 이루어지도록 협조하여야 하고 이를 방해해서는 아니 된다.
3. 심판비용은 상대방의 부담으로 한다.
라는 심판을 구합니다.

청 구 원 인

1. 청구인과 상대방은 20○○. ○. ○. 혼인신고를 마치고 부부로서 20○○. ○. ○. 아들인 사건본인 ◇◇◇을 출산하였습니다.

2. 청구인은 상대방의 부정행위를 원인으로 하여 이혼소송을 제기하여 1심에서 승소하고 상대방이 항소하였으나 재산분할청구부분 이외에는 1심대로 청구인 승소판결이 선고되어 위 판결은 20○○. ○. ○. 확정되었습니다.

3. 청구인은 위 판결 1심에서 양육자지정신청도 같이 하였으나 상대방이 사건본인의 양육을 고집하여 청구인은 양육자지정신청부분은 취하하고 그 부분에 대해서는 상대방과 협의하여 상대방이 친권자 및 양육자로 지정되었습니다.

4. 그런데 청구인이 20○○. ○월 초순경 상대방에게 사건본인을 한 달에 한 번이라도 만나게 해 달라고 간청하였으나 상대방은 청구인이 양육자가 아니라는 이유로 청구인으로 하여금 사건본인을 만나지 못하도록 하여 결국은 사건본인을 만나지 못하고 되돌아오고 말았습니다.

5. 이 후로도 상대방은 청구인이 사건본인을 만나지 못하도록 하고 있습니다. 재혼의사가 없는 청구인은 사건본인이 보고 싶어 잠 못 이루는 나날이 반복되고 있으며, 사건본인 또한 청구인을 상당히 보고 싶어 하고 있습니다.

6. 청구인은 위와 같은 사정으로 한 달에 한 번은 사건본인을 면접교섭 할 수 있기를 바라며 이에 이 심판청구에 이르게 된 것입니다.

첨 부 서 류

1. 가족관계증명서(청구인)   1통
1. 주민등록등본(청구인   1통
1. 판결문(사본)   1통
1. 기타(소명자료)   1통

20○○년 ○월 ○일

위 청구인 ○ ○ ○ (인)

○○ 가 정 법 원   귀중

면접교섭허가 심판청구서

청 구 인   성   명 :　　　　　　 (☎ :　　　　　)
　　　　　주민등록번호 :
　　　　　주　　　　소 :
　　　　　송 달 장 소 :

상 대 방　　성   명 :
　　　　　주민등록번호 :
　　　　　주　　　　소 :

사건본인(자녀)　성명 :
　　　　　주민등록번호 :
　　　　　주　　　　소 :

청 구 취 지

1. 청구인은 20   . . .부터 사건본인이 성년이 될 때까지 다음과 같이 사건본 인을 면접교섭 할 수 있다.

　가. 면접교섭 일정

　　1)매월 2회, 둘째 주 및 넷째 주 토요일 12:00부터 일요일 12:00까지(숙 박 포함)

　　2) 여름 및 겨울 방학기간 동안 : 청구인이 지정하는 각 7일간[다만, 이 기간 동안에는 위 1)중 월 1회는 실시하지 않는다]

　나. 면접교섭 장소 : 청구인이 지정한 장소

　다. 인도방법 : 청구인이 상대방의 주거지로 사건본인을 데리러 가서 상대 방으로부터 사건본인을 인도받고, 면접교섭을 마친 후에는 다시 청구인 이 상대방의 주거지로 사건본인을 데려다 주면서 상대방에게 사건본인 을 인도하는 방법

2. 상대방은 위 1.항과 같은 청구인의 면접교섭이 원만하게 실시될 수 있도록 적극 협조하여야 하며 이를 방해하여서는 안 된다.

5-1-4. 재혼 후 친양자(親養子) 입양과 면접교섭권

이혼한 부모가 재혼해서 자녀를 친양자(親養子)로 입양한 경우에는 친생 (親生)부모의 면접교섭권이 더 이상 인정되지 않습니다. 친양자는 재혼한 부부의 혼인 중의 출생자로 보아(민법 제908조의3제1항), 입양 전의 친 족관계가 종료되기 때문입니다(민법 제908조의3제2항).

5-2. 면접교섭의무의 이행 강제 방법

5-2-1. 가정법원에 이행명령 신청

상대방이 정당한 이유 없이 면접교섭허용의무를 이행하지 않으면 그 의 무를 이행할 것을 가정법원에 신청할 수 있습니다(가사소송법 제64조).

5-2-2. 이행명령 위반에 대해 과태료 부과 신청

① 상대방이 가정법원의 이행명령을 받고도 면접교섭을 허용하지 않으면 가정법원이 직권으로 또는 가정법원에 신청해서 상대방에게 1천만원 이하의 과태료를 부과시킬 수 있습니다(가사소송법 제67조제1항).

② 그러나 위자료·유아인도청구 등의 사건과 달리 가정법원의 이행명령

위반에 대해 상대방을 감치(監置, 붙잡아 가둠)하는 방법으로 이행을 강제하도록 법원에 신청할 수는 없습니다(가사소송법 제68조제1항). 양육자를 감치에 처하면 양육의 공백이 발생하여 자녀의 복리를 해칠 우려가 있기 때문입니다.

■ 자녀를 양육하지 않는 부모 일방의 면접교섭권은 어떻게 행사해야 하나요?

Q. 저는 상대방과 이혼하면서 친권 및 양육권을 모두 넘겨주었습니다. 이런 상황에서 제가 자녀를 만나기 위해서는 어떤 권리를 행사해야 하나요?

A. 민법 제837조 제1항·제2항 및 제4항은 "이혼을 하는 경우 부부가 합의해서 다음과 같은 자녀의 양육에 관한 사항을 결정해야 하고, 합의할 수 없거나 합의가 이루어지지 않는 경우에는 가정법원이 직권으로 또는 당사자의 청구에 따라 양육에 관한 사항을 결정합니다."고 규정하고 있습니다. 본 조에 의하여 면접교섭권의 행사 여부 및 그 방법을 양육권 지정에 있어 그 내용으로 정하게 됩니다.

따라서 자를 직접 양육하지 않는 부모의 일방과 그 자는 면접교섭권에 근거하여 상호 면접, 서신교환, 또는 접촉을 할 수 있게 됩니다. 이는 고유권, 절대권, 일신전속적 권리로서 양도할 수 없고 영속적 권리로서 소멸하거나 포기할 수 없으나 가정법원이 자의 복리를 위해 당사자의 청구 또는 직권으로 제한?배제하는 것은 가능합니다. (민법 제837조의2)

이러한 면접교섭권의 침해가 있을 경우 상대방에게 이행명령 및 과태료 처분이 가능하며, 면접교섭권 침해 사실은 양육권의 변경 또는 친권상실의 사유가 될 수도 있습니다.

(관련판례)

갑과 을이 이혼하면서 자녀 병과 정의 각 친권자 및 양육자로 지정되었는데, 형제간인 병과 정의 면접교섭을 인정할 것인지 문제된 사안에서, 민법상 명문으로 형제에 대한 면접교섭권을 인정하고 있지는 아니하나 형제에 대한 면접교섭권은 헌법상 행복추구권 또는 헌법 제36조 제1항에서 규정한 개인의 존엄을 기반으로 하는 가족생활에서 도출되는 헌법상의 권리로서 특별한 사정이 없는 한 부모가 이혼한 전 배우자에 대한 적대적인 감정을 이유로 자녀들이 서로 면접교섭하는 것을 막는 것은 부모의 권리남용이고, 병과 정이 서로를 정기적으로 면접교섭하는 것을 간절히 원하고 있다는 등의 이유로, 병과 정의 면접교섭을 인정한다. (수원지방법원 2013. 6. 28. 자 결정)

■ 형제간의 면접교섭권은 인정되나요?

Q. 부부인 甲과 乙이 이혼하면서 자녀 丙과 丁의 각 친권자 및 양육권자로 지정된 경우, 丙과 丁이 서로에 대해 면접교섭권을 가질 수 있나요?

A. 종전에는 부모에게만 면접교섭권을 인정하고 있었는데, 이는 자녀를 면접교섭권의 객체로만 인식하는 문제가 있어 2007년 개정 시에 자녀에게도 면접교섭권을 인정하게 되었습니다.

또한 판례는 "민법상 명문으로 형제에 대한 면접교섭권을 인정하고 있지는 아니하나 형제에 대한 면접교섭권은 헌법상 행복추구권 또는 헌법 제36조 제1항에서 규정한 개인의 존엄을 기반으로 하는 가족생활에서 도출되는 헌법상의 권리로서 특별한 사정이 없는 한 부모가 이혼한 전 배우자에 대한 적대적인 감정을 이유로 자녀들이 서로 면접 교섭하는 것을 막는 것은 부모의 권리남용이고, 병과 정이 서로를 정기적으로 면접 교섭하는 것을 간절히 원하고 있다는 등의 이유로, 병과 정의 면접교섭을 인정한다."고 하였습니다. (수원지방법원 2013. 6. 28. 2013브33 결정)

즉 사안의 경우 헌법상의 권리로서 자녀 丙과 丁은 서로에 대해 면접교섭권을 가진다고 할 것입니다.

6. 양육비

6-1. 자녀에 대한 양육비 부담

6-1-1. 양육비의 부담자

① 자녀의 양육에 소요되는 비용은 부부가 공동으로 부담하는 것이 원칙이므로 이혼한 경우 양육자가 부모의 일방일 때에는 양육자가 아닌 다른 일방에게 상대방의 부담 몫만큼의 양육비를 청구할 수 있고 (대법원 1992. 1. 21. 선고 91므689 판결), 양육자가 제3자일 때에는 부모 쌍방에 대해 양육비를 청구할 수 있습니다.

② 일반적으로 양육비를 부담해야 하는 기간은 자녀가 성년(만 19세)이 되기 전까지이며, 구체적인 양육비는 부모의 재산상황이나 그 밖의 사정을 고려해서 정하게 됩니다.

■ 양육자 지정에 있어 내용 및 판단 기준은 무엇입니까?

Q. 이혼 시 자녀에 대한 양육권자 지정에 있어 그 구체적 내용 및 지정 판단의 기준이 알고 싶습니다.

A. 민법 제837조에서는 "이혼 당사자는 자의 양육에 관한 사항을 협의에 의하여 정하고 협의가 되지 아니하거나 협의할 수 없는 때에는 당사자의 청구 또는 직권에 의하여 법원이 양육에 필요한 사항을 정하고 그 사항을 변경하거나 적당한 처분을 할 수 있다"고 정하고 있습니다. 여기에서 말하는 양육에 관한 처분에는 양육자의 지정, 양육 기간의 결정, 양육비용의 부담, 양육권의 방해배제로서 자의 인도에 관한 사항이 포함됩니다.

양육자 지정은 '자의 최대이익'을 지배원리로 하여 자의 연령과 성별, 양육자에 대한 자와 부모의 희망, 자의 이익에 영향을 미칠 수 있는 사람들, 즉 부모 또는 제3자와 자와의 상호관계, 가정, 학교, 사회 등에 대한 자의 적응능력, 부모의 정신적, 육체적 건강상태, 자에 대한 애정 및 관심 정도, 경제력, 교육, 직업, 현재의 양육상태 등을 고려하여 결정하게 됩니다. 이러한 견지에서 자녀가 13세 이상인 때에는 필수적으로 자녀 의견을 청취하게 됩니다.

■ 협의 이혼을 전제로 한 양육비 지급 약정협의는 효력이 있는가요?

Q. 甲과 乙은 법률상 부부로서 자녀 丙을 두고 있었는데, 이혼 소송에 이르기 전에 '협의 이혼하고, 친권자는 공동으로, 양육자는 乙로 하며, 공동 임대차보증금을 반반으로 나눈 후 甲이 乙에게 양육비를 일시금으로 지급하되, 그 외에는 양육비, 위자료, 재산분할 청구 소송을 제기하지 아니한다.'는 내용의 합의서를 작성하고 공증을 받았으나, 현재 乙은 협의 이혼을 거부하고 정기금의 형태로 양육비의 지급을 구하고 있습니다. 이 경우 기존 협의는 효력이 있는가요?

A. 판례는 위와 같은 사안에서 "이에 대하여 원고는, 피고와 사이에 사건본인에 대한 양육비 일시금 지급 약정이 있었고, 이와 별도의 양육비 청구 소송을 제기하지 않기로 하였으므로 이 부분 청구가 부제소합의에 반하거나 부당하다고 주장하나, 원고와 피고 사이에 선행하여야 하는 협의 이혼이 이루어지지 않았을 뿐만 아니라 원고와 피고 사이의 양육비 일시금 지급 약정이 원고와 피고의 재산 및 소득상황, 사건본인이 처한 사정과 일시금의 액수 등을 고려해 보면 사건본인의 복리에 현저히 반하므로 위 약정은 효력이 없다."고 판시하였습니다. (부산가정법원 2015. 10. 16. 선고 2014드단201540, 11709)

즉 양육비에 관한 협정이 있더라도 자녀의 복리에 비추어 사정변경 등을 이유로 이를 변경할 필요성이 있을 때에는 기존 협정과 달리 정할 수도 있으며, 또한 본 사안의 경우 협의 이혼을 전제로 한 것이었으므로, 선행하여야 하는 협의 이혼이 이루어지지 않은 경우 더더욱 양육비 지급에 대한 약정은 구속력이 없다고 볼 수 있습니다.

■ 법 개정으로 성년 연령이 변경된 경우 양육비 지급의 종료 시점은 언제로 보아야 하나요?

Q. 甲과 乙은 재판상 이혼을 하며 그 소송과정에서 장래의 양육비 지급청구를 함께 진행하였습니다. 양육비 지급 재판이 확정된 이후 민법 개정으로 성년에 이르는 연령이 20세에서 19세로 변경되었습니다. 이러한 경우 양육비는 아이가 20세에 이를 때까지 받을 수 있는 것인가요?

A. 민법 제4조는 2011. 3. 7. 법률 제10429호로 개정되어 2013. 7. 1.부터 시행되었으며, 그 내용은 성년의 연령을 19세로 변경하는 것이었습니다. 이 경우 2013. 7. 1. 이전에 양육비 지급 재판이 확정되었다면 자에 대한 양육비를 19세까지 받을 수 있을 것인지, 20세까지 받을 수 있을 것인지 문제 됩니다.

이에 대하여 판례는 "이혼한 부부 중 일방이 미성년자의 자녀에 대한 양육자 지정청구와 함께 장래의 이행을 청구하는 소로서 양육비 지급을 동시에 청구할 수 있고, 위와 같은 청구에 따라 장래의 양육비 지급을 명한 확정판결이나 이와 동일한 효력이 있는 조정조서나 화해권고결정 등에서 사건본인이 성년에 이르는 전날까지 양육비 지급을 명한 경우 재판의 확정 후 사건본인이 성년에 도달하기 전에 법률의 개정으로 성년에 이르는 연령이 변경되었다면 변경된 성년 연령이 양육비를 지급하는 종료 기준시점이 된다. 따라서 2011. 3. 7. 법률 제10429호로 개정되어 2013.7.1.부터 시행된 민법 제4조에 의하여 성년에 이르는 연령이 종전 20세에서 19세로 변경되었으므로 법 시행 이전에 장래의 양육비 지급을 명하는 재판이 확정되었더라도 법 시행 당시 사건본인이 아직 성년에 도달하지 아니한 이상 양육비 종료 시점은 개정된 민법 규정에 따라 사건본인이 19세에 이르기 전날까지로 봄이 타당하다."고 판단한 바 있습니다. (대결 2016. 4. 22. 2016으2)

따라서 법 시행 이전에 확정된 재판이더라도, 개정된 규정의 적용을 받아 만 19세에 이르기 전날까지의 양육비를 지급 받을 수 있습니다.

6-1-2. 양육비의 청구

① 양육비는 이혼할 때 부부가 합의해서 정할 수 있으며, 합의가 이루어 지지 않으면 법원에 청구해서 정할 수 있습니다(민법 제837조제2항제 2호, 제843조 및 가사소송법 제2조제1항제2호나목 3).

② 지급받을 양육비를 미리 확정해 둘 필요가 있는 경우에는 양육자지정 청구와 함께 장래의 이행을 청구하는 소송으로써 양육비지급청구를 동시에 할 수 있습니다(가사소송법 제14조제1항 및 제57조).

③ 양육비지급청구는 부(父), 모(母) 또는 제3자가 양육자로 지정된 경우 그 양육자가 부모의 일방 또는 쌍방에 대해 할 수 있으며, 가정법원이 직권으로 양육비지급에 관해 정할 수도 있습니다(민법 제837조제4항).

④ 가정법원은 양육비청구사건을 위해 특히 필요하다고 인정하는 때에는 직권 또는 당사자의 신청에 의해 당사자에게 재산상태를 명시한 재 산목록을 제출하도록 명할 수 있습니다(가사소송법 제48조의2). 재산 목록의 제출 명령을 받은 사람이 정당한 사유 없이 재산목록의 제출 을 거부하거나 거짓의 재산목록을 제출한 때에는 1천만원 이하의 과 태료를 부과하게 됩니다(가사소송법제67조의3).

⑤ 가정법원은 재산명시절차에 따라 제출된 재산목록만으로는 양육비청 구사건의 해결이 곤란하다고 인정할 경우에 직권 또는 당사자의 신청 에 의해 개인의 재산 및 신용에 관한 전산망을 관리하는 공공기관· 금융기관·단체 등에 당사자 명의의 재산에 관해 조회할 수 있습니다 (가사소송법제48조의 3 및 민사집행법 제74조).

⑥ 조회를 받은 기관·단체의 장이 정당한 사유 없이 거짓 자료를 제출하 거나 자료의 제출을 거부한 때는 1천만원 이하의 과태료를 부과하게 됩니다(가사소송법제67조의4).

[서식 예] 양육비 심판청구서

양육비 심판청구

청구인   오 ○ ○ (주민등록번호)
        등록기준지 : ○○시 ○○구 ○○길 ○○
        주소 : ○○시 ○○구 ○○길 ○○(우편번호)
상대방   조 △ △ (ㅋ △ △) 1950. ○. ○생, 남
        국적 : 중화민국
        주소 : ○○시 ○○구 ○○길 ○○(우편번호)
사건 본인   조 ㅁ (ㅋ ㅁ) 1980. ○. ○. 생, 여
        국적 : 중화민국
        주소 : 청구인과 같음

양육비 심판청구

청 구 취 지

1. 상대방은 청구인에게 사건본인의 양육비로 금 76,000,000 원 및 이에 대한 이 사건 심판청구서 부본 송달 다음날부터 완제일까지 연 15%의 비율에 의한 금원을 지급하고, 20○○. ○. ○.부터 20○○. ○. ○. 까지 매월 금 1,000,000씩의 비율에 의한 금원을 매월 말일에 지급하라.
2. 소송비용은 상대방의 부담으로 한다.
3. 위 제1항은 가집행 할 수 있다.
라는 심판을 구합니다.

청 구 원 인

1. 청구인은 중화민국 (TAIWAN) 국적의 화교인 상대방과 1980. ○. ○. 혼인하여 법률상부부가 된 후 그 사이에 사건본인 조ㅁ(1980. ○. ○.생)을 두었으나, 상대방이 다른 여자와 간통을 하는 등 부정행위를 하여 1990. ○. ○. 협의이혼을 한 사실이 있습니다. {증거 : 갑제 1 호증 (혼인관계증명서), 갑제 2 호증 (가족관계증명서)}
2. 청구인과 상대방은 협의이혼을 하면서 사건본인의 양육은 청구인이 하기로 하고 상대방이 청구인에게 사건본인의 양육비로 매월 한화 금 1,000,000 원을 지급하기로 하되, 1990. ○. ○. 상대방이 사건본인을 데려가면 그 때부터는 양육비지급을 중단하는 것으로 구두 합의한 후 그러한 내용이 포함

된 협의이혼증서를 중국어로 작성하여(청구인은 중국어를 모름) 공증을 받은 사실이 있습니다. {증거:갑 제4 호증 (인증서)}

3. 그러나 상대방은 청구인에게 위 약정에 따른 양육비를 한번도 지급한 사실이 없을 뿐만 아니라 자신의 전화번호를 변경하고 청구인과 연락을 끊어버려 청구인 혼자 199○. ○. ○.부터 지금까지 사건본인을 양육하고 있습니다. {증거 : 갑 제 5 호증 (재학증명서)}

4. 따라서 상대방은 위 양육비 약정에 따라 청구인에게 199○. ○. ○.부터 20○○. ○. ○.까지 ○○개월동안 사건본인의 양육비로 금 76,000,000 원 (= 1,000,000원 X 76개월) 및 이에 대한 이 사건 심판청구서 부본 송달 다음날부터 완제일까지 소송촉진등에관한특례법 소정의 연 15%의 비율에 의한 지연손해금을 지급하고, 장래의 양육비로 20○○. ○. ○.부터 위 조□이 만 19세가 되는 20○○. ○. ○. 까지 매월 금 1,000,000원씩을 매월 말일에 지급할 의무가 있으므로 청구인은 그 지급을 구하기 위하여 이 건 청구에 이르렀습니다.

입 증 방 법

1. 갑 제1호증   혼인관계증명서
1. 갑 제2호증   가족관계증명서
1. 갑 제3호증   기본증명서(사건본인)
1. 갑 제4호증   인증서
1. 갑 제5호증   재학증명서

첨 부 서 류

1. 심판청구서 부본   1통
1. 위 각 입증방법   각 1통
1. 위임장   1통
1. 납부서   1통

20○○년 ○월 ○일
위 청구인 ○ ○ ○ (인)

○ ○ 가 정 법 원   귀 중

양육비 등 심판 청구

청 구 인   ○ ○ ○(○○○)
　　　　　　　19○○년 ○월 ○일생
　　　　　　　등록기준지   ○○시 ○○구 ○○길 ○○
　　　　　　　주소   ○○시 ○○구 ○○길 ○○(우편번호)
　　　　　　　전화   ○○○ - ○○○○
상 대 방   △ △ △(△△△)
　　　　　　　19○○년 ○월 ○일생
　　　　　　　등록기준지   ○○시 ○○구 ○○길 ○○
　　　　　　　주소   ○○시 ○○구 ○○길 ○○(우편번호)
　　　　　　　전화   ○○○ - ○○○○
사건본인   □ □ □
　　　　　　　19○○년 ○월 ○일생
　　　　　　　등록기준지   ○○시 ○○구 ○○길 ○○
　　　　　　　주소   ○○시 ○○구 ○○길 ○○(우편번호)
　　　　　　　전화   ○○○ - ○○○○

양육비 등 심판 청구

청 구 취 지

1. 청구인을 사건본인의 양육자로 지정한다.
2. 상대방은 사건본인의 양육비로 20○○. ○. ○.부터 사건본인이 19세에 이를 때까지 매월 말일에 금 400,000원씩을 지급하라.
3. 심판비용은 상대방의 부담으로 한다.
라는 심판을 구합니다.

청 구 원 인

1. 청구인과 상대방의 이혼
　청구인과 상대방은 20○○. ○. ○. 법률상 혼인하였다가 성격차이로 20○○.

○. ○. 협의이혼 하였습니다. 이혼당시에 청구인과 상대방 사이에는 20○○. ○. ○.딸인 사건본인이 있었습니다.

2. 양육비 청구

청구인과 상대방은 협의이혼하면서 사건본인의 친권자로 청구인을 지정하고 지금도 양육하고 있는데, 상대방은 이혼 후 양육비를 전혀 지급하지 아니하고 있습니다. 청구인은 지체장애 6급으로 도저히 단독으로는 위 사건본인을 양육할 수 없습니다.

3. 결론

따라서 사건본인의 양육자로 청구인을 지정하고, 이혼한 20○○. ○. ○.부터 사건 본인이 만 19세까지 될 때까지 매월 말에 40만원씩 지급 받고자 이 사건 심판청구를 하게 되었습니다.

첨 부 서 류

1. 혼인관계증명서	1통
1. 가족관계증명서	1통
1. 기본증명서(사건본인)	1통
1. 주민등록등본	1통
1. 장애인등록증	1통

20○○년   ○월   ○일

위 청구인 ○ ○ ○ (인)

○ ○ 가 정 법 원   귀 중

■ **사실혼 배우자에 대한 양육비 지급청구가 가능한가요?**

Q. 저는 현재 동거 중인 사실혼 배우자와의 사이에 아이를 한 명 두고 있습니다. 헤어진 뒤 아이 아버지에게 양육비 청구가 가능한가요?

A. 사실혼 부부간에 태어난 자는 법적으로 혼인 외의 출생자로 보기 때문에, 실제 생물학적 아버지라고 하더라도 별도의 절차를 거치지 않으면

법률상 부로서 관계가 존재하지 않습니다. 따라서 이러한 상태 하에서는 부가 양육의무를 지지 않으므로 대하여 자녀 양육비를 곧바로 청구할 수는 없습니다.

다만 가족관계등록법 제57조는 "부가 혼인 외의 자녀에 대하여 친생자 출생의 신고를 한 때에는 그 신고는 인지의 효력이 있다."고 정하고 있으며, 민법 제863조는 "자와 그 직계비속 또는 그 법정대리인은 부 또는 모를 상대로 하여 인지청구의 소를 제기할 수 있다."고 규정하고 있습니다. 이러한 절차를 거쳐 확정된 경우에는 부에 대한 양육 의무가 발생 가능하므로 양육비 지급 청구도 할 수 있을 것으로 보입니다.

따라서 사안의 경우 가족관계등록법상 친생자 출생신고의 유무를 확인하고, 이에 해당사항이 없다면 부를 상대로 하여 인지청구의 소를 제기할 필요가 있습니다. 인지청구소송은 언제든지 제기할 수 있는 것이지만, 민법 제864조에 의하여 부 또는 모가 사망한 경우에는 그 사망을 안 날로부터 2년 내에 검사를 상대로 청구해야 한다는 제한을 받습니다.

(관련판례)

수년간 별거해 온 갑과 을의 이혼에 있어, 별거 이후 갑(부)이 양육해 온 9세 남짓의 여아인 병에 대한 현재의 양육상태를 변경하여 을(모)을 친권행사자 및 양육자로 지정한 원심에 대하여, 현재의 양육상태에 변경을 가하여 을(모)을 병에 대한 친권행사자 및 양육자로 지정하는 것이 정당화되기 위하여는 그러한 변경이 현재의 양육상태를 유지하는 경우보다 병의 건전한 성장과 복지에 더 도움이 된다는 점이 명백하여야 함에도, 단지 어린 여아의 양육에는 어머니가 아버지보다 더 적합할 것이라는 일반적 고려만으로는 위와 같은 양육상태 변경의 정당성을 인정하기에 충분하지 아니하다는 이유로 원심판결을 파기한 사례.(대법원 2010. 5. 13. 선고 2009므1458,1465 판결)

■ 모가 양육비포기각서를 작성한 경우 그 자(子)가 양육비를 청구할 수 있는지요?

Q. 저희 어머니는 3년 전 이혼을 하면서 아버지에게 양육비를 청구하지 않겠다는 각서를 교부하였고, 이후 저를 혼자서 양육해왔습니다. 그러나 어머니는 최근에 병을 얻어 그 동안 해오던 일을 할 수가 없게 되었으며, 아버지는 그 각서를 이유로 현재까지 단 한푼도 양육비를 지급하지 않고 있습니다. 저는 고등학교 2학년에 재학 중이므로 아버지가 양육비 등을 지급하지 않으면 학업을 중단해야만 할 처지에 놓여 있습니다. 이 경우 양육비를 아버지에게 청구할 수 없는지요?

A. 미성년자인 자녀에 대하여 부모는 모두 부양의 의무가 있으며, 부양을 할 자 또는 부양을 받을 자의 순위, 부양의 정도 또는 방법에 관한 당사자의 협정이나 법원의 판결이 있은 후 이에 관한 사정변경이 있는 때에는 법원은 당사자의 청구에 의하여 그 협정이나 판결을 취소 또는 변경할 수 있습니다(민법 제913조, 제978조).

그러므로 이혼의 당사자가 자의 양육에 관한 사항을 협의에 의하여 정하였더라도 필요한 경우 가정법원은 당사자의 청구에 의하여 언제든지 그 사항을 변경할 수 있는 것입니다(대법원 1991. 6. 25. 선고 90므699 판결, 1992. 12. 30.자 92스17, 18 결정).

그런데 위 사안은 부양의무자인 부모 사이에 그 일방이 다른 일방에 대하여 양육비를 청구하지 않겠다고 각서를 교부한 것이 부양권리자인 귀하의 양육비청구에 어떤 영향을 미칠 수 있는가 문제입니다.

만일, 어머니가 아버지에 대하여 귀하의 친권자로서 귀하를 대리하여 귀하에게 생길 부양청구권을 포기한 것이라면, 사정변경을 이유로 법원에 그 취소 또는 변경을 청구할 수 있을 것이고, 어머니가 부담하는 양육비를 아버지에게 구상하지 않을 것을 정한 것이라면, 그것은 부양의무자간에서 이른바 채권적 효력을 가지는데 불과하기 때문에 부양권리자인 귀하가 구체적 필요에 의하여 양육비의 청구를 함에는 아무런 지장이 없다고 할 것입니다.

또한, 판례는 "미성년자라 하더라도 권리만을 얻는 행위는 법정대리인의 동의가 필요 없으며, 친권자와 자 사이에 이해상반 되는 행위를 함에는 그 자의 특별대리인을 선임하도록 하는 규정이 있는 점에 비추어볼 때 청구인(미성년자인 혼인외의 자)은 피청구인(생부)이 인지를 함으로써 청구인의 친권자가 되어 법정대리인이 된다 하더라도 피청구인이 청구인을 부양하고 있지 않은 이상 그 부양료를 피청구인에게 직접 청구할 수 있다."라고 한 바 있습니다(대법원 1972. 7. 11. 선고 72므5 판결, 대법원 1986. 6. 10. 선고 86므46 판결).

따라서 위 사안의 경우 귀하의 아버지에 대한 양육비청구는 권리만을 얻는 행위가 되므로 귀하가 어머니의 동의 없이 직접 양육비청구를 할 수 있을 것으로 보입니다.

(관련판례)

자의 양육은 부모의 권리이자 의무로서 미성년인 자의 복지에 직접적인 영향을 미친다. 따라서 부모가 이혼하는 경우에 미성년인 자의 양육자를 정할 때에는, 미성년인 자의 성별과 연령, 그에 대한 부모의 애정과 양육의사의 유무는 물론, 양육에 필요한 경제적 능력의 유무, 부와 모가 제공하려는 양육방식의 내용과 합리성·적합성 및 상호간의 조화 가능성, 부 또는 모와 미성년인 자 사이의 친밀도, 미성년인 자의 의사 등의 모든 요소를 종합적으로 고려하여, 미성년인 자의 성장과 복지에 가장 도움이 되고 적합한 방향으로 판단하여야 한다(대법원 2008. 5. 8. 선고 2008므380 판결, 대법원 2012. 4. 13. 선고 2011므4665 판결 등 참조).(대법원 2013. 12. 26. 선고 2013므3383,3390 판결)

■ 양육권 없는 자가 양육한 기간동안의 양육비청구 가능한지요?

Q. 甲은 남편 乙과 재판상 이혼을 하면서 미성년 자(子)인 丙을 이혼 후 2년간은 乙이 양육비의 일부를 부담하면서 甲이 양육하기로 하고, 그 이후는 乙이 양육하도록 인도하기로 하는 의무를 부담하는 소송상의 화해가 있었습니다. 그런데 甲은 이혼 후 2년이 지나서도 3년 간 丙을 양육하였는데, 乙은 甲이 위 화해조항을 위반하였다는 이유로 양육비를 전혀 지급하지 않았습니다. 이 경우 甲이 다시 丙의 양육자지정청구를 하면서, 이혼 후 2년이 지나 乙이 양육비를 지급하지 않은 기간의 양육비를 함께 청구할 수 있는지요?

A. 이혼한 후 미성년인 자녀의 양육비에 관하여 판례는 "청구인과 피청구인 사이에 자녀의 양육에 관하여 특정 시점까지는 피청구인이 양육비의 일부를 부담하면서 청구인이 양육하기로 하고 그 이후는 피청구인이 양육하도록 인도하기로 하는 의무를 부담하는 소송상의 화해가 있었다면, 이 화해조항상의 양육방법이 그 후 다른 협정이나 재판에 의하여 변경되지 않는 한 위 특정시점 이후에는 청구인에게는 사건본인들을 양육할 권리가 없고 그럼에도 불구하고 이들을 피청구인에게 인도함이 없이 스스로 양육하였다면 이는 피청구인에 대한 관계에서는 위법한 양육이라고 할 것이니, 위 화해에 갈음하여 새로운 양육방법이 정하여 지기 전에는 피청구인은 청구인에게 그 위법한 양육에 대한 양육비를 지급할 의무가 있다고 할 수 없다."라고 하였습니다(대법원 1992. 1. 21. 선고 91므689 판결).

그러나 한편으로는 "일단 협정이나 재판에 의하여 양육방법이 결정된 후 상황의 변경 때문에 그 양육방법을 변경할 필요가 생겼고 그럼에도 불구하고 새로운 협정이나 재판이 있을 때까지 종전에 정해진 양육방법을 고수한다면 피양육자의 원만한 보호가 심히 어려워지는 급박한 사유가 있다면 가사소송법 제62조 사전처분의 방법에 의하여 임시로 종전의 협정을 변경하여 청구인의 양육을 적법하게 하고 피청구인에게 임시로 양육비를 분담시키는 처분을 하는 방법에 의하여 구제될 수 있는 것이다"라고 하여 구제방법을 제시하였습니다(위 판결).

따라서 위 사안에서 가사소송법상 사전처분을 통하여 구제절차를 밟지 않은 甲으로서는, 乙에 대하여 이혼 후 2년이 지난 시점부터 甲이 청구한 양육자지정청구에서 양육의 방법이 정해지기 이전까지의 양육비는 청구할 수 없을 것으로 보입니다.

(관련판례)

갑과 을은 법률상 부부로서 자녀 병을 두고 있었는데, 이혼 소송에 이르기 전에 '협의이혼하고, 친권자는 공동으로, 양육자는 을로 하며, 공동 임대차보증금을 반반으로 나눈 후 갑이 을에게 양육비를 일시금으로 지급하되, 그 외에는 양육비, 위자료, 재산분할 청구 소송을 제기하지 아니한다'는 내용의 합의서를 작성하고 공증을 받았으나 을이 정기금의 형태로 양육비의 지급을 구하고 있는 사안에서, 갑과 을 사이에 선행하여야 하는 협의이혼이 이루어지지 않았을 뿐만 아니라, 갑과 을의 재산 및 소득상황, 병이 처한 사정과 일시금의 액수 등을 고려해 보면 양육비 일시금 지급 약정이 병의 복리에 현저히 반하므로 효력이 없다고 한 사례.(부산가정법원 2015. 10. 16. 선고 2014드단201540,11709 판결)

6-1-3. 양육비에 관한 상담 및 협의 지원

① 양육비 부담 등 협의가 이루어지지 않을 경우, 미성년 자녀의 양육비 청구와 이행확보 지원 등에 관한 업무를 수행하기 위해 한국건강가정진흥원에 설치된 양육비이행관리원에 양육비에 관한 상담 또는 협의 성립의 지원을 신청할 수 있습니다(양육비 이행확보 및 지원에 관한 법률 제7조제1항 및 제10조제1항).

② 상담 결과 비양육부·모와 양육부·모 간에 양육비 부담 등 협의가 이루어질 경우 양육비이행관리원은 협의한 사항이 이행될 수 있도록 하기 위한 지원을 할 수 있습니다(「양육비 이행확보 및 지원에 관한 법률」 제10조제2항).

6-1-4. 양육비 청구 및 이행확보를 위한 법률지원

양육부·모는 양육비이행관리원에 자녀의 인지청구 및 양육비 청구를 위한 소송 대리 등 양육비 집행권원 확보를 위한 법률지원을 신청할 수 있습니다(양육비 이행확보 및 지원에 관한 법률 제11조제1항).

6-2. 양육비 지급 방법

양육비를 지급받는 방법과 형식에는 제한이 없습니다. 따라서 일시에 정액으로 지급받을 수도 있고, 분할해서 받을 수도 있습니다. 또한 금전으로 받을 수도 있고 부동산 등 실물로 받을 수도 있습니다.

6-3. 양육비의 변경

양육비에 관한 사항을 정한 후 사정이 변경된 경우에는 당사자가 합의해서 양육비를 변경할 수 있고, 합의가 이루어지지 않으면 법원에 심판을 청구해서 양육비를 변경할 수 있습니다(민법 제837조제5항 및 가사소송법 제2조제1항제2호나목 3).

(법원양식) 양육비 변경 심판청구서

양육비 변경 심판청구서
청구인　성　　　명 　　　　　주민등록번호 　　　　　주　　　　소 　　　　　등록　기준지 　　　　　☎ :　(휴대폰)　　　　(집전화) **상대방**　성　　　명 　　　　　주민등록번호 　　　　　주　　　　소 　　　　　등록　기준지

사건본인	성 명
	주민등록번호
	주 소
	등록 기준지

청 구 취 지

1. 상대방은 청구인에게 사건본인의 양육비로   년   월   일부터 성년
   에 이르기 전날까지 금   원의 돈을 매월 말일에 지급하라.
2. 심판비용은 상대방의 부담으로 한다.
3. 제1항은 가집행 할 수 있다.

라는 심판을 구합니다.

청 구 이 유

※ 양육비를 청구하는 사유를 기재하십시오.

첨 부 서 류

1. 청구인의 가족관계증명서, 주민등록등본   각 1통
1. 청구인의 혼인관계증명서(혼인일 기재가 없으면 제적등본 제출) 1통
1. 상대방의 가족관계증명서, 주민등록등본   각 1통
1. 자녀(사건본인)의 기본증명서, 가족관계증명서, 주민등록등본   각 1통

201 .   .   .
위   청구인   (인)

서울○○법원   귀중

■ 양육비청구권 포기각서를 번복하여 양육비청구를 할 수 있는지요?

Q. 저는 甲과 결혼하여 아들 하나를 두고 있으나, 甲이 다른 여자와
내연의 관계를 맺는 등 결혼생활에 충실하지 않아 이혼하였고, 甲
은 그 여자와 재혼한 후 혼인신고를 하였습니다. 그런데 甲이 키우
기로 한 아들이 저를 찾아와 계모에게 학대당하고 있다고 하여 저

는 甲에게 아들의 전학에 필요한 친권행사포기서를 작성해 달라고 요구하였고, 甲은 아들을 키우는데 드는 양육비용을 자신에게 지우지 않겠다는 취지의 각서를 저에게 요구하였습니다. 저는 甲의 요구대로 그러한 내용의 각서를 작성하여 교부해주었고, 甲으로부터 친권행사포기서를 받았습니다. 그러나 막상 혼자서 자식을 키우려고 하니 경제적으로 너무 힘든 상황인데 제가 쓴 위 각서에도 불구하고 甲에게 양육비를 청구할 수는 없는지요?

A. 「민법」은 이혼 시 자녀의 양육에 관한 사항을 협의에 의하여 정하도록 하면서 자녀의 양육에 관한 사항의 협의가 이루어지지 아니하거나 협의할 수 없는 때에는 가정법원은 직권으로 또는 당사자의 청구에 따라 이에 관하여 결정하며, 이 경우 가정법원은 그 자(子)의 의사(意思)·연령과 부모의 재산상황, 그 밖의 사정을 참작하여 양육에 필요한 사항을 정하도록 하고 있습니다(민법 제837조 제1항, 제4항, 제3항).

우선 귀하가 작성한 위 각서의 취지를 해석해보면 귀하와 甲은 귀하가 양육자가 되어 그 양육비도 귀하가 부담하기로 하는 취지의 자의 양육에 관한 협의가 이루어졌다고 할 수 있습니다.

그러나 협의 당시 그러한 협의가 제반 사정에 비추어 부당하다고 인정된다면 가정법원에 위 양육비부담부분의 변경을 청구할 수 있어야 할 것입니다.

위 사안과 관련하여 판례는 "민법 제837조의 제1, 2항(현행민법 제837조 제1항, 제4항, 제3항)의 규정에 의하여 가정법원이 일단 결정한 양육에 필요한 사항을 그 후 변경하는 것은 당초의 결정 후에 특별한 사정변경이 있는 경우뿐만 아니라, 당초의 결정이 위 법조 소정의 제반 사정에 비추어 부당하게 되었다고 인정될 경우에도 가능한 것이며, 당사자가 협의하여 그 자의 양육에 관한 사항을 정한 후 가정법원에 그 사항의 변경을 청구한 경우에 있어서도 가정법원은 당사자가 협의하여 정한 사항이 위 법조 소정의 제반 사정에 비추어 부당하다고 인정되는 경우에는 그 사항을 변경할 수 있고 협의 후에 특별한 사정변경이 있는 때에 한하여 변경할 수 있는 것은 아니다."라고 하였습니다(대법원 1991. 6. 25. 선고 90므699 판결, 2006. 4. 17.자 2005스18, 19 결정).

그러므로 비록 양육비부담을 청구인이 하기로 협의하였다 하더라도 가정법원은 특별한 사정변경이 없어도 「민법」 제837조 제1항, 제4항, 제3항 소정의 제반 사정에 비추어 그러한 협의가 부당하다고 인정되는 경우 가정법원은 그 사항을 변경할 수 있다고 할 것입니다.

귀하의 경우 아들이 계모의 학대를 피하여 귀하를 찾아온 점, 귀하가 아들을 양육하기 위해서는 전학절차상 전남편으로부터 친권포기서를 받아야만 하는 처지였다는 점, 전남편이 이에 응하는 조건으로 귀하에게 양육비부담에 관한 각서를 쓰도록 강제했다는 점 등을 고려하면 위 협의 당시 귀하는 자식을 위하여 어떻게 해서든지 직접 양육하여야 할 필요를 느끼는 상황이었다고 볼 수 있습니다.

따라서 남편의 경제력이 귀하보다 더 나은 사정을 입증하여 가정법원에 양육비부담부분의 변경을 구하는 청구를 해볼 수 있으리라 생각됩니다.

(관련판례)

이혼 과정에서 친권자 및 자녀의 양육책임에 관한 사항을 의무적으로 정하도록 한 민법 제837조 제1항, 제2항, 제4항 전문, 제843조, 제909조 제5항의 문언 내용 및 이혼 과정에서 자녀의 복리를 보장하기 위한 위 규정들의 취지와 아울러, 이혼 시 친권자 지정 및 양육에 관한 사항의 결정에 관한 민법 규정의 개정 경위와 변천 과정, 친권과 양육권의 관계 등을 종합하면, 재판상 이혼의 경우에 당사자의 청구가 없다 하더라도 법원은 직권으로 미성년자인 자녀에 대한 친권자 및 양육자를 정하여야 하며, 따라서 법원이 이혼 판결을 선고하면서 미성년자인 자녀에 대한 친권자 및 양육자를 정하지 아니하였다면 재판의 누락이 있다.(대법원 2015. 6. 23. 선고 2013므2397 판결)

■ 협의이혼 시 자녀들에 대한 양육비 등에 대한 약정의 효력은 언제까지 입니까?

Q. 저는 甲과 결혼하여 18세된 아들과 16세된 딸을 두고 있는데, 甲이 다른 여자와 내연의 관계를 맺고 있는 사실을 알고 협의이혼하면서 자녀들에 대한 친권 및 양육권을 갖기로 하고, 甲은 자녀들이 취업 또는 결혼할 때까지 양육비와 생활비를 저에게 지급하기로 약정을 하였습니다. 저는 甲에게 자녀들이 성년이 된 이후에도 양육비 등을 청구할 수 있는지요?

A. "일반적으로 이혼자인 부모가 그 자녀들에 대한 부양의무의 하나로서 지게 되는 양육책임은 자녀가 성년이 되는 경우에는 이를 부담하지 않게 된다고 할 것이나, 부부가 이혼하면서 자녀들의 양육을 모가 맡아서 하되 부가 자녀들의 취업 또는 결혼시까지 양육비와 생활비를 지급하기로 약정하였다면 자녀들이 성년이 된 이후에도 취업 내지 결혼하기 전까지는 양육비 등을 지급하여야 한다."라는 하급심 판례가 있습니다(서울민사지방법원 1993. 2. 4. 선고 92가합44812 판결).

그리고 위 판례와 유사한 대법원 판례에 의하면 "부부간에 이혼하면서 당초에는 남편이 자녀의 양육을 맡기로 협정하였으나 사정이 바뀌어 처가 자녀의 양육을 맡기로 양육에 관한 협정을 변경하면서 자녀들에 대한 부양료로써 남편은 자녀들에게 그가 받는 봉급의 80퍼센트와 700퍼센트의 상여금을 막내인 자녀가 대학을 졸업할 때까지 매월 지급하기로 한 협정이 현저히 형평을 잃은 불공정한 것이어서 무효이거나 그 이행을 강요함이 형평에 반한다고 할 수 없다."라고 하면서 "부양권리자와 부양의무자 사이에 부양의 방법과 정도에 관하여 협정이 이루어지면 당사자 사이에 다시 협의에 의하여 이를 변경하거나, 법원의 심판에 의하여 위 협정이 변경, 취소되지 않는 한 부양의무자는 그 협정에 따른 의무를 이행하여야 하는 것이고, 법원이 그 협정을 변경, 취소하려면 그럴 만한 사정의 변경이 있어야 하는 것이므로 부양권리자들이 위 협정의 이행을 구하는 사건에서 법원이 임의로 협정의 내용을 가감하여 부양의무자의 부양의무를 조절할 수는 없다."라고 하였습니다(대법원 1992. 3. 31. 선고 90므651, 668 판결).

따라서 귀하께서 甲과 약정한 사실의 변경, 취소에 대하여 별도로 협정하지 않거나 약정한 사실의 변경, 취소를 할만한 사정변경이 없는 한 자녀들이 취업 또는 결혼시까지는 약정한 양육비 및 생활비를 청구할 수 있다고 보입니다.

■ 향후 사정이 생겼을 경우 양육비를 변경 내지 감액할 수 있는가요?

Q. 甲은 ○○지방법원 2016드단○○○○ 이혼 등 사건으로 乙과 재판상 이혼 및 丙에 대한 양육비를 지급할 의무가 있는 자인 바, 甲은 일정한 직업이 없이 수입이 전무하나 甲명의로 되어 있는 다수 부동산이 있습니다. 이 경우 甲에게 부동산을 양육비로 지급하도록 할 수 있는가요? 더불어 향후 사정이 생겨 양육비를 변경 내지 감액할 수 있는가요?

A. 양육비를 지급받는 방법과 형식은 제한이 없는바 이를 일시금 내지 정기금으로 지급 받을 수 있으며 부동산 등 실물로도 지급 가능 합니다.

또한 양육비에 관한 사항을 정한 후 양육비 부담자의 실직, 부도 그 밖의 사정 혹은 물가상정, 자녀의 학교 진학 등 사정이 변경된 경우에는 합의 또는 법원의 심판을 청구하여 양육비를 변경 할 수 있습니다(민법 제837조제5항 및 가사소송법 제2조제1항제2호나목 3).

따라서 본 사안의 경우 양 당사자간의 합의를 통하여 양육비를 실물로 지급할지 여부 및 감액 여부를 결정 내지 가사 합의가 이루어지지 않는다면 법원에 양육비변경심판청구하여 이를 변경할 수 있습니다.

(관련판례)
친권을 행사함에 있어서는 자의 복리를 우선적으로 고려하여야 하고(민법 제912조), 이혼 당사자 사이에 양육에 관한 사항의 협의가 되지 아니하거나 협의할 수 없어서 가정법원이 양육에 필요한 사항을 정하여야 하는 경우 자의 연령, 부모의 재산상황 기타 사정을 참작하여야 한다(민법 제837조 제2항). 이러한 원칙은 가사소송법 제62조 제1항에 따른 자의 양육에 관한 사전처분에 관한 결정을 함에 있어서도 타당하므로, 양육에 관한 현상을 변경하는 사전처분은 자의 복리를 우선적으로 고려하고, 자의 연령, 부모의 재산상황 기타 사정을 참작하여 사건의 해결을 위하여 특히 필요하다고 인정되는 경우에 한하여야 한다.(대법원 2008. 11. 24. 자 2008스104 결정)

6-3-1. 양육비 감액청구를 할 수 있는 경우

양육비 부담자가 실직, 파산, 부도나 그 밖의 사정 등으로 경제사정이 악화된 경우에는 양육비 감액을 청구할 수 있습니다. 또한, 양육자가 취직하거나 그 밖의 사정 등으로 경제사정이 호전된 경우 역시 양육비 감액을 청구할 수 있습니다.

6-3-2. 양육비 증액청구를 할 수 있는 경우

물가가 양육비 협의 또는 지정 당시보다 오른 경우, 자녀가 상급학교에 진학함에 따라 학비가 증가한 경우 등에는 양육비 증액을 청구할 수 있습니다

6-4. 과거 양육비 청구 가능 여부

과거의 양육비 상환청구 가능 여부에 대한 대법원의 입장은 다음과 같습니다(대법원 1994. 5. 13. 자 92스21 결정).

"어떠한 사정으로 인하여 부모 중 어느 한 쪽만이 자녀를 양육하게 된 경우에, 그와 같은 일방에 의한 양육이 그 양육자의 일방적이고 이기적인 목적이나 동기에서 비롯된 것이라거나 자녀의 이익을 위하여 도움이 되지 아니하거나 그 양육비를 상대방에게 부담시키는 것이 오히려 형평에 어긋나게 되는 등 특별한 사정이 있는 경우를 제외하고는, 양육하는

일방은 상대방에 대하여 현재 및 장래에 있어서의 양육비 중 적정 금액의 분담을 청구할 수 있음은 물론이고, 부모의 자녀양육의무는 특별한 사정이 없는 한 자녀의 출생과 동시에 발생하는 것이므로 과거의 양육비에 대하여도 상대방이 분담함이 상당하다고 인정되는 경우에는 그 비용의 상환을 청구할 수 있다." 그러나 "한 쪽의 양육자가 양육비를 청구하기 이전의 과거의 양육비 모두를 상대방에게 부담시키게 되면 상대방은 예상하지 못하였던 양육비를 일시에 부담하게 되어 지나치고 가혹하며 신의성실의 원칙이나 형평의 원칙에 어긋날 수도 있으므로, 이와 같은 경우에는 반드시 이행청구 이후의 양육비와 동일한 기준에서 정할 필요는 없고, 부모 중 한 쪽이 자녀를 양육하게 된 경위와 그에 소요된 비용의 액수, 그 상대방이 부양의무를 인식한 것인지 여부와 그 시기, 그것이 양육에 소요된 통상의 생활비인지 아니면 이례적이고 불가피하게 소요된 다액의 특별한 비용(치료비 등)인지 여부와 당사자들의 재산 상황이나 경제적 능력과 부담의 형평성 등 여러 사정을 고려하여 적절하다고 인정되는 분담의 범위를 정할 수 있다."

[서식 예] 양육비심판청구(과거양육비)

양 육 비 심 판 청 구

청 구 인　　송○○(주민등록번호)
　　　　　　　　주 소 서울 마포구
　　　　　　　　등록기준지 정읍시
상 대 방　　하○○(주민등록번호)
　　　　　　　　주 소
　　　　　　　　등록기준지
사건본인　　하○○(주민등록번호)
　　　　　　　　사건본인 주소 및 등록기준지 청구인과 같음
양육비심판청구

청 구 취 지

1. 상대방은 청구인에게 사건본인의 과거양육비로서 금 30,000,000원 및 이에 대하여 이 사건 심판 확정일 다음날부터 연 5%의 비율로 계산한 돈을 지급하라.
2. 소송비용은 상대방이 부담한다.
라는 심판을 구합니다.

청 구 원 인

1. 양육의 경위

청구인과 상대방은 법률상 부부였으며 그 사이에 자녀로 사건본인 하○○ (94. 2. 25.생)을 두었으나 2000. 1. 7. 협의이혼신고를 경료하였습니다. 이때 사건본인의의 친권자 및 양육자로 청구인이 지정되어, 그때부터 청구인이 전적으로 사건본인을 양육하기 시작하였습니다(주민등록표 등본상 전입일 참조).

2. 소득 수준 및 재산상황에 관하여

청구인은 이혼 후 식당일을 하며 월 120만원 정도의 소득을 얻어 겨우 생계를 유지하여 왔습니다. 반면, 상대방은 이혼 당시 주식회사 00에서 근무하여 월 350만원 정도의 소득이 있었으며 청구인이 상대방과 이혼한지 오래되어 정확한 소득은 알지 못하나 현재에도 위 주식회사 00에 재직 중인 것으로 알고 있습니다. 또한, 상대방에게는 청구인과의 이혼 직전 부의 사망으로 인하여 상속받은 토지가 있었습니다(추후 정확한 소득 및 재산현황은 각종 사실조회 등을 통하여 소명하도록 하겠습니다).

3. 과거양육비에 관하여

가. 상대방은 사건본인의 아버지로서, 양육에 소요되는 비용을 청구인과 공동으로 분담해야 할 의무가 있다고 할 것임에도 불구하고 청구인이 사건본인을 양육한 시점부터 성년에 이르기까지 약 15여년 동안 한차례도 양육비 명목의 금원을 지급한 사실이 없습니다.

나. 이에 청구인은 상대방에 대하여 사건본인을 양육한 기간에 대한 과거양육비를 구하고자 하는바, 월 50만원을 기준으로 하여 그동안의 양육비를 산정하여 보면 9,000만원(50만원×180개월)에 이릅니다. 다만 상대방에게 일시에

거액을 구할 경우 불측의 손해를 가할 우려가 있다는 점에서 그중 30,000,000원만을 구하고자 합니다.

4. 결어

그렇다면 상대방은 청구인에게 사건본인의 과거양육비로서 금 30,000,000원 및 이에 대하여 이 사건 심판 확정일 다음날부터 다 갚는 날까지 민법이 정한 연 5%의 비율로 계산한 지연손해금을 지급할 의무가 있다고 할 것입니다. 이상과 같은 이유로 양육비심판청구를 하였으니 전부 인용하여 주실 것을 희망합니다.

소 명 방 법

1. 소갑 제1호증	혼인관계증명서
1. 소갑 제2호증	가족관계증명서
1. 소갑 제3호증의 1, 2	각 기본증명서
1. 소갑 제4호증	주민등록표등본
1. 소갑 제5호증	주민등록표초본

첨 부 서 류

1. 위 소명방법	각 1통
1. 심판청구서 부본	1통
1. 소송 위임장	1통
1. 송달료납부서	1통

2015. 1.   .

위 청구인   (인)

○ ○ 가 정 법 원   귀 중

■ 과거 양육비에 대해서도 청구할 수 있나요?

Q. 저는 20여 년 전 남편과 별거하고 아이를 혼자 키워 왔습니다. 이 아이는 혼외자로서 별거 당시에 남편이 인지한 아이입니다. 지금까지 제가 지출한 양육비를 남편에게 청구하려고 하는데, 채권청구에는 소멸시효란 것이 있다고 들어서 청구할 수 있을지요?

A. 민법 제860조는 "인지는 그자의 출생 시에 소급하여 효력이 생긴다. 그러나 제삼자의 취득한 권리를 해하지 못한다."라고 규정함으로써 인지의 소급효를 규정하고 있습니다. 따라서 부가 자를 인지한 경우에 부는 피인지자인 자의 출생 시부터 양육의무를 지는 것이 되어, 혼자 아이를 양육해온 모는 부에 대하여 과거의 양육비를 청구할 수 있습니다. 다만 과거 양육비의 소멸시효 진행 여부와 관련하여, 판례는 "양육자가 상대방에 대하여 자녀 양육비의 지급을 구할 권리는 당초에는 기본적으로 친족 관계를 바탕으로 하여 인정되는 하나의 추상적인 법적 지위이었던 것이 당사자 사이의 협의 또는 당해 양육비의 내용 등을 재량적·형성적으로 정하는 가정법원의 심판에 의하여 구체적인 청구권으로 전환됨으로써 비로소 보다 뚜렷하게 독립한 재산적 권리로서의 성질을 가지게 된다. 이와 같이 당사자의 협의 또는 가정법원의 심판에 의하여 구체적인 지급청구권으로서 성립하기 전에는 과거의 양육비에 관한 권리는 양육자가 그 권리를 행사할 수 있는 재산권에 해당한다고 할 수 없고, 따라서 이에 대하여는 소멸시효가 진행할 여지가 없다고 보아야 한다."고 판시하였습니다. (대결 2011. 7. 29. 2008스67)

그러므로 사안의 경우 양육비 지급 청구권이 구체적으로 정해진 바가 없었으므로, 아직 소멸시효가 진행하는 것은 아니라고 볼 것입니다.

(관련판례)
> 을이 갑을 상대로 이혼 등을 구하는 소를 제기하여 제1심법원이 "갑과 을은 이혼한다. 자(자)의 친권자 및 양육자로 갑과 을을 공동으로 지정하되, 공동양육방법으로 을을 주양육자로, 갑을 보조양육자

로 정하고, 갑은 을에게 자(子)를 인도하라"는 취지의 판결을 선고하자, 갑이 유아인도명령 가집행에 근거하여 자(子)를 양육하게 된 을을 상대로 별거시부터 자녀의 인도전까지의 기간 동안의 과거양육비를 청구한 사안에서, 판결선고시부터 유아인도명령의 가집행 효력이 발생한다고 할 것이므로 그때부터 자녀들을 실제 인도한 시점까지의 기간 동안 유아인도명령에 반하여 한 갑의 양육은 위법한 양육이라고 할 것이므로 을은 갑에게 그에 대한 양육비를 지급할 의무가 없지만, 협의나 재판에 의하여 양육방법이 결정되지 아니한 상황에서 부모 일방에 의하여 자녀 양육이 이루어지고 있을 경우 특별한 사정이 없는 이상 양육하는 일방은 상대방에 대하여 과거양육비 청구를 할 수 있다고 할 것인데, 갑이 을과 협의를 거치지 아니한 채 일방적으로 양육을 고집한 사실만으로 특별한 사정이 인정된다고 보기는 어려우므로, 을은 별거시부터 유아인도명령의 가집행 효력이 발생하는 시점까지의 기간 동안의 과거양육비는 부담할 의무가 있다고 판단한 사례. (서울가정법원 2010. 4. 8. 자 2010브2 결정)

6-5. 양육비 지급의 이행 강제 방법

6-5-1. 양육비 지급 이행 강제 방법

양육비를 지급받지 못하는 경우에는 양육비 직접지급명령제도와 담보제공 및 일시금지급명령제도, 이행명령 및 강제집행 등의 방법으로 양육비 지급을 강제할 수 있습니다.

■ 양육비 지급의무를 불이행 할 경우 이행확보를 위한 강제수단이 있나요?

Q. 甲은 ○○지방법원 2016드단○○○○ 이혼 등 사건에 대하여 화해권고 결정에 따른 乙과 이혼 및 丙에 대한 양육비를 지급 할 의무가 있는 자인 바, 甲은 현재까지도 양육비 지급의무를 이행하지 않고 있습니다. 알아보니 일정한 소득이 없다고 하는데 甲에게 강제할 수 단이 있는가요?

A. 가사사건은 사후적 이행확보수단으로 이행명령(가사소송법 제64조)를

두고 있습니다. 법원은 가사사건에 관한 판결, 심판, 조정조서, 조정에 갈음하는 결정에 의하여 금전의 지급 등 재산상의 의무 또는 유아의 인도의무 또는 자와의 면접교섭허용의무를 이행하여야 할 자가 정당한 이유없이 그 의무를 이행하지 아니 할 때에는 당사자의 신청에 의하여 일정한 기간 내에 그 의무를 이행할 것을 명할 수 있습니다. 이행명령에 위반한 때에는 과태료에 처할 수 있고(가소법 제67조 제1항), 정당한 이유 없이 3기이상 정기금의 지급의무를 이행하지 아니 한때에는 감치를 할 수 있습니다. 따라서 본 사안의 경우 甲화에게 해권고결정에 기인하여 이행명령을 청구할 수 있으며 혹은 현재까지의 양육비를 정기금으로 청구하여 甲이 3기 이상 지체할 시 감치에 처할 수 있습니다.

6-5-2. 양육비 지급 이행 강제 지원

① 양육비 채권자는 합의 또는 법원의 판결에 의해 확정된 양육비를 양육비 채무자로부터 지급받지 못할 경우 양육비이행관리원(양육비 이행확보 및 지원에 관한 법률 제7조제1항)에 다음과 같은 양육비 이행확보에 필요한 법률지원을 신청할 수 있습니다(양육비 이행확보 및 지원에 관한 법률 제11조제2항 및 제18조제1항).

  1. 재산명시 또는 재산조회 신청
  2. 양육비 직접지급명령 신청
  3. 양육비 담보제공명령 신청
  4. 양육비 이행명령 신청
  5. 압류명령 신청
  6. 추심 또는 전부명령 신청
  7. 감치명령 신청 등

② 또한, 양육부·모는 양육비이행관리원에 지급받을 금전, 그 밖에 채무자의 재산에 대한 추심지원을 신청할 수 있습니다(양육비 이행확보 및 지원에 관한 법률 제11조제2항 및 제19조제1항).

6-5-3. 한시적 양육비 긴급지원

① 양육비 청구 및 이행확보를 위한 법률지원 등을 신청한 양육비 채권자는 양육비 채무자가 양육비 채무를 이행하지 않아서 자녀의 복리가 위태롭게 되었거나 위태롭게 될 우려가 있는 경우에는 양육비이행관리원에 한시적 양육비 긴급지원(이하 "긴급지원"이라 함)을 신청할 수 있습니다(양육비 이행확보 및 지원에 관한 법률 제14조제1항).

② 지원대상자가 다음의 어느 하나에 해당하는 경우 최대 6개월(추가 지원이 필요한 경우 3개월의 범위에서 연장 가능)까지 긴급지원을 받을 수 있습니다(양육비 이행확보 및 지원에 관한 법률 제14조제2항 본문, 제3항 본문 및 양육비 이행확보 및 지원에 관한 법률 시행령 제8조제1항).

 1. 양육비 채권자가 속한 가구의 소득이 「국민기초생활 보장법」 제2조 제11호에 따른 기준 중위소득의 100분의 50 이하인 경우

 2. 양육비 채권자가 「한부모가족지원법」 제5조에 따른 지원대상자로서 여성가족부장관이 정하여 고시하는 기준에 해당하는 경우

③ 다만, 지원대상자가 「국민기초생활 보장법」 및 「긴급복지지원법」에 따라 동일한 내용의 보호를 받고 있는 경우에는 그 범위에서 「양육비 이행확보 및 지원에 관한 법률」에 따른 긴급지원을 받지 못하고, 양육비 채무자가 양육비를 지급하면 그 즉시 긴급지원이 종료됩니다(양육비 이행확보 및 지원에 관한 법률 제14조제2항 단서 및 제3항 단서).

6-6. 양육비 직접 지급명령

① 가정법원은 양육비를 정기적으로 지급할 의무가 있는 사람(이하 "양육비채무자"라 함)이 정당한 사유 없이 2회 이상 양육비를 지급하지 않은 경우에 정기금 양육비 채권에 관한 집행권원을 가진 채권자(이하 "양육비채권자"라 함)의 신청에 따라 양육비채무자에 대하여 정기적 급여채무를 부담하는 소득세원천징수의무자(이하 "소득세원천징수

의무자"라 함)에게 양육비채무자의 급여에서 정기적으로 양육비를 공제하여 양육비채권자에게 직접 지급하도록 명할 수 있습니다(가사소송법 제63조의2제1항).

② 양육비 직접지급명령신청은 신청서에 다음 사항들을 적고 집행력 있는 정본을 붙여서 합니다(가사소송규칙 120조의4).

1. 양육비채권자·양육비채무자·소득세원천징수의무자와 그 대리인, 미성년자인 자녀의 표시
2. 집행권원의 표시
3. 2회 이상 양육비가 지급되지 않은 구체적인 내역과 직접 지급을 구하고 있는 기한이 도래하지 않은 정기금 양육비 채권의 구체적인 내용
4. 집행권원에 표시된 양육비 채권의 일부에 관하여만 직접지급명령을 신청하거나 목적채권의 일부에 대하여만 직접지급명령을 신청하는 때에는 그 범위

③ 당사자 또는 관계인이 정당한 이유없이 양육비 직접지급명령에 위반한 경우, 가정법원·조정위원회 또는 조정담당판사는 직권 또는 권리자의 신청에 의하여 결정으로 1천만원 이하의 과태료에 처할 수 있습니다(가사소송법 제67조제1항).

④ 가정법원은 양육비 직접지급명령의 목적을 달성하지 못할 우려가 있다고 인정할 만한 사정이 있는 경우에는 양육비채권자의 신청에 따라 양육비 직접지급명령을 취소할 수 있으며, 이 경우 양육비 직접지급명령은 장래에 향하여 그 효력을 잃습니다(가사소송법 제63조의2제3항).

⑤ 가정법원은 양육비 직접지급명령이나 그 취소명령을 양육비채무자와 소득세원천징수의무자에게 송달하여야 합니다(가사소송법 제63조의2제4항).

⑥ 양육비 직접지급명령 또는 그 취소명령의 신청에 관한 재판에 대하여는 재판을 고지받은 날부터 1주 이내에 그 재판을 한 가정법원에 항고장을 제출하여 즉시항고를 할 수 있습니다(가사소송법 제63조의2제5항, 가사소송규칙 제120조의6).

⑦ 소득세원천징수의무자는 양육비채무자의 직장변경 등 주된 소득원의 변경사유가 발생한 경우에 그 사유가 발생한 날부터 1주 이내에 가정법원에 변경사실을 통지해야 합니다(가사소송법 제63조의2제6항).

[서식 예] 양육비 직접지급명령 신청서

양육비 직접지급명령 신청서

신청인(채권자) 성명 :   (☎ :   )
        주민등록번호 :
        주   소 :
        송 달 장 소 :
피신청인(채무자) 성명 :
        주민등록번호 :
        주   소 :
소득세원천징수의무자 :
        주   소 :
        대 표 자 :

신 청 취 지

1. 채무자의 소득세원천징수의무자에 대한 별지 압류채권목록 기재의 채권을 압류한다.
2. 소득세원천징수의무자는 채무자에게 위 채권에 관한 지급을 하여서는 아니 된다.
3. 채무자는 위 채권의 처분과 영수를 하여서는 아니 된다.
4. 소득세원천징수의무자는 매월   일에 위 채권에서 별지 청구채권목록 기재의 양육비 상당액을 채권자에게 지급하라.
라는 결정을 구합니다.

청구채권 및 그 금액 : 별지 청구채권목록 기재와 같음

신 청 이 유

1. 채권자는 2000. O. O. 채무자와 재판상 이혼(OO지방법원 2010 드단 OOOO 이혼 등)을 하면서 사건본인에 대한 친권자 및 양육자로 지정되었고 2000. O. O.부터 매달 300,000원을 채무자로부터 양육비로 지급받기로 합의하였습니다. 그러나 채무자는 양육비를 전혀 지급하지 않고 있습니다.

2. 가정법원은 양육비를 정기적으로 지급할 의무가 있는 사람(이하 "양육비채무자"라 한다)이 정당한 사유 없이 2회 이상 양육비를 지급하지 아니한 경우에 정기금 양육비 채권에 관한 집행권원을 가진 채권자(이하 "양육비채권자"라 한다)의 신청에 따라 양육비채무자에 대하여 정기적 급여채무를 부담하는 소득세원천징수의무자(이하 "소득세원천징수의무자"라 한다)에게 양육비채무자의 급여에서 정기적으로 양육비를 공제하여 양육비채권자에게 직접 지급하도록 명할 수 있습니다(가사소송법 제63조의 2 제1항).
3. 이에 채권자는 양육비 지급명령을 신청하는 바입니다.

첨 부 서 류

1. 집행력 있는   정본   1통
2. 송달증명서   1통

20   .   .   .

채권자   ㉕ (서명   )

(연락처 :   )

○○법원 귀중

(별 지)

청구채권목록

(집행권원 : ○○법원   호 사건의 조정조서정본)에 표시된 정기금 양육비채권 중 아래 금원 및 집행비용

1. 정기금 양육비채권

(1) 미성년자   (. . .생)에 대한 양육비 : 20 . . .부터 20   . . .까지 월   원씩 매월   일에 지급하여야 할 양육비 중 이 사건 양육비 직접지급명령 송달 다음날 이후 지급기가 도래하는 양육비

(2) 미성년자   (. . .생)에 대한 양육비 : 20 . . .부터 20   . . .까지 월   원씩 매월   일에 지급하여야 할 양육비 중 이 사건 양육비 직접지급명령 송달 다음날 이후 지급기가 도래하는 양육비

2. 집행비용 : 금   원

신청수수료 2,000원

신청서 작성 및 제출비용   원

송달비용   원

자격증명서교부수수료   원

송달증명서신청수수료   원 -끝-

(별 지)

압류채권목록

양육비채무자(◇◇지점 근무)가 소득세원천징수의무자로부터 지급받는 다음의 채권으로서 별지 청구채권목록 기재 금액에 이르기까지의 금액. 다만, 별지 청구채권목록 기재 1의 (1) 및 (2)의 금액에 대하여는 그 정기금 양육비의 지급기가 도래한 후에 지급기(급여지급일)가 도래하는 다음의 채권에 한함.

다   음

1. 매월 수령하는 급료(본봉 및 제수당) 중 제세공과금을 뺀 잔액의 1/2씩
2. 기말수당(상여금) 중 제세공과금을 뺀 잔액의 1/2씩
※ 『다만, 국민기초생활보장법에 의한 최저생계비를 감안하여 민사집행법 시행령이 정한 금액에 해당하는 경우에는 이를 제외한 나머지 금액, 표준적인 가구의 생계비를 감안하여 민사집행법 시행령이 정한 금액에 해당하는 경우에는 이를 제외한 나머지 금액』

☞ 유의사항

1. 송달료는 당사자 1인당 2회분을 송달료취급은행에 납부 후 납부서를 첨부하여야 합니다.
2. 수입인지 2,000원을 붙여야 합니다.
3. 채권자는 2회 이상 양육비가 지급되지 않은 구체적인 내역과 직접지급을 구하고 있는 기한이 도래하지 아니한 정기금 양육비 채권의 구체적인 내용을 기재하여야 합니다.
4. 집행력 있는 정본은 확정된 종국판결(심판), 가집행선고 있는 종국판결(심판), 조정조서, 양육비부담조서 등이 있습니다.
5. 채무자의 성명과 주소 외에도 소속부서, 직위, 주민등록번호, 군번/순번(군인/군무원의 경우) 등 채무자를 특정할 수 있는 사항을 기재하시기 바랍니다.
6. ☎ 란에는 연락 가능한 휴대전화번호(전화번호)를 기재하시기 바랍니다.

양육비 직접지급명령 취소신청서

신청인(채권자)	○○○ (주민등록번호)
	○○시 ○○구 ○○길 ○○(우편번호)
	전화·휴대폰번호:
	팩스번호, 전자우편(e-mail)주소:
피신청인(채무자)	◇◇◇ (주민등록번호)
	○○시 ○○구 ○○길 ○○(우편번호)
	전화·휴대폰번호:
	팩스번호, 전자우편(e-mail)주소:
소득세원천징수의무자	▢▢▢
	○○시 ○○구 ○○길 ○○(우편번호)
	대표자 △△△

신 청 취 지

위 당사자간 ○○법원   즈기   호 신청사건에 관하여 20 . . .
귀원에서 한 양육비 직접지급명령을 취소한다.
라는 결정을 구합니다.

신 청 이 유

1. 채권자와 채무자는 협의이혼을 하면서 20 . . . 00법원에서 사건본인 ▽▽
   ▽에 대한 양육비로 이혼신고 다음 날부터 사건본인이 성년에 이르기 전날까
   지 월 50만원을 매월 20일에 지급하는 내용으로 양육비부담조서를 작성하였
   습니다.
2. 그러나 채무자는 이혼한 날부터 현재까지 채권자에게 정당한 사유없이 2회
   이상 양육비를 지급하지 않았고, 이에 채권자는 가사소송법 제63조의2에 따
   라 채무자의 소득세원천징수의무자에게 채무자의 급여에서 정기적으로 위 양
   육비를 공제하여 채권자에게 직접 지급하도록 하는 내용의 양육비 직접 지
   급명령을 신청하여 20 . . . 00법원 즈기   호로 양육비 직접지급명령
   을 받았습니다.
3. 그런데 그 후 소득세원천징수의무자의 자력이 나빠져 양육비를 변제받지 못

하게 됨으로써(혹은 사건본인이 사망함으로써) 위 명령의 목적을 달성하지 못할 사정이 발생하였는 바, 이에 채권자는 가사소송법 제63조의 2 제3항에 따라 위 양육비 직접지급명령을 취소하기 위하여 이 사건 신청을 하게 되었습니다.

소 명 방 법
1. 양육비직접지급명령서
1. 위 송달증명원

첨 부 서 류
1. 위 소명방법	각 1통
1. 신청서부본	1통
1. 송달료납부서	1통

20○○. ○. ○.
위 신청인   ○○○ (서명 또는 날인)

○○가정법원 귀중

■ **근로소득이 있는 상대방으로부터 양육비이행을 확보하기 위한 방법이 있는가요?**

Q. 甲은 ○○지방법원 2016호협0000 협의이혼의사확인신청 등 사건에 대하여 乙과 이혼 및 丙에 대한 양육비를 지급 할 의무가 있는 자인바 甲은 정규직으로 근무하면서 근로소득이 있음에도 현재까지도 양육비 지급의무를 이행하지 않고 있습니다. 이 경우 甲에게 강제 할 수단이 있는가요?

A. 가정법원은 양육비를 정기적으로 지급할 의무가 있는 사람이 정당한 사유 없이 2회 이상 양육비를 지급하지 아니한 경우에 정기금 양육비 채권에 관한 집행권원을 가진 채권자의 신청에 따라 양육비채무자에 대하

여 정기적 급여채무를 부담하는 소득세원천징수의무자에게 양육비채무자의 급여에서 정기적으로 양육비를 공제하여 양육비 채권자에게 직접 지급하도록 명할 수 있습니다(가사소송법 제63조의2). 여기서 '2회 이상'이라고 하는 것은 연속되어야 하는 것은 아니므로 '합해서 2회 이상' 지급하지 않은 경우를 말합니다.

양육비직접지급명령을 관할하는 법원은 양육비채무자의 보통재판적이 있는 가정법원 전속관할로 하되 위 보통재판적이 없는 경우에는 소득세원천징수의무자의 보통재판적이 있는 가정법원을 관할로 합니다.

따라서 본 사안의 경우 乙이 2회 이상 양육비지급을 지체하였을 경우 甲은 乙이 근로계약을 맺고 있는 사용자인 개인사업자 내지 회사법인체를 상대로 양육비직접지급명령을 청구하여 양육비를 지급 받을 수 있습니다.

6-7. 담보제공 및 일시금지급명령

① 가정법원은 양육비를 정기금으로 지급하게 하는 경우 그 이행을 확보하기 위하여 또는 양육비채무자가 정당한 사유 없이 그 이행을 하지 않는 경우에 양육비채무자에게 상당한 담보의 제공을 명할 수 있습니다(가사소송법 제63조의3제1항 및 제2항).

② 양육비채무자가 정당한 사유 없이 그 이행을 하지 않아 담보제공을 요구하는 신청을 하는 경우, 양육비 채권자는 다음 사항들을 적고 신청인 또는 대리인이 기명날인 또는 서명한 신청서를 미성년자인 자녀의 보통재판적이 있는 곳의 가정법원에 제출해야 합니다(가사소송규칙 제120조의7 및 제120조의8).

1. 신청인, 피신청인과 그 대리인, 미성년자인 자녀의 표시
2. 집행권원의 표시 및 내용
3. 채무자가 이행하지 않는 금전채무액 및 기간
4. 신청취지와 신청사유

③ 양육비의 일시금 지급명령을 받은 자가 30일 이내에 정당한 사유 없이 그 의무를 이행하지 않은 경우 가정법원은 양육비채권자의 신청에

의하여 결정으로 30일의 범위내에서 그 의무이행이 있을 때까지 의무자를 감치에 처할 수 있다(가사소송법 제68조제1항제3호). 이 감치결정에 대해서는 즉시항고를 할 수 있습니다(가사소송법 제68조제2항).

[서식 예] 담보제공명령신청서

담 보 제 공 명 령 신 청

신 청 인   ○○○ (주민등록번호)
              ○○시 ○○구 ○○길 ○○
피신청인   ◇◇◇ (주민등록번호)
              ○○시 ○○구 ○○로 ○○

신 청 취 지

  피신청인에 대하여, ○○지방법원 2014느단○○○○(본심판) 친권자의 지정과 변경, 2014느단○○○○(반심판) 양육비감액심판청구사건의 2014. 10. 29.자 조정조서에 기한 정기금 양육비채무 중 이 사건 결정일 다음날 이후 지급기가 도래하는 정기금 양육비채무를 담보하기 위하여 상당한 담보를 제공할 것을 명한다.
라는 결정을 구합니다.

신 청 이 유

1. 신청인은 피신청인에 대하여 ○○지방법원 2014느단○○○○(본심판) 친권자의 지정과 변경, 2014느단○○○○(반심판) 양육비감액심판청구사건의 2014. 10. 29.자 조정조서에 기하여 '2014. 11. 1.부터 자녀인 신청 외 이○○(08. 4. 30.생)이 초등학교 입학 전날까지는 월 40만원씩을, 초등학교 입학후부터 성년에 이르기 전날까지는 월 50만원씩을, 매월 말일에 각 지급한다'는 내용의 양육비 채권을 가지고 있습니다.
2. 현재 위 이○○이 수원에 있는 초등학교에 입학한 상태인바, 피신청인은 2015. 3월부터는 신청인에게 월 50만원씩을 지급하여야 합니다. 그러나 피

신청인은 신청인과 연락을 단절한 채 2015. 3월분부터 양육비를 지급하지 않고 있다가 신청인이 양육비이행관리원을 통해 지급독촉을 하자 2015. 6. 2. 50만원을 지급하였을 뿐이며, 여전히 나머지 양육비 지급의무는 이행하지 아니하고 있어 양육비의 정기금을 담보하도록 이 건 신청에 이른 것입니다.

첨 부 서 류

1. 주민등록표등본	1통
1. 혼인관계증명서	1통
1. 가족관계증명서	1통
1. 조정조서	1통
1. 송달증명원	1통
1. 혼인관계증명서(집행권원이 양육비부담조서인 경우)	1통
1. 내용증명	2통

2015. 6. .

위 신청인   (인)

○ ○ 가 정 법 원   귀 중

■ **양육비 지급을 이행하지 않을 경우를 대비해 담보 요구가 가능한가요?**

Q. 甲은 ○○지방법원 2016드단○○○○ 이혼 등 사건에 대하여 화해조서에 따른 乙과 이혼 및 丙에 대한 양육비를 丙이 성년이 될 때까지 매월 말일에 300,000원을 지급 할 의무가 있는 자인 바, 甲이 양육비 지급을 이행하지 않을 경우를 대비해 甲에게 담보 요구가 가능한가요?

A. 가정법원은 양육비를 정기금으로 지급하게 하는 경우 그 이행을 확보하기 위하여 또는 양육비채무자가 정당한 사유 없이 그 이행을 하지 않는 경우에 양육비채무자에게 상당한 담보의 제공을 명할 수 있습니다(가사소송법 제63조의3제1항 및 제2항). 신청인은 양육비채무자가 정당한

사유 없이 그 이행을 하지 않아 담보제공을 요구하는 신청을 하는 경우, 양육비 채권자는 다음 사항들을 적고 신청인 또는 대리인이 기명날인 또는 서명한 신청서를 양육비채무자의 보통재판적이 있는 곳의 가정법원에 제출해야 합니다(가사소송규칙 제120조의7 및 제120조의8).

양육비채무자가 정당한 이유없이 담보제공명령에 위반한 경우에는 가정법원·조정위원회 또는 조정담당판사는 직권 또는 권리자의 신청에 의하여 결정으로 1천만원 이하의 과태료에 처할 수 있습니다(가사소송법 제67조제1항).

따라서 본 사안의 경우 甲에게 가사소송법 제63조의3 제1항 및 제2항에에 따라 담보제공명령을 신청하여 금전 또는 법원이 인정하는 유가증권을 공탁하거나 대법원 규칙에 정하는 바에 따라 지급을 보증하겠다는 위탁계약을 맺은 문서를 제출하는 방법 등으로 상당한 담보의 제공을 명하게 할 수 있습니다.

6-8. 이행명령

6-8-1. 이행명령이란?

이행명령이란 가정법원의 판결·심판·조정조서·조정에 갈음하는 결정 또는 양육비부담조서에 따라 금전의 지급 등 재산상의 의무, 유아의 인도(引渡)의무 또는 자녀와의 면접교섭허용의무를 이행해야 할 의무자가 정당한 이유 없이 그 의무를 이행하지 않는 경우에는 당사자의 신청에 의해 가정법원이 일정한 기간 내에 그 의무를 이행할 것을 명하는 것을 말합니다(가사소송법 제64조제1항).

6-8-2. 양육비 지급의무 불이행에 대한 이행명령 신청

상대방이 양육비를 지급하지 않는 경우에는 양육비 지급을 명한 판결·심판 또는 조정을 한 가정법원에 이행명령을 신청해서 상대방이 양육비지급의무를 이행할 것을 법원이 명하도록 할 수 있습니다.

이 행 명 령 신 청

신 청 인   여 ○ ○(주민등록번호)
           주 소 ○○시 ○○구 ○○길 ○○(우편번호)
피신청인   남 △ △(주민등록번호)
           주 소○○시 ○○구 ○○길 ○○(우편번호)

신 청 취 지

1. 피신청인은 신청인에게 ○○지방법원 20○○드단 ○○ 이혼 및 위자료 사건의 20○○. ○. ○.자 조정조서에 기한 양육비 의무를 이행하라.
2. 신청비용은 피신청인이 부담한다.
라는 재판을 구합니다.

신 청 원 인

1. 위 당사자 사이 ○○지방법원 20○○드단 ○○ 이혼 및 위자료 사건에 관하여 20○○. ○. ○. 귀원으로부터 "피신청인은 신청인에게 사건본인 □□□에 대한 양육비로 20○○. ○. ○.부터 사건본인이 성년에 이르기 전까지 매달 말일에 월 40만원씩 지급한다"는 조정조서를 받았습니다.
2. 신청인은 지체장애 3급으로 노동능력에 제한이 있어 취업이 쉽지 않고 그 소득도 얼마 되지 않아 부득이 피신청인으로부터 사건본인에 대한 양육비를 절대적으로 지급받아야 하는데, 피신청인은 형편이 어렵지도 않는데도 불구하고 사건본인에 대한 양육비를 지금까지 전혀 지급하지 않고 있습니다.
3. 이에 신청인은 피신청인을 상대로 별도 양육비 직접지급명령을 신청한 상태이나 피신청인은 양육비의 지급을 면탈하기 위해 직장을 그만 둘만한 사람이기에 부득이 장래를 위해 피신청인에게 이행의무를 부담시키고자 합니다.
4. 장애를 안고 어린 자녀를 키우는 신청인의 처지로 아이를 키우는데 피신청인으로부터 받아야 할 양육비는 너무도 중요하기에, 더 이상 자녀 양육을 위한 비용을 혼자서 감당하기 어려워 가사소송법 제64조에 따라 피신청인에게 의무이행을 구하고자 이 사건 신청에 이른 것입니다.

```
          첨 부 서 류

   1. 조정조서사본                           1부
   1. 위 송달증명원(심판의 경우에는 확정증명원)    1부
   1. 복지카드 사본(신청인)                     1부
   1. 주민등록표 초본(피신청인)                  1부


            20〇〇.   〇.   〇.
         신 청 인 〇  〇  〇 (인)

  〇〇가정법원   귀중
```

6-8-3. 이행명령 불이행에 대한 제재

양육비를 지급해야 할 의무자가 이행명령을 받고도 양육비를 지급하지 않는 경우 가정법원은 다음의 방법으로 그 이행을 강제할 수 있습니다.

① 과태료 부과

의무자가 양육비 지급 이행명령을 받고도 정당한 이유 없이 양육비를 지급하지 않으면 가정법원·조정위원회 또는 조정담당판사는 직권 또는 권리자의 신청에 의해 결정으로 1천만원 이하의 과태료를 부과할 수 있습니다(가사소송법 제67조제1항).

② 감치(監置)

또한, 의무자가 양육비 지급 이행명령을 받고도 정당한 이유 없이 양육비를 3기 이상 지급하지 않으면 가정법원은 권리자의 신청에 의해 결정으로 30일 이내의 범위에서 양육비를 지급할 때까지 의무자를 감치에 처할 수 있습니다(가사소송법 제68조제1항제1호).

[서식 예] 감치명령신청서

감치명령신청(이행의무위반)

신 청 인 김 ○ ○ (주민등록번호 :   -   )
　　　　　주소 : ○○시 ○○구 ○○길 ○○

피신청인 이 △ △ (주민등록번호 :   -   )
　　　　　주소 : ○○시 ○○구 ○○길 ○○

집행권원의 표시
서울가정법원 20○○드단○○○○(본소)호 이혼 등, 20○○드단○○○○(반소) 이혼
및 위자료 등 집행력 있는 조정조서.

이행명령이 피신청인에게 고지된 일자 : 20○○. ○. ○.

불이행한 의무의 내용 : 20○○. ○. ○. 서울가정법원 20○○즈기○○○호
이행명령에 기한 의무이행으로서, 신청인에게 20○○. ○.까지의 미지급 양육비
중 400만원을 분할하여 20○○. ○.부터 20○○. ○.까지 매월 말일에 금
500,000원씩을 지급할 의무

근거법령: 가사소송법 제68조 제1항

신 청 취 지
의무자를 감치 30일에 처한다. 다만, 위 감치기간이 만료되기 이전에 의무자가
위 의무를 이행하는 때에는 감치의 집행이 종료된다.
라는 재판을 구합니다.

신 청 이 유
1. 신청인은 서울가정법원 20○○드단○○○○(본소)호 이혼 등, 20○○드단
　 ○○○○(반소) 이혼 및 위자료 등 청구사건의 집행력있는 조정조서정본에
　 기초한 「사건본인의 양육비로 20○○. ○. ○.부터 20○○. ○. ○.까지 매
　 월 말일에 월 금500,000원」의 금전 지급을 받지 못하여 이에 귀원 20○○

즈기○○○호로 이행명령을 받고, 위 결정은 20○○. ○. ○. 피신청인에게 송달되었습니다.

2. 위 이행명령에도 불구하고 피신청인은 이행기가 3기가 지난 현재까지 단 1 기의 금액도 신청인에게 지급하지 않고 있습니다. 이에 신청인은 하는 수 없 이 가사소송법 제68조 제1항에 의하여 피신청인에 대한 감치명령을 신청하 는 바입니다.

소 명 방 법

1. 조정조서정본 사본	1부
1. 동 송달증명원 사본	1부
1. 이행명령서 사본	1부
1. 위 송달증명원	1부
1. 주민등록표초본(피신청인)	1부
1. 납부서	

20○○.　　.　　.

위 신청인 ○○○ (인)

○○ 가정법원 귀중

■ **이행명령을 불이행 할 경우 감치되는 기간은 며칠인가요?**

Q. 甲은 ○○지방법원 2016즈기0000 이행명령에 따라 乙에 대한 양육 비를 2016. 5.부터 2020. 12월까지 매월 500,000원을 지급할 의 무가 있는 자인 바, 甲은 현재까지도 양육비 지급의무를 이행하지 않고 있습니다. 이행명령을 불이행 할 경우 감치할 수 있다고 하는 데 얼마나 감치할 수 있는가요?

A. 이행명령에 위반한 때에는 과태료에 처할 수 있고(가사소송법 제67조 제1항), 이행명령에 의하여 금전의 정기적 지급을 명령받은 경우 그 의 무자가 정당한 이유 없이 3기 이상 정기금의 지급의무를 이행하지 아 니한 때에는 감치에 처할 수 있습니다.

감치 기간은 30일 이내이고 감치 장소는 경찰서, 구치소, 교도소 등입니다. 감치의 집행 중 의무자가 그 의무이행 사실을 서면으로 증명한 때에는 감치 집행은 종료되고 석방됩니다.

따라서 본 사안의 경우 甲은 이행명령에 근거하여 정기금지급의무를 불이행할 경우 30일 이내로 경찰서 내지 구치소에 감치될 수 있습니다.

[서식 예] 이행명령 불이행에 따른 과태료부과신청

이행명령 불이행에 따른 과태료부과신청

신 청 인　○○○ (주민등록번호)
　　　　　○○시 ○○구 ○○길 ○○(우편번호)
　　　　　전화·휴대폰번호:
　　　　　팩스번호, 전자우편(e-mail)주소:
피신청인　◇◇◇ (주민등록번호)
　　　　　○○시 ○○구 ○○로 ○○(우편번호)
　　　　　전화·휴대폰번호:
　　　　　팩스번호, 전자우편(e-mail)주소:

신 청 취 지

피신청인은 위 당사자간 ○○가정법원 20○○즈기○○ 이행명령 사건의 이행의무를 위반하였으므로 과태료에 처한다.
라는 결정을 구합니다.

신 청 이 유

1. 신청인은 ○○지방법원 20○○호○○ 협의이혼의사확인신청사건의 집행력 있는 양육비부담조서정본에 기초하여 「미성년 자녀(들)에 대한 양육비로 이혼신고 다음날부터 자녀(들)이 각 성년에 이르기 전날까지 1인당 월 800,000원」의 금전 지급을 받기로 하였으나, 20○○. ○.부터 20○○. ○○.까지 매월 800,000원씩 피신청인이 지급할 양육비 합계 4,000,000원 중 1,350,000원을 지급받지 못하여 이에 ○○가정법원 20○○즈기○○호로 이행명령을 받고,

---

위 결정은 20○○. ○. ○○. 피신청인에게 송달되었습니다.
2. 위 이행명령에도 불구하고 피신청인은 현재까지 신청인에게 미지급한 양육비를 지급하지 않고 있을 뿐만 아니라, 매월 지급해야할 양육비 800,000원마저도 지급하지 않고 있습니다. 이에 신청인은 하는 수 없이 가사소송법 제67조 제1항에 의하여 피신청인에 대한 과태료 부과를 신청하는 바입니다.

소 명 방 법

1. 양육비부담조서 사본   1부
1. 이행명령 사본   1부
1. 위 송달증명원   1부
1. 신청서 부본   1부

20○○. ○. ○○.

위 신청인 ○○○ (인)

○○가정법원 귀중

6-9. 강제집행

6-9-1. 강제집행이란?

강제집행이란 상대방이 채무를 이행하지 않은 경우에 국가권력에 의해 강제적으로 그 의무의 이행을 실현하는 것을 말합니다. 예를 들어, 양육비지급의무를 이행해야 할 의무자가 양육비를 지급하지 않는 경우에 권리자가 그 의무자의 부동산을 강제경매해서 양육비로 충당하는 방법이 가능합니다.

6-9-2. 양육비 지급의무 불이행에 대한 강제집행 신청

상대방이 양육비를 지급하지 않는 경우에는 집행권원(예를 들어 판결, 조정조서, 화해조서 등)을 근거로 강제집행을 할 수 있다는 집행문을 부여받아 상대방 재산에 강제집행을 신청해서 경매처분을 통해 양육비를 받을 수 있습니다(민사집행법 제28조, 제39조, 제56조, 제90조 및 가사소송법 제41조).

7. 성(姓)과 본(本)

7-1. 이혼 후 자녀의 성(姓)과 본(本) 변경

7-1-1. 자녀의 성과 본의 변경심판 청구

① 부모의 혼인 중의 출생자는 원칙적으로 아버지의 성과 본을 따릅니다(민법 제781조제1항 본문).

② 그러나 자녀의 복리를 위해 필요한 경우에는 가정법원에 그 변경심판을 청구할 수 있습니다(가사소송법 제2조제1항제2호가목 6).

7-1-2. 청구권자

자녀의 성과 본의 변경심판은 부(父), 모(母) 또는 자녀가 청구할 수 있습니다. 그러나 자녀가 미성년자이고 법정대리인이 청구할 수 없는 경우에는 친족(8촌 이내의 혈족, 4촌 이내의 인척 및 배우자) 또는 검사가 청구할 수 있습니다(민법 제777조 및 제781조제6항).

7-1-3. 관할법원

자녀의 성과 본의 변경심판은 사건본인의 주소지의 가정법원에 신청하면 됩니다(가사소송법 제44조제1호마목).

7-1-4. 변경허가 기준

① 가정법원은 자녀의 성과 본의 변경 청구가 있는 경우에 부, 모 및 자녀(13세 이상인 경우만 해당)의 의견을 들어서 변경허가 여부를 결정하는 데 반영할 수 있습니다.

② 그러나 자녀의 부모 중 자녀와 성과 본이 동일한 사람이 사망하거나 그 밖의 사유로 의견을 들을 수 없는 경우에는 자녀와 성과 본이 동일한 최근친(最近親) 직계존속의 의견을 들을 수 있습니다(가사소송규칙 제59조의2제2항).

③ 이 외에도 가정법원은 자녀의 복리를 위해 필요한 사항을 고려해서 성과 본의 변경허가 여부를 결정합니다.

7-1-5. 행정관청에 성과 본의 변경신고

가정법원으로부터 성과 본의 변경허가판결을 받은 경우에는 재판의 확정일부터 1개월 이내에 재판서의 등본 및 확정증명서를 첨부해서 등록기준지 또는 주소지 관할 시청·구청·읍사무소 또는 면사무소에 성과 본의 변경신고를 해야 합니다(가족관계의 등록 등에 관한 법률 제100조).

[서식 예] 자의 성과 본의 변경허가 심판청구서

자의 성과 본의 변경허가 심판청구

청 구 인   성명 :   (휴대전화 :   , 집전화 :   )
            주민등록번호 :   -
            주소 :
            등록기준지 :
사 건 본 인   성명 :
            주민등록번호 :   -
            주소
            등록기준지 :

청 구 취 지

'사건본인의 성을 "   (한자:)"로, 본을 "   (한자:)"로 변경할 것을 허가한다.'라는 심판을 구합니다.

청 구 원 인

1. 사건본인의 가족관계 등 (해당 □안에 √ 표시, 내용 추가)

  가. 사건본인은 (친부   )과(와) (친모   )사이에 출

생한 자입니다.

    □ <u>친부의 주소는</u> (   )입니다.

나. □ (친부   )과(와) (친모   )는(은) (년   월

    일) 이혼하였습니다.

    □ (친부   )는(은) (년   월   일) 사망하였습니다.

    □ (   )는(은) (년   월   일) 사건본인을 입

    양하였습니다.

2. <u>성과 본의 변경을 청구하는 이유</u> (해당 □안에 √ 표시, 내용 추가)

    사건본인이 현재의 성과 본으로 인하여 학교나 사회생활 등에서 많은 어려움을 겪고 있으므로 사건본인의 복리를 위하여 다음과 같이 청구합니다.

    □ (친모   )과(와) (년   월   일) 혼인하여 사건본인의 <u>의붓아버지(계부)</u>가 된 (   )의 "성"과 "본"으로 바꾸고 싶습니다.

    □ <u>어머니의</u> "성"과 "본"으로 바꾸고 싶습니다.

    □ <u>양부 또는 양모</u>의 "성"과 "본"으로 바꾸고 싶습니다.

    □ 위 각 경우에 해당하지 않는 경우의 이유(서술식으로 기재)

첨 부 서 류

    1. 진술서(청구인)   1통

    2. 가족관계증명서(청구인 및 사건본인)   각 1통

    3. 기본증명서(사건본인)   1통

    4. 혼인관계증명서(청구인)   1통

    5. 주민등록등본(청구인 및 사건본인)   각 1통

        (청구인과 사건본인의 주소지가 같은 경우에는 1통만 제출하면 됩니다)

6. 기타(<u>해당사항이 있는 경우</u>에 □안에 √ 표시를 하고 해당 서류를 첨부해 주십시오)

    □ 입양관계증명서   1통(사건본인이 입양된 경우)

    □ 제적등본(친부)   1통(친부가 사망한 경우, 단 2008. 1. 1. 이후에 사

망신고가 된 경우에는 폐쇄가족관계등록부에 따른 친부의 기본증명서)

20 .   .   .

청구인　　　　　(인)

가정법원{　　　지방법원(지원)} 귀중

진 술 서

청구인은 다음과 같은 내용을 사실대로 진술합니다.

1. 청구인과 사건본인의 가족관계 등

가. 기본 사항(사건본인과 관계있는 해당 사항만 기재하시면 됩니다.)

구분	연월일	참고 사항
(　　　　)과(와) 혼인 신고일	년　월　일	동거 시작일　　년　월　일
사건본인 (　　　　)출생일자	년　월　일	
(　　　　)과(와) 이혼 신고일	년　월　일	□ 협의이혼, □ 재판상 이혼
(　　　　)과(와) 재혼 신고일	년　월　일	동거 시작일　　년　월　일

나. 사건본인의 현재 생활, 친권자, 양육자 등

구분	내용
(1) 사건본인의 나이, 학교 등	만　　　세, □　　　　유치원, □　　　　학교　학년 재학 중
(2) 이혼시 지정된 친권자	□ 사건본인의 아버지, □ 사건본인의 어머니
(3) 이혼시 지정된 양육자	□ 사건본인의 아버지, □ 사건본인의 어머니
(4) 현재의 실제 양육자와 양육기간	□ 사건본인의 아버지,

	□ 사건본인의 어머니
	양육기간 : 약 년 개월(년 월 무렵 → 현재)
(5) 양육비용을 부담하고 있는 사람	
(6) 친아버지가 사건본인 또는 사건본인의 어머니에게 양육비를 지급하고 있는지 여부	□ 양육비를 지급하고 있음 □ 양육비를 지급하고 있지 아니함
	※ 양육비를 지급하고 있는 경우 그 액수 월 평균으로 따져보면 약 원
(7) 사건본인이 친아버지와 면접 교섭하는지(정기적 또는 부정기적 으로 만나는지) 여부	□ 면접교섭함, □ 면접교섭하지 아니함
	면접교섭의 내용(면접교섭하는 경우에만 기 재하여 주십시오.) □ 1년에 약 1 ~ 3회 □ 매월 약 1회, □ 매월 약 2회 이상 □ 기타 ( )

2. 사건본인이 현재의 성과 본으로 인하여 사회생활 등에서 어려움을 겪고 있는 구체적 사례

3. 사건본인의 성과 본의 변경이 필요한 이유(□안에 √ 표시, 내   용 기재)
  □ 의붓아버지(계부)의 성과 본으로 변경하려는 경우
    (1) 의붓아버지가 사건본인을 양육하고 있는지 :
       □ 양육하고 있음, □ 양육하고 있지 아니함
    (2) 의붓아버지가 사건본인을 실제 양육한 기간
       약 년 개월(년 월 무렵부터 →   년 월 무렵까지)
    (3) 성과 본의 변경이 사건본인의 행복과 이익을 위하여 필요한 이유

□ **어머니의 성과 본으로 변경하려는 경우**
　(1) 어머니가 이혼 후 사건본인을 실제 양육한 기간
　　약 　년 　개월(　년 　월 무렵부터 →　 　년 　월 무렵까지)
　(2) 성과 본의 변경이 사건본인의 행복과 이익을 위하여 필요한 이유

□ **양부 또는 양모의 성과 본으로 변경하려는 경우**
　(1) 사건본인을 양육하고 있는지 : □ 양육하고 있음, □ 양육하고 있지 아니함
　(2) 양부 또는 양모가 사건본인을 실제 양육한 기간
　　약 　년 　개월 (　년 　월 무렵부터 →　 　년 　월 무렵까지)
　(3) 성과 본의 변경이 사건본인의 행복과 이익을 위하여 필요한 이유

4. 그 밖에 법원에 진술하고 싶은 사정

　　　　20 　년 　월 　일 　청구인　　　　　　　　(인)

○○가정법원{○○지방법원(지원)} 귀중

제출법원	사건본인의 주소지의 가정법원(가정법원 또는 가정지원이 설치되지 아니한 지역은 해당 지방법원 또는 지방법원 지원)	관련법규	민법 제781조제6항, 가사소송법 제44조
신 청 인	부, 모 또는 자의 신청,		
비　　　용	인지액:사건본인 1명당 5,000원(2명일 경우 10,000원) ·송달료 : 청구인수× 000원(1회송달료) ×10회분		
기　　　타	1. 사건본인의 아버지에게 의견청취서를 보내어 의견을 들을 필요가 있을 수 있으므로 신속한 심리를 위하여, 사건본인의 아버지의 주소는 알고 있는 경우에 기재하되, 기재하지 아니한 경우 주소를 밝히라는 법원의 보정명령을 나중에 받을 수 있습니다. 2. '성'과 '본'이 변경된다고 하여, 의붓아버지와 사이에 친자관계		

7. 성(姓)과 본(本)　　355

	가 생기거나 종전 부모와의 친족관계가 소멸되는 것은 아니며 가족관계등록부에는 여전히 친아버지가 아버지로 기재됩니다. 또한 친권자가 변경되는 것도 아닙니다.

7-2. 자녀의 성(姓)과 본(本)을 재혼한 배우자의 성과 본으로 바꾸는 방법

7-2-1. 가정법원에 자녀의 성(姓)과 본(本)의 변경심판 청구

부모의 혼인 중의 출생자는 원칙적으로 친생부(親生父)의 성과 본을 따르지만, 자녀의 복리를 위해 필요한 경우에는 부(父), 모(母) 또는 자녀가 가정법원에 성과 본의 변경심판을 청구해서 법원의 허가를 받아 이를 변경할 수 있습니다(민법 제781조제1항·제6항 및 가사소송법 제2조제1항 제2호가목 6).

■ **아이의 성(姓)만 바꾸면 친아빠와의 친자관계가 소멸하나요?**

Q. 협의이혼을 하려고 하는데 남편이 엄마인 제가 재혼하는 경우 아이의 성을 새아빠의 성으로 바꿀 수 있다고 하면서 친권에 대한 합의를 해주지 않고 있습니다. 남편의 말대로 만일 제가 재혼하는 경우 아이의 성을 새아빠의 성으로 바꾸기만 하면 친아빠와의 친자관계는 저절로 소멸하나요?

A. 단순히 자녀의 성을 변경하는 것만으로는 친부모와의 친자관계가 변동되지 않으며, 자녀의 가족관계증명서에는 여전히 친아빠가 아버지로 표시됩니다. 그러므로 재혼할 경우 친아빠와의 친자관계를 종료시키고 자녀의 가족관계증명서에 재혼할 남편을 아버지로 표시하려면 자녀의 성을 새아빠의 성으로 변경하는 것만으로는 부족하고 자녀를 재혼할 남편의 친양자(親養子)로 입양하여 새로운 친자관계를 발생시켜야 합니다(민법 제908조의3).

(관련판례)

1. 원심은 부모의 이혼 후 모와 함께 생활하였고, 취업과 결혼을 앞두고 있어 사건본인의 성과 본을 모의 성과 본으로 변경함으로써 마음의 안정을 갖고 생활하고 싶다는 이유로 신청한 청구인 겸 사건본인의 이 사건 성·본 변경허가 청구에 대하여, 별다른 이유 기재 없이 이 사건 청구가 이유 있다고 하여 인용하였다.

2. 그러나 기록에 의하면, ① 사건본인이 성년(만 22세)일 때 부인 특별항고인과 모인 청구외인이 이혼하여 그 이전까지 사건본인과 특별항고인 사이에는 혈연뿐 아니라 실질적, 사회적으로도 부녀관계로 생활해 왔던 점, ② 부모의 이혼 전이라 하더라도 사건본인은 성년으로서 독자적으로 법원허가를 받아 성·본 변경을 할 수 있었음에도 그대로 부의 성·본을 사용함으로써 사건본인으로서는 부의 성·본을 따르기로 의사결정을 한 것으로 볼 수 있는 점, ③ 사건본인이 이 사건 성·본 변경허가 청구 사유로 들고 있는 사유만으로는 주관적·개인적 선호의 수준을 넘어서 구체적으로 사건본인의 학교생활이나 사회생활 등에 현실적으로 어떠한 어려움이 발생할 것인지 뚜렷하지 아니하고, 이를 확인할 수 있는 자료가 전혀 제출되어 있지 아니하며, 오히려 성·본의 변경이 대학교에 이르기까지 장기간에 사건본인의 학력 및 교우관계 형성에 기초가 되었던 인격의 동일성에 변화를 낳게 되어 대학생활뿐 아니라 이어지는 사회생활에서 커다란 불편 내지 혼란을 주게 되고 타인에게 불필요한 호기심이나 위구심 등을 일으키게 하여 사건본인의 정체성 유지에 영향을 미칠 수 있는 개연성도 상당히 높아 보이는데, 이러한 관련 사정들에 관한 원심의 추가적인 심리도 없었던 점 등을 알 수 있다.

따라서 사건본인의 성·본 변경을 허가할지 여부를 판단함에 있어서는 사건본인의 의사뿐만 아니라 성·본 변경으로 인한 위와 같은 불이익을 함께 고려하여 허가 여부를 신중하게 판단하여야 한다. 그럼에도 원심은 사건본인의 의사에만 주목하여 사건본인의 이 사건 성·본 변경허가 청구를 인용하고 말았다. 이 점을 지적하는 취지의 특별항고 이유 주장은 이유 있다.(대법원 2016.1.26.자 2014으4 결정)

■ 아이들의 성과 본을 엄마의 성과 본이나 재혼하는 남편의 성과 본으로 변경하려면 전남편과의 친자관계에 큰 영향을 주나요?

Q. 협의이혼을 하려고 하는데 남편이 2008년부터 아이들의 성을 엄마의 성이나 의붓아버지의 성으로 변경할 수 있다고 하면서 아이들의 양육비나 친권에 대하여 협의를 하지 않았습니다. 제 아이들의 성과 본을 엄마의 성과 본이나 재혼하는 남편의 성과 본으로 변경한다고 하여 제 아이들과 전남편과의 친자관계에 큰 영향을 주나요?

A. 자녀의 성과 본을 변경하더라도 친생부모와의 친자관계가 단절되지 않습니다. 성과 본의 변경으로 인하여 친아버지의 성과 다르게 되었더라도 자녀의 가족관계증명서에는 여전히 친아버지가 부로 표시됩니다. 자녀의 가족관계증명서에 의붓아버지가 아버지로 표시되게 하려면 친양자 입양 청구 제도를 이용하실 수 있습니다만, 자녀가 15세 미만이고 재혼 기간이 1년 이상이어야 하면 친아버지의 동의가 있어야 합니다.

(관련판례)
> 갑과 을이 이혼조정에서 자녀들의 친권자 및 양육자로 어머니인 갑을 지정하였고, 아버지인 을이 양육비를 지급하고 매달 2회씩 자녀들을 면접교섭하기로 하였는데, 갑이 자녀들의 성과 본을 갑의 성과 본으로 변경하는 것을 허가해달라는 심판을 구한 사안에서, 을이 이혼 이후 양육비를 정기적으로 지급하고 면접교섭을 정기적으로 실시하고 있어 자녀들에 대하여 아버지로서 상당한 친밀감과 애착을 가지고 있다고 평가되는 점, 갑이 성과 본을 변경하려는 이유가 진정으로 자녀들을 위한 것이라기보다는 아직 남아 있는 을에 대한 부정적인 감정이 원인이 되었다고 보이는 점 등에 비추어, 자녀들의 성과 본을 어머니인 갑의 것으로 변경할 경우 비교적 원만하게 이루어지고 있는 을과 자녀들 사이의 면접교섭이나 양육비 지급에 부정적인 영향을 미칠 우려가 있고, 이는 자녀들의 복리에 배치되는 결과가 될 수 있으므로 자녀들의 성과 본을 변경하는 것은 적당하지 않다고 한 사례.(제주지방법원 2015.10.1.자 2015느단360 심판)

■ 혼인관계 중 아버지의 성과 본을 따르고 있는 자녀의 성과 본을 어머니의 성과 본으로 변경할 수 있나요?

Q. 혼인관계 중 아버지의 성과 본을 따르고 있는 자녀의 성과 본을 어머니의 성과 본으로 변경할 수 있나요?

A. 법률상 제한 규정은 없습니다만, 성과 본의 변경 규정의 주된 입법취지가 이혼 또는 재혼한 어머니와 함께 생활하고 있는 자녀가 겪고 있는 현실적인 어려움을 덜어주기 위한 것이므로, 자녀가 성년자이거나 정상적인 가정을 유지하고 있는 부모의 자녀 등의 경우에는 특별한 사정이 없는 한 그 변경의 필요성이 인정되지 않는 경우가 많을 것입니다.

■ 재혼하면 이 자녀의 성과 본을 재혼한 남편의 성과 본으로 변경할 수 있나요?

Q. 저는 이혼한 여성인데 전 남편과의 사이에 태어난 자녀를 제가 기르고 있습니다. 제가 재혼하면 이 자녀의 성과 본을 재혼한 남편의 성과 본으로 변경할 수 있나요?

A. 자녀의 성과 본을 재혼한 남편의 성과 본으로 변경하는 방법에는 다음과 같이 두 가지가 있습니다.
첫째는, '성과 본의 변경' 제도를 이용하여 가정법원에 자의 성과 본의 변경허가를 청구(전 남편의 동의는 필요 없음)하는 것입니다.
둘째는, '친양자' 제도를 이용하여 재혼한 남편이 귀하의 자녀를 친양자로 입양하는 방법입니다. 친양자는 부부의 혼인중의 출생자로 보기 때문에 친양자는 재혼한 남편의 성과 본을 따르게 되고, 전 남편과 자녀 사이의 친자 관계는 종료됩니다. 친양자 입양을 하기 위해서는 1년 이상 혼인이 지속되고 친양자가 될 자가 15세 미만이어야 하며 그 친생부모의 입양 동의를 얻어(전 남편의 동의가 필요함) 가정법원에 친양자 입양 심판을 청구하여야 합니다.

■ 의붓아버지도 성과 본의 변경 청구를 할 수 있나요?

Q. 의붓아버지(계부)도 성과 본의 변경 청구를 할 수 있나요?

A. 사건본인을 입양하지 않은 의붓아버지(계부)는 성과 본의 변경을 청구할 수 없습니다. 성과 본의 변경허가 청구는 부(양부 포함), 모, 자만할 수 있기 때문입니다. 이혼 후 친권자가 아닌 부, 모도 자의 성·본변경허가 청구를 할 수 있습니다.

■ 이성양자(異姓養子)의 성(姓)을 양친의 성으로 변경할 수 있는지요?

Q. 저는 甲男과 혼인하여 10년이 되었으나, 자녀가 없어서 입양을 하려고 합니다. 양자를 양친인 甲의 성(姓)으로 고쳐 친생자와 같이 키우려고 하는데, 이것이 가능한지요?

A. 이성양자(異姓養子)가 양부의 성을 따를 수 있는 경우는 민법상 친양자입양과 입양특례법에 의한 입양에 한하여 가능합니다.

먼저, 입양특례법에 의한 입양의 절차를 살펴보면 일단 양자가 될 수 있는 자는 요보호아동('보호자가 없거나 보호자로부터 이탈된 아동 또는 보호자가 아동을 학대하는 경우 등 그 보호자가 아동을 양육하기에 적당하지 아니하거나 양육할 능력이 없는 경우의 아동'을 말함. 입양특례법 제2조 제2호, 아동복지법 제3조 제4호)으로서 ①보호자로부터 이탈된 자로서 특별시장·광역시장·도지사 및 특별자치도지사(이하 시·도지사라 함) 또는 시장·군수·구청장(자치구의 구청장을 말함. 이하 같음)이 부양의무자를 확인할 수 없어 국민기초생활보장법에 의한 보장시설(이하 보장시설이라 함)에 보호의뢰한 사람, ②부모(부모가 사망이나 그 밖의 사유로 동의할 수 없는 경우에는 다른 직계존속) 또는 후견인이 입양에 동의하여 보장시설 또는 사회복지법인으로서 보건복지부장관의 허가를 받은 입양기관에 보호의뢰한 사람, ③법원에 의하여 친권상실의 선고를 받은 사람의 자녀로서 시·도지사 또는 시장·군수·구청장이 보장시설에 보호의뢰한 사람, ④그 밖에 부양의무자를 알 수 없는 경우로서 시·도지사 또는 시장·군수·구청장이 보장시설에 보호의뢰한 자이어야 합니다(같은 법 제9조).

또한, 양친이 될 자격은 ①양자를 부양하기에 충분한 재산이 있을 것, ②양자에 대하여 종교의 자유를 인정하고 사회의 구성원으로서 그에 상응하는 양육과 교육을 할 수 있을 것, ③양친이 될 사람이 아동학대·가정폭력·성폭력·마약 등의 범죄나 알코올 등 약물중독의 경력이 없을 것, ④양친이 될 사람이 대한민국 국민이 아닌 경우 해당 국가의 법에 따라 양친이 될 수 있는 자격이 있을 것, ⑤그 밖에 양자가 될 사람의 복지를 위하여 보건복지부령이 정하는 필요한 요건을 갖출 것 등이 요구됩니다(같은 법 제10조).

위 법에 의한 요보호아동을 양자로 하고자 할 때에는 가정법원의 허가를 받아야 하는데, 친생부모가 있는 경우 친생부모의 동의를 받아야 하고, 친생부모가 친권상실의 선고를 받은 경우나 친생부모의 소재불명 등의 사유로 동의를 받을 수 없는 경우에는 후견인의 동의를 받아야 합니다(같은 법 제11조, 제12조)

다만, 부모 또는 후견인이 입양에 동의하여 보장시설 또는 입양기관에 보호의뢰한 사람을 입양할 때에는 보호의뢰시의 입양동의로써 입양의 동의를 갈음할 수 있습니다(같은 법 제12조 제3항). 또한, 13세 이상인 아동을 입양하고자 할 때에는 위와 같은 입양동의 외에 입양될 아동의 동의를 받아야 합니다(같은 법 제12조 제4항).

그리고 입양특례법에 따라 입양된 아동은 민법상 친양자와 동일한 지위를 가지게 되며, 입양아동의 친생의 부 또는 모는 자신에게 책임이 없는 사유로 인하여 입양의 동의를 할 수 없었던 경우에는 입양의 사실을 안 날부터 6개월 안에 가정법원에 입양의 취소를 청구할 수 있습니다(같은 법 제14조, 16조).

한편, 민법에 따라 친양자를 입양하려는 사람은 다음 각 호의 요건을 갖추어 가정법원에 친양자 입양을 청구하여야 합니다(민법 제908조의2).

1. 3년 이상 혼인 중인 부부로서 공동으로 입양할 것. 다만, 1년 이상 혼인 중인 부부의 한쪽이 그 배우자의 친생자를 친양자로 하는 경우에는 그러하지 아니하다.

2. 친양자가 될 사람이 미성년자일 것

3. 친양자가 될 사람의 친생부모가 친양자 입양에 동의할 것. 다만, 부모가 친권상실의 선고를 받거나 소재를 알 수 없거나 그 밖의 사유로 동의할 수 없는 경우에는 그러하지 아니하다.

4. 친양자가 될 사람이 13세 이상인 경우에는 법정대리인의 동의를 받아 입양을 승낙할 것

5. 친양자가 될 사람이 13세 미만인 경우에는 법정대리인이 그를 갈음하여 입양을 승낙할 것

위의 요건을 갖추고 가정법원의 허가를 받게 되면 친양자는 부부의 혼인중 출생자로 보게 되어 양부(養父)의 성(姓)과 본(本)을 따르게 되며, 친양자의 입양 전의 친족관계는 친양자 입양이 확정된 때에 종료합니다. 다만, 부부의 일방이 그 배우자의 친생자를 단독으로 입양한 경우에 있어서의 배우자 및 그 친족과 친생자간의 친족관계는 종료하지 않습니다(민법 제908조의3).

(관련판례 1)
　　민법 제781조 제6항에 정한 '자의 복리를 위하여 자의 성과 본을 변경할 필요가 있을 때'에 해당하는지 여부는 자의 나이와 성숙도를 감안하여 자 또는 친권자·양육자의 의사를 고려하되, 먼저 자의 성·본 변경이 이루어지지 아니할 경우에 내부적으로 가족 사이의 정서적 통합에 방해가 되고 대외적으로 가족 구성원에 관련된 편견이나 오해 등으로 학교생활이나 사회생활에서 겪게 되는 불이익의 정도를 심리하고, 다음으로 성·본 변경이 이루어질 경우에 초래되는 정체성의 혼란이나 자와 성·본을 함께 하고 있는 친부나 형제자매 등과의 유대 관계의 단절 및 부양의 중단 등으로 인하여 겪게 되는 불이익의 정도를 심리한 다음, 자의 입장에서 위 두 가지 불이익의 정도를 비교형량하여 자의 행복과 이익에 도움이 되

는 쪽으로 판단하여야 한다. 이와 같이 자의 주관적·개인적인 선
호의 정도를 넘어 자의 복리를 위하여 성·본의 변경이 필요하다고
판단되고, 범죄를 기도 또는 은폐하거나 법령에 따른 각종 제한을
회피하려는 불순한 의도나 목적이 개입되어 있는 등 성·본 변경권
의 남용으로 볼 수 있는 경우가 아니라면, 원칙적으로 성·본 변경
을 허가함이 상당하다 (대법원 2009. 12. 11.자 2009스23 결
정 참조). (대법원 2010. 3. 3. 자 2009스133 결정)

(관련판례 2)

민법 제781조 제6항에 정한 '자의 복리를 위하여 자의 성과 본을
변경할 필요가 있을 때'에 해당하는지 여부는 자의 나이와 성숙도
를 감안하여 자 또는 친권자·양육자의 의사를 고려하되, 먼저 자의
성·본 변경이 이루어지지 아니할 경우에 내부적으로 가족 사이의
정서적 통합에 방해가 되고 대외적으로 가족 구성원에 관련된 편견
이나 오해 등으로 학교생활이나 사회생활에서 겪게 되는 불이익의
정도를 심리하고, 다음으로 성·본 변경이 이루어질 경우에 초래되
는 정체성의 혼란이나 자와 성·본을 함께 하고 있는 친부나 형제
자매 등과의 유대 관계의 단절 및 부양의 중단 등으로 인하여 겪
게 되는 불이익의 정도를 심리한 다음, 자의 입장에서 위 두 가지
불이익의 정도를 비교형량하여 자의 행복과 이익에 도움이 되는 쪽
으로 판단하여야 한다. 이와 같이 자의 주관적·개인적인 선호의 정
도를 넘어 자의 복리를 위하여 성·본의 변경이 필요하다고 판단되
고, 범죄를 기도 또는 은폐하거나 법령에 따른 각종 제한을 회피하
려는 불순한 의도나 목적이 개입되어 있는 등 성·본 변경권의 남
용으로 볼 수 있는 경우가 아니라면, 원칙적으로 성·본 변경을 허
가함이 상당하다. (대법원 2009. 12. 11. 자 2009스23 결정)

7-3. 친양자 입양

7-3-1. 친양자제도란?

① 친양자제도란 자녀의 복리를 위해 양자(養子)를 부부의 혼인 중의 출
생자로 보아 법률상 완전한 친생자(親生子)로 인정하는 제도를 말합
니다(민법 제908조의3제1항).

② 친양자로 입양되면 입양 전의 친족관계(친아버지와의 관계 등)는 친양자 입양이 확정된 때 종료되고, 새롭게 양부모와 법률상 친생자관계를 형성하게 됩니다(민법 제908조의3제2항). 따라서 양부모와 친생자 사이에 친족관계, 상속관계가 발생하며, 성과 본 역시 양부의 성과 본으로 변경할 수 있습니다.

7-3-2. 친양자 입양 요건

친양자를 입양하려는 경우에는 다음의 요건을 모두 갖추어 가정법원에 친양자 입양청구를 해야 합니다(민법 제908조의2제1항 및 가사소송법 제2조제1항제2호가목 12).

1. 3년 이상 혼인 중인 부부로서 공동으로 입양할 것. 다만, 1년 이상 혼인 중인 부부의 한쪽이 그 배우자의 친생자를 친양자로 하는 경우에는 그러하지 않습니다.
2. 친양자가 될 자녀가 미성년자일 것
3. 친양자로 될 자녀의 친생부모가 친양자 입양에 동의할 것(다만, 부모가 친권 상실의 선고를 받거나 소재를 알 수 없거나, 그 밖의 사유로 동의할 수 없는 경우는 제외)
4. 친양자가 될 자녀가 13세 이상인 경우에는 법정대리인의 동의를 받아 입양을 승낙할 것
5. 친양자가 될 자녀가 13세 미만인 경우에는 법정대리인이 그를 갈음하여 입양을 승낙할 것

■ 친양자 제도의 특징은 무엇인지요?

Q. 아이를 양자로 들이려고 하는데 제가 알아보니 친양자 제도라는 것이 있다고 들었습니다. 일반적인 양자와 친양자는 어떤 점에서 차이가 있는 것인지 알고 싶습니다.

A. 친양자 제도는 기존의 일반양자 제도가 가지고 있던 문제점, 즉 입양

후 친생부모와의 관계가 존속된다는 점, 양부의 성을 따를 수 없다는 점, 양부의 성을 입양촉진및절차에관한특례법에 의해 따를 수 있는 경우라도 가족관계등록부상 양자라는 사실이 기재된다는 점 등에 따른 부작용을 없애기 위해 2008년에 도입된 제도입니다.

친양자는 재판 확정 시부터 양친의 혼인 중 출생자가 되어 양친의 성과 본을 따르며, 가족관계등록부에도 양친의 친생자로 기재됩니다. 또한 친양자제도에서는 양자와 친생부모 및 그 혈족의 친족관계는 친양자 입양이 법원에 의하여 허가된 때(재판의 확정 시)로부터 종료합니다. (민법 제908조의3 제2항) 다만 부부의 일방이 배우자의 친생자를 단독으로 입양한 경우에는, 배우자 및 그 친족과 친생자 사이의 친족관계는 소멸하지 않게 됩니다. 그러나 친양자 입양에 의하여 법률상의 친족관계가 종료된다 하더라도 입양 전의 8촌 이내의 혈족 사이의 혼인은 금지됩니다. (민법 제809조 제1항)

이처럼 친양자 제도는 양자에게도 친생자와 같은 지위를 인정하는 것으로서, 입양가정의 안정을 요구하므로 3년 이상 혼인 중인 부부로서 공동으로 입양할 것을 요구하고 있습니다. (민법 제908조의2 제1항 1호 본문) 다만 부부의 한쪽이 그 배우자의 친생자를 친양자로 하는 경우에는 1년 이상의 혼인 기간이 있으면 가능합니다. (민법 제908조의2 제1항 1호 단서)

(관련판례)

갑과 을이 협의이혼을 하면서 병에 대한 친권자 및 양육자로 갑을 지정하고 양육비의 지급이나 면접교섭권 등에 대하여는 별도로 정하지 않았는데, 그 후 갑이 정과 혼인하여 병을 함께 양육하고 정이 병에 대하여 친양자 입양을 청구한 사안에서, 갑과 을은 협의이혼 당시 병에 대한 양육자만 정하였을 뿐 따로 양육비의 지급 등에 관하여는 구체적인 협의가 없었고, 지금까지도 양육비의 지급에 관한 사항이 당사자의 협의나 가정법원의 심판에 의하여 구체적인 청구권으로 전환되지 않은 사실 등을 고려하면, 정의 병에 대한 친

> 양자 입양은 민법 제908조의2 제1항이 정하고 있는 친양자 입양의 요건을 충족하지 못하였거나, 그렇지 않더라도 같은 조 제3항의 '친양자가 될 사람의 양육상황, 친양자 입양의 동기, 양부모의 양육능력, 그 밖의 사정을 고려하여 친양자 입양이 적당하지 아니하다고 인정되는 경우'에 해당한다고 한 사례.(창원지방법원 2015. 7. 9. 자 2014브67 결정)

■ 친양자를 입양하려면 누구의 동의를 얻어야 하나요?

Q. 저는 3년 전에 전남편과 이혼을 하였고 아이는 제가 기르고 있습니다. 지금 재혼을 준비하고 있는데 이 아이를 남편될 사람이 친양자 입양을 하려고 합니다. 친권은 저에게 있고 전남편은 사망하였는데 이 경우 누구의 동의를 얻어야 하나요?

A. 친양자 입양은 친양자가 될 자의 친부모의 입양동의를 얻어야 합니다. 그러나 이혼하여 부모 중 일방이 자녀를 양육하고 있던 중에 전남편이 사망하였고, 재혼하여 새남편이 친양자 입양을 하고자 하는 경우에는 모의 동의만 있으면 가능합니다(민법 제908조의2 제1항제3호).

■ 양자로 입양된 후 다시 다른 부부에게 친양자로 입양되기 위한 요건은 무엇인지요?

Q. 저희 부부는 얼마 전 양자를 들였는데 이 아이를 다시 다른 가정에서 친양자로 입양하려고 합니다. 이때 친양자 입양에 대한 동의는 현재의 양부모가 해야 하는 것인지, 아니면 친생부모가 해야 하는 것인지요?

A. 민법 제908조의2 제1항 3호의 규정은 "친양자가 될 사람의 친생부모가 친양자 입양에 동의할 것"이라고 하여 친양자 입양에 있어서 친생부모의 입양 동의를 요하고 있습니다. 다만 민법 제882조의2 제1항에 따라 양자는 입양된 때부터 양부모의 친생자와 같은 지위를 가지는 것이며,

민법 제772조에 의해 양부모의 혈족, 인척과도 친족관계가 발생합니다. 이 경우 민법 제882조의2 제2항에 따라 양자의 입양 전의 친족관계가 그대로 존속하므로, 친양자 입양에 필요한 부모의 동의는 친생부모의 동의와 양부모의 동의가 모두 필요한 것으로 해석하는 것이 타당합니다.

하급심 판례도 동일한 취지에서 "당사자가 양친자관계를 창설할 의사로 친생자 출생신고를 하고 거기에 입양의 실질적 요건이 모두 구비되어 있다면 그 형식에 다소 잘못이 있더라도 입양의 효력이 발생하고, 양친자관계는 파양에 의하여 해소될 수 있는 점을 제외하고는 법률적으로 친생자관계와 똑같은 내용을 갖게 되므로 이 경우의 허위의 친생자 출생신고는 법률상의 친자관계인 양친자관계를 공시하는 입양신고의 기능을 발휘하게 되는 것인바(대법원 2004.11.11.선고 2004므1484판결 참조),위 인정 사실에 의하면 사건본인에 대한 허위의 출생신고는 입양신고에 해당하므로, 청구인 2와 참가인은 사건본인과 사이에 양친자 관계에 있다고 볼 것이다.

민법 제908조의2 제1항 3호의 규정은 친양자의 입양 요건으로 "친양자로 될 자의 친생부모가 친양자 입양에 동의할 것. 다만, 부모의 친권이 상실되거나 사망 그 밖의 사유로 동의할 수 없는 경우에는 그러하지 아니하다."라고 규정하고 있는데, 어떤 부모의 친생자가 다른 부부에게 양자로 입양된 후 다시 다른 부부에게 친양자로 입양되려면 친생부모의 동의와 양부모의 동의가 모두 필요하다고 해석된다."고 판단하였습니다. (대구지방법원 2009. 12. 4. 2009느단496)

따라서 사안의 경우 원칙적으로 친생부모 및 양부모의 동의를 모두 필요로 할 것이나, 민법 제908조의2 제1항 3호 단서에 의하여 친권상실의 선고를 받거나 소재를 알 수 없거나 그 밖의 사유로 동의할 수 없는 경우에 해당할 때에는 예외적으로 동의가 없어도 가능하다고 보입니다.

(관련판례)

> 갑이 을과 결혼하여 태어난 병을 그들의 자로 출생신고를 하였다
> 가, 을과 협의이혼을 하면서 양육의 어려움 등을 이유로 병을 갑의
> 부모의 친양자로 입양시켰는데, 이후 갑과 정이 결혼하고 장차 외
> 국에서의 생활을 계획하면서 법원에 병을 그들의 양자로 입양하는
> 것에 대한 허가를 신청한 사안에서, 친양자 관계를 그대로 둔 채
> 갑이 병을 입양하는 것은 가족관계등록부상 언니가 동생을 입양하
> 는 것이고 사실상으로도 생모가 친자의 양모가 되는 것이어서 합리
> 성을 크게 벗어나며, 재판상 파양을 통해 갑이 병의 친모 지위를
> 되찾고, 정이 병을 입양 또는 친양자로 입양하는 절차도 있으므로,
> 청구인들의 신청을 받아들이기 어렵다.(대전가정법원 2014. 4. 1.
> 자 2014느단225 심판)

■ **재혼한 남편이 제 아이를 친양자로 입양하려 하는데 친생부인 전남편이
친권자가 아닌데도 그 동의를 받아야 하나요?**

Q. 저는 전남편과 협의이혼 당시 친권자 및 양육자를 저로 지정하였습
니다. 재혼한 남편이 제 아이를 친양자로 입양하려 하는데 친생부
인 전남편이 친권자가 아닌데도 그 동의를 받아야 하나요?

A. 협의이혼 당시 친권자를 모로 지정하였다 해도 친생부가 법원으로부터
친권상실 선고를 받지 않은 이상 자의 친양자 입양에 친생부의 동의를
받아야 합니다. 민법 개정 전부터 존재하던 보통양자에 대해서도 친양
자 입양을 할 수 있나요?
민법 개정 전의 보통양자에 대하여도 친양자 입양 청구를 할 수 있습니
다. 민법 개정 전의 보통양자는 종전의 성과 본을 계속 사용하고 입양
전의 친족관계가 종료되지 않는 반면, 친양자는 양부모의 혼인중 출생
자로 보고 그 성과 본은 양부의 성과 본을 따르며 친양자 입양 전의
친족관계가 종료되기 때문에 양 제도는 확연히 구별됩니다.

■ 입양은 어떤 사유로 취소되나요?

Q. 입양의 취소사유 및 그 절차 등에 대해서 알고 싶습니다.

A. 민법 제776조는 "입양으로 인한 친족 관계는 입양의 취소 또는 파양으로 인하여 종료한다."고 정하고 있습니다. 입양의 취소는 재판상으로만 취소가 가능하며, 민법 제897조, 제824조에 의하여 취소에는 소급효가 인정되지 않습니다. 따라서 취소판결이 확정된 때로부터 입양이 무효로 될 뿐입니다. 또한 민법 제867조 제2항이 준용(민법 제884조 제2항)되므로, 가정법원은 양자가 된 미성년자의 복리를 위하여 입양을 취소하지 않는 편이 낫다고 인정되는 경우에는 입양취소청구를 기각할 수 있습니다.

입양 취소청구의 사유에는 양부모가 미성년자인 경우, 13세 이상의 미성년자가 법정대리인의 동의 없이 입양 승낙을 한 경우, 법정대리인의 소재불명 등을 이유로 동의 또는 승낙 없이 입양의 허가를 하였는데 사실은 법정대리인이 동의 또는 승낙을 할 수 있는 상태에 있었던 경우, 미성년자가 부모의 동의를 받지 않고 양자가 된 경우, 성년자가 부모의 동의를 받지 않고 양자가 된 경우, 피성년후견인이 성년후견인의 동의를 받지 않고 입양을 하거나 양자가 된 경우, 배우자가 단독으로 양자하거나 동의 없이 양자가 된 경우, 일방에게 악질 등 그 밖에 중대한 사유가 있을 때, 사기나 강박에 의한 입양인 경우 등이 있습니다.

입양취소의 재판이 확정된 경우 소를 제기한 사람은 재판의 확정일부터 1개월 이내에 재판서의 등본 및 확정증명서를 첨부하여 입양취소의 재판이 확정된 취지를 신고해야 합니다. (가족관계의 등록 등에 관한 법률 제65조, 제58조, 제63조)

■ 실제로는 입양한 아이를 친생자로 출생신고할 수 있나요?

Q. 자녀가 없던 저희 부부는 수년 전 미혼모 甲으로부터 출생 직후의 아이를 입양하였습니다. 당시 甲으로부터 아이에 대한 권리를 포기하며 입양에 동의한다는 문서를 받고, 그 아이를 데리고 와 저희들

이 아이를 낳은 것처럼 출생신고를 하고 키워왔습니다. 그런데 최근 그 아이의 생모인 甲이 나타나 아이를 돌려 달라고 하는데 그 요구에 따라야 하는지요?

A. 부부가 실제로 임신하여 출산하지 않은 자는 설사 친생자로 출생신고를 하였다고 해도 친생자로 되는 것은 아니며 그러한 출생신고는 원칙적으로 무효입니다.

그러나 판례는 "당사자가 양친자관계를 창설할 의사로 친생자출생신고를 하고 거기에 입양의 실질적 요건이 모두 구비되어 있다면 그 형식에 다소 잘못이 있더라도 입양의 효력이 발생하고, 양친자관계는 파양에 의하여 해소될 수 있는 점을 제외하고는 법률적으로 친생자관계와 똑같은 내용을 갖게 되므로, 이 경우의 허위의 친생자출생신고는 법률상의 친자관계인 양친자관계를 공시하는 입양신고의 기능을 발휘하게 된다." 라고 하였고 또한, "위와 같은 경우 진실에 부합하지 않는 친생자로서 호적기재가 법률상의 친자관계인 양친자관계를 공시하는 효력을 갖게 된다면 파양에 의하여 그 양친자관계를 해소할 필요가 있는 등 특별한 사정이 없는 한, 그 호적기재 자체를 말소하여 법률상 친자관계의 존재를 부정하게 되는 친생자관계부존재확인청구는 허용될 수 없다."라고 하였습니다(대법원 1994. 5. 24. 선고 93므119 판결, 2001. 5. 24. 선고 2000므1493 판결).

따라서 귀하와 같이 입양신고 대신 친생자로 출생신고를 하였더라도 입양의 효력이 인정될 수 있을 듯하며, 파양의 원인이 없는 한 귀하는 그 아이를 계속 키울 수 있을 것으로 보입니다.

참고로 당사자가 입양의 의사로 친생자출생신고를 한 경우, 입양신고로서의 효력이 발생하기 위한 요건과 관련하여 판례는 "당사자가 입양의 의사로 친생자출생신고를 하고 거기에 입양의 실질적 요건이 구비되어 있다면 그 형식에 다소 잘못이 있더라도 입양의 효력이 발생하고, 이 경우의 허위의 친생자출생신고는 법률상의 친자관계인 양친자관계를 공시하는 입양신고의 기능을 하게 되는 것인데, 여기서 입양의 실질적 요건이 구비되어 있다고 하기 위해서는 입양의 합의가 있을 것, 15세 미만자는 법정대리인의 대낙(代諾)이 있을 것, 양자는 양부모의 존속 또는 연장자가 아닐 것 등 민법 제883조 각 호 소정의 입양의 무효사유가 없어야 함은 물론 감호·양육 등 양친자로서의 신분적 생활사실이 반드시 수반되어야 하는 것으로써, 입양의 의사로 친생자출생신고를 하였다 하더라도 위와 같은 요건을 갖추지 못한 경우에는 입양신고로서의 효력이 생기지 아니한다고 할 것이지만 다만, 친생자출생신고 당시 입양의 실질적 요건을 갖추지 못하여 입양신고로서의 효력이 생기지 아니하였더라도 그 후에 입양의 실질적 요건을 갖추게 된 경우에는 무효인 친생자출생신고는 소급적으로 입양신고로서의 효력을 갖게 된다고 할 것이나, 민법 제139조 본문이 무효인 법률행위는 추인하여도 그 효력이 생기지 않는다고 규정하고 있음에도 불구하고 입양 등의 신분행위에 관하여 이 규정을 적용하지 아니하고 추인에 의하여 소급적 효력을 인정하는 것은 무효인 신분행위 후 그 내용에 맞는 신분관계가 실질적으로 형성되어 쌍방 당사자가 이의 없이 그 신분관계를 계속하여 왔다면, 그 신고가 부적법하다는 이유로 이미 형성되어 있는 신분관계의 효력을 부인하는 것은 당사자의 의사에 반하고 그 이익을 해칠 뿐만 아니라, 그 실질적 신분관계의 외형과 호적의 기재를 믿은 제3자의 이익도 침해할 우려가 있기 때문에 추인에 의하여 소급적으로 신분행위의 효력을 인정함으로써 신분관계의 형성이라는 신분관계의 본질적 요소를 보호하는 것이 타당하다는 데에 그 근거가 있다고 할 것이므로, 당사자 간에 무효인 신고행위에 상응하는 신분관계가 실질적으로 형성되어 있지 아니한 경우에는 무효인 신분행위에 대한 추인의 의사표시만으로 그 무효행위의 효력을 인정할 수 없다고 할 것이다."라고 하였습니다(대법원 2000. 6. 9. 선고 99므1633 등 판결).

다만, 위 판례들은 미성년자 입양에 법원의 허가를 필수적으로 요구하지 않고 있을 때의 사안들에 관한 것이고, 개정 민법(2012. 2. 10. 법률 11300호로 개정된 것) 제867조가 미성년자의 입양에 관하여 법원의 허가를 받도록 하는 규정을 신설하였기 때문에, 위 규정이 시행된 2013년 7월 1일부터는 위와 같은 법리가 적용되기 어려울 것입니다.

7-3-3. 관할법원

친양자 입양허가는 친양자가 될 자녀 주소지의 가정법원에 청구하면 됩니다(가사소송법 제44조제4호).

[서식 예] 친양자 입양청구서(공동입양)

친양자 입양의 심판청구

청 구 인 1. ○ ○ ○(주민등록번호 :   -   )
　　　　　　주소 : ○○시 ○○구 ○○길 ○○번지
　　　　　　등록기준지 : ○○시 ○○면 ○○길 ○번지
　　　　　　전화번호 :
　　　　　2. △ △ △(주민등록번호 :   -   )
　　　　　　　　주소 및 등록기준지 위와 같음
　　　　　　전화번호 :
사 건 본 인 　　□ □ □(주민등록번호 :   -   )
　　　　　　사건본인들 주소는 위와 같음
　　　　　　등록기준지 □□광역시 □□구 □□길 □□번지

청 구 취 지

사건본인들을 청구인들의 친양자로 한다.
라는 심판을 구합니다.

청 구 원 인

1. 청구인들은 3년 이상 혼인 중인 부부로서 공동으로 사건본인을 친양
자로 입양하고자 합니다.

---

2. 청구인 ○○○와 사건본인은 먼 친족 사이로서 사건본인의 부모가 20
   ○○년 ○월 ○일 사고로 모두 사망한 이후 현재까지 청구인들이 사
   건본인을 잘 양육하고 있습니다.
3. 청구인들은, 사건본인이 더 행복하고 구김살 없게 자랄 수 있도록 하
   기 위하여, 사건본인을 친양자로 입양하는 것이 좋겠다고 생각하여
   이 사건 청구를 하게 되었습니다.
4. 이 사건 청구와 관련된 사항(가사소송규칙 제62조의2 규정 사항)은
   별지 목록 기재와 같습니다.

첨 부 서 류

1. 청구관련사항목록   1통
2. 가족관계증명서(사건본인)   1통
3. 기본증명서(사건본인)   1통
4. 혼인관계증명서(청구인들)   1통
5. 주민등록등본(청구인들 및 사건본인)   각 1통
   (다만 청구인들과 사건본인이 함께 주민등록이 되어 있는 경우2는 1통만 제출
   하면 됩니다)
6. 친양자 입양 동의서(친생부모) 및 인감증명서(단 인감증명서는
   작성자가 직접 제출하지 않는 경우에만 필요합니다)   각 1통
7. 법정대리인의 동의를 받은 사건본인의 입양승낙서(13세 이상)
   및 인감증명서(단 인감증명서는 작성자가 직접 제출하지
   않는 경우에만 필요합니다)   각 1통
8. 법정대리인의 입양승낙서(13세 미만) 및 인감증명서
   (단 인감증명서는 작성자가 직접 제출하지 않는
   경우에만 필요합니다)   각 1통

                        20○○. ○. ○.

                        위 청구인 ○ ○ ○   (인)

○○가정법원{○○지방법원(지원)} 귀중

구 분	내 용 (□에 √ 표시를 하거나 해당 사항을 기재하십시오.)		
1. 친양자로 될 자의 친생부모가 친양자 입양에 동의하였는지 여부	부(父)	□ 동의함 □ 동의하지 아니함	동의할 수 없는 사정(「민법」제908조의2제1항 제3호 단서, 제2항 각호 참조)
		이 름	주 소
	모(母)	□ 동의함 □ 동의하지 아니함	동의할 수 없는 사정(「민법」제908조의2제1항 제3호 단서, 제2항 각호 참조)
		이 름	주 소
2. 친양자로 될 자에 대하여 친권을 행사하는 자로서 부모 이외의 자의 이름과 주소	□ 있음	이 름	주 소
	□ 해당 없음		
3. 친양자로 될 자의 부모의 후견인의 이름과 주소	□ 있음	이 름	주 소
	□ 해당 없음		
4. 「민법」제908조의2제1항 제4호 및 제5호에 의한 법정대리인의 동의 또는 입양승낙	□ 동의함 □ 승낙함 □ 동의 또는 승낙하지 아니함		동의 또는 승낙할 수 없는 사정(「민법」제908조의2 제2항 각호 참조)

<청구 관련 사항 목록>

※ 유의사항
1. '친생부모가 동의를 할 수 없는 사정'은 「민법」제908조의2 제1항 제3호 단서의 '친권상실, 소재불명, 기타'이고, 제2항 각호의 '부양의무불이행, 면접교섭 불이행, 학대, 유기 등'입니다.
2. '친양자로 될 자에 대하여 친권을 행사하는 자로서 부모 이외의 자'는, 사건본인의 부 또는 모가 결혼하지 아니한 미성년자인 경우(즉 혼인하지 않은 미성년자가 자를 출산한 경우)에 이에 대신하여 친권을 대행하는 그 미성년자의 친권자(민법 제910조) 또는 후견인(민법 제948조) 등입니다.

[서식 예] 친양자 입양 동의서

친양자 입양 동의서

1. 친양자 입양 청구 관계인

1. 구분		2. 성명	3. 주민등록번호
친양자 입양 청구인	양부로 될 자	박○○	-
	양모로 될 자	이○○	-
친양자로 될 자		김○○	-
친양자로 될 자의 친생부모	친생부	김△△	-
	친생모	윤□□	-

2. 친양자 입양에 대한 동의

위 친양자로 될 자 김○○의 친생부(親生父) 김○○와 친생모(親生母) 윤□□는, 친양자 입양의 심판이 확정된 때에 **친생부모와 친양자의 친족관계는 종료한다**는 것을 잘 알면서, 민법 제908조의2 제1항 제3호에 따라 친양자 입양 청구인들이 김○○를 **친양자로 입양함에 동의합니다.**

20 . . .

구분	동의인 성명	친양자 입양에 대한 동의 여부	서명 또는 날인
친생부	김○○	동의함	
친생모	윤□□	동의함	

※ 유의사항
- 이 서류의 제출자가 작성명의인이 아닌 경우에는 작성명의인의 인감도장을 날인하고 작성명의인의 인감증명서를 첨부하여야 합니다.
- 단독입양인 경우, 친생부 또는 친생모 1명인 경우에는 위 내용을 적절하게 수정하여 사용하시기 바랍니다.

7-3-4. 친양자 입양허가 기준

① 가정법원은 친양자 입양에 관한 심판을 하기 전에 ㉮ 친양자가 될 사람이 13세 이상인 경우에는 친양자가 될 사람, ㉯ 양부모가 될 사람, ㉰ 친양자가 될 사람의 친생부모, ㉱ 친양자가 될 사람의 후견인, ㉲ 친양자로 될 사람에 대하여 친권을 행사하는 사람으로서 부모 이외의 사람, ㉳ 친양자로 될 사람의 부모의 후견인의 의견을 들어야 합니다(가사소송규칙 제62조의3제1항).

② 그러나 친양자로 될 사람의 친생부모의 사망 그 밖의 사유로 의견을 들을 수 없는 경우에는 최근친 직계존속(동순위가 여러 명일 때에는 연장자)의 의견을 들어야 합니다(가사소송규칙 제62조의3제2항).

③ 이 외에도 가정법원은 친양자로 될 자녀의 복리를 위해 그 양육상황, 친양자 입양 동기, 양친의 양육능력 및 그 밖의 사정을 고려해서 친양자 입양허가 여부를 결정합니다(민법 제908조의2제3항).

7-3-5. 친양자 입양신고

가정법원의 친양자 입양허가판결을 받은 경우에는 재판의 확정일부터 1개월 이내에 재판서의 등본 및 확정증명서를 첨부해서 등록기준지 또는 주소지 관할 시청·구청·읍사무소 또는 면사무소에 입양신고를 해야 합니다(가족관계의 등록 등에 관한 법률 제58조, 제67조 및 제68조).

■ 입양은 어떤 경우에 무효가 되는지요?

Q. 저는 얼마 전 만 16세의 남자아이를 양자로 입양하였습니다. 다만 그 과정에서 가정법원의 허가가 없이 입양이 이루어졌습니다. 이러한 경우 입양의 효력은 어떻게 되는 것인가요?

A. 민법은 일정한 경우 입양을 무효로 하는 사유를 규정하고 있습니다. 당사자 간에 입양 의사 없이 입양신고가 된 경우, 의사무능력, 가장입양, 입양 의사의 철회 후 이루어진 입양 등 입양의 합의가 없는 경우. (민

법 제883조 1호) 미성년자를 입양하려는 사람이 가정법원의 허가를 받지 않은 경우. (민법 제883조 2호) 피성년후견인이 입양을 하거나 양자가 되면서 가정법원의 허가를 받지 않은 경우. (민법 제883조 2호, 제873조 제2항, 제867조 제1항) 양자가 될 사람이 13세 미만인 경우에 법정대리인의 입양승낙이 없는 경우. (민법 제883조 2호, 제869조 2 제2항) 존속, 연장자의 입양 등은 입양 무효 사유가 됩니다. (민법 제883조 2호, 제877조)

또한 판례는 "민법상 아무런 근거가 없는 양손입양은 강행법규인 신분법 규정에 위반되어 무효가 된다."고 보았습니다. (대법원 1988. 3. 22. 선고 87므105 판결)

따라서 사안과 같은 경우에는 양자가 될 사람이 미성년자이므로 민법 제883조 2호에 따라 가정법원의 허가가 필요하나, 이를 결여하였으므로 입양무효 사유에 해당하여 효력이 없다고 할 것입니다.

■ 부부 공동의사에 의하지 않은 입양은 일방이 취소할 수 있는지요?

Q. 남편과 저는 법률상 부부이나 자식이 없습니다. 그러던 중 남편이 저의 의사를 묻지도 않고 일방적으로 양자를 들인 사실을 알게 되었습니다. 이 경우에 저와 양자의 관계는 어떻게 되는 것인가요?

A. 민법 제874조 제1항은 "배우자 있는 사람이 입양을 할 때에는 배우자와 공동으로 하여야 한다."고 규정함으로써 부부의 공동입양 원칙을 정하고 있습니다.

부부 일방의 의사에만 기하여 입양을 한 경우 판례는 "입양이 개인 간의 법률행위임에 비추어 보면 부부의 공동입양이라고 하여도 부부 각자에 대하여 별개의 입양행위가 존재하여 부부 각자와 양자 사이에 각각 양친자관계가 성립한다고 할 것이므로, 부부의 공동입양에 있어서도 부부 각자가 양자와의 사이에 민법이 규정한 입양의 일반 요건을 갖추는 외에 나아가 위와 같은 부부 공동입양의 요건을 갖추어야 하는 것으로 풀이함이 상당하므로, 처가 있는 자가 입양을 함에 있어서 혼자만의 의사로 부부 쌍방 명의의 입양신고를 하여 수리된 경우, 처의 부재 기타 사유로 인하여 공동으로 할 수 없는 때에 해당하는 경우를 제외하고는, 처와 양자가 될 자 사이에서는 입양의 일반요건 중 하나인 당사자 간의 입양합의가 없으므로 입양이 무효가 되고, 한편 처가 있는 자와 양자가 될 자 사이에서는 입양의 일반 요건을 모두 갖추었어도 부부 공동입양의 요건을 갖추지 못하였으므로 처가 그 입양의 취소를 청구할 수 있으나, 그 취소가 이루어지지 않는 한 그들 사이의 입양은 유효하게 존속한다."고 판시하였습니다. (대법원 1998. 5. 26.선고 97므25 판결)

즉 사안과 같은 경우 부부의 공동의사가 인정될 수 없으므로, 아내와 양자 사이에는 입양의 효력이 없으며, 남편과 양자 사이에서는 일단 유효한 입양이나 아내가 그 입양의 취소를 청구할 수 있습니다.

제6장

형사문제가 발생한 경우
에는 어떻게 처리되나요?

제6장 형사문제가 발생한 경우에는 어떻게 처리되나요?

1. 간통

1-1. 간통죄 위헌결정
1-1-1. 간통죄

「형법」(1953. 9. 18. 법률 제293호로 제정된 것) 제241조에 따르면, 배우자 있는 자의 간통행위 및 그와의 상간행위는 2년 이하의 징역에 처하도록 규정하였습니다.

1-1-2. 위헌법률 결정

「형법」 제241조에서 규정하고 있는 간통죄는 2015년 2월 26일 헌법재판소의 위헌법률 결정에 따라 즉시 효력을 상실하게 되었습니다.

1-1-3. 헌법재판소의 결정요지

헌법재판소는 배우자 있는 자의 간통행위 및 그와의 상간행위를 2년 이하의 징역에 처하도록 규정한 「형법」 제241조가 성적 자기결정권 및 사생활의 비밀과 자유를 침해하여 헌법에 위반되는지 여부에 대하여, "간통죄의 보호법익인 혼인과 가정의 유지는 당사자의 자유로운 의지와 애정에 맡겨야지, 형벌을 통하여 타율적으로 강제될 수 없는 것이며, 현재 간통으로 처벌되는 비율이 매우 낮고, 간통행위에 대한 사회적 비난 역시 상당한 수준으로 낮아져 간통죄는 행위규제규범으로서 기능을 잃어가고, 형사정책상 일반예방 및 특별예방의 효과를 거두기도 어렵게 되었다.…심판대상조항이 일률적으로 모든 간통행위자 및 상간자를 형사처벌하도록 규정한 것은 개인의 성적 자기결정권을 과도하게 제한하는 국가

형벌권의 과잉행사로서 헌법에 위반된다.··· 간통 및 상간행위에는 행위의 태양에 따라 죄질이 현저하게 다른 수많은 경우가 존재함에도 반드시 징역형으로만 응징하도록 한 것은 구체적 사안의 개별성과 특수성을 고려할 수 있는 가능성을 배제 또는 제한하여 책임과 형벌간 비례의 원칙에 위배되어 헌법에 위반된다."고 판단하였습니다(헌법재판소 2009헌바17, 2015. 2. 26. 결정)

1-2. 위헌결정의 효력

1-2-1. 「형법」 제241조 효력의 상실

① 「형법」 제241조는 소급하여 그 효력을 상실합니다(헌법재판소법 제47조제3항 본문).

② 다만, 2008년 10월 30일에 「형법」 제241조에 대한 합헌결정이 있었으므로 이 결정이 있는 날의 다음 날인 2008년 10월 31일로 소급하여 효력을 상실합니다(헌법재판소법 제47조제3항 단서).

1-2-2. 재심청구

2008년 10월 31일 이후에 「형법」 제241조에 근거한 유죄의 확정판결을 받은 경우에는 해당 판결을 선고한 법원에 재심을 청구할 수 있습니다(헌법재판소법 제47조제4항 및 형사소송법 제423조).

1-2-3. 보상청구

① 재심청구의 절차에서 무죄재판을 받아 확정된 사건의 피고인이 원판결(原判決)에 따라 구금되거나 형 집행을 받았을 때, 또는 「형사소송법」 제470조제3항에 따른 구치(拘置)와 「형사소송법」 제 473조부터 제475조까지의 규정에 따라 구속된 경우에는 이에 대한 보상을 청구할 수 있습니다(형사보상 및 명예회복에 관한 법률 제2조제2항).

② 보상청구는 무죄재판을 한 법원에 대해 해야 하며, 무죄재판이 확정

된 사실은 안 날부터 3년, 무죄재판이 확정된 때부터 5년 이내에 해야 합니다(형사보상 및 명예회복에 관한 법률 제7조 및 제8조).

2. 가정폭력

2-1. 가정폭력의 개념
2-1-1. 가정폭력이란?

가정폭력이란 가정구성원 사이의 신체적, 정신적 또는 재산상 피해를 수반하는 행위를 말합니다(가정폭력범죄의 처벌 등에 관한 특례법 제2조제1호).

2-1-2. 가정구성원이란?

가정구성원이란 다음의 어느 하나에 해당하는 사람을 말합니다(가정폭력범죄의 처벌 등에 관한 특례법 제2조제2호).
1. 배우자(사실상 혼인관계에 있는 사람을 포함함) 또는 배우자였던 사람
2. 자기 또는 배우자와 직계존비속관계(사실상의 양친자관계를 포함함)에 있거나 있었던 사람
3. 계부모(繼父母)와 자녀의 관계 또는 적모(嫡母)와 서자(庶子)의 관계에 있거나 있었던 사람
4. 동거하는 친족

2-1-3. 가정폭력범죄란?

① 가정폭력범죄란 가정폭력으로서 다음의 어느 하나에 해당하는 죄를 말합니다(가정폭력범죄의 처벌 등에 관한 특례법 제2조제3호).
1. 「형법」 제257조(상해, 존속상해), 제258조(중상해, 존속중상해), 제258조의2(특수상해), 제260조(폭행, 존속폭행)제1항·제2항, 제261조(특수폭행) 및 제264조(상습범)의 죄
2. 「형법」 제271조(유기, 존속유기)제1항·제2항, 제272조(영아유기), 제

273조(학대, 존속학대) 및 제274조(아동혹사)의 죄

3. 「형법」제276조(체포, 감금, 존속체포, 존속감금), 제277조(중체포, 중감금, 존속중체포, 존속중감금), 제278조(특수체포, 특수감금), 제279조[상습범(제276조, 제277조의 죄만 해당)], 제280조[미수범(제276조부터 제279조의 죄만 해당)]의 죄

4. 「형법」제283조(협박, 존속협박)제1항·제2항, 제284조(특수협박), 제285조[상습범(제283조의 죄만 해당)] 및 제286조 (미수범)의 죄

5. 「형법」제297조(강간), 제297조의2(유사강간), 제298조(강제추행), 제299조(준강간, 준강제추행), 제300조(미수범), 제301조(강간등 상해·치상), 제301조의2(강간등 살인·치사), 제302조(미성년자등에 대한 간음), 제305조(미성년자에 대한 간음, 추행), 제305조의2[상습범(제297조, 제297조의2, 제298조부터 제300조까지의 죄만 해당)의 죄

6. 「형법」제307조(명예훼손), 제308조[사자(死者)의 명예훼손], 제309조(출판물 등에 의한 명예훼손) 및 제311조(모욕)의 죄

7. 「형법」제321조(주거·신체 수색)의 죄

8. 「형법」제324조(강요) 및 제324조의5[미수범(제324조의 죄만 해당)]의 죄

9. 「형법」제350조(공갈), 제350조의2(특수공갈) 및 제352조(미수범)(제350조, 제350조의2의 죄만 해당)]의 죄

10. 「형법」제366조(재물손괴 등)의 죄

11. 위의 1.부터 10.까지의 죄로서 다른 법률(예를 들어 「폭력행위 등 처벌에 관한 법률」등)에 의해 가중처벌되는 죄

② 가정폭력범죄에 관해서는 「가정폭력범죄의 처벌 등에 관한 특례법」이 우선 적용됩니다. 다만, 아동학대범죄에 대하여는「아동학대범죄의 처벌 등에 관한 특례법」이 우선 적용됩니다(가정폭력범죄의 처벌 등에 관한 특례법 제3조).

3. 배우자의 가정폭력에 대한 고소

3-1. 가정폭력범죄의 신고·고소

3-1-1. 신고

① 누구든지 가정폭력범죄를 알게 된 경우에는 수사기관(예를 들어 파출소나 경찰서 등)에 신고할 수 있습니다(가정폭력범죄의 처벌 등에 관한 특례법 제4조제1항).

② 이 외에도 다음 어느 하나에 해당하는 사람이 직무를 수행하면서 가정폭력범죄를 알게 된 경우에는 정당한 사유가 없으면 즉시 수사기관에 신고해야 합니다(가정폭력범죄의 처벌 등에 관한 특례법 제4조제2항).

1. 아동의 교육과 보호를 담당하는 기관의 종사자와 그 기관장
2. 아동, 60세 이상의 노인, 그 밖에 정상적인 판단능력이 결여된 사람의 치료 등을 담당하는 의료인 및 의료기관의 기관장
3. 「노인복지법」에 따른 노인복지시설, 「아동복지법」에 따른 아동복지시설, 「장애인복지법」에 따른 장애인복지시설의 종사자와 그 기관장
4. 「다문화가족지원법」에 따른 다문화가족지원센터의 전문인력과 그 장
5. 「결혼중개업의 관리에 관한 법률」에 따른 국제결혼중개업자와 그 종사자
6. 「소방기본법」에 따른 구조대.구급대의 대원
7. 「사회복지사업법」에 따른 사회복지 전담공무원
8. 「건강가정기본법」에 따른 건강가정지원센터의 종사자와 그 센터의 장

③ 위의 항목 중 어느 하나에 해당하는 사람으로서 그 직무를 수행하면서 가정폭력범죄를 알게 된 경우에도 신고를 하지 아니한 사람에게는 300만원 이하의 과태료를 부과합니다(가정폭력범죄의 처벌 등에 관한 특례법 제66조제1호).

④ 또한 「아동복지법」에 따른 아동상담소, 「가정폭력방지 및 피해자보호 등에 관한 법률」에 따른 가정폭력 관련 상담소 및 보호시설, 「성폭력

방지 및 피해자보호 등에 관한 법률」에 따른 성폭력피해상담소 및 보호시설에 근무하는 상담원과 그 기관장은 피해자 또는 피해자의 법정대리인 등과의 상담을 통하여 가정폭력범죄를 알게 된 경우에는 가정폭력피해자의 명시적인 반대의견이 없으면 즉시 신고해야 합니다 (가정폭력범죄의 처벌 등에 관한 특례법 제4조제3항).

3-1-2. 고소

① 피해자 또는 그 법정대리인은 가정폭력범죄를 범한 사람 및 가정구성 원인 공범(이하 "가정폭력행위자"라 함)을 고소할 수 있습니다. 이 때 피해자의 법정대리인이 가정폭력행위자인 경우 또는 가정폭력행위 자와 공동으로 가정폭력범죄를 범한 경우에는 피해자의 친족이 고소 할 수 있습니다(가정폭력범죄의 처벌 등에 관한 특례법 제6조제1항).

② 피해자는 가정폭력행위자가 자기의 직계존속(아버지, 어머니 등) 또는 배우자의 직계존속(시부모, 장인·장모 등)인 경우에도 고소할 수 있습 니다(가정폭력범죄의 처벌 등에 관한 특례법 제6조제2항).

③ 한편, 피해자에게 고소할 법정대리인이나 친족이 없는 경우에 이해관 계인이 신청하면 검사는 10일 이내에 고소권자를 지정해야 합니다(가 정폭력범죄의 처벌 등에 관한 특례법 제6조제3항).

3-2. 가정폭력범죄의 처리절차

3-2-1. 경찰단계

① 응급조치

진행 중인 가정폭력범죄에 대해 신고를 받은 사법경찰관리는 즉시 현 장에 나가서 다음 어느 하나에 해당하는 조치를 해야 합니다(가정폭 력범죄의 처벌 등에 관한 특례법 제5조).

1. 폭력행위의 제지, 가정폭력행위자·피해자의 분리 및 범죄 수사

2. 피해자를 가정폭력관련상담소 또는 보호시설로 인도(피해자가 동의

한 경우만 해당함)

3. 긴급치료가 필요한 피해자를 의료기관으로 인도

4. 폭력행위 재발 시 임시조치(「가정폭력범죄의 처벌 등에 관한 특례법」 제8조)를 신청할 수 있음을 통보

② 긴급임시조치

㉮ 사법경찰관은 응급조치에도 불구하고 가정폭력범죄가 재발될 우려가 있고, 긴급을 요하여 법원의 임시조치 결정을 받을 수 없을 때에는 직권 또는 피해자나 그 법정대리인의 신청에 따라 다음의 어느 하나에 해당하는 조치(이하 "긴급임시조치"라 함)를 할 수 있습니다(가정폭력범죄의 처벌 등에 관한 특례법 제8조의2제1항 및 제29조제1항제1호~제3호).

1. 피해자 또는 가정구성원의 주거 또는 점유하는 방실(房室)로부터의 퇴거 등 격리

2. 피해자 또는 가정구성원의 주거, 직장 등에서 100미터 이내의 접근 금지

3. 피해자 또는 가정구성원에 대한 전기통신(전기통신기본법 제2조제1호)을 이용한 접근 금지

㉯ 사법경찰관은 긴급임시조치를 한 때에는 즉시 범죄사실의 요지, 긴급임시조치가 필요한 사유 등을 기재한 긴급임시조치결정서를 작성해야 합니다(가정폭력범죄의 처벌 등에 관한 특례법 제8조의2제2항 및 제3항).

③ 사건송치

사법경찰관은 가정폭력범죄를 신속히 수사해서 사건을 검사에게 송치해야 합니다(가정폭력범죄의 처벌 등에 관한 특례법 제7조 전단).

3-2-2. 검찰단계

① 임시조치의 청구

㉮ 검사는 가정폭력범죄가 재발될 우려가 있다고 인정하는 경우에는 직권으로 또는 사법경찰관의 신청에 의해 다음의 임시조치를 해 줄 것

을 법원에 청구할 수 있습니다(가정폭력범죄의 처벌 등에 관한 특례법 제8조제1항 및 제29조제1항제1호~제3호).

1. 피해자 또는 가정구성원의 주거 또는 점유하는 방실(房室)로부터의 퇴거 등 격리
2. 피해자 또는 가정구성원의 주거, 직장 등에서 100미터 이내의 접근금지
3. 피해자 또는 가정구성원에 대한 전기통신(전기통신기본법 제2조제1호)을 이용한 접근금지

㉯ 검사는 가정폭력행위자가 위의 임시조치를 위반해서 가정폭력범죄가 재발될 우려가 있다고 인정하는 경우에는 직권으로 그 가정폭력행위자를 국가경찰관서의 유치장 또는 구치소에 유치하는 임시조치를 법원에 청구할 수 있습니다(가정폭력범죄의 처벌 등에 관한 특례법 제8조제2항).

② 사법경찰관의 긴급임시조치에 따른 임시조치 청구

㉮ 사법경찰관이 긴급임시조치를 한 때에는 지체 없이 검사에게 임시조치를 신청해야 합니다(가정폭력범죄의 처벌 등에 관한 특례법 제8조의3제1항).

㉯ 사법경찰관으로부터 임시조치의 신청을 받은 검사는 사법경찰관이 긴급임시조치를 한 때부터 48시간 이내에 긴급임시조치결정서를 첨부하여 법원에 임시조치를 청구해야 합니다(가정폭력범죄의 처벌 등에 관한 특례법 제8조의3제1항). 검사가 임시조치를 청구하지 않거나 법원이 임시조치의 결정을 하지 않은 때에는 즉시 긴급임시조치를 취소해야 합니다(가정폭력범죄의 처벌 등에 관한 특례법 제8조의3제2항).

③ 수사종결 및 기소 등

검사는 가정폭력범죄 사건의 성질, 동기 및 결과, 가정폭력행위자의 성행(性行) 등을 고려해서 사건을 다음과 같이 처리합니다.

상담조건 부 기소유예	가정폭력범죄사실은 인정되지만 형사처벌을 받을 정도는 아니며, 가정폭력행위자의 성행(性行)교정을 위해 필요하다고 인정하는 경우(「가정폭력범죄의 처벌 등에 관한 특례법」 제9조의2).
형사기소	형사처벌을 받아야 할 사안인 경우(형사소송법 제246조) ※ 사안의 중대성에 따라 벌금형 등 약식명령을 청구할 수 있음(「형사소송법」 제448조 및 제449조)
가정보호 사건 처리	다음 사안에서 사건의 성질·동기 및 결과, 가정폭력행위자의 성행 등을 고려해서 「가정폭력범죄의 처벌 등에 관한 특례법」에 따른 보호처분을 하는 것이 적절하다고 인정하는 경우(「가정폭력범죄의 처벌 등에 관한 특례법」 제9조). 1. 피해자의 고소가 있어야 공소를 제기할 수 있는 가정폭력범죄에서 피해자의 고소가 없거나 취소된 경우 2. 피해자의 명시적인 의사에 반해 공소를 제기할 수 없는 가정폭력범죄에서 피해자가 처벌을 희망하지 않는다는 명시적 의사표시를 하였거나 처벌을 희망하는 의사표시를 철회한 경우

3-2-3. 법원단계 : 가정보호사건의 처리

① 조사·심리

㉮ 판사는 가정보호사건의 조사·심리에 필요하다고 인정하는 경우에는 기일을 정해 가정폭력행위자, 피해자, 가정구성원이나 그 밖의 참고인을 소환할 수 있으며, 행위자가 정당한 이유 없이 소환에 응하지 않으면 동행영장을 발부할 수 있습니다(가정폭력범죄의 처벌 등에 관한 특례법 제24조).

㉯ 가정보호사건의 심리는 비공개로 진행될 수 있으며(가정폭력범죄의 처벌 등에 관한 특례법 제32조), 특별한 사유가 없으면 송치받거나 이송받은 날부터 3개월 이내에 처분을 결정해야 합니다(가정폭력범죄의 처벌 등에 관한 특례법 제38조).

② 임시조치

㉮ 판사는 가정보호사건의 원활한 조사·심리 또는 피해자 보호를 위해

필요하다고 인정하는 경우에는 결정으로 가정폭력행위자에게 다음의 어느 하나에 해당하는 임시조치를 할 수 있습니다(가정폭력범죄의 처벌 등에 관한 특례법 제29조제1항).

1. 피해자 또는 가정구성원의 주거 또는 점유하는 방실(房室)로부터의 퇴거 등 격리
2. 피해자 또는 가정구성원의 주거, 직장 등에서 100미터 이내의 접근금지
3. 피해자 또는 가정구성원에 대한 전기통신(전기통신기본법 제2조제1호)을 이용한 접근금지
4. 의료기관이나 그 밖의 요양소에의 위탁
5. 국가경찰관서의 유치장 또는 구치소에의 유치

㉯ 위 1.부터 3.까지의 임시조치기간은 2개월(2회 연장, 최장 6개월까지 가능), 4. 및 5.의 임시조치기간은 1개월(1회 연장, 최장 2개월까지 가능)을 초과할 수 없습니다(가정폭력범죄의 처벌 등에 관한 특례법 제29조제5항 본문).

③ 불처분 결정
판사는 심리 결과 다음 어느 하나에 해당하는 경우 처분을 하지 않는다는 결정을 해야 합니다(가정폭력범죄의 처벌 등에 관한 특례법 제37조제1항).

1. 보호처분을 할 수 없거나 할 필요가 없다고 인정하는 경우
2. 사건의 성질·동기 및 결과, 행위자의 성행·습벽(習癖) 등에 비추어 가정보호사건으로 처리하는 것이 적당하지 않다고 인정하는 경우

④ 보호처분
㉮ 판사는 심리 결과 보호처분이 필요하다고 인정하는 경우에는 결정으로 다음의 어느 하나 또는 둘 이상에 해당하는 처분을 할 수 있습니다(가정폭력범죄의 처벌 등에 관한 특례법 제40조).

1. 가정폭력행위자가 피해자 또는 가정구성원에게 접근하는 행위의 제한
2. 가정폭력행위자가 피해자 또는 가정구성원에게 전기통신(전기통신

기본법 제2조제1호)을 이용해서 접근하는 행위의 제한

3. 가정폭력행위자가 피해자의 친권자인 경우 피해자에 대한 친권 행사의 제한(이 경우에는 피해자를 다른 친권자나 친족 또는 적당한 시설로 인도할 수 있음)

4. 「보호관찰 등에 관한 법률」에 따른 사회봉사·수강명령

5. 「보호관찰 등에 관한 법률」에 따른 보호관찰

6. 「가정폭력방지 및 피해자 보호 등에 관한 법률」에서 정하는 보호시설에의 위탁감호

7. 의료기관에의 치료위탁

8. 상담소등에의 상담위탁

㉯ 위 4.를 제외한 나머지 보호처분의 기간은 6개월(1회 연장, 최장 1년까지 가능)을 초과할 수 없으며, 위 4.의 사회봉사·수강명령의 시간은 각각 200시간(1회 연장, 최장 400시간까지 가능)을 초과할 수 없습니다(가정폭력범죄의 처벌 등에 관한 특례법 제41조 및 제45조).

㉰ 위 1.부터 3.에 해당하는 보호처분을 받고도 이를 이행하지 않으면 2년 이하의 징역이나 2천만원 이하의 벌금 또는 구류에 처해집니다(「가정폭력범죄의 처벌 등에 관한 특례법」 제63조제1항제1호).

⑤ 항고·재항고

㉮ 다음의 경우에는 가정법원 본원합의부(가정법원이 설치되지 않은 지역은 지방법원 본원합의부를 말함. 이하 같음)에 항고할 수 있습니다(가정폭력범죄의 처벌 등에 관한 특례법 제49조).

항고 사유	항고인
임시조치, 보호처분, 보호처분의 변경·취소에 있어 그 결정에 영향을 미칠 법령 위반이 있거나 중대한 사실 오인(誤認)이 있거나 그 결정이 현저히 부당한 경우	검사, 가정폭력행위자, 법정대리인 또는 보조인
법원의 불처분 결정이 현저히 부당한 경우	검사, 피해자 또는 그 법정대리인

ⓝ 항고의 기각 결정에 대해서는 그 결정이 법령에 위반된 경우에만
　　　　대법원에 재항고할 수 있습니다(가정폭력범죄의 처벌 등에 관한 특
　　　　례법 제52조제1항).

　⑥ 배상신청

　　㉮ 피해자는 가정보호사건이 계속(繫屬)된 제1심 법원에 다음의 금전
　　　　지급이나 배상명령을 신청할 수 있고, 피해자의 신청이 없더라도 법
　　　　원이 직권으로 위 배상명령을 내릴 수도 있습니다(가정폭력범죄의
　　　　처벌 등에 관한 특례법 제56조 및 제57조).

　　1. 피해자 또는 가정구성원의 부양에 필요한 금전의 지급

　　2. 가정보호사건으로 인해 발생한 직접적인 물적 피해 및 치료비 손해
　　　　의 배상

　　㉯ 배상명령은 보호처분의 결정과 동시에 해야 하며, 가집행(假執行)할
　　　　수 있음을 선고할 수 있습니다(가정폭력범죄의 처벌 등에 관한 특
　　　　례법 제58조).

　　㉰ 확정된 배상명령 또는 가집행선고 있는 배상명령이 기재된 보호처분
　　　　결정서의 정본은 「민사집행법」에 따른 강제집행에 관해 집행력 있는
　　　　민사판결의 정본과 동일한 효력을 가지므로(가정폭력범죄의 처벌 등
　　　　에 관한 특례법 제61조제1항), 가정폭력행위자가 배상명령을 이행
　　　　하지 않으면 강제집행을 통해 권리를 실현할 수 있습니다.

3-2-4. 가정폭력과 민사상 손해배상

가정폭력으로 인해 정신상 고통을 입은 피해자는 「가정폭력범죄의 처벌 등
에 관한 특례법」상의 고소와는 별도로 그 가정폭력행위자에 대해 정신상
고통에 대한 손해배상을 청구할 수 있습니다(민법 제750조 및 제751조).

부록 :

관련법령 초록(抄錄)

- 민 법(초)
- 가사소송법(초)
- 가족관계의 등록 등에 관한 법률(초)
- 양육비 이행확보 및 지원에 관한 법률

민 법(초)

제4편 친 족
제3장 혼 인
제5절 이 혼
제1관 협의상 이혼

제834조(협의상 이혼) 부부는 협의에 의하여 이혼할 수 있다.

제835조(성년후견과 협의상 이혼) 피성년후견인의 협의상 이혼에 관하여는 제808조제2항을 준용한다.[전문개정 2011.3.7.]

제836조(이혼의 성립과 신고방식) ① 협의상 이혼은 가정법원의 확인을 받아 「가족관계의 등록 등에 관한 법률」의 정한 바에 의하여 신고함으로써 그 효력이 생긴다. <개정 1977.12.31.,2007.5.17.>

② 전항의 신고는 당사자 쌍방과 성년자인 증인 2인의 연서한 서면으로 하여야 한다.

제836조의2(이혼의 절차) ① 협의상 이혼을 하려는 자는 가정법원이 제공하는 이혼에 관한 안내를 받아야 하고, 가정법원은 필요한 경우 당사자에게 상담에 관하여 전문적인 지식과 경험을 갖춘 전문상담인의 상담을 받을 것을 권고할 수 있다.

② 가정법원에 이혼의사의 확인을 신청한 당사자는 제1항의 안내를 받은 날부터 다음 각 호의 기간이 지난 후에 이혼의사의 확인을 받을 수 있다.

  1. 양육하여야 할 자(포태 중인 자를 포함한다. 이하 이 조에서 같다)가 있는 경우에는 3개월

  2. 제1호에 해당하지 아니하는 경우에는 1개월

③ 가정법원은 폭력으로 인하여 당사자 일방에게 참을 수 없는 고통이 예상되는 등 이혼을 하여야 할 급박한 사정이 있는 경우에는 제2항의 기간을 단축 또는 면제할 수 있다.

④ 양육하여야 할 자가 있는 경우 당사자는 제837조에 따른 자(子)의 양육과 제909조제4항에 따른 자(子)의 친권자결정에 관한 협의서 또는 제

837조 및 제909조제4항에 따른 가정법원의 심판 정본을 제출하여야 한다.

⑤ 가정법원은 당사자가 협의한 양육비부담에 관한 내용을 확인하는 양육비부담조서를 작성하여야 한다. 이 경우 양육비부담조서의 효력에 대하여는「가사소송법」제41조를 준용한다. <신설 2009.5.8.>

[본조신설 2007.12.21.]

제837조(이혼과 자의 양육책임) ① 당사자는 그 자의 양육에 관한 사항을 협의에 의하여 정한다. <개정 1990.1.13.>

② 제1항의 협의는 다음의 사항을 포함하여야 한다. <개정 2007.12.21.>

1. 양육자의 결정
2. 양육비용의 부담
3. 면접교섭권의 행사 여부 및 그 방법

③ 제1항에 따른 협의가 자(子)의 복리에 반하는 경우에는 가정법원은 보정을 명하거나 직권으로 그 자(子)의 의사(意思)·연령과 부모의 재산상황, 그 밖의 사정을 참작하여 양육에 필요한 사항을 정한다. <개정 2007.12.21.>

④ 양육에 관한 사항의 협의가 이루어지지 아니하거나 협의할 수 없는 때에는 가정법원은 직권으로 또는 당사자의 청구에 따라 이에 관하여 결정한다. 이 경우 가정법원은 제3항의 사정을 참작하여야 한다. <신설 2007.12.21.>

제837조의2(면접교섭권) ① 자(子)를 직접 양육하지 아니하는 부모의 일방과 자(子)는 상호 면접교섭할 수 있는 권리를 가진다. <개정 2007.12.21.>

② 자(子)를 직접 양육하지 아니하는 부모 일방의 직계존속은 그 부모 일방이 사망하였거나 질병, 외국거주, 그 밖에 불가피한 사정으로 자(子)를 면접교섭할 수 없는 경우 가정법원에 자(子)와의 면접교섭을 청구할 수 있다. 이 경우 가정법원은 자(子)의 의사(意思), 면접교섭을 청구한 사람과 자(子)의 관계, 청구의 동기, 그 밖의 사정을 참작하여야 한다. <신설 2016.12.2.>

③ 가정법원은 자의 복리를 위하여 필요한 때에는 당사자의 청구 또는 직권에 의하여 면접교섭을 제한·배제·변경할 수 있다. <개정 2005.3.31., 2016.12.2.>

[본조신설 1990.1.13.]

제838조(사기, 강박으로 인한 이혼의 취소청구권) 사기 또는 강박으로 인하여 이혼의 의사표시를 한 자는 그 취소를 가정법원에 청구할 수 있다. <개정 1990.1.13.>

제839조(준용규정) 제823조의 규정은 협의상 이혼에 준용한다.

제839조의2(재산분할청구권) ① 협의상 이혼한 자의 일방은 다른 일방에 대하여 재산분할을 청구할 수 있다.

② 제1항의 재산분할에 관하여 협의가 되지 아니하거나 협의할 수 없는 때에는 가정법원은 당사자의 청구에 의하여 당사자 쌍방의 협력으로 이룩한 재산의 액수 기타 사정을 참작하여 분할의 액수와 방법을 정한다.

③ 제1항의 재산분할청구권은 이혼한 날부터 2년을 경과한 때에는 소멸한다.

[본조신설 1990.1.13.]

제839조의3(재산분할청구권 보전을 위한 사해행위취소권) ① 부부의 일방이 다른 일방의 재산분할청구권 행사를 해함을 알면서도 재산권을 목적으로 하는 법률행위를 한 때에는 다른 일방은 제406조제1항을 준용하여 그 취소 및 원상회복을 가정법원에 청구할 수 있다.

② 제1항의 소는 제406조제2항의 기간 내에 제기하여야 한다.

제2관 재판상 이혼

제840조(재판상 이혼원인) 부부의 일방은 다음 각호의 사유가 있는 경우에는 가정법원에 이혼을 청구할 수 있다. <개정 1990.1.13.>

1. 배우자에 부정한 행위가 있었을 때
2. 배우자가 악의로 다른 일방을 유기한 때
3. 배우자 또는 그 직계존속으로부터 심히 부당한 대우를 받았을 때
4. 자기의 직계존속이 배우자로부터 심히 부당한 대우를 받았을 때
5. 배우자의 생사가 3년 이상 분명하지 아니한 때
6. 기타 혼인을 계속하기 어려운 중대한 사유가 있을 때

제841조(부정으로 인한 이혼청구권의 소멸) 전조제1호의 사유는 다른 일방이 사전동의나 사후 용서를 한 때 또는 이를 안 날로부터 6월, 그 사유 있은 날로부터 2년을 경과한 때에는 이혼을 청구하지 못한다.

제842조(기타 원인으로 인한 이혼청구권의 소멸) 제840조제6호의 사유는 다른 일방이 이를 안 날로부터 6월, 그 사유있은 날로부터 2년을 경과하면 이혼을 청구하지 못한다.

제843조(준용규정) 재판상 이혼에 따른 손해배상책임에 관하여는 제806조를

준용하고, 재판상 이혼에 따른 자녀의 양육책임 등에 관하여는 제837조를
준용하며, 재판상 이혼에 따른 면접교섭권에 관하여는 제837조의2를 준용
하고, 재판상 이혼에 따른 재산분할청구권에 관하여는 제839조의2를 준용
하며, 재판상 이혼에 따른 재산분할청구권 보전을 위한 사해행위취소권에
관하여는 제839조의3을 준용한다.

가사소송법(초)

제1편 총칙
<개정 2010.3.31.>

제1조(목적) 이 법은 인격의 존엄과 남녀 평등을 기본으로 하고 가정의 평화 및 친족 간에 서로 돕는 미풍양속을 보존하고 발전시키기 위하여 가사(家事)에 관한 소송(訴訟)과 비송(非訟) 및 조정(調停)에 대한 절차의 특례를 규정함을 목적으로 한다.
[전문개정 2010.3.31.]

제2조(가정법원의 관장 사항) ① 다음 각 호의 사항(이하 "가사사건"이라 한다)에 대한 심리(審理)와 재판은 가정법원의 전속관할(專屬管轄)로 한다. <개정 2013.4.5., 2013.7.30., 2014.10.15., 2016.12.2., 2017.10.31.>

　1. 가사소송사건
　　가. 가류(類) 사건
　　　1) 혼인의 무효
　　　2) 이혼의 무효
　　　3) 인지(認知)의 무효
　　　4) 친생자관계 존부 확인(親生子關係 存否 確認)
　　　5) 입양의 무효
　　　6) 파양(罷養)의 무효
　　나. 나류(類) 사건
　　　1) 사실상 혼인관계 존부 확인
　　　2) 혼인의 취소
　　　3) 이혼의 취소
　　　4) 재판상 이혼
　　　5) 아버지의 결정
　　　6) 친생부인(親生否認)
　　　7) 인지의 취소
　　　8) 인지에 대한 이의(異議)

9) 인지청구

10) 입양의 취소

11) 파양의 취소

12) 재판상 파양

13) 친양자(親養子) 입양의 취소

14) 친양자의 파양

다. 다류(類) 사건

1) 약혼 해제(解除) 또는 사실혼관계 부당 파기(破棄)로 인한 손해배상청구(제3자에 대한 청구를 포함한다) 및 원상회복의 청구

2) 혼인의 무효·취소, 이혼의 무효·취소 또는 이혼을 원인으로 하는 손해배상청구(제3자에 대한 청구를 포함한다) 및 원상회복의 청구

3) 입양의 무효·취소, 파양의 무효·취소 또는 파양을 원인으로 하는 손해배상청구(제3자에 대한 청구를 포함한다) 및 원상회복의 청구

4) 「민법」 제839조의3에 따른 재산분할청구권 보전을 위한 사해행위(詐害行爲) 취소 및 원상회복의 청구

2. 가사비송사건(생략)

② 가정법원은 다른 법률이나 대법원규칙에서 가정법원의 권한으로 정한 사항에 대하여도 심리·재판한다.

③ 제2항의 사건에 관한 절차는 법률이나 대법원규칙으로 따로 정하는 경우를 제외하고는 라류 가사비송사건의 절차에 따른다.

[전문개정 2010.3.31.]

제3조(지방법원과 가정법원 사이의 관할의 지정) ① 사건이 가정법원과 지방법원 중 어느 법원의 관할에 속하는지 명백하지 아니한 경우에는 관계 법원의 공통되는 고등법원이 관할법원을 지정한다.

② 제1항의 관할법원 지정에 관하여는 「민사소송법」 제28조를 준용한다.

③ 제1항에 따라 가정법원의 관할로 정하여진 사건은 이 법에서 정하는 절차에 따라 처리하고, 지방법원의 관할로 정하여진 사건은 민사소송 절차에 따라 처리한다.

[전문개정 2010.3.31.]

제4조(제척·기피 및 회피) 법원 직원의 제척·기피 및 회피에 관한 「민사소송법」의 규정 중 법관에 관한 사항은 조정장(調停長)과 조정위원에 준용

하고, 법원사무관등에 관한 사항은 가사조사관(家事調査官)에 준용한다.
[전문개정 2010.3.31.]

제5조(수수료) 이 법에 따른 소(訴)의 제기, 심판의 청구, 조정의 신청이나 그 밖의 재판과 처분의 신청에는 대법원규칙으로 정하는 바에 따라 수수료를 내야 한다.
[전문개정 2010.3.31.]

제6조(가사조사관) ① 가사조사관은 재판장, 조정장 또는 조정담당판사의 명을 받아 사실을 조사한다.
② 가사조사관의 사실조사 방법과 절차에 관한 사항은 대법원규칙으로 정한다.
[전문개정 2010.3.31.]

제7조(본인 출석주의) ① 가정법원, 조정위원회 또는 조정담당판사의 변론기일, 심리기일 또는 조정기일에 소환을 받은 당사자 및 이해관계인은 본인 또는 법정대리인이 출석하여야 한다. 다만, 특별한 사정이 있을 때에는 재판장, 조정장 또는 조정담당판사의 허가를 받아 대리인을 출석하게 할 수 있고 보조인을 동반할 수 있다.
② 변호사 아닌 자가 대리인 또는 보조인이 되려면 미리 재판장, 조정장 또는 조정담당판사의 허가를 받아야 한다.
③ 재판장, 조정장 또는 조정담당판사는 언제든지 제1항 및 제2항의 허가를 취소할 수 있고, 본인이 법정대리인 또는 대리인과 함께 출석할 것을 명할 수 있다.
[전문개정 2010.3.31.]

제8조(사실조사의 촉탁) 재판장, 조정장, 조정담당판사 또는 가사조사관은 사실조사를 위하여 필요한 경우에는 경찰 등 행정기관이나 그 밖에 상당하다고 인정되는 단체 또는 개인에게 사실의 조사를 촉탁하고 필요한 사항을 보고하도록 요구할 수 있다.
[전문개정 2010.3.31.]

제9조(가족관계등록부 기록 등의 촉탁) 가정법원은 대법원규칙으로 정하는 판결 또는 심판이 확정되거나 효력을 발생한 경우에는 대법원규칙으로 정하는 바에 따라 지체 없이 가족관계등록 사무를 처리하는 사람에게 가족관계등록부에 등록할 것을 촉탁하거나 후견등기 사무를 처리하는 사람에

게 후견등기부에 등기할 것을 촉탁하여야 한다. <개정 2013.4.5.>

[전문개정 2010.3.31.]

[제목개정 2013.4.5.]

제10조(보도 금지) 가정법원에서 처리 중이거나 처리한 사건에 관하여는 성명·연령·직업 및 용모 등을 볼 때 본인이 누구인지 미루어 짐작할 수 있는 정도의 사실이나 사진을 신문, 잡지, 그 밖의 출판물에 게재하거나 방송할 수 없다.

[전문개정 2010.3.31.]

제10조의2(기록의 열람 등) ① 당사자나 이해관계를 소명한 제3자는 다음 각 호의 사항을 법원서기관, 법원사무관, 법원주사 또는 법원주사보(이하 "법원사무관등"이라 한다)에게 신청할 수 있다.

 1. 재판서의 정본(正本)·등본·초본의 발급

 2. 소송에 관한 사항의 증명서 발급

② 당사자나 이해관계를 소명한 제3자는 재판장의 허가를 받아 다음 각 호의 사항을 법원사무관등에게 신청할 수 있다.

 1. 조서(調書)의 정본·등본·초본의 발급

 2. 기록의 열람·복사

③ 제1항제1호, 제2항제1호의 신청에 따라 발급되는 재판서·조서의 정본·등본·초본에는 그 취지를 적고 법원사무관등이 기명날인하여야 한다.

④ 제1항 또는 제2항에 따른 신청을 할 때에는 대법원규칙으로 정하는 수수료를 내야 한다.

[전문개정 2013.4.5.]

제11조(위임 규정) 가사사건의 재판과 조정의 절차에 관하여 필요한 사항은 대법원규칙으로 정한다.

[전문개정 2010.3.31.]

제2편 가사소송 <개정 2010.3.31.>

제1장 통칙 <개정 2010.3.31.>

제12조(적용 법률) 가사소송 절차에 관하여는 이 법에 특별한 규정이 있는 경우를 제외하고는 「민사소송법」에 따른다. 다만, 가류 및 나류 가사소

송사건에 관하여는 「민사소송법」 제147조제2항, 제149조, 제150조제1항, 제284조제1항, 제285조, 제349조, 제350조, 제410조의 규정 및 같은 법 제220조 중 청구의 인낙(認諾)에 관한 규정과 같은 법 제288조 중 자백에 관한 규정은 적용하지 아니한다.

[전문개정 2010.3.31.]

제13조(관할) ① 가사소송은 이 법에 특별한 규정이 있는 경우를 제외하고는 피고의 보통재판적(普通裁判籍)이 있는 곳의 가정법원이 관할한다.

② 당사자 또는 관계인의 주소, 거소(居所) 또는 마지막 주소에 따라 관할이 정하여지는 경우에 그 주소, 거소 또는 마지막 주소가 국내에 없거나 이를 알 수 없을 때에는 대법원이 있는 곳의 가정법원이 관할한다.

③ 가정법원은 소송의 전부 또는 일부에 대하여 관할권이 없음을 인정한 경우에는 결정(決定)으로 관할법원에 이송하여야 한다.

④ 가정법원은 그 관할에 속하는 가사소송사건에 관하여 현저한 손해 또는 지연을 피하기 위하여 필요한 경우에는 직권으로 또는 당사자의 신청에 의하여 다른 관할가정법원에 이송할 수 있다.

⑤ 이송결정과 이송신청의 기각결정에 대하여는 즉시항고를 할 수 있다.

[전문개정 2010.3.31.]

제14조(관련 사건의 병합) ① 여러 개의 가사소송사건 또는 가사소송사건과 가사비송사건의 청구의 원인이 동일한 사실관계에 기초하거나 1개의 청구의 당부(當否)가 다른 청구의 당부의 전제가 되는 경우에는 이를 1개의 소로 제기할 수 있다.

② 제1항의 사건의 관할법원이 다를 때에는 가사소송사건 중 1개의 청구에 대한 관할권이 있는 가정법원에 소를 제기할 수 있다.

③ 가류 또는 나류 가사소송사건의 소의 제기가 있고, 그 사건과 제1항의 관계에 있는 다류 가사소송사건 또는 가사비송사건이 각각 다른 가정법원에 계속(係屬)된 경우에는 가류 또는 나류 가사소송사건의 수소법원(受訴法院)은 직권으로 또는 당사자의 신청에 의하여 결정으로 다류 가사소송사건 또는 가사비송사건을 병합할 수 있다.

④ 제1항이나 제3항에 따라 병합된 여러 개의 청구에 관하여는 1개의 판결로 재판한다.

[전문개정 2010.3.31.]

제15조(당사자의 추가·경정) ① 「민사소송법」제68조 또는 제260조에 따라 필수적 공동소송인을 추가하거나 피고를 경정(更正)하는 것은 사실심(事實審)의 변론종결 시까지 할 수 있다.

② 제1항에 따라 피고를 경정한 경우에는 신분에 관한 사항에 한정하여 처음의 소가 제기된 때에 경정된 피고와의 사이에 소가 제기된 것으로 본다.

[전문개정 2010.3.31.]

제16조(소송 절차의 승계) ① 가류 또는 나류 가사소송사건의 원고가 사망이나 그 밖의 사유(소송 능력을 상실한 경우는 제외한다)로 소송 절차를 계속하여 진행할 수 없게 된 때에는 다른 제소권자(提訴權者)가 소송 절차를 승계할 수 있다.

② 제1항의 승계신청은 승계 사유가 생긴 때부터 6개월 이내에 하여야 한다.

③ 제2항의 기간 내에 승계신청이 없을 때에는 소가 취하된 것으로 본다.

[전문개정 2010.3.31.]

제17조(직권조사) 가정법원이 가류 또는 나류 가사소송사건을 심리할 때에는 직권으로 사실조사 및 필요한 증거조사를 하여야 하며, 언제든지 당사자 또는 법정대리인을 신문할 수 있다.

[전문개정 2010.3.31.]

제18조(소송비용 부담의 특칙) 검사가 소송 당사자로서 패소한 경우 그 소송비용은 국고에서 부담한다.

[전문개정 2010.3.31.]

제19조(항소) ① 가정법원의 판결에 대하여 불복하는 경우에는 판결정본이 송달된 날부터 14일 이내에 항소할 수 있다. 다만, 판결정본 송달 전에도 항소할 수 있다.

② 항소법원의 소송 절차에는 제1심의 소송 절차에 관한 규정을 준용한다.

③ 항소법원은 항소가 이유 있는 경우에도 제1심 판결을 취소하거나 변경하는 것이 사회정의와 형평의 이념에 맞지 아니하거나 가정의 평화와 미풍양속을 유지하기에 적합하지 아니하다고 인정하는 경우에는 항소를 기각할 수 있다.

[전문개정 2010.3.31.]

제20조(상고) 항소법원의 판결에 대하여 불복하는 경우에는 판결정본이 송달된 날부터 14일 이내에 대법원에 상고할 수 있다. 다만, 판결정본 송달 전에도 상고할 수 있다.

[전문개정 2010.3.31.]

제21조(기판력의 주관적 범위에 관한 특칙) ① 가류 또는 나류 가사소송사건의 청구를 인용(認容)한 확정판결은 제3자에게도 효력이 있다.

② 제1항의 청구를 배척한 판결이 확정된 경우에는 다른 제소권자는 사실심의 변론종결 전에 참가하지 못한 데 대하여 정당한 사유가 있지 아니하면 다시 소를 제기할 수 없다.

[전문개정 2010.3.31.]

제2장 혼인관계소송

<개정 2010.3.31.>

제22조(관할) 혼인의 무효나 취소, 이혼의 무효나 취소 및 재판상 이혼의 소는 다음 각 호의 구분에 따른 가정법원의 전속관할로 한다.

1. 부부가 같은 가정법원의 관할 구역 내에 보통재판적이 있을 때에는 그 가정법원

2. 부부가 마지막으로 같은 주소지를 가졌던 가정법원의 관할 구역 내에 부부 중 어느 한쪽의 보통재판적이 있을 때에는 그 가정법원

3. 제1호와 제2호에 해당되지 아니하는 경우로서 부부 중 어느 한쪽이 다른 한쪽을 상대로 하는 경우에는 상대방의 보통재판적이 있는 곳의 가정법원, 부부 모두를 상대로 하는 경우에는 부부 중 어느 한쪽의 보통재판적이 있는 곳의 가정법원

4. 부부 중 어느 한쪽이 사망한 경우에는 생존한 다른 한쪽의 보통재판적이 있는 곳의 가정법원

5. 부부가 모두 사망한 경우에는 부부 중 어느 한쪽의 마지막 주소지의 가정법원

[전문개정 2010.3.31.]

제23조(혼인무효 및 이혼무효의 소의 제기권자) 당사자, 법정대리인 또는 4

촌 이내의 친족은 언제든지 혼인무효나 이혼무효의 소를 제기할 수 있다.
[전문개정 2010.3.31.]

제24조(혼인무효·취소 및 이혼무효·취소의 소의 상대방) ① 부부 중 어느 한쪽이 혼인의 무효나 취소 또는 이혼무효의 소를 제기할 때에는 배우자를 상대방으로 한다.

② 제3자가 제1항에 규정된 소를 제기할 때에는 부부를 상대방으로 하고, 부부 중 어느 한쪽이 사망한 경우에는 그 생존자를 상대방으로 한다.

③ 제1항과 제2항에 따라 상대방이 될 사람이 사망한 경우에는 검사를 상대방으로 한다.

④ 이혼취소의 소에 관하여는 제1항과 제3항을 준용한다.
[전문개정 2010.3.31.]

제25조(친권자 지정 등에 관한 협의권고) ① 가정법원은 미성년자인 자녀가 있는 부부의 혼인의 취소나 재판상 이혼의 청구를 심리할 때에는 그 청구가 인용될 경우를 대비하여 부모에게 다음 각 호의 사항에 관하여 미리 협의하도록 권고하여야 한다.

　1. 미성년자인 자녀의 친권자로 지정될 사람

　2. 미성년자인 자녀에 대한 양육과 면접교섭권

② 가정법원이 혼인무효의 청구를 심리하여 그 청구가 인용되는 경우에 남편과 부자관계가 존속되는 미성년자인 자녀가 있는 경우에도 제1항과 같다.
[전문개정 2010.3.31.]

제3장 부모와 자녀 관계소송

제26조 (생략)

제27조(아버지를 정하는 소의 당사자) ① 「민법」 제845조에 따른 아버지를 정하는 소는 자녀, 어머니, 어머니의 배우자 또는 어머니의 전(前) 배우자가 제기할 수 있다.

② 자녀가 제기하는 경우에는 어머니, 어머니의 배우자 및 어머니의 전 배우자를 상대방으로 하고, 어머니가 제기하는 경우에는 그 배우자 및 전

배우자를 상대방으로 한다.

③ 어머니의 배우자가 제기하는 경우에는 어머니 및 어머니의 전 배우자를 상대방으로 하고, 어머니의 전 배우자가 제기하는 경우에는 어머니 및 어머니의 배우자를 상대방으로 한다.

④ 제2항과 제3항의 경우에 상대방이 될 사람 중에 사망한 사람이 있을 때에는 생존자를 상대방으로 하고, 생존자가 없을 때에는 검사를 상대방으로 하여 소를 제기할 수 있다.

[전문개정 2010.3.31.]

제28조 ~ 제29조 (생략)

제2절 입양 · 친양자 입양관계
<개정 2010.3.31.>

제30조(관할) 다음 각 호의 소는 양부모 중 1명의 보통재판적이 있는 곳의 가정법원의 전속관할로 하고, 양부모가 모두 사망한 경우에는 그중 1명의 마지막 주소지의 가정법원의 전속관할로 한다.

1. 입양의 무효
2. 입양 또는 친양자 입양의 취소
3. 파양
4. 친양자의 파양
5. 파양의 무효나 취소

[전문개정 2010.3.31.]

제31조(준용규정) 입양무효 및 파양무효의 소에 관하여는 제23조 및 제24조를 준용하고, 입양 · 친양자 입양의 취소, 친양자의 파양 및 파양취소의 소에 관하여는 제24조를 준용한다.

[전문개정 2010.3.31.]

제32조 ~ 제48조 (생략)

제4편 가사조정

<개정 2010.3.31.>

제49조(준용법률) 가사조정에 관하여는 이 법에 특별한 규정이 있는 경우를 제외하고는 「민사조정법」을 준용한다. 다만, 「민사조정법」 제18조 및 제23조는 준용하지 아니한다.
[전문개정 2010.3.31.]

제50조(조정 전치주의) ① 나류 및 다류 가사소송사건과 마류 가사비송사건에 대하여 가정법원에 소를 제기하거나 심판을 청구하려는 사람은 먼저 조정을 신청하여야 한다.
② 제1항의 사건에 관하여 조정을 신청하지 아니하고 소를 제기하거나 심판을 청구한 경우에는 가정법원은 그 사건을 조정에 회부하여야 한다. 다만, 공시송달의 방법이 아니면 당사자의 어느 한쪽 또는 양쪽을 소환할 수 없거나 그 사건을 조정에 회부하더라도 조정이 성립될 수 없다고 인정하는 경우에는 그러하지 아니하다.
[전문개정 2010.3.31.]

제51조(관할) ① 가사조정사건은 그에 상응하는 가사소송사건이나 가사비송사건을 관할하는 가정법원 또는 당사자가 합의로 정한 가정법원이 관할한다.
② 가사조정사건에 관하여는 제13조제3항부터 제5항까지의 규정을 준용한다.
[전문개정 2010.3.31.]

제52조(조정기관) ① 가사조정사건은 조정장 1명과 2명 이상의 조정위원으로 구성된 조정위원회가 처리한다.
② 조정담당판사는 상당한 이유가 있는 경우에는 당사자가 반대의 의사를 명백하게 표시하지 아니하면 단독으로 조정할 수 있다.
[전문개정 2010.3.31.]

제53조(조정장 등 및 조정위원의 지정) ① 조정장이나 조정담당판사는 가정법원장 또는 가정법원지원장이 그 관할법원의 판사 중에서 지정한다.
② 조정위원회를 구성하는 조정위원은 학식과 덕망이 있는 사람으로서 매년 미리 가정법원장이나 가정법원지원장이 위촉한 사람 또는 당사자가 합의하여 선정한 사람 중에서 각 사건마다 조정장이 지정한다.

[전문개정 2010.3.31.]

제54조(조정위원) 조정위원은 조정위원회에서 하는 조정에 관여할 뿐 아니라 가정법원, 조정위원회 또는 조정담당판사의 촉탁에 따라 다른 조정사건에 관하여 전문적 지식에 따른 의견을 진술하거나 분쟁의 해결을 위하여 사건 관계인의 의견을 듣는다.

[전문개정 2010.3.31.]

제55조(조정의 신청) 조정의 신청에 관하여는 제36조제2항부터 제5항까지의 규정을 준용한다.

[전문개정 2010.3.31.]

제56조(사실의 사전 조사) 조정장이나 조정담당판사는 특별한 사정이 없으면 조정을 하기 전에 기한을 정하여 가사조사관에게 사건에 관한 사실을 조사하게 하여야 한다.

[전문개정 2010.3.31.]

제57조(관련 사건의 병합신청) ① 조정의 목적인 청구와 제14조에 규정된 관련 관계에 있는 나류, 다류 및 마류 가사사건의 청구는 병합하여 조정신청할 수 있다.

② 당사자 간의 분쟁을 일시에 해결하기 위하여 필요하면 당사자는 조정위원회 또는 조정담당판사의 허가를 받아 조정의 목적인 청구와 관련 있는 민사사건의 청구를 병합하여 조정신청할 수 있다.

[전문개정 2010.3.31.]

제58조(조정의 원칙) ① 조정위원회는 조정을 할 때 당사자의 이익뿐 아니라 조정으로 인하여 영향받게 되는 모든 이해관계인의 이익을 고려하고 분쟁을 평화적·종국적(終局的)으로 해결할 수 있는 방안을 마련하여 당사자를 설득하여야 한다.

② 자녀의 친권을 행사할 사람의 지정과 변경, 양육 방법의 결정 등 미성년자인 자녀의 이해(利害)에 직접적인 관련이 있는 사항을 조정할 때에는 미성년자인 자녀의 복지를 우선적으로 고려하여야 한다.

[전문개정 2010.3.31.]

제59조(조정의 성립) ① 조정은 당사자 사이에 합의된 사항을 조서에 적음으로써 성립한다.

② 조정이나 확정된 조정을 갈음하는 결정은 재판상 화해와 동일한 효력

이 있다. 다만, 당사자가 임의로 처분할 수 없는 사항에 대하여는 그러하지 아니하다.

[전문개정 2010.3.31.]

제60조(이의신청 등에 의한 소송으로의 이행) 제57조제2항에 따라 조정신청된 민사사건의 청구에 관하여는 「민사조정법」 제36조를 준용한다. 이 경우 가정법원은 결정으로 그 민사사건을 관할법원에 이송하여야 한다.

[전문개정 2010.3.31.]

제61조(조정장 등의 의견 첨부) 조정의 목적인 가사사건의 청구에 관하여 「민사조정법」 제36조에 따라 소가 제기된 것으로 의제(擬制)되거나, 제50조제2항에 따라 조정에 회부된 사건을 다시 가정법원에 회부할 때에는 조정장이나 조정담당판사는 의견을 첨부하여 기록을 관할가정법원에 보내야 한다.

[전문개정 2010.3.31.]

제5편 이행의 확보

<개정 2010.3.31.>

제62조(사전처분) ① 가사사건의 소의 제기, 심판청구 또는 조정의 신청이 있는 경우에 가정법원, 조정위원회 또는 조정담당판사는 사건을 해결하기 위하여 특히 필요하다고 인정하면 직권으로 또는 당사자의 신청에 의하여 상대방이나 그 밖의 관계인에게 현상(現狀)을 변경하거나 물건을 처분하는 행위의 금지를 명할 수 있고, 사건에 관련된 재산의 보존을 위한 처분, 관계인의 감호(監護)와 양육을 위한 처분 등 적당하다고 인정되는 처분을 할 수 있다.

② 제1항의 처분을 할 때에는 제67조제1항에 따른 제재를 고지하여야 한다.

③ 급박한 경우에는 재판장이나 조정장은 단독으로 제1항의 처분을 할 수 있다.

④ 제1항과 제3항의 처분에 대하여는 즉시항고를 할 수 있다.

⑤ 제1항의 처분은 집행력을 갖지 아니한다.

[전문개정 2010.3.31.]

제63조(가압류, 가처분) ① 가정법원은 제62조에도 불구하고 가사소송사건

또는 마류 가사비송사건을 본안(本案) 사건으로 하여 가압류 또는 가처분을 할 수 있다. 이 경우 「민사집행법」 제276조부터 제312조까지의 규정을 준용한다.

② 제1항의 재판은 담보를 제공하게 하지 아니하고 할 수 있다.

③ 「민사집행법」 제287조를 준용하는 경우 이 법에 따른 조정신청이 있으면 본안의 제소가 있는 것으로 본다.

[전문개정 2010.3.31.]

제63조의2(양육비 직접지급명령) ① 가정법원은 양육비를 정기적으로 지급할 의무가 있는 사람(이하 "양육비채무자"라 한다)이 정당한 사유 없이 2회 이상 양육비를 지급하지 아니한 경우에 정기금 양육비 채권에 관한 집행권원을 가진 채권자(이하 "양육비채권자"라 한다)의 신청에 따라 양육비채무자에 대하여 정기적 급여채무를 부담하는 소득세원천징수의무자(이하 "소득세원천징수의무자"라 한다)에게 양육비채무자의 급여에서 정기적으로 양육비를 공제하여 양육비채권자에게 직접 지급하도록 명할 수 있다.

② 제1항에 따른 지급명령(이하 "양육비 직접지급명령"이라 한다)은 「민사집행법」에 따라 압류명령과 전부명령을 동시에 명한 것과 같은 효력이 있고, 위 지급명령에 관하여는 압류명령과 전부명령에 관한 「민사집행법」을 준용한다. 다만, 「민사집행법」 제40조제1항과 관계없이 해당 양육비 채권 중 기한이 되지 아니한 것에 대하여도 양육비 직접지급명령을 할 수 있다.

③ 가정법원은 양육비 직접지급명령의 목적을 달성하지 못할 우려가 있다고 인정할 만한 사정이 있는 경우에는 양육비채권자의 신청에 의하여 양육비 직접지급명령을 취소할 수 있다. 이 경우 양육비 직접지급명령은 장래에 향하여 그 효력을 잃는다.

④ 가정법원은 제1항과 제3항의 명령을 양육비채무자와 소득세원천징수의무자에게 송달하여야 한다.

⑤ 제1항과 제3항의 신청에 관한 재판에 대하여는 즉시항고를 할 수 있다.

⑥ 소득세원천징수의무자는 양육비채무자의 직장 변경 등 주된 소득원의 변경사유가 발생한 경우에는 그 사유가 발생한 날부터 1주일 이내에 가정법원에 변경사실을 통지하여야 한다.

[전문개정 2010.3.31.]

제63조의3(담보제공명령 등) ① 가정법원은 양육비를 정기금으로 지급하게

하는 경우에 그 이행을 확보하기 위하여 양육비채무자에게 상당한 담보의 제공을 명할 수 있다.

② 가정법원은 양육비채무자가 정당한 사유 없이 그 이행을 하지 아니하는 경우에는 양육비채권자의 신청에 의하여 양육비채무자에게 상당한 담보의 제공을 명할 수 있다.

③ 제2항의 결정에 대하여는 즉시항고를 할 수 있다.

④ 제1항이나 제2항에 따라 양육비채무자가 담보를 제공하여야 할 기간 이내에 담보를 제공하지 아니하는 경우에는 가정법원은 양육비채권자의 신청에 의하여 양육비의 전부 또는 일부를 일시금으로 지급하도록 명할 수 있다.

⑤ 제2항과 제4항의 명령에 관하여는 제64조제2항을 준용한다.

⑥ 제1항과 제2항의 담보에 관하여는 그 성질에 반하지 아니하는 범위에서 「민사소송법」 제120조제1항, 제122조, 제123조, 제125조 및 제126조를 준용한다.

[전문개정 2010.3.31.]

제64조(이행 명령) ① 가정법원은 판결, 심판, 조정조서, 조정을 갈음하는 결정 또는 양육비부담조서에 의하여 다음 각 호의 어느 하나에 해당하는 의무를 이행하여야 할 사람이 정당한 이유 없이 그 의무를 이행하지 아니하는 경우에는 당사자의 신청에 의하여 일정한 기간 내에 그 의무를 이행할 것을 명할 수 있다.

　1. 금전의 지급 등 재산상의 의무

　2. 유아의 인도 의무

　3. 자녀와의 면접교섭 허용 의무

② 제1항의 명령을 할 때에는 특별한 사정이 없으면 미리 당사자를 심문하고 그 의무를 이행하도록 권고하여야 하며, 제67조제1항 및 제68조에 규정된 제재를 고지하여야 한다.

[전문개정 2010.3.31.]

제65조(금전의 임치) ① 판결, 심판, 조정조서 또는 조정을 갈음하는 결정에 의하여 금전을 지급할 의무가 있는 자는 권리자를 위하여 가정법원에 그 금전을 임치(任置)할 것을 신청할 수 있다.

② 가정법원은 제1항의 임치신청이 의무를 이행하기에 적합하다고 인정하는 경우에는 허가하여야 한다. 이 경우 그 허가에 대하여는 불복하지 못한다.

③ 제2항의 허가가 있는 경우 그 금전을 임치하면 임치된 금액의 범위에서 의무자(義務者)의 의무가 이행된 것으로 본다.

[전문개정 2010.3.31.]

제6편 벌칙
<개정 2010.3.31.>

제66조(불출석에 대한 제재) 가정법원, 조정위원회 또는 조정담당판사의 소환을 받은 사람이 정당한 이유 없이 출석하지 아니하면 가정법원, 조정위원회 또는 조정담당판사는 결정으로 50만원 이하의 과태료를 부과할 수 있고 구인(拘引)할 수 있다.

[전문개정 2010.3.31.]

제67조(의무 불이행에 대한 제재) ① 당사자 또는 관계인이 정당한 이유 없이 제29조, 제63조의2제1항, 제63조의3제1항·제2항 또는 제64조의 명령이나 제62조의 처분을 위반한 경우에는 가정법원, 조정위원회 또는 조정담당판사는 직권으로 또는 권리자의 신청에 의하여 결정으로 1천만원 이하의 과태료를 부과할 수 있다.

② 제29조에 따른 수검 명령을 받은 사람이 제1항에 따른 제재를 받고도 정당한 이유 없이 다시 수검 명령을 위반한 경우에는 가정법원은 결정으로 30일의 범위에서 그 의무를 이행할 때까지 위반자에 대한 감치(監置)를 명할 수 있다.

③ 제2항의 결정에 대하여는 즉시항고를 할 수 있다.

[전문개정 2010.3.31.]

제67조의2(제출명령 위반에 대한 제재) 가정법원은 제3자가 정당한 사유 없이 제45조의3제3항 또는 제45조의6제3항에 따라 준용되는 「민사소송법」 제366조제1항의 제출명령에 따르지 아니한 경우에는 결정으로 200만원 이하의 과태료를 부과한다. 이 결정에 대하여는 즉시항고를 할 수 있다.
<개정 2013.7.30.>

[본조신설 2013.4.5.]

제67조의3(재산목록 제출 거부 등에 대한 제재) 제48조의2제1항에 따른 명

령을 받은 사람이 정당한 사유 없이 재산목록의 제출을 거부하거나 거짓
재산목록을 제출하면 1천만원 이하의 과태료를 부과한다.
[전문개정 2010.3.31.]

제67조의4(거짓 자료 제출 등에 대한 제재) 제48조의3제2항에 따라 준용되
는 「민사집행법」 제74조제1항 및 제3항의 조회를 받은 기관·단체의 장
이 정당한 사유 없이 거짓 자료를 제출하거나 자료를 제출할 것을 거부
하면 1천만원 이하의 과태료를 부과한다.
[전문개정 2010.3.31.]

제68조(특별한 의무 불이행에 대한 제재) ① 제63조의3제4항 또는 제64조
의 명령을 받은 사람이 다음 각 호의 어느 하나에 해당하면 가정법원은
권리자의 신청에 의하여 결정으로 30일의 범위에서 그 의무를 이행할 때
까지 의무자에 대한 감치를 명할 수 있다.
  1. 금전의 정기적 지급을 명령받은 사람이 정당한 이유 없이 3기(期) 이
     상 그 의무를 이행하지 아니한 경우
  2. 유아의 인도를 명령받은 사람이 제67조제1항에 따른 제재를 받고도
     30일 이내에 정당한 이유 없이 그 의무를 이행하지 아니한 경우
  3. 양육비의 일시금 지급명령을 받은 사람이 30일 이내에 정당한 사유
     없이 그 의무를 이행하지 아니한 경우
② 제1항의 결정에 대하여는 즉시항고를 할 수 있다.
[전문개정 2010.3.31.]

제69조(과태료 사건의 절차) 「비송사건절차법」 제248조 및 제250조 중 검사
에 관한 규정은 제66조, 제67조제1항 및 제67조의2부터 제67조의4까지
의 규정에 따른 과태료 재판에 적용하지 아니한다. <개정 2013.4.5.>
[전문개정 2010.3.31.]

제70조(감치를 명하는 재판 절차) 제67조제2항 및 제68조에 규정된 감치를
명하는 재판 절차와 그 밖에 필요한 사항은 대법원규칙으로 정한다.
[전문개정 2010.3.31.]

제71조(비밀누설죄) ① 조정위원이거나 조정위원이었던 사람이 정당한 이유
없이 합의의 과정이나 조정장·조정위원의 의견 및 그 의견별 조정위원의
숫자를 누설하면 30만원 이하의 벌금에 처한다.
② 조정위원이거나 조정위원이었던 사람이 정당한 이유 없이 그 직무수행

중에 알게 된 다른 자의 비밀을 누설하면 2년 이하의 징역 또는 100만원 이하의 벌금에 처한다.

③ 제2항의 죄에 대하여 공소를 제기하려면 고소가 있어야 한다.

[전문개정 2010.3.31.]

제72조(보도 금지 위반죄) 제10조에 따른 보도 금지 규정을 위반한 사람은 2년 이하의 금고 또는 100만원 이하의 벌금에 처한다.

[전문개정 2010.3.31.]

제73조(재산조회 결과 등의 목적 외 사용죄) 제48조의2에 따른 재산목록, 제48조의3에 따른 재산조회 결과를 심판 외의 목적으로 사용한 사람은 2년 이하의 징역 또는 500만원 이하의 벌금에 처한다.

[전문개정 2010.3.31.]

가족관계의 등록 등에
관한 법률(초)

제8절 이혼

제74조(이혼신고의 기재사항) 이혼의 신고서에는 다음 사항을 기재하여야 한다. <개정 2010.5.4.>
  1. 당사자의 성명·본·출생연월일·주민등록번호 및 등록기준지(당사자가 외국인인 때에는 그 성명·국적 및 외국인등록번호)
  2. 당사자의 부모와 양부모의 성명·등록기준지 및 주민등록번호
  3. 「민법」 제909조제4항 또는 제5항에 따라 친권자가 정하여진 때에는 그 내용

제75조(협의상 이혼의 확인) ① 협의상 이혼을 하고자 하는 사람은 등록기준지 또는 주소지를 관할하는 가정법원의 확인을 받아 신고하여야 한다. 다만, 국내에 거주하지 아니하는 경우에 그 확인은 서울가정법원의 관할로 한다.
  ② 제1항의 신고는 협의상 이혼을 하고자 하는 사람이 가정법원으로부터 확인서등본을 교부 또는 송달받은 날부터 3개월 이내에 그 등본을 첨부하여 행하여야 한다.
  ③ 제2항의 기간이 경과한 때에는 그 가정법원의 확인은 효력을 상실한다.
  ④ 가정법원의 확인 절차와 신고에 관하여 필요한 사항은 대법원 규칙으로 정한다.

제76조(간주규정) 협의이혼신고서에 가정법원의 이혼의사확인서등본을 첨부한 경우에는 「민법」 제836조제2항에서 정한 증인 2인의 연서가 있는 것으로 본다.

제77조(준용규정) 제74조는 혼인취소의 신고에 준용한다.

제78조(준용규정) 제58조는 이혼의 재판이 확정된 경우에 준용한다.

양육비 이행확보 및 지원에 관한 법률

[시행 2018.9.28.] [법률 제15546호, 2018.3.27., 일부개정]

제1장 총칙

제1조(목적) 이 법은 미성년 자녀를 직접 양육하는 부 또는 모가 미성년 자녀를 양육하지 아니하는 부 또는 모로부터 양육비를 원활히 받을 수 있도록 양육비 이행확보 등을 지원하여 미성년 자녀의 안전한 양육환경을 조성함을 목적으로 한다.

제2조(정의) 이 법에서 사용하는 용어의 뜻은 다음과 같다.

1. "양육비"란 「민법」 제4조에 따른 성년이 아닌 자녀(이하 "미성년 자녀"라 한다)를 보호·양육하는 데 필요한 비용을 말한다.
2. "양육비 채무"란 「민법」 제836조의2 및 「가사소송법」상의 집행권원이 있는 양육비용 부담에 관한 채무를 말한다.
3. "양육부·모"란 미성년 자녀를 직접 양육하고 있는 부 또는 모를 말한다.
4. "비양육부·모"란 미성년 자녀를 직접 양육하지 아니하는 부 또는 모를 말한다.
5. "양육비 채권자"란 양육자로 지정된 부 또는 모이거나 법정대리인 등 실질적으로 미성년 자녀를 양육하고 있는 사람으로서 양육비 채무의 이행을 청구할 수 있는 사람을 말한다.
6. "양육비 채무자"란 미성년 자녀를 직접 양육하지 아니하는 부 또는 모로서 양육비 채무를 이행하여야 하는 사람(비양육부·모의 부모가 부양료를 지급하여야 하는 경우에는 비양육부·모의 부모를 포함한다)을 말한다.

제3조(미성년 자녀에 대한 양육 책임) ① 부 또는 모는 혼인상태 및 양육여부와 관계없이 미성년 자녀가 건강하게 성장할 수 있도록 의식주, 교육

및 건강 등 모든 생활영역에서 최적의 성장환경을 조성하여야 한다. <개정 2018.3.27.>

② 비양육부·모는 양육부·모와의 합의 또는 법원의 판결 등에 따라 정하여진 양육비를 양육비 채권자에게 성실히 지급하여야 한다. 다만, 비양육부·모가 부양능력이 없는 미성년자인 경우에는 그 비양육부·모의 부모가 지급하여야 한다.

제4조(국가 등의 책무) ① 국가는 부모가 미성년의 자녀를 최적의 환경에서 양육할 수 있도록 지원하여야 한다.

② 국가 또는 지방자치단체는 양육부·모의 양육비 이행확보를 지원하기 위하여 전담기구를 설치·운영하고, 이에 필요한 행정적·재정적 지원방안을 마련하여야 한다.

③ 국가와 지방자치단체는 미성년 자녀의 양육환경 조성을 위하여 양육부·모와 비양육부·모 등에게 자녀양육비 이행과 관련한 교육과 홍보를 실시하여야 한다.

④ 공공기관 등 관련 법인·기관 및 단체는 국가 또는 지방자치단체가 양육비 이행확보를 위하여 수행하는 업무에 적극 협력하여야 한다.

제5조(양육비 가이드라인의 마련) 여성가족부장관은 자녀양육비 산정을 위한 양육비 가이드라인을 마련하여 법원의 판결, 심판 등에 적극 활용될 수 있도록 노력하여야 한다.

제2장 양육비이행관리원의 설치 등

제6조(양육비이행심의위원회) ① 다음 각 호의 사항을 심의·의결하기 위하여 여성가족부에 양육비이행심의위원회(이하 "위원회"라 한다)를 둔다.

1. 양육비 이행확보를 위한 제도의 신설 및 개선에 관한 사항
2. 양육비 채무 불이행자에 대한 제재조치에 관한 사항
3. 관계 행정기관 및 공공기관과의 협조에 관한 사항
4. 양육비 가이드라인의 마련에 관한 사항
5. 여성가족부장관 또는 위원회의 위원장이 양육비 이행확보와 관련하여 위원회에서 심의할 필요가 있다고 인정하는 사항

② 위원회는 위원장 1명을 포함한 14명 이내의 비상임위원으로 구성하고, 위원장은 여성가족부차관이 된다.

③ 위원회의 위원은 다음 각 호의 사람으로 하되, 제3호의 위원의 경우 특정 성이 100분의 60을 초과하지 아니하도록 하여야 한다.

1. 대통령령으로 정하는 중앙행정기관의 고위공무원단에 속하는 일반직 공무원 또는 고위공무원단에 속하지 아니한 1급부터 3급까지의 공무원 중에서 소속 중앙행정기관의 장이 지명한 사람

2. 법원행정처장이 지명한 판사

3. 한부모가족 관련 정책 또는 양육비 이행지원과 관련한 학식과 경험이 풍부한 사람 중에서 위원장이 위촉하는 사람

④ 위원회에서 심의·의결할 사항을 미리 검토하고 전문적인 의견을 제출하기 위하여 위원회에 전문위원을 둔다.

⑤ 그 밖에 위원회 및 전문위원의 구성과 운영 등에 관하여 필요한 사항은 대통령령으로 정한다.

제7조(양육비이행관리원) ① 미성년 자녀의 양육비 청구와 이행확보 지원 등에 관한 업무를 수행하기 위하여 「건강가정기본법」에 따라 설립된 한국건강가정진흥원(이하 "한국건강가정진흥원"이라 한다)에 양육비이행관리원(이하 "이행관리원"이라 한다)을 둔다.

② 이행관리원은 다음 각 호의 업무를 수행한다.

1. 비양육부·모와 양육부·모의 양육비와 관련한 상담

2. 양육비 청구 및 이행확보 등을 위한 법률지원

3. 한시적 양육비 긴급지원

4. 합의 또는 법원의 판결에 의하여 확정된 양육비 채권 추심지원 및 양육부·모에게 양육비 이전

5. 양육비 채무 불이행자에 대한 제재조치

6. 양육비 이행의 실효성 확보를 위한 제도 등 연구

7. 자녀양육비 이행과 관련한 교육 및 홍보

8. 그 밖에 양육비 채무 이행확보를 위하여 필요한 업무

③ 이행관리원의 조직과 운영에 필요한 사항은 대통령령으로 정한다.

제7조(양육비이행관리원) ① 미성년 자녀의 양육비 청구와 이행확보 지원 등에 관한 업무를 수행하기 위하여 「건강가정기본법」에 따라 설립된 한국건강

가정진흥원(이하 "한국건강가정진흥원"이라 한다)에 양육비이행관리원(이하 "이행관리원"이라 한다)을 둔다.

② 이행관리원은 다음 각 호의 업무를 수행한다. <개정 2018.12.24.>

1. 비양육부·모와 양육부·모의 양육비와 관련한 상담

1의2. 양육비 이행 촉진을 위한 비양육부·모와 미성년 자녀의 면접교섭 지원

2. 양육비 청구 및 이행확보 등을 위한 법률지원

3. 한시적 양육비 긴급지원

4. 합의 또는 법원의 판결에 의하여 확정된 양육비 채권 추심지원 및 양육부·모에게 양육비 이전

5. 양육비 채무 불이행자에 대한 제재조치

6. 양육비 이행의 실효성 확보를 위한 제도 등 연구

7. 자녀양육비 이행과 관련한 교육 및 홍보

8. 그 밖에 양육비 채무 이행확보를 위하여 필요한 업무

③ 이행관리원의 조직과 운영에 필요한 사항은 대통령령으로 정한다.

[시행일 : 2019.6.25.] 제7조

제8조(직원 등의 파견요청) ① 한국건강가정진흥원의 장은 양육비 이행 관련 업무의 실효성 확보를 위하여 필요한 경우 여성가족부장관을 거쳐 관계 기관에 공무원 또는 직원의 파견을 요청할 수 있다. 다만, 공무원의 파견을 요청할 경우에는 미리 주무부장관과 협의하여야 한다.

② 제1항에 따른 공무원 또는 직원의 파견을 요청받은 기관의 장은 특별한 사정이 있는 경우를 제외하고는 파견요청에 응하여야 한다.

③ 제1항에 따른 파견직원의 업무 범위, 대상 및 요건 등에 관하여 필요한 사항은 이행관리원의 장이 정한다.

제9조(공익법무관의 파견요청) ① 한국건강가정진흥원의 장은 여성가족부장관을 거쳐 법무부장관에게 공익법무관의 파견을 요청할 수 있다.

② 제1항에 따른 공익법무관은 「변호사법」에 따른 변호사 자격등록을 하지 아니하고 변호사로서 법률구조업무를 수행할 수 있다.

제3장 양육비 이행확보 지원

제10조(양육비에 관한 상담 및 협의 성립의 지원) ① 비양육부·모 또는 양육부·모는 당사자 간 양육비 부담 등 협의가 이루어지지 아니할 경우 이행관리원의 장에게 양육비에 관한 상담 또는 협의 성립의 지원을 신청할 수 있다.

② 제1항의 상담 결과 비양육부·모와 양육부·모 간에 양육비 부담 등 협의가 이루어질 경우 이행관리원의 장은 협의한 사항이 이행될 수 있도록 하기 위한 지원을 할 수 있다.

③ 제1항에 따른 상담 또는 협의 성립의 지원 방법 및 절차 등 필요한 사항은 여성가족부령으로 정한다.

제10조의2(면접교섭 지원) ① 이행관리원의 장은 비양육부·모와 미성년 자녀의 관계를 개선하기 위하여 비양육부·모 및 양육부·모의 신청이 있는 경우 비양육부·모와 미성년 자녀의 면접교섭을 위한 지원을 할 수 있다. 다만, 「민법」 제837조의2제3항에 따라 면접교섭이 제한·배제되었거나, 면접교섭으로 인하여 양육부·모 및 자녀의 안전을 해할 우려가 있는 경우 지원을 배제·제한 또는 중단할 수 있다.

② 제1항에 따른 면접교섭의 지원 방법 및 절차 등에 필요한 사항은 여성가족부령으로 정한다.

[본조신설 2018.12.24.]

[시행일 : 2019.6.25.] 제10조의2

제11조(양육비 청구 및 이행확보를 위한 법률지원 등의 신청) ① 양육부·모는 이행관리원의 장에게 자녀의 인지청구 및 양육비 청구를 위한 소송대리 등 양육비 집행권원 확보를 위한 법률지원을 신청할 수 있다.

② 양육비 채권자는 합의 또는 법원의 판결에 의하여 확정된 양육비를 양육비 채무자로부터 지급받지 못할 경우 이행관리원의 장에게 양육비 직접지급명령, 이행명령 신청의 대리 등 양육비 이행확보에 필요한 법률지원이나 양육비 채권 추심지원을 신청할 수 있다.

③ 국가는 제1항 및 제2항에 따른 법률지원 등에 드는 비용의 전부 또는 일부를 예산의 범위에서 지원할 수 있다.

④ 제1항 및 제2항에 따른 법률지원 등의 신청대상, 방법 및 절차 등에 필요한 사항은 여성가족부령으로 정한다.

제12조(양육비 채무자의 진술기회 부여) 이행관리원의 장은 양육부·모 또는 양육비 채권자의 신청으로 양육비 이행을 지원하는 경우 양육비 채무자의 신청이 있으면 양육비 채무자에게 의견 진술의 기회를 주어야 한다.

제13조(양육비 채무자의 주소 등의 자료 요청 등) ① 여성가족부장관은 양육비의 이행확보를 위하여 필요하다고 인정하는 경우에는 특별자치시장·특별자치도지사, 시장·군수·구청장(자치구의 구청장을 말한다. 이하 같다)에게 양육비 채무자의 주민등록표의 열람 및 등본·초본의 교부를 요청하거나 국민건강보험공단의 장에게 대통령령으로 정하는 바에 따라 양육비 채무자의 근무지에 관한 정보자료를 요청할 수 있다.

② 제1항에 따른 요청을 받은 관계 기관의 장은 정당한 이유가 없으면 이에 따라야 한다.

제13조(비양육부·모 또는 양육비 채무자의 주소 등의 자료 요청 등) ① 여성가족부장관은 양육비 집행권원 확보 또는 양육비의 이행확보를 위하여 필요하다고 인정하는 경우에는 특별자치시장·특별자치도지사, 시장·군수·구청장(자치구의 구청장을 말한다. 이하 같다)에게 비양육부·모 또는 양육비 채무자의 주민등록표의 열람 및 등본·초본의 교부를 요청하거나 국민건강보험공단의 장에게 대통령령으로 정하는 바에 따라 비양육부·모 또는 양육비 채무자의 근무지에 관한 정보자료를 요청할 수 있다. <개정 2018.12.24.>

② 제1항에 따른 요청을 받은 관계 기관의 장은 정당한 이유가 없으면 이에 따라야 한다.

[제목개정 2018.12.24.]
[시행일 : 2019.6.25.] 제13조

제14조(한시적 양육비 긴급지원) ① 제11조에 따른 양육비 청구 및 이행확보를 위한 법률지원 등을 신청한 양육비 채권자는 양육비 채무자가 양육비 채무를 이행하지 아니하여 자녀의 복리가 위태롭게 되었거나 위태롭게 될 우려가 있는 경우에는 이행관리원의 장에게 한시적 양육비 긴급지원(이하 "긴급지원"이라 한다)을 신청할 수 있다.

② 제1항에 따라 긴급지원 신청을 받은 이행관리원의 장은 대통령령으로 정하는 긴급지원 기준에 해당하는 경우 긴급지원을 결정할 수 있다. 다

만, 이 법에 따른 지원대상자가 「국민기초생활 보장법」 및 「긴급복지지원법」에 따라 동일한 내용의 보호를 받고 있는 경우에는 그 범위에서 이 법에 따른 긴급지원을 하지 아니한다.

③ 제2항에 따라 결정된 긴급지원의 지급기간은 9개월을 넘지 아니하여야 하고, 자녀의 복리를 위하여 추가 지원이 필요한 경우에는 3개월의 범위에서 이를 연장할 수 있다. <개정 2018.3.27.>

④ 긴급지원의 대상, 금액, 지급시기 등 지원기준은 대통령령으로 정한다. 이 경우 긴급지원 금액은 제5조에 따른 양육비 가이드라인을 고려하여 책정한다. <개정 2018.3.27.>

⑤ 이행관리원의 장은 긴급지원을 한 경우에는 그 지급액의 한도에서 양육비 채무자에게 구상권을 행사할 수 있다. 구상권의 행사방법, 절차, 그 밖에 필요한 사항은 대통령령으로 정한다.

제14조의2(긴급지원 종료 등) ① 이행관리원의 장은 양육비 채무자가 양육비를 지급하면 그 즉시 긴급지원을 종료하여야 한다.

② 양육비 채권자는 양육비 채무자가 양육비를 지급한 사실을 알게 되는 등 긴급지원의 지급 요건과 관련한 사항에 변화가 있는 경우 이를 지체 없이 이행관리원의 장에게 알려야 한다.

③ 제2항에 따라 알려야 하는 내용과 방법 등은 여성가족부령으로 정한다.

[본조신설 2018.3.27.]

제14조의3(긴급지원 결정에 대한 이의신청) ① 제14조에 따른 긴급지원에 관한 이행관리원의 장의 결정에 이의가 있는 양육비 채권자는 결정을 통보받은 날부터 30일 이내에 여성가족부령으로 정하는 바에 따라 이행관리원의 장에게 서면으로 이의신청을 할 수 있다.

② 이행관리원의 장은 제1항에 따른 이의신청에 대하여 30일 이내에 결정을 하여야 한다. 다만, 부득이한 사정으로 그 기간 내에 결정을 할 수 없을 때에는 30일의 범위에서 그 기간을 연장할 수 있다.

③ 제1항에 따라 이의신청을 한 양육비 채권자는 그 이의신청과 관계없이 「행정심판법」에 따른 행정심판을 청구할 수 있다.

[본조신설 2018.3.27.]

제14조의4(비용환수) ① 이행관리원의 장은 양육비 채권자가 거짓이나 그 밖의 부정한 방법으로 양육비를 긴급지원 받은 경우에는 지원한 비용의

전부 또는 일부를 반환하게 하여야 한다. 다만, 양육비의 반환이 미성년 자녀의 복리를 위태롭게 할 경우에는 감경할 수 있다.

② 제1항에 따른 긴급지원 양육비의 반환 기간, 절차 및 그 밖에 필요한 사항은 대통령령으로 정한다.

[본조신설 2018.3.27.]

제15조(양육비 이행 청구 및 조사) ① 이행관리원의 장은 제11조 제2항에 따른 양육비 채권추심 지원에 관한 신청이 있을 경우에는 다음 각 호에 해당하는 사항을 양육비 채무자에게 서면(「전자문서 및 전자거래 기본법」 제2조 제1호의 전자문서를 포함한다)으로 통지하여야 한다. <개정 2018.3.27.>

1. 양육비 채권자로부터 채권 추심을 위임받은 사실
2. 양육비 채무 이행 최고
3. 채권자, 채무금액 등 채무에 관한 사항
4. 채무의 변제 방법
5. 채무 불이행 시 조치사항
6. 양육비 채무자의 의견 진술 기회 부여에 관한 사항

② 이행관리원의 장은 제1항의 통지 후 1개월 이내에 양육비가 지급되지 아니한 경우에는 양육비 채무자의 소득, 재산 등 양육비 지급능력을 확인하기 위한 조사를 진행하여야 하며, 이를 위하여 필요한 경우 「가사소송법」에 따라 이해관계를 소명하여 재판장의 허가를 받아 관련 사건기록의 열람 등을 신청할 수 있다. <개정 2018.3.27.>

③ 이행관리원의 장은 양육비 채무자가 양육비 채무를 이행하는 경우에는 제2항에 따른 조사를 즉시 중지하여야 한다.

④ 제1항에 따른 통지의 방법 및 절차 등에 필요한 사항은 여성가족부령으로 정한다. <개정 2018.3.27.>

제16조(양육비 채무자의 재산 등에 관한 조사) ① 여성가족부장관은 양육비 지급능력을 확인·조사하기 위하여 양육비 채무자에게 필요한 서류나 소득·재산 등에 관한 자료의 제출을 요구할 수 있고, 소속 직원으로 하여금 양육비 채무자의 소득·재산 등에 관한 자료를 조사하게 하거나 관계인에게 필요한 질문을 하게 할 수 있다.

② 여성가족부장관은 제1항에 따른 조사를 위하여 필요한 국세·지방세, 토지·건물, 건강보험·국민연금, 출입국 등에 관한 자료의 제공을 본인의

동의를 받아 관계 기관의 장에게 요청할 수 있으며, 이 경우 요청을 받은 관계 기관의 장은 정당한 사유가 없으면 이에 따라야 한다. 다만, 제14조에 따라 한시적 양육비가 지급된 경우에는 본인 동의 없이도 이를 요청할 수 있다. <개정 2018.3.27.>

③ 제2항 단서에 따라 자료를 제공받은 여성가족부장관은 양육비 채무자에게 그 제공사실을 알려야 한다. <신설 2018.3.27.>

④ 제1항에 따라 조사를 하는 직원은 그 권한을 표시하는 증표를 지니고 이를 관계인에게 보여주어야 한다. <개정 2018.3.27.>

⑤ 제1항에 따른 조사·질문의 범위·시기 및 내용과 제3항에 따른 통지 등에 필요한 사항은 대통령령으로 정한다. <개정 2018.3.27.>

제17조(금융정보등의 제공) ① 여성가족부장관은 양육비 채무자의 재산을 조사하기 위하여 「금융실명거래 및 비밀보장에 관한 법률」 제4조제1항과 「신용정보의 이용 및 보호에 관한 법률」 제32조제2항에도 불구하고 양육비 채무자가 제출한 동의서면을 전자적 형태로 바꾼 문서에 의하여 대통령령으로 정하는 기준에 따라 인적사항을 기재한 문서 또는 정보통신망으로 금융기관등(「금융실명거래 및 비밀보장에 관한 법률」 제2조제1호에 따른 금융회사등 및 「신용정보의 이용 및 보호에 관한 법률」 제2조제6호에 따른 신용정보집중기관을 말한다. 이하 같다)의 장에게 금융정보·신용정보 또는 보험정보(이하 "금융정보등"이라 한다)를 제공하도록 요청할 수 있다.

② 제1항에 따라 금융정보등의 제공을 요청받은 금융기관등의 장은 「금융실명거래 및 비밀보장에 관한 법률」 제4조제1항과 「신용정보의 이용 및 보호에 관한 법률」 제32조에도 불구하고 이를 여성가족부장관에게 제공하여야 한다.

③ 제2항에 따라 금융정보등을 제공하는 금융기관등의 장은 금융정보등의 제공 사실을 명의인에게 통보하여야 한다. 다만, 명의인의 동의가 있는 경우에는 「금융실명거래 및 비밀보장에 관한 법률」 제4조의2제1항과 「신용정보의 이용 및 보호에 관한 법률」 제32조제7항에도 불구하고 통보하지 아니할 수 있다. <개정 2015.3.11.>

④ 제1항 및 제2항에 따른 금융정보등의 제공 요청 및 제공은 「정보통신망 이용촉진 및 정보보호 등에 관한 법률」 제2조제1항제1호에 따른 정보통신망을 이용하여야 한다. 다만, 정보통신망의 손상 등 불가피한 경

우에는 그러하지 아니하다.

⑤ 제1항 및 제2항에 따른 업무에 종사하고 있거나 종사하였던 사람은 업무를 수행하면서 취득한 금융정보등을 이 법에서 정한 목적 외의 다른 용도로 사용하거나 다른 사람 또는 기관에 제공하거나 누설하여서는 아니 된다.

⑥ 제1항, 제2항 및 제4항에 따른 금융정보등의 제공 요청 및 제공 등에 필요한 사항은 대통령령으로 정한다.

제17조의2(양육비 채무자의 소득·재산 등에 관한 자료의 파기) 여성가족부장관은 제16조에 따라 관계 기관으로부터 제공받은 소득·재산 등에 관한 자료 및 제17조에 따라 금융기관등의 장으로부터 제공받은 금융정보등을 양육비 채권 추심이 완료되거나 제15조 제3항에 따라 조사를 중지하는 등 양육비 채무 이행 목적을 달성한 이후에는 「개인정보 보호법」 제21조에 따라 파기하여야 한다.

[본조신설 2018.3.27.]

제18조(양육비 이행확보를 위한 조치) ① 이행관리원의 장은 양육비 이행지원을 위하여 필요한 경우 양육비 채권자가 「가사소송법」 및 「민사집행법」에 따른 다음 각 호의 신청을 할 때 필요한 법률지원을 하여야 한다.

1. 재산명시 또는 재산조회 신청
2. 양육비 직접지급명령 신청
3. 양육비 담보제공명령 신청
4. 양육비 이행명령 신청
5. 압류명령 신청
6. 추심 또는 전부명령 신청
7. 감치명령 신청 등

② 이행관리원의 장은 제1항에 따른 지원을 하는 경우 해당 법원에 관련 자료나 의견을 양육비 채권자 또는 그 대리인을 통하여 제출할 수 있다.

제19조(양육비 채무자의 재산에 대한 추심) ① 이행관리원의 장은 제18조에 따른 조치결과 지급받을 금전, 그 밖에 채무자의 재산에 대한 양육부·모의 추심을 지원할 수 있다.

② 이행관리원의 장은 제1항에 따라 추심한 금전, 그 밖의 재산이 있는 경우 이를 7일 이내에 양육비 채권자에게 이전하여야 한다.

③ 제1항 및 제2항에 따른 추심지원과 이전에 필요한 사항은 대통령령으

로 정한다.

제20조(세금환급예정금액의 압류 및 차감) ① 여성가족부장관은 제18조 및 제 19조에 따른 조치로 양육비 지급 이행이 완전하지 못할 경우에는 국세청 장 및 지방자치단체의 장에 대하여 양육비 채무자의 국세 및 지방세 환급 예정금액(이하 "세금환급예정금액"이라 한다)의 압류를 요청할 수 있다.

② 여성가족부장관은 압류된 세금환급예정금액에 대하여 양육비 미지급분 만큼 차감하여 양육비 채권자의 계좌로 이체하여 지급하여야 한다.

③ 제1항 및 제2항에 따른 세금환급예정금액의 압류, 차감 및 이체방법 등에 필요한 사항은 대통령령으로 정한다.

제21조(체납자료의 제공) ① 여성가족부장관은 양육비 지급 이행확보를 위 하여 필요한 경우로서 「신용정보의 이용 및 보호에 관한 법률」 제2조제5 호에 따른 신용정보회사 또는 같은 조 제6호의 신용정보집중기관, 그 밖 에 대통령령으로 정하는 자(이하 "신용정보회사등"이라 한다)가 양육비 채무자의 양육비 체납에 관한 자료(이하 "체납자료"라 한다)를 요구한 경우에는 이를 제공할 수 있다.

② 여성가족부장관은 양육비 채무자가 양육비를 지급하지 아니할 경우에 는 체납자료를 신용정보회사등에 제공할 수 있음을 양육비 채무자에게 미리 알려야 한다.

③ 여성가족부장관은 제1항에 따라 체납자료를 제공한 경우에는 대통령 령으로 정하는 바에 따라 해당 체납자에게 그 제공사실을 알려야 한다.

④ 제1항에 따른 체납자료의 제공 절차 등에 필요한 사항은 대통령령으 로 정한다.

제21조의2(가정폭력피해자 정보보호) 이행관리원의 장은 이 법에 따라 법률 지원 등을 신청한 양육부·모 또는 양육비 채권자가 「가정폭력방지 및 피해자보호 등에 관한 법률」 제2조제3호의 피해자임을 알게 된 경우 가 정폭력의 재발 방지 등을 위하여 양육부·모 또는 양육비 채권자의 주거 ·직장·연락처 등 신변 관련 정보가 같은 법 제2조제2호의 가정폭력행 위자인 비양육부·모 또는 양육비 채무자에게 노출되지 아니하도록 적절 한 정보보호 조치를 강구하여야 한다.

[본조신설 2018.12.24.]

[시행일 : 2019.6.25.] 제21조의2

제4장 보칙

제22조(양육비 이행확보 지원의 우선 제공) 이행관리원의 장은 다음 각 호의 어느 하나에 해당하는 사람에게 우선적으로 양육비 이행확보 지원을 하여야 한다. 다만, 신청자의 과다, 이행지원 절차의 지연 등 정당한 사유가 있는 경우에는 그러하지 아니하다.

1. 「국민기초생활 보장법」 제2조제2호에 따른 수급자
2. 「국민기초생활 보장법」 제2조제11호에 따른 차상위계층
3. 「한부모가족지원법」 제5조 및 제5조의2에 따른 지원대상자
4. 그 밖에 소득수준 등을 고려하여 여성가족부령으로 정하는 사람

제23조(수수료) ① 이행관리원의 장은 양육비 이행지원을 하는 경우 양육비 채무자에게 양육비 징수·이전에 소요되는 수수료를 납부하게 할 수 있다.
② 제1항에 따른 수수료 납부 대상과 방법 등에 관하여 필요한 사항은 여성가족부령으로 정한다.

제24조(업무의 위탁) ① 여성가족부장관은 대통령령으로 정하는 바에 따라 다음 각 호에 해당하는 업무를 이행관리원에 위탁할 수 있다.

1. 제13조에 따른 양육비 채무자의 주소 등 자료 요청에 관한 사항
2. 제16조에 따른 양육비 채무자의 재산 등에 관한 조사에 관한 사항
3. 제17조에 따른 금융정보등의 제공에 관한 사항
4. 제20조에 따른 세금환급예정금액의 압류에 관한 사항
5. 제21조에 따른 체납자료의 제공에 관한 사항

② 이행관리원의 장은 대통령령으로 정하는 바에 따라 이 법에 따른 업무의 일부를 관련 기관·법인 또는 단체에 위탁할 수 있다.

제24조(업무의 위탁) ① 여성가족부장관은 대통령령으로 정하는 바에 따라 다음 각 호에 해당하는 업무를 이행관리원에 위탁할 수 있다. <개정 2018.12.24.>

1. 제13조에 따른 비양육부·모 또는 양육비 채무자의 주소 등 자료 요청에 관한 사항
2. 제16조에 따른 양육비 채무자의 재산 등에 관한 조사에 관한 사항
3. 제17조에 따른 금융정보등의 제공에 관한 사항
4. 제20조에 따른 세금환급예정금액의 압류에 관한 사항

제25조(비밀유지의 의무) 이행관리원의 장과 직원 또는 그 직에 있었던 사람 및 제24조에 따라 업무의 위탁을 받아 그 업무를 수행하거나 수행하였던 자는 그 업무를 수행하면서 알게 된 비밀을 누설하여서는 아니 된다.

제26조(유사명칭의 사용금지) 이 법에 따른 양육비이행관리원이 아니면 양육비이행관리원 또는 이와 유사한 명칭을 사용하여서는 아니 된다.

제5장 벌칙

제27조(벌칙) ① 제17조제5항을 위반하여 금융정보등을 사용·제공 또는 누설한 사람은 5년 이하의 징역 또는 5천만원 이하의 벌금에 처한다.

② 제25조를 위반하여 업무를 수행하면서 알게 된 비밀을 누설한 사람은 1년 이하의 징역 또는 1천만원 이하의 벌금에 처한다.

제28조(과태료) ① 제26조에 따른 유사명칭 사용금지를 위반한 자에게는 300만원 이하의 과태료를 부과한다.

② 제1항에 따른 과태료는 대통령령으로 정하는 바에 따라 여성가족부장관 또는 특별자치시장·특별자치도지사, 시장·군수·구청장이 부과·징수한다.

부칙

<법률 제15546호, 2018.3.27.>

이 법은 공포 후 6개월이 경과한 날부터 시행한다.

▣ 편저 김종석 ▣

• 대한실무법률편찬연구회 회장

• 저서 : 소법전
　　　　계약서작성 처음부터 끝까지(공저)
　　　　이것도 모르면 대부업체 이용하지마세요
　　　　민법지식법전
　　　　불법행위와 손해배상
　　　　산업재해 이렇게 해결하라
　　　　근로자인 당신 이것만이라도 꼭 알아 둡시다.
　　　　계약서 작성방법, 여기 다 있습니다.
　　　　생활법률백과

소송·위자료·양육비를 알아볼 수 있는
이혼절차와 재산분할의 이해 　　정가 24,000원

2019年 5月 5日　인쇄	
2019年 5月 10日　발행	
편　저 : 김 종 석	
발행인 : 김 현 호	
발행처 : 법문 북스	
공급처 : 법률미디어	

서울 구로구 경인로 54길4 (우편번호 : 08278)
TEL : 2636-2911~2,　FAX : 2636-3012
등록 : 1979년 8월 27일 제5-22호
Home : www.lawb.co.kr

❚ ISBN 978-89-7535-728-2 (13360)
❚ 이 도서의 국립중앙도서관 출판예정도서목록(CIP)은 서지정보유통지
원시스템 홈페이지(http://seoji.nl.go.kr)와 국가자료종합목록시스템
(http://www.nl.go.kr/kolisnet)에서 이용하실 수 있습니다. (CIP
제어번호 : CIP2019015116)
❚ 파본은 교환해 드립니다.